디즈레일리와 글래드스턴

Disraeli and Gladstone :
A Study in Statesmanship

이 도서는 2013년 정부(교육과학기술부)의 재원으로 한국연구재단의 지원을
받아 수행된 연구임(NRF-2013S1A6A4018003).

국가 경영의 이념, 정책, 스타일

디즈레일리와 글래드스턴

김기순 지음

小花

차례

서론

1

벤저민 디즈레일리^{Benjamin Disraeli, 1804~1881} 사후 세월이 지난 뒤 윌리엄 유어트 글래드스턴^{William Ewart Gladstone, 1809~1898}은 디즈레일리를 '토리 원리의 파괴자'로 기록하였고, 1876년 불가리아 사태 때 디즈레일리는 글래드스턴을 '원칙 없는 광신자'이자 '전혀 신사가 못 되는' 인물로 평가했다. 두 사람은 서로를 혐오했다. 그런데 디즈레일리 서거 몇 주 전 보수당 계열 일간지 『스탠더드』*The Standard*는 디즈레일리와 글래드스턴이 "우리 시대의 비할 바 없이 가장 뛰어난 두 명의 공인"으로서 "국가에 크게 봉사하였고 정치적 국량이 추종을 불허한다"고 평가하였다. 디즈레일리와 글래드스턴은 대중민주주의가 도래한 19세기 후반 각각 보수당과 자유당 정부의 수상을 역임하면서 영국의 정당정치를 이끈 정치가들이다. 이들의 괄목할 만한 정치적 족적은 이념과 정책, 그리고 스타일을 중심으로 후대에 많은 연구가 이루어지면서 다양한 해석을 낳았고, 그들의 삶을 다룬 탁월한 전기 또한 여럿이다.

그런데 디즈레일리의 정치가 특정 이념을 반영한 것인지 아니면 임기응변과 기회주의의 소산이었는지를 둘러싼 논란은 계속되었으며, 영국 보수당의 정체성과 보수주의 이념에 그가 어떤 기여를 하였는지에 관해서도 의견이 분분했다. 또한 그는 정치 입문 이전에는 작가로서 활동하였고 이후에도 베스트셀러들을 쓴 정치가였으므로, 작품과 정치적 이념 및 실제 사이에 어떤 연관이 있는지도 관심의 대상이었다. 나아가 그가 유대계 이민자 출신이므로 영국 사회에서 소수자이자 이방인으로서 갖는 정체성이 그의 정치와 어떻게 결부되었는가도 논란거리이다.

글래드스턴의 경우, 이튼 시절부터 말년까지 거의 매일 쓴 일기가 1960년대 후반부터 출간되면서 그의 정치의 근원이 종교에 있었다는 점이 새롭게 부각되었다. 하지만 정치를 통해 영국을 기독교 사회로 만들려는 그의 이념이 과연 진실했는가를 둘러싼 논란은 여전히 계속되었고, 그의 이념이 실제 정치에서 일관하였는지도 분분한 논의를 낳았다. 또한 그가 오랫동안 자유당의 리더십을 장악한 것이 자유당의 몰락에 어떤 작용을 하였는가는 논란거리였다. 특히 그가 두 차례 시도한 '아일랜드 문제' 해결 방안^{자치}이 자유당과 영국의 정치구조에 어떤 영향을 끼쳤으며 그 역사적 의의는 무엇인가라는 논란은 현재적 의미를 갖는다.

디즈레일리와 글래드스턴은 '서양사 속 라이벌'이라는 흥미로운 주제에서 당당히 한 자리를 차지할 만하다. 그런데 동시대인인 이 두 사람의 정치와 삶을 개별적으로 다룰 경우 불가피하게 상대방을 언급하게 되지만, 한쪽을 서술의 주제로 삼으면 다른 한쪽은 어차피 부차적인 위치에서 상대적으로 덜 우호적으로 다루어졌다. 반면 경쟁하였던 이 두 정치가를 한데 묶어 이념과 정책, 스타일과 개성을 비교하여 차이를 드러내는 작업은 그리 심도 있게 이루어지지 않았으며, 성과 면에서도 몇몇 논저에 머물렀다. 나는 두 사람의 정치를 차별성보다는 차이의 견지에서 비교하려고 한다. 디즈레일리와 글래드스턴은 격렬하게 대립했던 만큼이나 정치적 이념과 이상과 원리를 공유했다. 그들은 왕정, 국교회, 귀족제, 상원 같은 영국 헌정의 기본 제도의 우월성을 굳게 믿었다. 두 사람은 이 공통된 토대 위에서 자신의 시대를 형성했다. 거기에는 개성과 독특한 스타일뿐 아니라 서로 다른 이념과 정책이 있었다. 비록 두 사람의 차이는 상당한 정도로 '표현과 연기'의 문제였다는 지적이 있지만,[1] 구체적인 정책, 그 정책 배후의 이념에서도 차이는 현저하였다. 이 연구는 지금까지 축적된 연구 성과를 반영하여 두 정치가를 비교하고 이들의 이념과 정책에 관한 학문적 논쟁들을 검토할 뿐 아니라, 이들이 서로 경쟁하면서 영국의 정치와 사회를 어떻게 근대화하였는가, 그리고 그들의 정치가 남긴 유산이 무엇이었는가를 규명할 것이다.

2

1883년에 창설된 보수당 외곽조직인 '프림로즈동맹'을 통해 디즈레일리는 현대 영국 보수당의 창시자이자 당의 기본 이념을 제시한 인물로 찬양되었다. 디즈레일리는 대중을 위해 1867년 선거법 개혁을 단행한 '토리민주주의자', 제2차 내각[1874~1880] 시기 일련의 노동 입법과 사회 입법을 단행한 사회 개혁가, 이미 1870년대 초에 제국의 위상을 강화해야 한다는 예지력을 발휘한 인물로 선전되었다. 특히 그는 "조각가가 대리석 덩이 속에 갇혀 있는 천사를 찾아내듯이 보수당을 지지하는 노

---

1   Walton, John K.(1990), *Disraeli*, London, p.64.

동자를 처음으로 찾아낸" 정치가로 평가받았다. 1890년대 이래 보수당은 디즈레일리를 실용적 간섭주의를 통해 사회 개혁과 제국의 영광을 결부시킨 통찰력 있는 인물로 해석하였다. 이 해석은 1910년대에 나온 방대한 분량의 '공식적인' 『디즈레일리 전기』에[2] 의해 확립되었다. 많은 사료를 곁들인 이 전기는 디즈레일리의 정치를 '이념 없는 기회주의의 소산'이라고 주장한 자유당과 디즈레일리 비판자들의 공격에 응수하였으며, 디즈레일리의 정치가 단순히 정치적 기술의 결과가 아니라 특정한 보수주의 이념^{토리민주주의}의 구현이었다고 보았다.

　이 토리민주주의 신화는 1960년대에 무너졌다. 영국 역사학계에서 1960년대는 정치를 특정한 이념과 이데올로기의 구현보다는 소수의 유력 정치가들이 의회라는 한정된 공간에서 당권과 정권의 획득과 유지를 위해 정략을 발휘하는 과정으로 보는 새로운 연구 방법^{'수뇌부정치'} 학파이 등장한 시점이었다. 폴 스미스와 모리스 카울링은 디즈레일리가 사회 입법 프로그램에 관심이 거의 없었고 1867년 선거법 개혁을 추진하는 과정에서 일관된 신념을 보이기보다는 정치적 임기응변에 능했음을 입증하였다. 한편 로버트 블레이크의 고전적인 『디즈레일리 전기』는[3] 디즈레일리의 정치를 일관된 실용주의의 소산으로 해석하여 토리민주주의 해석을 효과적으로 대체하였다. 이 전기는 디즈레일리의 이념을 거의 언급하지 않았고, 그나마 그 이념이 "낭만적이지만 기본적으로는 비현실적인" 것이라고 평가절하했다. 또한 블레이크는 1840년대 디즈레

2　Monypenny, William Flavelle and George Earle Buckle(1910~1920), *The Life of Benjamin Disraeli, Earl of Beaconsfield*, 6 Vols., London.
3　Blake, Robert(1966), *Disraeli*, London.

일리의 '청년 잉글랜드' 이념·대외 정책·제국 이념을 시대착오적이거나 비현실적인 것 혹은 진부한 것으로 평가하였고, 디즈레일리가 본질적으로 '필주의자'[Peelite]였다고 주장하였다.

선거와 이데올로기 맥락에서 디즈레일리의 실제 정치를 다룬 근래의 연구들은 그의 정치 세계의 전근대성을 강조하는 편이다. 그런데 디즈레일리의 실제 정치를 다룬 전문적인 연구는 비교적 희소하지만 그의 소설, 이념, 심리적 성향, 유대성을 조명한 연구는 상당히 많다. 특히 이념, 심리, 작품과 유기적으로 연관된 디즈레일리의 유대성 문제는 1970년대 이래 많은 연구가 이루어진 결과 이제는 그의 인간적 면모와 삶과 문학과 정치를 이해하는 필수적 주제가 되었다. 이런 경향은 그와 경쟁하였던 글래드스턴의 이념과 정치를 다룬 근래의 연구에서 종교적 신념을 강조하는 추세와 비견될 만하다. "디즈레일리가 사건과 사회를 소설가의 눈으로 보는 경향을 버리지 않았다면, 글래드스턴은 사건을 자신의 종교적·도덕적 의무의 견지에서 보는 경향을 버리지 않았다."[4]

비록 제1차 세계대전 이후 노동당이 보수당과 더불어 양당체제를 구축하면서 글래드스턴 자신과 동일시되던 자유당이 쇠락하기는 하였지만, '인민의 윌리엄' 글래드스턴은 보수당의 아이콘이던 디즈레일리 못잖게 오랫동안 대중적 인기를 누렸다. 글래드스턴은 세 차례나 작위를 거부한 위대한 평민 정치가이자 자유주의 이념의 화신으로 각인되었다. 그는 이미 생전에 많은 전기에서 자유주의의 '성인'으로 미화되었는데, 이 수준에서 벗어나 세속적·진화적 관점에서 자유주의 이념을 구현한

4　Salter, Richard(1991), *Peel, Gladstone and Disraeli*, Basingstoke, p.96.

'위대한 공인'으로 새로이 해석한 것이 20세기 벽두에 자유당 급진주의자인 존 몰리가 쓴 '공식적인' 『글래드스턴 전기』이다.[5] 몰리의 해석은 반세기에 걸쳐 지배적 지위를 누렸다. 글래드스턴이 남긴 방대한 자료와 일기를 읽은 몰리였지만, 세속주의자이자 무신론자였던 그는 글래드스턴의 종교, 성애, 여성 문제, 매춘부 구제 같은 도덕적으로 민감하고 개인적인 주제를 다루지는 않았다. 글래드스턴의 내면세계의 편린을 기록한 일기는 그후로도 오랫동안 일반인에게 접근이 허용되지 않았다.

양차 대전 사이에 글래드스턴 연구는 재정, 외교, 아일랜드 문제 같은 분야를 중심으로 이루어졌는데, 특히 존 해먼드의 『글래드스턴과 아일랜드 민족』은[6] 글래드스턴의 아일랜드 정책의 도덕성을 강조하면서 이를 유럽의 정신적 전통 및 국제연맹의 전통과 일치시켰다. 해먼드의 해석은 한 세대 동안 글래드스턴의 아일랜드 정책에 관한 정통 해석으로 군림하였다.

디즈레일리 연구가 그랬듯이 1960년대 글래드스턴 연구에도 새로운 지평이 열렸다. 그러나 디즈레일리 연구와 달리 글래드스턴 연구는 상반된 두 측면을 가졌다. 한편으로 카울링과 존 빈센트를 비롯한 일군의 연구자들은 선거법 개혁이나 아일랜드 자치 문제를 수뇌부정치의 관점에서 파악하였다. 다른 한편으로는 글래드스턴의 일기가 출간되면서 그의 복잡한 내면세계와 정치의 종교적 토대를 드러내는 다양한 학술적 연구와 전기가 출간되었다. 특히 이 『글래드스턴의 일기』의 편집자인 콜린

---

5 Morley, John(1903), *The Life of William Ewart Gladstone*, 3 Vols., London.
6 Hammond, J. L.(1938), *Gladstone and the Irish Nation*, London.

디즈레일리와 글래드스턴

매슈의 『글래드스턴 전기』는[7] 몰리의 자유주의적 해석 전통을 계승하면서도 글래드스턴의 정책의 보수적 성격을 강조하였고, 그를 20세기 자유주의, 사회민주주의, 신노동당 '진보 정치'의 예언자로 이해하였다.[8]

최근까지 글래드스턴 연구는 대부분 정치가 글래드스턴을 다루었다. 그런데 『옥스퍼드 영국인명사전』*Oxford Dictionary of National Biography*, 2004 에서 글래드스턴 항목은 '수상이자 저술가'로 시작한다. 그는 30권의 저작과 팸플릿, 200편의 논설을 쓴 저술가였다. 이것은 글래드스턴이 실제 정치가 못잖게 '사상가'였음을 뜻한다. 오직 근래에 이르러서야 저술가이자 사상가로서 글래드스턴의 면모를 밝히는 연구가 등장하였다. 데이비드 베빙턴의 『글래드스턴의 정신 : 종교, 호머, 정치』가[9] 그것이다. 그렇지만 저자 스스로 새로운 연구의 출발에 불과하다고 겸손을 나타냈을 정도로 이 주제는 미답의 영역이다.

3

근래의 한 연구는 두 사람의 적대적 경쟁관계라는 통설을 재검토하

---

7 Matthew, H. C. G.(1997), *Gladstone, 1809-1898*, Oxford.

8 Shannon, Richard(1996), "Matthew's Gladstone," *Parliamentary History* 15(2), pp.245~251 ; Shannon, Richard(1999), *Gladstone Vol.2 : 1865-1898*, Chapel Hill, pp.643~644. 글래드스턴의 정치가 '종교적 십자군으로서의 정치', '최소 국가 수립자', '구성적 전통주의자', 정치가 아니라 '정치에 투신한 인간'으로 구성된 복합체라는 지적은 Winstanley, Michael(1990), *Gladstone and the Liberal Party*, London, pp.1~18 참조.

9 Bebbington, D. W.(2004), *The Mind of Gladstone : Religion, Homer and Politics*, Oxford.

였다. 이들이 실제로는 서로 존중하고 상대방의 능력을 높이 평가하였으며, 외견상의 적대관계는 쌍방의 '오해', 즉 상대방이 자신과는 다른 사회적·정치적 환경의 산물임을 쉽사리 이해하지 못했기 때문이라는 것이다.[10] 그렇지만 개인적인 관계에 치중하기보다 두 사람의 경쟁을 '공적인' 측면에서 다룰 필요가 있다. 1881년 의회에서 디즈레일리 추도 연설을 하면서 글래드스턴은 자신과 디즈레일리가 다른 어떤 공인보다 "더 오랫동안 더 규모가 큰 공적인 차이에 의해" 서로 갈라섰지만 둘 사이에 개인적인 증오는 없었다고 말했다. 국가 경영의 정책, 이념, 스타일에서의 대결이야말로 두 사람의 관계의 진면목을 보였다고 하겠다.

1850년대 중반에서 1860년대 중반에 이르는 시기는 경제 번영, 사회적 갈등의 이완, 자유주의 이념의 득세, 영국의 국제적 지위 강화에 의해서 뒷받침된 이른바 '평형의 시대'로서 전반적인 현상유지와 정치적 타협의 분위기가 지배적이었다. 이 시기의 정치를 주도한 인물이 휘그 귀족인 헨리 파머스턴 경이었다.

그러나 1865년 총선에서 승리한 자유당의 파머스턴이 곧 사망하면서 이 평형이 교란되었고, 이 상태에서 디즈레일리와 글래드스턴은 각각 보수당과 자유당의 실질적인 리더로 부상하게 되었다. 그 결과 파머스턴이 완강하게 저지하던 선거법 개혁 문제가 정치 쟁점으로 등장하였고, 이를 통해 "뚜렷이 자유주의와 보수주의의 이름으로 전개된" "고전적 검투사의 싸움"의 시대가 열렸다.[11] 이 책에서는 국내 정치제1장, 제2장,

---

10 Quinault, Roland(2006a), "Gladstone and Disraeli : A Reappraisal of Their Relationship," *History*〔London〕 91(304), pp.557~576.

11 Salter(1991), 앞의 책, p.108.

연합왕국 외부와 관련된 대외 문제^{제3장, 제4장}, 아일랜드 문제^{제5장, 제6장}에서 두 사람의 대결의 진면목을 정책과 이념과 스타일을 중심으로 검토하였다. 그 주제들은 선거법 개혁, 사회 입법, 외교정책, 제국정책, 아일랜드 문제의 해법이다. 이 주제들은 해당 정책의 내용, 이념, 정책과 이념의 연관성 여부, 단기적 혹은 장기적 결과, 스타일 비교라는 공통된 틀에 따라 서술되었다. 「에필로그」에서는 디즈레일리와 글래드스턴이 각각 보수당과 자유당에 남긴 정치적 유산을 검토하였다.

1866년 이후 디즈레일리와 글래드스턴의 정치를 비교한 이 연구에서 다루지 않은 주제가 재정이다. 그 이유는 이 주제에서 두 사람은 차이보다는 공통점을 더 많이 보였기 때문이고, 시기적으로도 국가재정에 관한 사회적·정치적 합의는 이미 1850년대 초에 이루어졌기 때문이다. 그 합의란 매슈가 이른바 중기 빅토리아 시대의 '사회계약'으로 요약한 것으로서 자유무역주의, 직접세와 간접세의 공정한 균형, 재정 개혁과 국채 감축에 쓰일 적정한 잉여를 남기는 균형예산, 중앙정부 지출의 최소화^{긴축}와 합리화였다. 두 사람이 재무장관 혹은 수상으로 재임한 시기에 예산안과 재정에서 이러한 합의가 흔들린 것은 정책과 이념의 차이 때문이 아니라, 주로 전쟁과 군비 지출이라는 외적 필요 때문이었다. 더군다나 1870년대 후반 이후 대불황의 시기에도 경제 '정책'은 없었다. 디즈레일리와 글래드스턴은 빅토리아 시대의 고정관념에 따라 경제를 인식하였다. 날씨를 운영할 수 없듯이 경제는 운영의 대상이 아니었다.[12] 그리고 그 주체는 국가가 아니라 사회였다.

---

12 Blake, Robert(1993), *Gladstone, Disraeli, and Queen Victoria*, Oxford, p.21.

제1장

선거법 개혁

Disraeli and Gladstone

19세기에 선거권을 확대하고 선거구를 조정해서 하원의 대표성을 제고한 선거법 개혁은 1832년, 1867년, 1884~1885년 세 차례 있었다. 이 개혁들에서 새로 선거권을 얻은 주요 계층은 각각 도시 중간계급, 도시 노동계급, 농촌 노동계급이었다. 따라서 1867년 제2차 선거법 개혁과 그 논리적 연장선상에 있는 1884년 제3차 선거법 개혁으로 영국에서 대중민주주의 시대가 열렸다. 비록 보통선거권은 물론이고 성인 남성 보통선거권에도 미치지 못했지만, 대다수 남성 세대주가 선거권을 갖게 되었기 때문이다.

　　19세기 후반은 정파 연합에 근거한 1850년대의 '의회 정부'라는 정치 구도의 불안정성이 종식되고 '정당 정부'와 정당정치가 등장한 시기였다. 종래 의회 정부에서는 개별 의원의 주도성이 허용되었고, 의회를 잘 조종하는 정치가는 유권자의 지지 여부와는 무관하게 정부를 대표할 수 있었으며, 유권자가 아니라 의원들의 신임투표에 의존하였기 때문에 연립내각이 세워지는 경우도 드물지 않았다. 그러나 이후 정당이 점차 특정한 계급의 지지를 바탕으로 정권 획득을 도모하게 되었고, 그 결과 정부는 정당 정부가 되었다. 선거는 후보자보다는 정당을 지지하는 경향을 띠게 되었다. 정당은 종래의 느슨한 당 조직에서 탈피하여 선거에서 유권자의 지지를 얻기 위한 강력하고 효율적인 전국적 규모의 당 조직에 힘을 경주하였다. 정당 자체도 종래 지방과 유리되어 있던 의회 중심 정당이 아니라 '전국정당'이 되었다.[1] 디즈레일리와 글래드스턴의 정치는 바로 이러한 정치구조 속에서 전개되었다. 동시에 그들은 이 구조를 형성하는 데 기여했다.

1. 1867년 선거법 개혁

배경

1832년 선거법 개혁은 찰스 그레이 경의 휘그 정부가 2년간의 치열한 투쟁 끝에 상원을 굴복시키고 관철한 것으로서, 지역구의 유력자가 후보를 지명하였던 부패 선거구의 대표권을 박탈하고, 카운티county : 치안판사가 관장하는 행정구역와 종전에 대표자를 보내지 않던 버러borough : 특허장에 의해 법적 자유와 특권을 갖고 의회에 대표자를 보낸 도시에 의석을 재분배하였다. 카운티에서 선거권은 연수 40실링 자유토지농과 10파운드 등본토지농과 정기차지농에게 확대되었고, 버러에서는 연수 10파운드 가치의 가옥 소유자에게 선거권이 부여되었다. 또한 전체 의석 658석 가운데 잉글랜드 버러에서 유권자 2천 명과 4천 명을 기준선으로 삼아 142석을 줄이고, 이 의석을 종전에는 대표자를 보내지 않던 22개 버러에 각 2석, 20개 버러에 각 1석을 배정하였고, 잉글랜드 카운티에 65석, 스코틀랜드에 6석,

---

1 김기순(2007), 『신념과 비전의 정치가 글래드스턴』, 한울, 78~79쪽.

디즈레일리와 글래드스턴

아일랜드에 5석을 배정하였다. 이로써 맨체스터, 버밍엄, 셰필드, 리즈 같은 산업도시들이 최초로 대표성을 부여받았다. 잉글랜드와 웨일스의 유권자 수는 43만 명에서 65만 명으로 증가하였다. 그러나 선거권은 버러의 중간계급에게만 적용됨으로써 대다수 노동계급을 배제하였다.

당시에는 '최종 타결'로 간주되었지만, 1832년 선거법은 곧 추가 개혁의 압력을 받았다. 선거권을 갖지 못한 노동계급 규모가 증대하고 경제의 중심이 잉글랜드 북부와 중부^{미들랜드}의 산업 지역으로 이동하면서 대표성을 확보하지 못한 지역들이 생긴 것이다. 1832년 개혁에 관한 노동계급의 불만은 1830년대 말 성인 남성 보통선거권, 인구 비례에 따른 균등선거구, 매년 의회 선거, 비밀투표를 주장한 차티스트운동으로 나타났다. 그러나 그들의 청원은 1839년, 1842년, 1848년에 모두 거부되었다.

이어 중기 빅토리아 시대 호황기의 경제적 번영은 사회적 긴장을 완화했고, 그 결과 선거법 개혁 압력이 상대적으로 퇴조하였다. 1850년대에는 토리와 휘그가 선거권 확대를 시도하지만, 여당 내부의 반대 혹은 야당의 반대에 부딪혀 무산되었다. 특히 1855~1865년에 정치를 주도한 휘그의 파머스턴은 선거법 개혁을 완강히 반대하였다. 그러나 1865년 총선에서 승리한 그가 곧 사망함으로써 개혁의 최대 장애물이 사라졌고, 존 러셀 경이 구성한 자유당 정부에서 글래드스턴이 재무장관 겸 하원의 리더가 되면서 선거법 개혁 문제가 전면에 등장했다. 무엇보다도 수상 러셀이 개혁을 원했다. 이후 2년간의 논란은 개혁 자체만큼이나 디즈레일리와 글래드스턴의 본격적인 대결이 시작되었다는 점에서 중요하다.

글래드스턴의 선회

이미 옥스퍼드대학 학생회에서 휘그의 1831년 선거법 개혁 법안을 반대하는 결의안을 관철한 적 있는 글래드스턴은 1832년 의회에 진출한 이래 선거권 확대를 반대하였다. 그러나 1840년대 중반 이후 자신의 토리적 정치 이념이 변화하는 현실 속에서 더 이상 부지되기 어렵다고 깨달은 그는 점차 토리에서 자유주의자로 이행해 갔고, 이에 따라 선거권 문제에서 그의 입장은 전향적으로 변화하였다. 자유주의자로 이행하면서 글래드스턴은 노동계급이 '정치적 국민'으로서의 자격이 부족하지 않다고 여기게 되었다.

1859년 휘그−필파−급진파를 통합한 자유당에 합류함으로써 글래드스턴은 최종적으로 자신의 정치적 정체성을 갖게 되었다. 1861년 미국 남북전쟁이 발발하고 미국산 면화 수입이 저지되자, 면공업 중심지인 랭커셔에서 광범한 실업과 사회 불안이 나타났다. 그러나 숙련노동자들은 체통 있게 역경을 묵묵히 견디면서 체제에 도전하지 않았고, 글래드스턴은 이에 깊은 감명을 받았다.랭커셔에서 큰 영향력을 가진 보수당의 더비 백작(14대)도 유사한 경험을 하였다. 1860년 영국·프랑스 통상조약을 체결함으로써 급진파의 지지를 획득한 글래드스턴은 4년 뒤 선거권 확대에 관한 자신의 입장을 천명하였다. 1864년 5월 자유당 의원 에드워드 베인스가 제안한 버러선거권 법안이 하원에서 논의되자, 글래드스턴은 "아마도 개인적 부적격 혹은 정치적 위험에 관한 모종의 고려에 의해 자격이 박탈당한 경우가 아니라면, 누구나 헌정의 울타리 안에 들어오는 데 도덕적으로 자격이 있다"고 선언하였다.

이 '헌정의 울타리' 발언은 논리적으로는 성인 남성 보통선거권 혹은

디즈레일리와 글래드스턴

최소한 세대주선거권을 인정하는 것으로 받아들여졌지만, 실제로 글래드스턴이 선거권을 행사하는 데 합당한 도덕적 자격을 갖춘 부류로 의미한 것은 이른바 '노동귀족'^{숙련노동자}이었다. 그것은 사회적·경제적이기보다는 도덕적·인격적 기준이었다. 당시 선거권 확대를 요구한 대중조직으로는 중간계급 급진파의 전국개혁연맹^{1864년 결성}과 숙련노동자가 주축인 선거법개혁동맹^{1865년 결성}이 있었다. 전자는 비밀투표, 3년 임기 의회, 인구와 재산에 따른 선거구 재분배, 지방세를 납부하는 모든 성인 남성의 선거권을 주장했다. 반면 런던의 노동운동 조직들이 주축이 되고 글래드스턴의 헌정의 울타리 연설에 고무된 후자는 선거인 명부에 포함되려면 일정 기간 거주지가 있어야 한다는 단서 아래 성인 남성 보통선거권을 요구하였다.

선거권 확대에 우호적인 지배층은 숙련노동자들이 혁명이 아니라 중간계급과의 '문화적 연합'을 추구한다고 파악하였다. 글래드스턴도 사회적 화합의 증대와 노동계급 다수의 책임감 입증이 선거권 확대를 불가항력적으로 만든다고 인식하였다. 이런 인식은 계급 통합을 목표로 삼은 자유주의 이념과 일치하였다.

1865년 말 총선에서 승리한 파머스턴이 사망하자 상황이 바뀌었다. 자유당의 리더로 자타가 공인한 러셀이 20년 만에 다시 수상이 되었다. 러셀은 개혁을 관철함으로써 자신의 경력에서 유종의 미를 거두기를 원했다. 이제 글래드스턴은 재무장관이자 자유당의 하원 리더로서 선거법 개혁 법안을 제안하는 위치에 서게 되었다. 개혁연맹과 개혁동맹은 선거법 개혁 국면에서 가장 중요한 대중 조직이었지만, 러셀 정부가 1866년 회기에 새로운 개혁 법안을 제안하기로 한 결정에서 주요한 인자는 아

니었다.[2]

글래드스턴의 선거법안의 온건성

자유당은 휘그, 필파, 자유주의자, 급진주의자 같은 이질적인 정치 세력들의 연합이었다. 파머스턴 사후 러셀과 글래드스턴은 이 세력들 사이의 균형을 유지할 필요가 있었고, 따라서 의회 개혁의 본질과 범위를 주의 깊게 고려해야 했다. 러셀은 구빈위원회에게 버러와 카운티에서 납부액 구간에 따라 지방세 납부자 수를 확인토록 하였다. 이 조사 과정에서 세 가지 문제가 불거졌다. 첫째, 버러에서 지방세^{rate} 납부 노동계급 투표자 비율이 예상치를 훨씬 넘어서자, 몇 파운드를 선거권 자격의 기준으로 삼을지가 논란이 되었다. 둘째, 버러선거권의 토대를 집세^{rent}와 지방세 가운데 어느 쪽에 두느냐 하는 문제가 대두하였다. 1832년 이래 버러선거권은 10파운드 가치의 가옥 소유자와 10파운드 집세 납부자에게 부여되었다. 그런데 동일 액수라면 집세를 자격 기준으로 삼을 때, 지방세 경우보다 더 많은 사람에게 선거권을 부여하게 될 것이다. 왜냐하면 납세액은 집세 총평가가치에서 보수와 유비 비용을 공제한 액수가 될 수 있기 때문이다. 게다가 만약 지방세 '직접' 납부가 선거인 명부 등재에서 요구된다면 이는 선거권 부여의 범위를 축소할 것이다. 이 경우 집주인에게 내는 집세에 지방세를 포함시키는 부류인 이른바 '복합'납부자^{compounder}를 배제할 것이기 때문이다. 셋째, 선거권 문

2 Feuchtwanger, Edgar J.(1985), *Democracy and Empire : Britain, 1865–1914*, London, p.29.

제를 의석^{선거구} 재분배 문제와 동시에 다룰지 여부였다. 두 법안이 동시에 제안되면 선거구 조정으로 자신의 의석이 사라지게 되는 의원은 의회 개혁 전체를 반대할 공산이 클 것이다. 만약 재분배가 미루어지면, 그것은 새 선거권에 따라 구성된 의회에서 더 급진적 형태를 취할지도 모를 일이었다. 집세를 자격 기준으로 삼자고 주장한 급진파는 단일 법안을 압박했다. 그러나 러셀과 글래드스턴은 내각과 휘그의 지지가 필요했다.[3]

1866년 3월 글래드스턴이 제안한 선거법안의 골자는 지방세가 아니라 집세를 기준 삼아 버러에서 연수 7파운드 가치가 있는 재산을 점유하는 모든 사람에게 선거권을 부여하는 것이었다. 글래드스턴은 중간계급 및 상층계급 유권자와 노동계급 유권자의 비율을 6대 4로 잡았다. 집세 8파운드는 너무 배타적일 것이고 6파운드는 노동계급 유권자가 선거 결과를 좌우할 것이므로, 중간치인 7파운드가 적절하다고 판단되었다. 그러면 10파운드 가옥의 방을 임차하는 하숙인과 복합납부자가 선거권 자격을 갖게 된다. 글래드스턴은 20만 명의 새로운 도시 노동자 유권자가 생길 것으로 예상했다. 한편 카운티에서 현행 50파운드 이상의 지방세 과세 가치의 재산 대신 14파운드 임차 가치를 갖는 차지농에게 선거권을 부여하면 17만 명의 유권자가 추가될 것이다. 여기에 2년 연속 은행의 저축예금이 50파운드 이상인 부류에게도 선거권을 주면 유권자 수는 약 40만 명이 증가할 것이었다.[4]

---

3 Feuchtwanger(1985), 앞의 책, pp.30~32.
4 Hoppen, K. Theodore(1998), *The Mid Victorian Generation, 1846~1886*, Oxford,

글래드스턴의 법안은 온건했다. 이 온건성은 선거권과 선거구 차원에서 살필 수 있다. 첫째, 선거권 차원에서 보자면 1866년 법안은 1832년 선거법의 기조를 따랐다. 애초에 글래드스턴의 구상은 버러에서 재산 자격을 연수 6파운드로 낮추는 것이었지만, 이것이 의석의 반 이상에서 노동계급 유권자를 다수파로 만들게 된다는 시뮬레이션 결과가 나오자 7파운드로 낮추었다. 이는 글래드스턴의 선거권 개념이 세대주가 아니라 '체통 있는' 노동계급 상층부를 겨냥했음을 뜻한다. 그가 보기에 선거권 자격은 오직 정부를 선출하는 책임을 맡는 데 필요한 '자기 규율'을 입증한 노동자에게만 해당하였다. 7파운드 기준은 당시 '잔여'[residuum]로 지칭된 "불안정하고 무모하고 비도덕적인 하층민"과 "사회적 가치와 갈망에서 중간계급에 근접한"[5] 부류를 판별하는 기준이었다. 법안은 모든 남성 세대주선거권을 요구한 급진파의 의견에 따르지 않았다.

둘째, 법안에는 의석 재분배가 포함되지 않았다. 그 이유는 정부가 의석 재분배를 통해 다수파를 확보할 것이라고 확신하지 못했고, 재분배로 의석을 상실할 부류[대체로 자유당 의원들]를 소외시키는 정치적 부담을 지려고 하지 않았기 때문이다. 러셀과 글래드스턴은 선거권이 아닌 의석 재분배가 권력을 어느 정도까지 대중 유권자 쪽으로 이동시키느냐를 결정할 것으로 보았다. 따라서 재분배 없이 선거권 자격만 낮추면 노동계급의 표가 기득권을 가진 의원들의 득표 수에 단순히 누적될 것이다.[6]

pp.246~247.

5 Hamer, D. A.(1972a), *Liberal Politics in the Age of Gladstone and Rosebery : A Study in Leadership and Policy*, Oxford, p.10.

6 Parry, Jonathan(1993), *The Rise and Fall of Liberal Government in Victorian*

어덜러마이트

급진파, 휘그 우파, 토리 우파는 글래드스턴의 법안이 충분치 않다거나 지나치다는 이유를 들어 반대했다. 급진파는 세대주선거권이 부정되었으므로 법안이 충분히 나아가지 않았다고 보았다. 그들은 집세 기준이 6파운드 혹은 그 이하이어야 한다고 주장했다. 반면 휘그 우파는 법안이 지나치게 나아갔다고 비판하였다. 법안은 휘그−자유주의자−온건 토리가 연합하면 통과될 공산이 있었지만, 그 관건은 자유당의 가장 큰 세력인 휘그 온건파와 자유주의자가 쥐고 있었다. 휘그는 법안을 "권력을 획득하려는 도박", "정치적 사기이자 의회 요술"이라고 비난했다. 휘그의 핵심은 엘리트주의 '어덜러마이트' 그룹이었는데,[7] 그 규모는 40여 명이었다. 그 대변인 공리주의자 로버트 로는 효율성과 계몽된 정부라는 이념에 토대를 두고 법안을 공격했다. 그는 현행 선거제에서 이미 버러 유권자의 25퍼센트 이상은 노동계급이므로 만약 법안대로 이루어진다면 노동계급이 대부분의 버러에서 다수파가 될 것이라고 우려했다. 개혁이 이루어지면 지성과 교육을 가장 적게 갖춘 부류가 권력을 쥐게 될 것이고, 이들은 대중의 인기에 영합하는 편견과 저급한 선동 정치에 휘둘릴 것이다. "프랑스혁명의 테러와 비극"을 환기시키면서 로는 글래드스턴이 선거권을 '선험적 권리'로 옹호한다고 비난하였다. 그는 글래

Britain, New Haven, pp.213~214 ; John, Ian St.(2010b), *Gladstone and the Logic of Victorian Politics*, London, pp.123~124.

7 다윗이 사울에 반대한 불평분자들을 규합한 동굴 이름(사무엘 상 22장 1~2절)에 근거해서 급진주의자 존 브라이트가 "이곳에는 마음이 괴로운 모든 이와 불만을 가진 모든 이가 모였다"며 자유당 내부의 법안 반대파에게 붙인 이름.

드스턴의 법안으로 선거권을 부여받을 부류를 "타락, 무지, 주정酒酊, 협박, 충동, 사려 없음, 폭력" 같은 단어로 지칭하였다. 이에 글래드스턴은 노동계급이 '침략군'이 아니라 "우리의 동료 신민, 우리의 동료 기독교도, 우리 자신의 피와 살로서 그들의 선한 행위에 관한 칭송이 하늘까지 닿아 있는 사람들"이라고 주장하였다. 로의 공격에 대응해서 개혁의 정당성을 더 강하게 표현하려고 했던 글래드스턴의 이 말은 그를 실제보다 더 '민주주의자'로 보이게 했다.[8] 글래드스턴의 발언은 의회 밖에서 개혁을 지지하는 노동계급의 운동을 추동하는 효과를 가졌다. 반면 휘그 우파와 중도파는 글래드스턴의 리더십을 한층 불신하게 되었다. 휘그가 보기에 글래드스턴은 토리였다가 필파를 거쳐 자유당에 들어온 '굴러온 돌'이었다.

의석 재분배 수정안

보수당이 온건 개혁을 용인했더라면 자유당 내부의 반대파만으로는 법안을 좌절시킬 수 없었다. 물론 보수당은 글래드스턴의 제안을 받아들이지 않았다. 더비는 노동계급에게 선거권을 부여하고 산업도시를 포함한 버러로 의회 세력의 중심을 이동시키면 "보수당과 진골 휘그를 사멸시킬" 것이라고 우려했다. 보수당 내부에서 다수 토리가 디즈레일리의 '기회주의'를 불신하고 반유대주의 편견을 가진 상황이었지만, 디즈레일리는 선거법안 논란을 통해서 자유당의 온건파 휘그를 개혁파, 급

---

8 Feuchtwanger(1985), 앞의 책, pp.34~35.

디즈레일리와 글래드스턴

진파, 아일랜드 의원들로부터 떼어 놓을 가능성을 점치고 있었다.[9] 그는 자유당의 분열을 이용하여 법안을 부결시키고 자유당 정부를 실각시키기로 결심하였다. 그 결과 보수당은 어덜러마이트와 공조하여 법안을 강력히 거부하였다. 따라서 자유당 정부는 의도와는 달리 처음부터 급진파의 지지에 의존하게 되었다.

4월 법안 2독회에서 디즈레일리와 글래드스턴의 대결은 그로스버너 경의 수정안을 중심으로 전개되었다. 어덜러마이트인 그로스버너는 선거권 법안이 통과되기에 앞서 의석 재분배 법안이 제시되어야 한다는 적대적인 수정안을 제안하였다. 글래드스턴은 노동계급이 그들의 '지성, 덕, 충성심'에 비례하여 적절히 대표되지 않았고, 대표성이 증대하면 계급 이해가 아니라 공공의 이해에 따라 행동할 것이라면서 자신의 법안의 원리를 옹호하였다. 이어 그는 "여러분은 우리가 제안한 법안을 사장시킬지 모르지만, 여러분은 미래에 저항하여 싸울 수 없다. 시간은 우리 편이다. 강력하고 당당하게 전진하는 사회 세력은 여러분을 반대한다"고 마무리했다. 반대파는 계속해서 수정안 표결을 압박했다. 글래드스턴은 디즈레일리가 "무의미한 (그로스버너의) 수정안의 비호 아래 몸을 숨기고 있다"고 비난하였다. 그렇지만 정부는 겨우 5표 차로 수정안을 물리쳤다. 자그마치 어덜러마이트 36명이 반대하였다.

수정안 부결 후 글래드스턴은 의석 재분배안 없이 법안 심의를 계속하려고 했다. 그러나 전원위원회에서 선거권과 선거구 문제가 야당의

9   Cowling, Maurice(1967), *1867 : Disraeli, Gladstone and Revolution : The Passing of the Second Reform Bill*, Cambridge, p.64.

압력을 받아 단일 법안으로 합쳐지고 적대적인 수정안들이 제기되었다. 상황이 여의치 않자 글래드스턴은 현행 49개 선거구를 재분배하자고 제안했지만, 소규모 버러들을 두서없이 단일한 선거구에 모으려는 이 재분배 법안은 예상대로 자신의 의석을 상실할지도 모를 자유당 의원 다수의 반대 의지를 한층 강화한 결과 정부를 더욱 곤경에 빠뜨렸다. 법안 반대파의 공격에도 불구하고 토론은 6월 말 정부가 패배할 때까지 지속되었다. 그러나 그로스버너 수정안 표결에서 보듯이 총선 때 확보한 자유당 다수표는 명백히 사라졌다.

지방세 수정안과 실각

법안이 2독회를 가까스로 통과하자 디즈레일리는 정부를 실각시킬 호기를 포착하였다. 6월 보수당 지도부와 휘그 반대파의 연석회의가 열렸고, 전원위원회 단계에서 버러의 선거권을 집세 가치가 아니라 지방세 납부에 근거해서 제한하는 수정안을 제시하기로 합의했다. 그 목적은 글래드스턴의 법안에서 제시된 것보다 유권자 수를 크게 줄이려는 것이었다. 아일랜드의 대지주인 어덜러마이트 던켈린 경이 제안한 이 수정안은 정부의 반대에도 불구하고 11표 차로 가결되었다. 어덜러마이트의 규모는 44표였다. 글래드스턴은 의회 해산과 총선 실시만이 "인민과의 신뢰를 유지하는 길"이라고 주장했고 러셀도 이에 동조했지만, 각료 다수가 거부했다. 그들은 선거권 개혁 같은 논쟁적인 문제로 선거를 치르면 자유당의 단합에 치명적인 타격을 줄 것으로 우려하였다. 러셀은 사임을 선택했다. 자유당의 내홍을 즐긴 보수당에게는 합의에 의해 선거법 개혁 문제를 처리하기보다는 '글래드스턴과 민주주의'를 골탕

디즈레일리와 글래드스턴

먹이는 일이 더 구미당기는 일이었다. 디즈레일리는 이 상황을 영리하게 활용하였다.[10] 반면 보수당과 연합한 어덜러마이트의 완강한 반대 속에서 글래드스턴은 착오를 범했다. 첫째, 글래드스턴은 하원 리더로서의 경험 부족과 그에 따른 조급함, 그리고 행정적 정치가로서의 한계를 노정하였다. 필주의자였던 그는 반대파를 설득하는 유연성을 보이지 못했고, 자기 입장의 정당성만 고집하였다. 둘째, 하원에서 강력한 반대에 부딪히자 글래드스턴은 의회 밖의 대중에게 호소하였다. 4월 리버풀 집회에서 두 차례 연설한 그는 법안을 반대하는 토리와 휘그 귀족들이 '인민'의 의지를 거역하는 '이기적인' 집단이므로 인민이 의회를 바로 세워야 한다고 주장했다. 자유당 내부의 유력 정치가들이 보기에 대중에게 이런 식으로 호소하는 것은 유례없는 일이었다. 그들은 글래드스턴의 행위가 '비신사적'이고 위험하다고 여겼다.[11]

더비와 디즈레일리의 계산

1866년 6월 빅토리아 여왕은 더비에게 조각을 요청했다. 당시 더비가 어덜러마이트와 더불어 다수파 연립정부를 수립할 것이라는 풍문이 자자했지만, 연립정부는 이루어지지 않았다. 더비와 디즈레일리는 선거법 개혁을 반대하는 연립정부를 구성하면 자신들이 어덜러마이트에 휘둘릴 것이라고 염려하였다. 특히 디즈레일리는 휘그가 대주주였던 자유당 정부를 실각시킨 자신이 연립정부에서 '정치적인 안락사'를 당할 것

---

10 Feuchtwanger(1985), 앞의 책, p.34.
11 John(2010b), 앞의 책, pp.125~126.

이라고 우려했다. 그는 자신이 두루 불신받는 존재임을 알고 있었다. 그래서 그는 더비에게 보수당 단독으로 소수파 정부를 수립하라고 촉구하였다. 그 결과 더비는 세 번째 소수파 내각의 수상이 되었고, 디즈레일리는 세 번째 재무장관이자 하원 리더가 되었다. 연립정부 무산은 선거법 개혁 문제의 전개뿐 아니라 정당체제의 발전에서도 '결정적인 순간'이었다.[12]

일단 보수당의 입장은 1867년 2월 새 회기 시작까지는 움직이지 않는다는 것이었다. 디즈레일리는 개혁이 보수당의 단합을 해칠 것이라는 이유에서 무사주의를 견지했다. 그러나 현실적 요인들이 이런 무사주의를 지탱할 수 없게 만들었다. 글래드스턴의 개혁 법안을 둘러싼 논란은 재정 위기, 기업 파산, 실업이라는 경제적 상황과 맞물려 대중의 정치적 각성을 야기하였다. 토리 정부의 성립은 개혁 대의를 심각하게 후퇴시킨 것으로 인식되었고, 그 결과 1866년 7월 노동조합과 연계한 선거법 개혁동맹이 주도한 런던의 하이드파크 시위에서 집회를 불허한 경찰과 시위대가 충돌하였다. 급진주의자 존 브라이트는 자신의 지역구 버밍엄을 비롯하여 맨체스터, 리즈, 글래스고, 더블린, 런던의 대중 집회에서 귀족의 기득권에 반대하는 노동계급과 중간계급의 단결을 호소하면서 '집회의 자유'를 위한 투쟁을 이끌었다. 두 당의 정치가들은 위기감을 느꼈다. 의회 밖의 대중운동이 개혁을 좌지우지하는 것을 원치 않던 그들은 어떤 선거법 개혁이든 현행 선거제로 구성된 의회에서 통과되어야

---

12 Feuchtwanger(1985), 앞의 책, p.36.

한다고 판단했다. 따라서 의회 밖 개혁운동이 구축한 압력은 의회정치가들에게는 오직 제한적인 영향력을 가졌을 뿐이다.[13]

이 상황에서 더비와 디즈레일리는 보수당의 운세를 역전시키기 위해 '자신들만의' 법안을 제안하는 것이 유리하다고 굳게 믿었다. 1858~1859년 그들은 보수당의 입지를 강화하기 위해 개혁 법안을 제안했다가 실패한 적이 있었다. 이제 만약 아무런 조치도 취하지 않는다면 분열된 자유당이 단합하여 토리 정부를 실각시키고 개혁 법안을 다시 추진할 것이다. 반면 보수당 스스로 개혁을 추진하면 당의 단합이 파괴될 위험이 있었다. 따라서 이 난관에서 벗어나기 위해서는 자유당의 분열상태를 이용하면서 보수당에게 유리하게끔 개혁 법안을 제시하는 길을 택해야 할 것이었다. 더비와 디즈레일리는 보수당이 자신만의 개혁안을 제시하면 글래드스턴이 이끄는 자유당을 더욱 약화시킬 수 있다고 보았다. 이미 자유당 내부에서는 개혁파와 반개혁파가 첨예하게 대립하고 있었다. 또한 이 방안은 개혁을 요구하는 급진주의 세력과 노동계급에게 보수당이 개혁 세력이라는 인상을 심어 줄 수도 있었다. 나아가 보수당이 정치적 상황을 장악함으로써 의회 차원에서 자유당 및 어덜러마이트에게 의존하지 않는 정체성을 명확하게 수립하는 이점도 있을 것이었다. 결국 보수당 정부를 계속 유지하고 자유당의 분열을 이용하며, 선거법 개혁 문제를 해결하려는 정치적 고려가 작용하였다.[14]

---

13 Blake, Robert(1972), *The Conservative Party from Peel to Churchill*, London, pp.101~102.

14 Coleman, Bruce(1988), *Conservatism and the Conservative Party in Nineteenth-Century Britain*, London, pp.131~132 ; Feuchtwanger(1985), 앞의 책, pp.38~39.

더비와 디즈레일리의 과제는 자신들이 부결시킨 글래드스턴의 법안과는 '다른' 법안을 제시하는 일이었다. 이론상 보수당 정부의 법안은 글래드스턴의 법안보다 온건해야 했다. 그렇지만 이것은 어디까지나 논리였을 뿐이다. 종래 선거법 개혁을 완강하게 반대하던 더비는 남북전쟁 시기에 랭커셔의 직물산업에서 광범한 실업이 발생하자, 구호위원회 의장으로 활동하면서 자신이 만난 실업자들이 잠재적 혁명가이기는커녕 대체로 온건하고 합리적인 부류임을 깨달았다. 그는 노동계급 가운데 노동귀족이 자유당을 지지할 공산이 크더라도 정말로 가난한 부류는 부자를 존경하는 '잠재적인 토리 지지층'이라고 판단하였다.

　　따라서 더비는 글래드스턴의 법안보다 더욱 '진보적인' 법안을 보수당이 제안하고 관철해서 개혁 문제를 마무리 지어야 한다고 결론 냈다. 그는 버러 유권자의 기준을 글래드스턴이 제시한 7파운드보다 낮은 5파운드로 정하는 대안을 생각하다가 결국 '논리적으로는' 소득과 무관하게 세대주선거권이 타당하다고 보았다. 물론 이 결론의 배후에는 어떤 양보를 해서라도 보수당이 계속 집권해야 한다는 욕구가 있었다.[15] 처음에는 회의적이던 디즈레일리는 더비의 제의를 좇아 선거법안을 마련하였다. 따라서 1867년 선거법 개혁의 추동력은 디즈레일리가 아니라 더비로부터 온 것이다. 디즈레일리는 자신이 패배시킨 자유당의 법안과 차별되는 선거권 수준을 결정해야 했다. 그런데 자유당의 어덜러마이트는 선거권 기준 인하를 거부한 세력이었고 패배한 자유당 지도부로부터

15　Leonard, Dick(2013), *The Great Rivalry : Gladstone and Disraeli*, New York, pp.129~130.

도 지지를 얻을 리는 만무했으므로, 보수당이 유일하게 지원을 기대할 수 있는 세력은 자유당의 급진파였다. 더비와 디즈레일리가 세대주선거권을 도입한 것은 이런 이유에서였다. 1867년 2월 개원 무렵 내각은 거주 요건을 충족하는 지방세 직접 납부자에게 선거권을 확대하는 데 합의했다.

디즈레일리의 선거법안

1867년 2월 하순 디즈레일리가 내각에 제시한 개혁안의 골자는 버러에서 지방세를 집주인을 통해서가 아니라 '직접' 납부하는 '모든' 세대주에게 선거권을 주는 것이었다. 일단 이 제안은 글래드스턴의 법안보다 더 많은 유권자를 창출할 것이었다. 동시에 이 제안은 지방세 직접 납부자를 규정하고 거주 기간도 2년으로 엄격하게 규정함으로써 선거권을 가진 사람과 갖지 못한 사람을 글래드스턴의 개혁안보다 명확하게 구분하였다. 그런 한편 노동계급 유권자의 대규모 증가의 효력을 희석하기 위해 다양한 복수투표권^{환상선거권}을 제시하였다. 대학 학위 소지자, 정부공채 소유자, 50파운드 이상의 저축은행 예금자, 전문직 종사자에게 2표 이상을 주고자 한 것이다.

이 제안은 내각에서 인도장관 크랜본 경^{후일 솔즈베리 후작}, 식민장관 카나번 경을 비롯한 각료들의 반대에 부딪혔다. 디즈레일리는 보수당 통계 전문가가 마련한 자료를 제시하여 세대주선거권을 우려한 내각을 다독이려고 했다. 그러나 크랜본과 카나번은 소규모 버러에서 선거권 부여의 예상 결과가 과소평가되었다고 지적하였다. 1832년 선거법을 사회계급 사이에 완벽한 균형을 수립한 최종 타결로 본 크랜본은 디즈레일리의 제안이 노동계급에게 권력을 주어 계급 약탈을 뒷받침하는 조치라고 비판하였다. 더비와 디즈레일리는 36만 명의 유산자 표를 반영할 복수투표제가 새로운 세대주 유권자 45만 명의 표에 충분히 대응할 수 있다고 주장했지만 반대파를 설득하지 못했다. 그렇지만 자유당 정부 때와는 달리 보수당에서 '어덜러마이트'는 없었다.

2월 25일 디즈레일리의 제안은 철회되었다. 이날 디즈레일리가 하원에서 연설할 예정이었다. 그러자 세대주선거권을 폐기하고 버러에서 6파운드 지방세 납부자와 카운티에서 20파운드 지방세 납부자에게 선거권을 부여하는, 그러나 복수투표권을 배제한 새로운 법안이 황급히 마련되었다[10분 법안]. 이 법안은 좌절된 글래드스턴의 법안을 모방한 것이었다.

그런데 글래드스턴이 이 법안을 좌절시켜 휘그와 자유주의자를 재결집할지도 모를 일이었다. 왜냐하면 어덜러마이트는 전해에 이와 매우 유사한 법안을 부결시켰기 때문이다. 디즈레일리가 패배를 모면할 유일한 길은 10분 법안을 철회하고 세대주선거권을 명확하게 표명한 원래의 안으로 돌아가는 일이었다. 그렇지 않으면 글래드스턴에게 굴욕적인 패배를 당하고 자유당 정부가 복귀하며, 전년에 부결된 법안보다 더 철저하지만 하여간 자유당의 필요에 부합하는 법안이 제안될 것이었다. 더비와 디즈레일리는 보수당 다수파가 글래드스턴과 자유당의 승리를 목격하느니 차라리 세대주선거권을 선호할 것이라고 계산하였다. 10분 법안은 폐기되었다. 3월 내각은 지방세 직접 납부, 복수투표제, 1년 거주 대신 2년 거주를 규정한 종전의 세대주선거권안으로 되돌아갔다. 어떤 대가를 치르더라도 권력을 유지하고자 한 더비의 확고한 지지에 자신

디즈레일리와 글래드스턴

의 유연성과 기회주의를 결합시킨 디즈레일리는 대다수 토리의 지지를 유지할 수 있었다.[16]

글래드스턴은 이 방안이 외견상 세대주선거권이라는 일관성을 가졌고 집권당의 개혁 의지를 반영한다고 평가하였다. 그런데 부결된 글래드스턴의 법안보다 급진적인 디즈레일리의 법안은 몇 가지 이점을 갖고 있었다.

첫째, 글래드스턴의 법안이 미흡하다고 여긴 자유당 급진파의 지지를 얻음으로써 법안 통과의 가능성을 높일 수 있었다. 둘째, 디즈레일리는 노동귀족 아래에 위치한 가난한 노동자들이 보수당을 지지할 공산이 크므로 이들에게 선거권을 주면 버러에서 휘그의 힘은 약화될 거라고 계산하였다. 셋째, 액수에 상관없이 지방세를 기준으로 삼으면 선거권 문제를 최종적으로 해결할 것이다. 동시에 지방세를 납부하지 못하는 사람은 배제되므로 남성 보통선거제를 피할 수 있을 것이다. 넷째, 복수투표제는 교육과 재산을 갖춘 부류의 정치적 영향력을 강화하여 세대주선거권의 효과를 상쇄할 수 있었다.[17] 이 토대 위에서 마련된, 그리고 만약 부결되면 의회를 해산할 것이라는 위협이 가세한 디즈레일리의 법안은 자유당 지도부를 곤경에 빠뜨렸다. 디즈레일리는 급진파 의원들로부터 글래드스턴을 떼어 내고, 자유당 의원 다수가 생각보다 '훨씬 덜 진정한' 개혁가임을 보여 주고자 했다.

---

16 Feuchtwanger(1985), 앞의 책, pp.40~41.
17 John, Ian St.(2010a), *Disraeli and the Art of Victorian Politics*, 2nd ed., London, p.79 ; John(2010b), 앞의 책, p.128.

글래드스턴의 5파운드 수정안

그러자 4월 자유당 회합에서 글래드스턴은 5파운드 지방세 납부자 모두에게, 그리고 일정 기준 이상의 집세를 내는 부류에게 선거권을 부여하는 지침을 제시하였다. 이어 그는 이 지침에 따른 일련의 수정안을 제안하였다. 이것은 위기 국면에서 그가 선언한 목표와 전적으로 부합하는 것으로서, 도덕적으로 건전하고 안정적인 노동계급에게 선거권을 주되 이른바 잔여는 배제하는 방안이었다. 그것은 자유당뿐 아니라 토리에게서도 널리 지지받을 만한 제안이었다. 첫째, 글래드스턴은 재산이 선거권의 '도덕적' 기준이라는 자신의 온건한 개혁 원리가 옳고 합리적이라고 보았다. 그는 이 기준이 최소한 지방세 5파운드라고 여겼다. 둘째, 글래드스턴은 의회 심의를 거치면서 디즈레일리의 법안에서 환상 투표권이 제거될 것이라고 정확히 예상하였다. 따라서 그는 더 급진적인 법안으로 바뀔 공산이 큰 법안을 지지할 수 없었다. 셋째, 글래드스턴은 집세에 포함시켜 지방세를 납부하는 부류를 배제하는 것은 논리적으로 부당하다고 생각하였다. 이를테면 집세 10파운드를 지불하는 복합납부자는 선거권을 갖지 못하지만, 지방세 3파운드를 직접 납부하는 사람이면 누구나 선거권을 가질 수 있다. 그런데 복합납부자에게 선거권을 주면 유권자 수는 크게 증가하여 실질적으로는 세대주선거권제가 되는 것이다. 이것은 급진파의 제안으로서 자유당과 보수당의 지지를 받지 못할 것이다.[18]

---

18 John(2010a), 앞의 책, pp.80~81 ; John(2010b), 앞의 책, p.129.

디즈레일리와 글래드스턴

반면 토리는 법안의 문제점이 무엇이든 간에 오직 정부를 유지하고 법안을 통과시키기를 원했다. 토리가 디즈레일리의 법안을 따른 데에는 여러 이유가 있었다. 더비를 존경하는 마음, 토리 법안만이 당의 존립을 도모할 수 있다는 신념, 자유당을 굴복시키려는 욕구, 온건한 카운티 선거권 규정으로 카운티 의석이 안전할 것이라는 판단이 그것이다. 한편 일부 자유당 의원이 디즈레일리의 법안을 지지한 이유는 글래드스턴이 파머스턴주의를 포기한 데 반감을 가졌기 때문이다. 반면 일부 급진파는 전년도에 부결된 글래드스턴의 법안에 비한다면 디즈레일리의 법안이 자신들 편이라고 여겼다.[19]

자신의 지침을 제시한 며칠 뒤 의사당 안 '휴게실 반란'은 글래드스턴에게 다시 제안을 철회토록 강요하였다. 50명 남짓한 자유당 '반란자' 중 다수는 제한적이더라도 세대주선거권 원리를 포기하기를 원치 않는 온건 및 중도 좌파 자유주의자였다. 그들은 겉보기에 더 제한적인 고정된 기준의 선거권^{글래드스턴안}보다 세대주선거권^{디즈레일리안}을 선호하였다. 그러나 4월 12일 글래드스턴은 철회 약속을 뒤집고 5파운드 지방세 납부자에게 선거권을 부여하는 수정안을 제안했다. 급진파와 어덜러마이트 45명이 반대했다. 수정안은 21표 차^{310대 289}로 부결되었다. 자유당의 중도파와 급진파 다수는 보수당의 법안보다 덜 전향적인 글래드스턴의 수정안을 왜 수용해야 하는지 납득할 수 없었다. 더군다나 글래드스턴은 하원의 분위기를 잘 파악하지 못하고 있었다. 어덜러마이트

19 Hoppen(1998), 앞의 책, p.251.

일부와 보수당 의원 대다수는 보통선거제^{민주주의}를 피하는 수준이라면 세대주선거권으로 문제를 최종적으로 타결하는 것이 낫다는 생각을 하고 있었던 것이다. 디즈레일리는 이런 분위기를 정확하게 파악했다. 이 표결 결과를 "아마도 전례 없는 일격"이라고 일기에 적은 글래드스턴은 하원에서의 리더십을 포기하였다. 자유당은 지리멸렬해졌다. 디즈레일리는 경쟁자에게 대승을 거두어 보수당 내부에서 자신의 리더십을 강화할 수 있었다.

디즈레일리는 계속해서 글래드스턴을 패배시키기로 작정하였다. 그는 법안을 통과시키는 데 필요하다고 판단될 경우에는 여러 수정안을 수용하였다. 우선 그는 브라이트가 이끄는 자유당 급진파에게 양보하였다. 전원위원회 단계에서 그는 급진파의 수정안들을 계속 수용하였고 ^{1년 거주 기한과 하숙인 선거권 수용}, 반면 세대주선거권의 효과를 완화시키려는 글래드스턴과 자유당 의원들의 수정안은 일관되게 거부하였다. 그 결과 원래 그가 세대주선거권의 균형추로 여기던 환상선거권이 모두 폐기되었다. 사실 복합납부자와 세입자^{하숙인}에게 선거권을 부여하게 되면서 환상선거권은 불필요해진 것이다. 세입자와 세대주 대다수가 그 규정에 해당하였기 때문이다. 디즈레일리는 "만약 그것이 글래드스턴으로부터 오는 것이 아니라면 어떤 수정안도 기꺼이 수용하고자 했다."[20]

---

20 Shannon(1999), 앞의 책, p.37.

디즈레일리와 글래드스턴

호지킨슨의 복합납부자 재수정안

4월 12일의 승리 이후에도 최종 문제는 여전히 남아 있었다. 버러선거권에서 주요한 제약은 지방세 복합납부자를 배제하는 조항이었다. 이것은 글래드스턴을 비롯한 자유당 의원 다수로서는 수용할 수 없었다. 투표자와 비투표자를 전적으로 '비논리적'으로 구별 짓기 때문이었다. 5월 글래드스턴은 개혁연맹의 대규모 집회에서 자신이 5파운드 자격 기준에 더 이상 구애받지 않고 세대주선거권을 지지한다고 공언하면서 하원이 노동계급의 정당한 갈망을 무시하면 안 된다고 경고했다. 이어 글래드스턴은 지방세 복합납부자에게 선거권을 부여하는 수정안을 제시하였다.

디즈레일리는 글래드스턴의 제안이 갖는 파괴력을 인지했다. 이때 자유당 의원 그로스브너 호지킨슨이 재수정안을 제시했는데, 이는 디즈레일리에게는 예기치 않은 구원투수였다. 호지킨슨은 복합납부자 문제를 해결할 방법으로 그것의 '폐지'를 제안하였다. 지방세와 집세를 '뒤섞는 것'은 불법으로 간주되며, 따라서 버러에서 모든 임차인은 지방세를 직접 납부해야 한다는 것이다.

'고르디우스의 매듭'을 끊은[21] 호지킨슨은 단지 복합납부를 폐지하고자 했을 뿐이다. 그러나 디즈레일리는 호지킨슨의 재수정안에서 난제를 푸는 해법을 찾았다. 디즈레일리는 호지킨슨의 재수정안에 함축된 의미는 실질적으로 세대주선거권을 도입해서 유권자 수를 50만 명 더 늘리

---

21   Hoppen(1998), 앞의 책, p.251.

는 셈이라고 파악하였다. 재수정안이 원래 법안의 안전 조치들을 가장 결정적으로 파괴한다고 간주되었으므로, 글래드스턴은 디즈레일리가 이런 제안을 수용할 리 없다고 짐작하였다. 그러자 디즈레일리는 10파운드 가옥의 하숙인에게 선거권을 주는 수정안뿐 아니라 호지킨슨의 수정안도 수용하겠다고 나섰다. 이 선언은 디즈레일리가 자유당 온건파와 급진파의 분열을 심화시키면서 계속해서 글래드스턴을 제압하려는 결심에서 나왔다. 그는 내각과 상의 없이 수정안을 수용하였다. 디즈레일리는 법안의 원리 및 지방세 납부와 거주 요건에 관한 입장에서 '최소한으로' 벗어나면서 "현재의 (의회 밖에서의) 선거법 개혁운동을 파괴하고 글래드스턴과 그 무리를 제압할" "결정적 순간이 도래하였다"고 판단한 것이다. 그가 내각으로 하여금 자신의 변화를 승인하도록 만드는 데에는 아무런 어려움도 없었다.

호지킨슨 수정안이 가결되면서 선거법 개혁 법안을 둘러싼 논쟁은 실질적으로 끝났다. 결국 세대주선거권이 도래했다. 그것은 1866년에는 어느 누구도 예상하지 못했을 뿐 아니라 어느 누구도 지지하지 않은 결과였다. 글래드스턴, 디즈레일리, 어덜러마이트, 심지어 브라이트도 그랬다. 1865년 선거법 개혁을 반대한 파머스턴을 지지해서 선출된 의회가, 그리고 1866년 유권자를 40만 명 늘리는 조치를 거부한 의회가 이제 유권자를 100만 명 이상 늘리는 법안을 찬성한 것이다. 상원에서 더비는 이 조치가 "어둠 속에서의 도약"이지만 국가 제도를 더 견고한 토대 위에 놓은 데다가 국민 다수의 만족감을 증가시킬 것이라고 장담하였다.

개혁의 성과

선거권을 갖게 된 유권자 수가 크게 증가하였다. 가옥의 소유주, 점유자를 불문하고 버러에서 1년 이상 거주하고 지방세를 납부하는 모든 세대주, 버러에서 연간 10파운드 집세를 지불하는 하숙인이 주된 수혜자였다. 카운티에서는 연간 지방세 12파운드 원래 제안은 15파운드 납부자, 연수 40실링 자유토지보유농, 연수 5파운드 등본토지농과 정기차지농, 연수 12파운드 임의차지농에게 선거권이 확장되었다. 한 통계에 따르면, 연합왕국 전체 유권자는 1866~1868년에 136만 명에서 246만 명으로 110만 명 81퍼센트 증가했다. 잉글랜드 버러 유권자는 67만 명 134퍼센트 증가했다. 노동계급 유권자 수는 5배 증가하였다. 종래 잉글랜드와 웨일스에서 성인 남성 5명 가운데 1명꼴로 선거권을 가졌지만, 이제는 3명에 1명꼴이 되었다. 이런 규모 증가가 보수당에 의해 이루어진 것에 동시대인은 경악했다. 선거법 정국에서 두드러진 현상은 '감각의 정치'였다. 이 특성은 글래드스턴보다 디즈레일리에게 훨씬 현저했다.

의석 재분배 문제에서도 디즈레일리는 보수당의 이익을 도모하는 데 크게 성공하였다. 디즈레일리는 토리에게 매우 유리하도록 선거구 획정위원회를 구성하였다. 획정위원회는 인구가 늘어나는 도시 근교를 카운티에서 분리하고 이를 버러 선거구에 포함시켰다. 그 이유는 도시화한 지역에서 유권자의 표가 카운티에서 보수당의 전통적인 강세를 뒤집는 것을 방지하고자 했기 때문이다. 그런데 예상과는 달리 오히려 버러에서 보수당을 강화하는 결과로 나타났다. 이는 도시 근교에 거주하는 중간계급 부유층의 지지 성향이 점차 자유당에서 보수당으로 옮겨 갔기 때문이다. 19세기 선거법 개혁 가운데 재분배의 규모가 가장 작았던 이 조치는 토리를 위한 일종의 '게리멘더링'이었다.[22] 카운티 의석이 는 반면 버러 의석은 줄었다. 재분배가 시골의 토지 소유자와 보수당에게 더 안전하도록 의도된 셈이다.

의석 재분배 결과 1만 명 이하의 주민을 가진 버러에서 1석씩 모두 45석을 없애고, 여태 대표를 보내지 못하던 버러에 15석, 주로 토리가 우세한 카운티에 25석, 새로 선거권을 얻은 유권자 다수가 거주한 맨체스터·리버풀·리즈·버밍엄에는 1석씩 추가해서 3명의 대표자를 선출하도록 하였으며, 런던대학에 1석을 배정하였다. 요크셔와 랭커셔에는 선거구를 증설하여 2명씩 배정하였다. 또한 3인 선거구에서 각 유권자가 의석 수보다 하나 적은 표를 행사하도록 함으로써 3석 가운데 토리가 최소한 1석을 차지하게끔 만들었다.

디즈레일리가 주도한 개혁의 진정한 패배자는 휘그였다. 그들은 더 이상 자신을 '진보적'이라고 주장할 수 없게 되었다. 반면 급진파는 자신의 기대에 근접한 성과를 얻었다고 자위하였다. 토리는 곡물법 폐지에 따른 분열 이후 20년간의 좌절을 딛고 진정한 성공을 거두었다. 디즈레일리는 유연한 전술을 구사함으로써 전통적으로 보수당을 지지한 선거체제 카운티에서의 우위를 최대한 보존하겠다는 목표를 지켰고, 유권자 확대가 아무런 해를 끼치지 않을 자유당 아성인 다수의 버러를 무력하게 만들었다. 잉글랜드와 웨일스에서 버러 유권자 수가 138퍼센트 증가했지만 카운티에서는 46퍼센트 증가에 그쳤다. 즉 디즈레일리는 더 많

---

22 Machin, Ian(1995), *Disraeli*, London, p.111.

디즈레일리와 글래드스턴

은 유권자가 보수당에 투표하도록 한 것이 아니라 보수당 표가 더 비중 있는 체제를 구축하였다. 그렇지만 새 유권자 대다수는 대도시에 있고 2만 명 이하의 소규모 버러가 건재했으며, 부패 선거구는 80개에 달했고, 21세 이상 성인 남성 가운데 유권자 규모는 소소했다.[23] 따라서 1832년 이래 정치구조의 본질은 크게 바뀌지 않았다고 할 수 있다. 개혁은 외견상 급진적이었다. 이 사실에 비추어 보자면, 의회 밖 대중운동의 영향력에 관한 역사가들의 논쟁에도 불구하고 그 영향력은 1867년 개혁 드라마의 합창에서 '한 성부聲部'를 담당한 정도였다고 하겠다. 하이드파크 시위에도 불구하고 대중은 디즈레일리와 글래드스턴이 주역을 맡은 결투에서 '배우'보다는 '관중'이었다.[24]

2. 선거법 개혁, 1884～1885년

제2차 선거법 개혁과 제3차 선거법 개혁 사이에 정치구조를 변화시킨 다른 입법들이 있었다. 글래드스턴 정부 때 제정된 1872년의 비밀투표법과 1883년의 부정선거방지법은 선거권 확대나 선거구 조정과는 달리 '투표 행위'에 관한 조치로서 부분적으로 정치구조의 변화에 작용하였다. 종래 영국에서 투표는 연단에서 공개리에 이루어졌다. 이 경우

23 Hoppen(1998), 앞의 책, pp.252～253.
24 Lee, Stephen J.(2005), *Gladstone and Disraeli*, London, pp.73～74 ; Feucht-wanger(1985), 앞의 책, p.47 ; Bentley, Michael(1984), *Politics without Democracy, 1815-1914*, London, p.182.

자본가에게 고용된 노동자나 지주의 토지를 임차한 농민은 자본가와 지주의 의사를 거부하기 어려웠다. 오래전부터 자유당 급진파는 비밀투표를 지지했다. 반면 글래드스턴은 비밀투표가 책임 없이 권한을 행사하는 것이라고 여겼다. 다수의 휘그도 비밀투표를 반대했는데, 휘그의 리더인 하팅턴 경은 비밀투표는 재산의 정당한 영향력을 감소시키고 '계급 노선'에 따른 투표를 조장한다고 주장하였다.

그렇지만 글래드스턴은 공개투표를 지지하면서도 "어떤 식으로 이루어지든 투표는 협박으로부터 자유로워야 한다"는 단서를 달았다. 비밀투표는 자유당에서 대체로 인기가 있었다. 1870년 초등교육법안과 아일랜드 토지법안으로 자유당이 내홍을 겪은 상태에서 글래드스턴은 비밀투표로의 개혁이 당의 단합을 도모할 것으로 기대하였다. 공개투표제를 반대한 노동조합의 우려도 고려해야 했다. 나아가 그는 1867년 개혁이 오히려 재정적으로 열악하여 협박과 매수에 취약한 새로운 유권자를 대거 등장시켰다는 사실을 지적함으로써 자신의 입장 변화를 정당화했다.[25]

1870년 비밀투표 법안이 하원을 통과했지만 상원에서 부결되었다. 러셀이 극력 반대했고 휘그 다수는 기권했다. 1872년 법안이 다시 제안되었다. 상원은 이번에도 강력하게 저항했으나, 글래드스턴이 의회를 해산하고 '인민의 법안' 이름으로 총선을 치르겠다고 위협하자 굴복하였다. 이 문제로 선거를 치르는 데 부담을 느낀 디즈레일리는 상원의 토리 귀족들을 설득해서 법안을 통과시켰다. 지주와 고용주는 이 법에

---

25 John(2010b), 앞의 책, pp.185~186.

크게 불만이었다. 그런데 특히 이 법의 효과가 컸던 곳은 아일랜드였다. 1874년 이후 아일랜드에서는 지주의 권력이 쇠퇴하고 자치당이 약진하면서 종래 자유당과 보수당이 분할·장악하던 선거 구도가 깨졌다.

그렇지만 선거 부정행위는 계속되었다. 이에 글래드스턴 정부는 부정선거방지법을 제정하였다. 이 법은 벌금 혹은 투옥 처벌을 받는 불법 유세와 투표 행위의 범위를 매우 엄격하게 규정하였다. 예컨대 부정선거 행위를 한 사람은 이후 7년간 어떤 공직도 맡지 못하고 해당 선거구에서 영구히 출마할 수 없었다. 그 결과 선거 비용이 크게 줄어들고 선거 매수와 관련된 고발 건수가 거의 사라졌다. 이 법은 근대적인 정당 제도가 발달하는 데 매우 중요한 역할을 하였다. 자금이 많은 후보자라도 이를 자유롭게 쓸 수 없게 되었기에 해당 선거구에서 선거운동원의 활동, 당 기구의 역할, 유권자를 향한 이데올로기의 호소가 더욱 중요해졌다.

배경과 과정

1883년 가을 무렵 글래드스턴은 또 다른 선거법 개혁 시점이 도래했다고 판단했다. 매슈에 따르면, 글래드스턴은 전부터 선거법 개혁이 추가로 필요하다고 인식하였으며, 이미 1881년 초 입법을 위해 1년 정도의 시간을, 이를테면 1884년 무렵 1년은 "자유롭게 남겨 두는 것이 좋다"고 여기고 있었다.[26] 1883년 9월 글래드스턴은 의회 개혁의 세 가지

---

26 Matthew(1997), 앞의 책, p.426.

핵심 사항을 제시했다. 카운티에도 세대주선거권 원리를 적용할 것, 선거구를 조정할 것, 개혁 범위는 영국 전역을 포괄할 것이 그것이다. 그는 이 세 가지를 담은 단일 법안이 제안되어야 한다고 결론 내렸다. 이 판단에는 정치적 고려가 있었다. 아일랜드 문제와 대외 문제에서 정부가 수세에 몰리면서 자유당 내부에서 비판의 목소리가 커졌고, 이에 글래드스턴은 당의 단합을 이끌 의제가 필요했다. 사실 1873년 글래드스턴은 1867년 개혁의 세대주선거권 원리를 카운티에 확대하는 것은 "정당하고 현명한 일"이라고 주장했고, 자유당 내부에서도 광범한 공감이 있었다. 1874년 총선 결과만 본다면 자유당 패배의 주요 공간은 카운티였다. 따라서 자유당으로서는 '인민의 목소리'를 카운티에서 확보해야 했다.

그런데 세대주선거권을 카운티로 확대할 경우 심각한 문제가 등장할 수 있었다. 1867년 개혁은 아일랜드에서는 거의 효과가 없었다. 버러 선거구가 거의 없었기 때문이다. 글래드스턴은 선거와 관련된 어떤 조치도 아일랜드에서 동등하게 적용되어야 한다고 결심했다. 그러나 거기에는 위험이 따를 것이었다. 비밀투표법으로 자치운동이 촉진되었고, 아일랜드의 가톨릭 차지인 다수에게 선거권을 주면 토지개혁운동과 민족당에게 힘을 더욱 실어 줄 것이기 때문이다. 글래드스턴은 이 점을 우려했고 또한 경고도 받았지만, 단일선거제 원칙을 고수한 그는 이를 무시했다. 글래드스턴은 단일선거제 때문에 자유당이 아일랜드에서 의석을 잃을지라도 잉글랜드 카운티에서 이를 충분히 만회할 것으로 예상했다.

이보다 중요한 문제는 의석 재분배였다. 선거권을 확대하여 카운티에서 대규모 유권자를 창출하면 카운티 의석 규모가 너무 커질 것이기

디즈레일리와 글래드스턴

때문이다. 그런데 의석 재분배는 선거권 자격 변개보다 더 자유당의 분열을 야기할 공산이 있었다. 이해관계를 가진 보수당 의원뿐 아니라 자유당 의원들도 자신의 의석 상실을 염려할 것이기 때문이다. 그 결과 만약 선거권과 의석 재분배가 단일 법안에 통합되면 정부의 실각으로 이어질지도 모를 일이었다. 그의 해법은 선거권과 선거구 조정을 분리하는 것이었다. 그는 내심 선거권 문제를 자신의 임기에 처리하고 선거구 조정 문제는 후임자가 처리하는 것이 타당하다고 여겼다.

1883년 11월 하순 내각에서 글래드스턴의 제안이 논의되자, 급진파를 대표한 조지프 체임벌린과 휘그의 리더 하팅턴 사이의 대립은 글래드스턴도 추스르기 어려울 정도였다. 하팅턴은 선거권과 선거구 조정을 결합하지 말고 아일랜드를 제외하자고 주장하였는데, 그는 선거권이 확대되면 아일랜드에서 민족당이 득세할 것이라고 우려하였다. 연말에도 이 문제는 명확히 해소되지 않았다. 글래드스턴은 하팅턴에게 만일 합의가 도출되지 않으면 자신은 사임해야만 한다고 경고했다. 또한 그는 이 문제로 조만간 당이 파열하면 체임벌린파가 당을 장악할 수 있고, 아일랜드를 정치적 불평등으로 묶는 '악'이야말로 진정 아일랜드를 위험하게 만들 것이라고 지적하였다. 결국 타협이 이루어져 1884년 1월 초 내각은 선거권을 확대하고 아일랜드를 포함하되 의석 재분배는 1884년 회기 후반에 별도 법안으로 제안하기로 결정하였다.[27]

1884년 4월 법안은 만장일치로 하원을 통과하였다. 보수당도 선거권

---

27 김기순(2009), 『글래드스턴과 아일랜드 : 자치법안 정치사 연구』, 한림대학교출판부, 58쪽.

확대가 불가피하다고 여긴 결과였다. 그러나 상원 다수파인 토리를 이끈 솔즈베리 후작은 상원이 법안을 통과시키는 대가로 의석 재분배를 양보하라고 요구하였다. 글래드스턴은 이 요구를 "정치적 암거래"라고 비난하면서 상원이 솔즈베리의 이런 "못된 장난"을 따르지 않으리라고 믿었다. 그러나 7월 상원은 법안을 부결시켰다. 글래드스턴은 스코틀랜드 순회 연설에서 "상원 구성에서 유기적인 변화를 도입하는 수단"을 검토할 때가 왔다고 언급하였다.이 생각은 1894년 글래드스턴의 마지막 의회 연설에서 다시 등장한다. 상원의 저항은 급진파가 글래드스턴을 압박하는 계기가 되었다. 급진파는 '인민에 저항하는 귀족'이라는 구호를 외치면서 상원 반대 캠페인을 벌였다.

글래드스턴과 솔즈베리는 타협을 절감했다. 자유당은 의석 재분배에 동의하였고, 보수당은 선거권 확대에 동의하였다. 1884년 10~11월 일련의 우호적인 회담을 거쳐 1885년 6월 의석 재분배법안이 의회를 통과하였다. 이는 정부와 야당이 논란거리인 현안을 '사적인' 타협으로 해결한 최초의 사례였다.[28] 1867년 선거법 투쟁의 주요 무대는 하원이었다. 반면 1884~1885년에는 하원 내부에서보다는 상원을 장악한 보수당의 저항과 두 당의 주고받기 교섭이 '하원 대 상원'의 구도에서 전개되었다. 법안이 하원을 통과하기는 용이했지만, 상원에서 부결시키겠다고 솔즈베리가 위협했기 때문이다. 이것은 디즈레일리 시대와는 달리

---

28 선거구 조정을 둘러싼 정당 교섭은 Chadwick, Mary E. J.(1976), "The Role of Redistribution in the Making of the Third Reform Act," *Historical Journal* 19(3), pp.665~683 참조.

자유당 집권 시기에 상원이 적극적으로 하원과 대결하는 양상을 보인 사례이다. 이 점에서 보자면 솔즈베리가 디즈레일리보다 더 전략적인 사고를 한 정치가라고 할 수 있다.

선거권 확대

버러의 세대주선거권 원리를 카운티에 확대한 제3차 선거법 개혁으로 카운티와 버러의 선거권 기준이 동일해졌다. 그 결과 21세 이상 남성으로서 토지 및 가옥 소유자와 연수 10파운드 이상의 점유자 및 차가인이 선거권을 갖게 되었다. 소유자 선거권보다는 점유자 선거권을 유권자 대다수에게 적용한 셈이다. 유권자 증가율은 1867년보다 작지만 절대치로는 더 컸다. 잉글랜드와 웨일스의 유권자가 262만 명에서 438만 명으로 67퍼센트 증가하였다. 이곳의 카운티 유권자 수의 증가는 더욱 두드러져 97만 명에서 254만 명으로 160퍼센트 증가했다. 스코틀랜드의 유권자는 31만 명에서 56만 명으로 77퍼센트 증가했다. 개혁의 효과가 가장 두드러진 곳은 아일랜드였다. 이곳에서 유권자 수는 22만 명에서 74만 명으로 무려 230퍼센트 증가하였다. 예상대로 아일랜드에서는 이후의 총선들에서 민족당이 전체 의석 103석 가운데 80퍼센트 이상을 석권하게 된다. 개혁의 결과 연합왕국 전체 유권자 수는 315만 명에서 568만 명으로 증가했다. 19세기 선거법 개혁 가운데 최대 증가치를 보인 개혁이었다. 잉글랜드와 웨일스에서 성인 남성의 3분의 2, 스코틀랜드에서는 5분의 3, 아일랜드에서는 2분의 1이 선거권을 갖게 되었다. 그렇지만 여전히 성인 남성 40퍼센트가 배제됨으로써 보통선거제와는 거리가 멀었고, 비례대표제나 여성참정권 같은 급진파의 요구에는 미치지 못했다. 거주 기간과 하숙인의 복잡한 등록 요건도 민주주의와는 거리가 있었다. 1867년에 그랬듯이 1884년에도 가난하고 유동성이 큰 부류인 잔여를 두려워한 지배층의 정서는 지속하였다.

의석 재분배

1885년 의석 재분배법은 잉글랜드와 웨일스에서 2명씩 선출하던 주민 1만 5천 명 이하의 버러 79개를 폐지하여 그 대표성을 주위의 카운티로 합치고, 주민 5만 명 이하의 36개 선거구에서 1석씩 없앴다. 주민 1만 5천~5만 명 사이의 버러에서는 1명씩 선출하고, 주민 5만~15만 명 사이의 도시는 여전히 2명의 대표자를 선출하였다. 선거구 획정위원회는 계급 구분선에 따라 옛 버러를 구분하였다. 그 결과 도시 중간계급이 추가로 보수당 의석을 결정하는 데 큰 힘으로 작용하게 되었다. 이제 의원은 더 이상 도시나 공동체가 아니라 인위적으로 획정되고 계급에 기반을 둔 거주 패턴이라는 지역적 정치 지형을 갖는 특정 선거구를 대표하게 되었다. 카운티와 도시 사이의 전통적 구분이 희석된 셈이다. 그 결과 658석에서 670석으로 늘어난 하원 의석 가운데 647석이 1인1선거구제^{소선거구제}에 따라 선출되었다. 이로써 인구 밀집 지역과 산업 지역 선거구의 의석 비율상의 불리함이 사라졌다. 거의 모든 선거구가 처음으로 그 크기가 대략 비슷해졌다.

새로 생긴 의석은 랭커셔에 30석, 요크셔 서부에 13석이 배정되었다. 이로써 잉글랜드 남부의 과잉 대표성은 종식되었지만, 런던은 22석에서 64석으로 늘었다. 리버풀은 9석, 버밍엄은 7석, 맨체스터는 6석, 셰필드와 리즈는 각각 4석을 받았다. 재분배 의석은 주로 잉글랜드에 배정되

디즈레일리와 글래드스턴

었다. 또한 노동계급 유권자가 다수를 차지하는 선거구가 등장하였다. 이 재분배 규모는 1867년 재분배 규모의 4배 이상이었다. 처음으로 카운티 의석 수가 버러 의석 수를 능가하였고, 대도시들의 대표성이 확대되었다. 리처드 섀넌의 표현대로 '영국 정치의 근대적 지형'이 마련되었다.[29]

영향

선거 통계를 연구한 솔즈베리는 소규모 버러를 폐지하는 것이 보수당에게 이득이라고 계산하였다. 종래 이곳은 휘그가 장악했지만, 이제 토리가 지배하는 인근 카운티로 합쳐졌기 때문이다. 그는 장차 휘그가 보수당으로 넘어올 것으로 예상했다. 또한 그는 소선거구제가 보수당에게 더 유리함을 알았다. 왜냐하면 동일 버러에서 2명을 선출하는 대신 이 선거구를 도시 내부와 근교로 나누면, 근교 선거구에서 중간계급의 보수당 지지 성향을 득표로 연결할 수 있기 때문이다. 이 '빌라 토리즘'은 19세기 말 보수당 강세의 토대였다. 자유당은 종전에는 2명 선출 버러 선거구에서 휘그와 급진파를 동시에 내세울 수 있었고, 노동계급의 자유당 지지에 힘입어 2명 모두 당선시킬 수 있었다. 그러나 이제 오직 1명만이 도시 내부 선거구에 출마하면 이곳에서는 급진파가 휘그보다 우세할 것이었다.

또한 버러를 내부와 근교로 분할하면 내부의 노동계급이 보수 성향의 교외 유권자를 압도할 수 있던 관행을 저지할 수 있었다. 도시와 공

---

29 Shannon(1999), 앞의 책, p.342.

동체에 기반을 둔 선거구 개념을 지지한 글래드스턴은 솔즈베리의 버러 분할 요구를 급진적이라고 여겼다. 그렇지만 글래드스턴은 자유당이 소선거구제의 원리를 수용한 점을 감안하였고, 자유당이 카운티에서 우세할 것으로 예상했으므로 이 요구를 수용하였다. 보수당 장기 집권의 맥락에서 보자면, 소선거구제와 의석 재분배는 선거권 확대보다 중요하였다. 보수당은 1892~1895년 시기를 제외한 1886~1906년의 20년 동안 집권하였다.[30]

개혁의 결과는 휘그를 제외한 모두에게 이익이었다. 휘그는 아일랜드 의석의 축소, 소규모 버러 유지, 2인 선거구 유지를 원했는데 이 요구 모두 반영되지 않았다. 글래드스턴은 휘그의 '전통주의'를 공유했지만 자신의 견해를 적극적으로 개진하지 않았으며, 중간 규모의 도시에서 2인 선거구를 일부 유지하는 선에서 마감했다. 이 유지 정도가 선거법 문제에서 "정서적이지만 대체로 비효과적이었던" 글래드스턴의 '호고주의'好古主義의 잔재라고 할 수 있다. 그 결과 휘그는 글래드스턴과 그의 리더십에 한층 불만을 갖게 되었다. 그렇지만 1883년의 부정선거 방지법과 결합함으로써 개혁의 성과는 컸다. 유권자의 규모와 비율의 견지에서 보자면, 1884~1885년 글래드스턴의 성취는 1866~1867년 디즈레일리의 성취 못잖게 중요했다.[31]

그러나 의석 재분배에 합의함으로써 자유당은 전반적으로 불이익을

30 Bentley, Michael(1987), *The Climax of Liberal Politics : British Liberalism in Theory and Practice, 1868-1918*, London, pp.30~38 ; Pugh, Martin(1993), *The Making of Modern British Politics, 1867-1939*, 2nd ed., Oxford pp.41~46.
31 Hoppen(1998), 앞의 책, p.653.

당했다. 자유당은 자신의 강세 지역이자 산업 중심지인 잉글랜드 북부와 중부에서 더 급진적인 재분배를 관철하지 못했다. 또한 소규모 버러의 소멸과 소선거구제도 때문에 자유당은 피해를 입었다. 글래드스턴의 예상대로 한동안 카운티 선거에서 유리했던 덕분에 자유당은 이를 즉각 깨닫지 못했다. 매슈의 지적대로 자유당이 재분배에 따른 의석 수 변화를 계산하지 않은 것은 놀랍다. 1884년 자유당의 전략적 실패는 그들이 정치를 계급의 견지에서 보지 '못했기' 때문이다. 그들의 개인주의적 이데올로기는 투표 행위를 계급 친화성이 아니라 '정책에 관한 반응'이라는 견지에서 보게 만들었다.[32] 더구나 자유당은 인구가 적은 아일랜드의 과잉 대표성을 바꾸지도 않았다.

선거법 개혁의 결과 영국 대의제의 기반이 근본적으로 변화하였다. 이제 대의는 더 이상 다양한 구역과 연결망을 가진 지역 공동체가 아니라 인위적 구분에 따른 선거구의 개인이 단위가 되었다. 1885년 총선은 계급성이 더 중요해진 새로운 선거 지도가 출현했음을 보여 주었다. 그런데 이 계급정치로의 이행은 노동계급보다 중간 및 상층계급에서 일어났고, 이 '중간계급 보수주의' 현상은 사실 이전부터 진행되어 온 것이다. 이 현상에 디즈레일리의 힘이 작용했다. 1870년대에 그는 자유당의 부단한 개혁 정치가 유산계급을 위협한다는 인상을 심는 데 상당히 성공한 것이다. 1880년대는 계급에 따른 유권자의 이동성이 가장 큰 시기였다. 보수당의 전통적 특성인 '존경'이 사라지고 계급 이해가 지배하게

---

32 Matthew(1997), 앞의 책, p.432.

되었다는, 그리고 '새로운 유형의 정치가들'이 등장하게 되었다는 글래드스턴의 진단은 정확하였다.[33]

3. 이념과 스타일

디즈레일리

1866년 글래드스턴의 개혁 법안을 좌절시켜 자유당 정부를 실각시키고 글래드스턴에게 뼈아픈 일격을 가한 디즈레일리는 이듬해 더욱 급진적인 법안을 제안하고 관철시켰다. 이 외견상의 '비정상'이 단기적인 임기응변인지 아니면 장기적인 토리민주주의 비전을 따른 것인지 논란이 있다. 그런데 토리민주주의 개념은 민주주의 개념의 한 가지 하위 유형일 것이므로 우선 디즈레일리가 민주주의를 어떻게 파악하였는지 살펴보자.

추상적인 차원에서 디즈레일리는 민주주의를 '시민권의 평등한 향유'로 규정하였다. 자유는 평등으로 구성된다. 따라서 디즈레일리는 민주주의가 자유와 평등을 근간으로 삼는다고 보았다. 그는 이 원리가 전제될 경우, 정부 '형태'와는 상관없이 '모든' 체제가 민주주의라고 생각하였다. 그렇다면 자유와 평등은 디즈레일리의 보수주의와 어떻게 연관되는가? 그가 보기에 '잉글랜드인'은 출생과 상관없이 시민권의 평등 — 자유, 재산, 정의 — 을 향유하도록 태어났다. 언뜻 이 주장은 디즈레일리

---

33 Hoppen(1998), 앞의 책, pp.266~267, p.270 ; Grainger, J. H.(1969), *Character and Style in English Politics*, Cambridge, p.105.

가 민주주의를 잉글랜드인으로 하여금 천부적 권리를 구현할 수 있게 해주는 것으로 여긴 것처럼 들린다. 그러나 디즈레일리가 생각한 평등은 지주, 국교회, 귀족제가 규정한 위계적 사회구조와 완전히 부합하는 보수적 성격을 지닌 것이었다. 특히 그는 토지귀족을 영국의 정치적 자유 전통의 토대로 생각했다. 그들의 독립적인 부와 지위가 중앙집권화를 반대함으로써 영국인의 자유를 확보하는 데 중추적인 역할을 하였고, 헌정의 다양한 구성 요소를 부지해 왔으며, 온정주의에 토대를 둔 건전한 지방정부 체계를 확보했다는 것이다. 그는 이것을 '영역적 헌정'이라고 불렀다.

그는 인구 대다수가 하원만큼이나 (그리고 그 이상으로) 상원에 의해서도 대표된다고 주장하였다. 나아가 그는 단지 전체 주민의 대리인에 불과한 하원과는 달리, 상원은 그 자체가 국가의 신분 estate이라고 보았다. 또한 그는 정치적 권위가 오직 선거에서 나온다는 생각도 거부하였다. 비록 국민 가운데 소수만이 선거권을 행사하지만, 토리는 그런 국가적, 따라서 '대중적' 제도들을 지지한다. 그러므로 토리는 민주적 정당이다.[34]

따라서 디즈레일리는 일관해서 보통선거제 혹은 '평등주의' 사회라는 의미의 민주주의를 반대하였다. 그것이 지주의 지배를 위협하기 때문이다. 경력 후기로 갈수록 그는 민주주의를 두려워하였다. 1867년 그는

34 Smith, Paul(1999), "Disraeli's Politics," in Charles Richmond and Paul Smith eds., *The Self-Fashioning of Disraeli, 1818-1851*, Cambridge, p.161 ; Quinault, Roland(2011), *British Prime Ministers and Democracy : From Disraeli to Blair*, London, p.28.

보통선거제를 거부하였지만 세대주선거권은 도입하였다. 선거권 확대를 지주계급의 권력을 강화하는 방편으로 여겼기 때문이다. 나아가 그는 의석 재분배에서 카운티의 대표성을 강화하였다. 그가 카운티에서 농업 노동자 세대주선거권 도입을 거부하고 비밀투표제를 반대한 이유는 토지귀족과 젠트리의 이해를 보존하고자 했을 뿐 아니라, 국민의 '자연스러운' 지도자인 지주 및 부농의 정치적 영향력이 감소하는 것을 거부하였기 때문이다.[35] 그래서 디즈레일리는 1874년 이후 또 다른 선거법 개혁을 시도한 적이 없고, 오히려 사회 개혁에 집중함으로써 추가적인 선거법 개혁으로부터 이탈하였다. 그는 민주주의가 더욱 진척되는 것을 저지하고자 했다.

1867년 이후 디즈레일리는 자신이 이 위계적·보수적 민주주의를 보수당이 수용하도록 가르쳤다고 자부하였다. 이를 위해 그가 사용한 개념이 '대중적 토리즘'이다. 1867년 선거법 개혁 법안을 제안하면서 디즈레일리는 법안의 목표가 하원을 '민주적' 토대가 아닌 '대중적' 토대 위에 수립하는 것이라고 천명하였다. "대중적 원리들은 조건에서 커다란 불평등이 있는 사회 상태와 일치한다. 반면 민주적 권리들은 그 권리들이 규제하는 사회의 근본 조건의 평등을 요구한다. 우리는 민주주의 아래에서 살고 있지 않으며, 영국은 그럴 운명이 아니라고 나는 믿는다." 롤랜드 키노의 해석에 따르면, 디즈레일리가 민주주의를 거부한 까닭은 민주주의가 대중적이지 않기 때문이 아니라 내재적으로 민주주의가 평

---

35 Quinault(2011), 앞의 책, pp.28~29.

등주의적이기 때문이다.[36]

  그렇다면 이 대중적 토리즘이 이른바 토리민주주의인가? 아직도 토리민주주의는 디즈레일리 자신이 1867년 개혁을 정당화하기 위해 사용한 '대중적 토리즘'과 같은 의미로 통용되고 있다. 그러나 디즈레일리는 양자를 동일시하지 않았다. 토리민주주의는 디즈레일리 '사후' 대중민주주의가 진척되면서 보수당의 진로를 모색한 결과 등장한 이념이다.[37] 토리민주주의는 노동계급의 '내재적' 보수주의를 신뢰하는 데 근거하여 그들의 필요와 갈망을 구현하는 정책과 입법을 지칭한다. 1870년대에 보수당 조직 강화를 주도하고 1880년대 전반에 토리민주주의 그룹^{이른}^{바 '제4당'}에서 활약한 보수당 의원 존 고스트는 민주주의를 '인민에 의한 정부'가 아니라 '인민을 위한 정부'로 규정하였다. 그는 토리민주주의의 원리를 이렇게 요약하였다. "정부는 오직 피통치자의 선을 위해서만 존재한다. ……토리민주주의가 '민주주의'인 까닭은 인민의 복리가 최상의 목표이기 때문이다. 그것이 '토리'인 까닭은 국가의 제도들^{교회, 군주, 상원,}^{하원}이 이 목표를 획득하는 수단이기 때문이다."[38]

  따라서 디즈레일리의 대중적 토리즘과 그의 사후 등장한 토리민주주의는 동일하지 않다. 디즈레일리는 공식적으로 토리민주주의라는 용어를 쓴 적이 없을뿐더러 보수당을 국민의 한 부분^{이 경우 노동계급}과 동일시하기를 거부하였다. 그는 민주주의가 위계적 사회질서와 부합한다고 여

---

36 Quinault(2011), 앞의 책, p.22.
37 Feuchtwanger, E. J.(2000), *Disraeli*, London, p.141, p.215.
38 Wilkinson, W. J.(1925), *Tory Democracy*, New York, p.7.

겼기 때문에 '노동계급을 위한' 토리민주주의를 의도하지 않았다. 그는 보수당을 계급정당보다는 '국민정당'으로 간주하였다.[39] 그러므로 디즈레일리는 민주적 토리즘보다는 대중적 토리즘을 믿었다. 그것은 인민에 의한 정부라는 의미의 민주주의가 아니었다. 1867년 당시 그는 자신의 법안이 민주적 '권리'를 부여하기보다 대중적 '특권'을 부여하는 것이라고 여겼다. 디즈레일리는 이로써 보수당 우파를 무마하려고 했지만, 분명 그는 인민에 '의한' 정부를 수용하지 않았다. 그는 인민을 '위한' 정부를 믿었다.

디즈레일리를 토리민주주의의 선구자로 보는 견해는, 1867년 개혁이 토리민주주의 이념을 구현하였고 디즈레일리가 개혁을 통해 창출될 새로운 유권자가 근본적으로 보수당을 지지할 것으로 처음부터 믿었다고 설명한다. 후일 디즈레일리도 자신이 토리를 교육시키고 청년 잉글랜드 시절과 1830년대 토리의 개혁 전통으로 되돌아간 것으로 회상하였다. 그렇지만 블레이크의 말마따나 정치가의 가장 흔한 질병은 '일관성'을 주장하는 것이다. 1867년의 개혁은 민주주의 이념의 소산이 아니라, 1832년에 비해 대중의 압력이 훨씬 작은 상황에서 전개된 '복잡한 의회 상황'의 결과였다. 개혁은 통상적인 민주주의이든 토리민주주의이든 '민주주의' 이념을 구현하려는 의도와 갈망에서 이루어지지 않았다.

1867년 개혁을 토리민주주의 이념의 구현으로 보는 입장은 후대의 '보수당의 설명'이자 보수 성향의 역사가와 전기 작가들이 제시한 것이

---

39 Smith, Paul(1967), *Disraelian Conservatism and Social Reform*, London, pp.257~265, pp.319~325 ; Quinault(2011), 앞의 책, p.22, pp.24~25.

디즈레일리와 글래드스턴

다. 또한 그들은 디즈레일리가 이 토리민주주의에 근거하여 1874년 총선에서 대승을 거두고 1841년 이래 처음으로 보수당 다수파 정부를 성립시켰으며, 집권 시기에 사회 개혁·제국·헌정 유지 같은 사안에서 노동계급의 지지를 획득함으로써 보수당을 진정한 국민정당으로 만들었다고 해석하였다. 20세기에 디즈레일리는 보수당이 대중민주주의 시대에 번성할 수 있음을 입증한 인물로 평가되었다. 그러나 이 경우에도 디즈레일리가 민주주의를 '민주적 목적'을 위해 이용했는지는 의문이다.[40] 토리민주주의 해석은 디즈레일리 당시의 '정책'과 그의 사후의 '수사'를 혼동한 판단이다. 더구나 디즈레일리 자신은 선거법 개혁이 초래할 선거상의 결과에 관해 거의 생각하지 않았다. 실제로 개혁 직후 보수당에서는 사회주의가 도래하고 노동계급이 헌정을 지배할 것이라는 두려움이 팽배해졌다.[41]

그러므로 1867년 개혁에서 두드러지게 나타나는 것은 부정적으로는 기회주의, 긍정적으로는 실용주의로 파악되는 스타일 문제이다. 오늘날 연구자 대다수는 디즈레일리를 움직인 전술상의 불가피한 필요를 강조하고 토리민주주의 이념의 역할을 낮게 본다. 1867년 선거법의 본질은 복잡하고 파편화한 정치체제 속에서 정당 투쟁의 임기응변성에 의해 결정되었다. 디즈레일리는 자유당 세력들을 분열시키고 약화시키기 위해 법안을 이용했다.[42]

40 Quinault(2011), 앞의 책, p.29 ; Blake(1966), 앞의 책, pp.476~477.
41 Walton, John K.(1987), *The Second Reform Act*, London, p.20, p.26.
42 Feuchtwanger(1985), 앞의 책, pp.45~46 ; Machin(1995), 앞의 책, p.105.

1866~1867년 선거법 개혁은 기회주의 스타일이 승리한 고전적인 사례로 거론된다. 법안을 최종적으로 마련하기까지의 숱한 수정 과정, 그리고 법안 제안 이후의 역시 숱한 수정안 수용 과정이야말로 디즈레일리의 임기응변과 무원칙을 잘 드러낸다. 이를테면 개혁안이 내각에 제안된 1867년 2월 6일부터 10분 법안이 폐기된 3월 4일까지 거의 파노라마 같은 변전이 있었다. 지방세 납부 세대주와 복수투표권[6일] → 철회[9일] → 결의안 방식으로 다음 회기에 제안[11일] → 결의안 방식으로 이번 회기에 제안[12일] → 세대주선거권과 복수투표권[15일] → 5파운드 지방세안과 복수투표권이 아니라 이중투표권[16일] → 5파운드안 폐기와 세대주선거권으로의 복귀[19일] → 6파운드 지방세 제안과 이중투표권을 폐기한 10분 법안[25일] → 결의안 철회[26일] → 세대주선거권 네 번째 재도입과 이중투표권으로의 복귀[3월 2일] → 10분 법안 철회[4일]가 그것이다. 블레이크는 이 숱한 변동이 "더비 백작과 디즈레일리가 마련한 마키아벨리적 계획의 결과라기보다는 혼란, 혼동, 사려 없음, 부적절한 통계, 내각에서의 이견의 결과"라고 지적하였다.[43]

　이 경우 '원칙'은 선거법 개혁 자체와 관련되어야 하지만, 실제 디즈레일리에게 중요한 것은 선거법 문제가 아니라 개혁을 통한 정치적 목표의 달성이었다. 개혁은 목적보다 오히려 수단이었다. 그러므로 정치적 목표를 추구한 대목에서 그는 일관된 원칙을 가졌다. 그런데 이 일관성이 선거법 문제 자체에서는 그가 임기응변으로 일관했음을 뜻하는

43　Blake(1966), 앞의 책, p.461.

디즈레일리와 글래드스턴

것이다. 따라서 디즈레일리의 경우 이념의 일관성 문제는 선거법과 정치적 목표라는 각각 서로 다른 차원에서 적용되어야 한다.

이 정치적 목표는 무엇보다도 보수당의 집권 유지와 승리였다. 블레이크에 따르면, 디즈레일리는 1846년 분열 이후 '어리석은' 당이라고 조롱받던 보수당이 독자적으로 '정부를 맡을 수 있는 당'임을 확립하고자 했다. 1866년 어덜러마이트와의 연립정부를 거부한 것이나 보수당의 독자적인 법안, 그것도 세대주선거권이라는 민주주의적 원리를 도입한 것이 그 사례였다.[44]

한편 '수뇌부정치학파'는 정치에서 이념보다는 정치권 상층부의 소수 유력 정치가들의 이해관계, 정권과 당권을 획득하고 유지하려는 욕망, 여론 조작, 정치적 기술, 파벌 혹은 계파 사이의 상호 교섭 같은 현상을 주로 분석하고, 따라서 정치적 상황의 개별성과 그런 상황 속에서 활동하는 정치가들의 단기적 목적을 강조한다.[45] 이 학파를 대표하는 카울링에 따르면, 디즈레일리는 원리를 통해서도 자신의 당의 미래에 관한 면밀한 계산을 통해서도 세대주선거권으로 나아가지 않았다. 오히려 '상황'의 압박이 작용했다. 그의 목표는 자유당에서 글래드스턴의 리더십을 파괴하고 보수당에서 자신의 입지를 강화함으로써 권력을 유지하려는 것이었다. 그는 자유당 급진파를 비롯한 어떤 세력과 연합해서라도 글래드스턴을 패배시키기를 원했다. 그는 글래드스턴으로부터 오는 것이 아니라면 거의 모든 수정안을 기꺼이 수용하고자 했다. 결국 그는

---

44 Blake(1972), 앞의 책, pp.104~106.
45 김기순(2007), 앞의 책, pp.41~42.

경쟁자를 패배시켰고, 자신의 리더십을 강화했고, 보수당의 승리를 확보했으며, 선거법 개혁 문제에 '과감하고 결정적이고 최종적인' 해답을 주었다.[46] 따라서 그의 정책은 형용의 모순에 가까운 '일관된 기회주의'의 소산이었다.

물론 디즈레일리는 개혁에 관해 명확한 개념을 가진 글래드스턴보다 덜 경직되었고, 역으로 글래드스턴은 유연한 디즈레일리보다 덜 '민주적'이었다. 그렇지만 이는 디즈레일리가 토리민주주의자라거나 1867년 개혁이 의도적인 토리민주주의적 행동이라는 의미는 아니다. 1867년 개혁에서 그는 카운티와 버러의 경계를 다시 획정하여 세대주선거권의 효과를 '중화'하려고 최선을 다했다. 이것은 그가 토리민주주의자였던 적이 없고 도시의 노동계급이 보수당을 지지하리라고 기대하지도 않았다는 증거이다. 왜냐하면 보수당을 지지하는 지주들로 구성된 선거구 획정위원회는 도시 교외에 거주하는 카운티 유권자를 버러로 옮김으로써 카운티에서 보수당의 장악력을 확실히 하였기 때문이다. 반면 버러에서 증가한 유권자는 통상적으로 자유당을 지지한 표를 단순히 늘리는 데 그칠 것이었다. 디즈레일리는 '카운티=보수당 지지, 버러=자유당 지지'라는 전통적 견해를 고수했다.[47]

이렇듯 1867년 개혁에서 두드러지게 나타나는 것은 실용주의 이념과 기회주의 스타일이다. 글래드스턴을 패배시키려는 디즈레일리의 욕망과 상당 부분 연관된 이 '전술적 쿠데타'는 그를 불신한 보수당 의원들

---

46 Cowling(1967), 앞의 책, p.47, p.161, p.303.
47 Blake(1966), 앞의 책, p.464, p.476.

디즈레일리와 글래드스턴

조차 감동시켰다. 대다수 토리는 디즈레일리가 자신의 적수 글래드스턴보다 "더 빨리 총을 뽑았다"고 보았다. 그렇지만 개혁 직후 그는 에든버러 연설에서 자신의 기회주의를 감추고 오히려 자신의 개혁이 사전에 숙고된 것이라고 주장했을 뿐 아니라 왕정, 국교회, 귀족제를 지지하는 노동계급이 그들의 정치적 책임감을 입증하였다고 추켜세웠다.[48] 1874년 총선 승리는 디즈레일리의 이 주장이 진실인 것처럼 보이게 만들었다. 그것은 자신이 선전에 일조한 신화, 즉 이것이 신중하게 고려된 계획과 철학의 일부라는 신화를 강화하였다. 그렇지만 그보다 앞선 1868년 총선 결과는 글래드스턴과 자유당의 압승이었다.

디즈레일리는 개혁을 '주도'하였는가? 블레이크에 따르면, 광범한 선거법 개혁은 디즈레일리에게 '강제'된 것이지 그의 기획의 소산은 아니었다. 디즈레일리의 반대에도 불구하고 개혁 추진을 결정하고, 개혁의 불가피성을 인식시키고, 세대주선거권을 제시한 인물은 더비였다. 더비의 기본 목표는 보수당의 집권과 유지였다. 그는 보수당도 효율적이고 온건한 정부를 운영할 능력이 있음을 과시하기를 원했다.[49] 하지만 보수당 의원들은 디즈레일리의 전술에 매료되었다. 그들은 선거권 문제가 급진주의자에게 양보해서라도 '해결'된 것이 기뻤다. '달밤의 장애물 경주'에서 "어디로 가느냐가 문제가 아니라 1등으로 도착하는 것이 중요했다." 디즈레일리는 보수당의 이런 분위기를 대단히 효과적으로 활용

---

48 Jenkins, T. A.(1997), "Disraeli and the Art of Opposition," *Modern History Review* 8, pp.18~20.
49 John(2010a), 앞의 책, pp.85~86.

했다. 그 결과 그는 보수당에서 입지를 강화하고 더비의 후계자로서 확실히 자리매김했다. "1867년에 디즈레일리는 천재적 정치가, 탁월한 즉흥연주가이자 상대가 없을 정도의 의회 기술자였지만 멀리 내다보는 경세가이자 토리민주주의자, 당 교육자는 아니었다."[50]

글래드스턴

디즈레일리의 개혁이 보수당에 의해 토리민주주의 신화가 되었다면, 글래드스턴도 자유당에 의해 신화가 되었다. 1867년 노동계급에게 주어진 선거권은 글래드스턴이 자유당 법안을 좌절시킨 보수당에게 줄곧 압력을 가한 결과라는 것이다. 이를테면 그가 제안한 5파운드 지방세 납부자 수정안이 작용하여 세대주선거권으로 귀결하였고, 역시 그가 제안한 복합납부자 수정안이 디즈레일리로 하여금 호지킨슨의 재수정안을 수용하도록 압박했다는 것이다. 새로운 유권자가 1868년 총선에서 자유당에게 대승을 안겨 주었다는 사실은 이 신화의 근거로 제시되었다. 1868년 총선 결과를 들은 존 스튜어트 밀이 요약한 대로, 디즈레일리가 노동계급에게 "제가 여러분에게 선거권을 드렸습니다"라고 말하자 노동계급은 "글래드스턴 씨, 감사합니다"로 답했다는 것이다. 이 신화는 비록 1868년 총선에서 자유당이 승리했지만, 1874년 총선에서는 디즈레일리가 압승했다는 또 다른 사실에 의해 부정된다. 또한 글래드스턴은 선거권 확대라는 원칙을 지지했으나 1867년 개혁이 거둔 세대주선

---

50 Blake(1966), 앞의 책, p.477.

거권을 원하지 않았으며, 그런 이유로 디즈레일리의 법안을 계속 반대했다. 다만 5파운드 지방세 납부자 선거권 수정안이 부결되면서 대중 집회에서 세대주선거권을 지지한다고 천명했을 뿐이다. 그렇지만 그 언급도 세대주선거권 자체에 중심을 둔 것이 아니라 노동계급의 '도덕적' 자격을 강조하기 위함이었다.

그렇다면 글래드스턴은 민주주의를 어떻게 보았는가? 물론 그는 토리로서 정치 경력을 시작하였고, 1848년까지는 민주주의나 인민의 정부 이념을 반대하였다. 인민주권론을 거부한 그는 권위란 인민으로부터 주어지는 것이 아니라 신이 내려 주는 것이라고 보았다. 그가 보기에 지혜는 다수 속에 있지 않았다. 동시대인 대다수처럼 글래드스턴은 민주주의는 곧 '군중의 지배'라고 여겼다. 따라서 그는 정치 경력 초기에 자유와 평등을 부정하였는데, 정치적 원리로서 평등을 줄곧 반대하였다. 민주주의의 전제인 이 두 개념을 반대한 그는 반反민주주의자였다고 할 수 있다. 그는 민주주의는 자유를 감소시키지만 귀족제는 권력의 집중을 저지함으로써 자유를 보장한다고 주장하였다. 그러나 1840년대 이후 글래드스턴은 자유를 거부하였던 토리적 입장을 버렸고, 자신의 모든 변화의 열쇠가 "자유를 불신한 데에서 자유를 신봉하는 데로 나아간 것"이라고 고백하였으며, "인간이 자유에 적합한 존재가 되는 것은 오직 자유에 의해서뿐이다"라고 단언하였다. 글래드스턴이 네 차례 집권하면서 단행하거나 시도한 여러 개혁은 자유의 원리뿐 아니라 평등의 원리도 구체화하였다. 이 개혁들 다수가 실제로는 '불평등의 축소'로, 역으로 '평등의 확대'로 나아갔다. 그는 점진적으로 정치적 평등을 신장하는 개혁을 주도하였다. 따라서 그가, 민주주의가 다수의 결정과 지배를 따르는 것은 순전히 편의에 의한 것이지 그 자체는 불완전한 것으로 보았기에 외견상 민주주의를 지지한 듯하지만, 내심으로는 민주주의를 믿지 않았다는 주장은 정확한 판단이 아니다. 글래드스턴은 점차 '인민의 의지에 의한' 정부^{민주주의}가 공동체의 자유를 확보하는 타당한 수단이라고 믿게 되었다.[51]

1866년 글래드스턴이 노동계급의 '분별'을 도덕적 기준으로 삼아 7파운드 집세 납부자 선거권을 제안했을 때, 디즈레일리는 그것이 1831년 글래드스턴의 입장을 번복한 것이라고 공격하였다. 글래드스턴은 자신의 입장 변화를 솔직히 인정하였다. 그러면서 그는 이제 노동계급을 향한 "근거 없고 헛된" 공포를 버려야 한다고 응수하였다. 그렇지만 미국의 사례를 들어 민주주의의 도래를 '불가피한' 추세로 예상한 알렉시스 토크빌이나 밀과는 달리, 그는 자신의 법안이 미국의 민주주의 원리를 수입한 것이 아니라 잉글랜드의 버러선거권으로의 '회귀'라고 주장하였다. 그런데 이 연설에서 글래드스턴은 "미래는 우리 편"이라고 함으로써 민주주의의 도래가 불가피함을 인정하였다. 1866년 리버풀 대중 집회에서 그는 민주주의를 양가적으로 평가하였다. 그는 선거권 확대가 정부와 국가의 힘을 제고한다고 주장하면서도 "민주주의가 자유를 뜻한다면 인정한다. 그러나 민주주의가 지식에 반대하는 무지, 덕에 반대하는 악덕, 서열의 무시, 과거의 무시라면 반대한다"고 덧붙였다.[52]

---

51 김기순(2013), 「글래드스턴의 포퓰리즘 : 원리, 맥락, 스타일」, 『서양사론』 제116호, pp.75～76.
52 김기순(2013), 앞의 논문, p.78.

비록 '민주주의자'가 되고자 원한 적은 없지만 글래드스턴은 대중의 본래적 '선'을 강력하게 믿었다. 그는 선거권 확대가 국가와 개인 모두를 강화한다고 믿었는데, 그 핵심 개념은 도덕적 진보였다. 평등과 인민주권 지지는 이 진보를 달성하는 최선의 방법으로 간주되었다. 따라서 글래드스턴에게 선거법 개혁은 단순히 정치적 문제에 그치지 않고 도덕적 문제이기도 했다. 1860년대에 재정가로서의 명성에 뛰어난 웅변을 더해 전국적인 정치가로 등장하면서 그는 노동계급의 겸손과 순박함을 복음주의적으로 확신함으로써 인민과의 새로운 관계를 설정하였다.

글래드스턴은 인민을 국가의 '집단적 양심'이자 '도덕적 시민'으로 파악하였다. 그가 본 숙련노동자들은 지위 만족감을 가진 자들이자, 사회적 통제를 위하여 위에서 부과한 가치가 아닌 스스로 만든 절약·절제·집단적 자조의 가치를 숭상하는 체통 있는 급진주의자였다. 이 대중적 급진주의는 악과 비참함의 정치적 뿌리를 강조하였고, 인민의 덕에 근거하여 부패한 헌정을 갱생시켜야 한다고 주장하였다. 자유당이 지지 기반을 확대하기 위해서는 이들을 '정치적 국민' 속으로 끌어들여야 했다. 1866년 글래드스턴의 선거법 개혁 법안은 바로 이 체통 있는 노동자에게 선거권을 부여하려는 것이었다.

글래드스턴은 초기에는 인민의 정부를 우려하며 과연 민주주의가 "공인소人 수준의 쇠퇴"를 막을 수 있는지를 회의하였지만, 점차 인민을 신뢰하는 것이 아니거나 계급 갈등이 아니라 국가와 개인의 도덕적 강화를 초래한다고 봄으로써 영국 헌정의 민주화를 지지하였다. 결국 그는 데마고그가 아니라 '인민의 윌리엄', 키노의 표현대로 '민중의 벗'

demophile이 되었다.[53] 따라서 인민을 신뢰한다는 이념의 측면에서 글래드스턴은 디즈레일리보다 훨씬 일관성을 보여 주었다. 1866년 그는 7파운드 집세 납부 기준이라는 자신의 원리를 고수하였고, 이 원칙 때문에 보수당과 어덜러마이트의 공격을 받았다. 그러나 1867년 그는 디즈레일리의 개혁 법안을 공격하면서 이 기준을 5파운드로 낮추고 하숙인과 복합납부자 문제를 거론하였으며 이어 세대주선거권 원리도 수용했다. 이것은 선거법 투쟁 과정에서 글래드스턴이 디즈레일리보다 더하지는 않았을지라도 임기응변을 보였음을 의미한다. 선거법 개혁은 어느 정도 두 사람의 경쟁의 산물이었다. 따라서 1867년 개혁을 급진적인 결과로 몰아간 힘은 디즈레일리보다는 글래드스턴에게서 왔다는 해석이 가능한 것이다. 당시에도 이런 판단은 있었다. 크랜본은 디즈레일리의 법안이 "글래드스턴의 지시에 따라 존 브라이트의 원리를 채택한 것"이라고 비꼬았다. 즉 "글래드스턴이 요구해서 하숙인이 투표권을 얻었다. 환상선거권이 사라진 것도 그가 요구한 결과이다. 선거구 재분배 규모가 대단히 커진 것도 그가 요구해서 나온 결과였다."[54] 그러나 5파운드 기준선과 복합납부자 문제는 근본적으로 도덕적 자격을 가진 사람이 선거권이라는 특권을 행사해야 한다는 글래드스턴의 신념에서 이탈한 것은 아니었고, 세대주선거권 수용 발언은 오히려 인민의 개혁 요구를 정당화하는 견지에서 나온 것이었다. 따라서 글래드스턴의 유연성이라는 관점도 일리 있다. 장기적으로 보자면 1867년 개혁은 글래드스턴을

---

53 김기순(2013), 앞의 논문, p.78.
54 Morley(1903), 앞의 책, Vol.2, p.235.

디즈레일리와 글래드스턴

해방시켰다. 개혁을 통해 글래드스턴의 후기 경력을 위한 틀은 확대되었으나 여전히 제한적인 유권자층을 창출했기 때문이다.[55]

1866년의 제안에 이르는 과정에서 글래드스턴의 스타일은 일관했고 점진적이었다. 1850년대부터 글래드스턴은 '평화적인' 선거권 확대를 반대하지 않았다. 1854년 휘그 · 필파 연립정부에서 그는 선거법 개혁안을 지지하였고, 1859년 보수당이 제안한 선거법 개혁안도 지지하였다. 1860년 그는 선거권 확대가 노동계급으로 하여금 헌정을 더욱 지지하게 만들 것이라는 이유에서 개혁을 지지하였다. 1864년 헌정의 울타리 연설은 단서를 달고 있었다. "갑작스럽고 급격하며 흥분시키는 변화에는 반대한다." 사실 이 울타리 개념은 개인적인 부적합이나 정치적 위험성이라는 포괄적 개념을 내세워 다수를 배제할 여지가 있었다. 그러나 그의 발언은 헌정 토대의 합리적인 확대를 지지하는 것으로서, 그 핵심은 "도덕적으로 자격이 있다"는 데 있었다. 피터 클라크의 표현대로 그의 '도덕적 자격' 발언은 선거권 문제에 관한 논의를 '새로운 경지'로 끌어올렸다. 이 발언 한 해 전에 그는 이렇게 말했다. "자유당의 원리는 분별에 의해서만 제한되는, 인민을 향한 신뢰이다. 반면 토리의 원리는 공포에 의해서만 제한되는, 인민을 향한 불신이다."[56]

그렇지만 선거법 개혁은 정치적 리더로서 글래드스턴의 약점을 드러냈고, 그 약점 가운데에는 유연성과 대비되는 사고의 경직성도 있었다.

55 Matthew, H. C. G.(2004), "Gladstone, William Ewart," in H. C. G. Matthew and Brian Harrison eds., *Oxford Dictionary of National Biography*, v. 22, Oxford, p.393.

56 김기순(2013), 앞의 논문, p.77.

그는 일정 수준의 재산 능력을 가진 부류만이 선거권을 가져야 한다는 자신의 원칙에 집착하였다. 비록 이 원칙의 배후에는 근본적으로 윤리적인 사고가 존재했지만 말이다. 정작 중요한 것은 성공인가 실패인가라는 문제가 아닐지도 모른다. 경직성과 더불어 그는 필주의자이자 행정적 정치가로서의 약점을 가졌고 용인술에서도 디즈레일리를 능가하지 못했다. 그렇지만 1884~1885년 사례에서 그의 접근 방식은 1866~1867년과 유사했지만 솜씨는 훨씬 뛰어났다. 이때 그는 아일랜드 의석 수 감소와 소규모 버러를 유지하고 소선거구제를 강력하게 반대한 더 신중한 휘그를 고립시킬 수 있었고, 반면 체임벌린과 써 찰스 딜크 같은 급진파의 지지를 확보할 수 있었다. 동시대인에게 이 개혁은 '혁명적' 조치로 간주된 사안이지만, 글래드스턴은 이런 급진적 조치를 통할하는 능력을 과시하였다.[57]

글래드스턴은 제3차 선거법 개혁의 추동력이었다. 버러 세대주선거권 원리가 카운티에 확장되어야 한다는 논리적 당위는 자유당의 단합, 대내외 문제로 인한 곤경을 타개할 방책의 필요성, 아일랜드 자치 문제에 관한 장기적인 고려 같은 현실적 판단을 정당화했다. 그리고 그는 이 원칙을 실현하기 위해 솔즈베리의 의석 재분배 요구를 수용하였다. 여기에는 물론 재분배를 양보하고 선거권 확대를 성취하는 데 따른 정치적 이익 계산이 작용하였지만, 글래드스턴은 선거권 확대의 논리성을 고수하였고 이런 사고방식은 이미 1866~1867년에 나타났다. 그러므로

---

57 Hoppen(1998), 앞의 책, pp.263~264, p.651 ; Matthew(1997), 앞의 책, p.432.

디즈레일리와 글래드스턴

1885년 재분배에 따를 의석 수의 대차를 대조하지 않은 사실이 놀랍다는 매슈의 지적을,[58] 우리는 글래드스턴의 판단력을 비판하는 사례로서보다는 차라리 정략과 정치공학에 익숙한 현대인에게 글래드스턴이 얼마나 낯선 인물인가를 짐작케 하는 사례로 볼 수 있을 것이다.

58 Matthew(1997), 앞의 책, p.432.

제2장

사회 개혁

빅토리아 시대 영국에서 '사회'는 '정치'와 구별되는 영역으로 간주되었다. 달리 말하자면, 사회적인 것은 비정치적인 것이다. 물론 글래드스턴과 디즈레일리 시대에 국가 개입과 간섭이 증대하면서 이 구분이 점차 희석된 것은 사실이다. 그렇지만 19세기 말까지도 이 구분은 여전히 통용되었고, 희석된 경우에도 옛 구분의 요소들은 잔존하였다. 이 장에서는 이처럼 비정치적 영역에서 이루어진 개혁을 살필 것이다. 그런데 비정치적 영역은 매우 광범하고 다양한 분야를 아우른다. 글래드스턴 제1차 내각 시기는 우선 양적으로 많은 개혁이 이루어진 때이다. 그 기조는 아일랜드의 평온과 긴축을 최우선 과제로 삼았지만, "사회 전반에 걸친 개혁은 이전 어느 시기에서도 볼 수 없는 새로운 출발이었다." 이전 시기와 비교하자면 그것은 "입법을 정부의 중요한 기능으로 간주한 점에서 달랐다."[1] 그리고 이 입법 활동이 주로 이루어진 영역이 사회 분야였다. 이러한 입법 중심 경향은 후속한 디즈레일리 제2차 내각에서도 계속되었다. 특히 1875년은 '경이의 해'annus mirabilis로 불릴 정도로 다양한 사회 개혁 입법이 분출한 해였다.

---

1 Hoppen(1998), 앞의 책, p.592.

1. 글래드스턴 제1차 내각

19세기 영국 자유주의의 절정으로 평가되는 글래드스턴 제1차 내각은 국가의 주요한 제도 거의 모두에 걸쳐 개혁을 단행하였다. 그 개혁은 다음의 세 영역으로 나눌 수 있다. 첫째, 특정한 분야에서의 독점을 공격하였다. 아일랜드 국교회 폐지, 공무원제 개혁, 군대 개혁, 대학 개혁이 이 범주에 든다. 둘째, 사회적 오용을 치유하고 불만을 해소하고 소란을 규제하기 위해 정부의 권력을 이용했다. 음주와 노동조합에 관한 입법이 이에 해당한다. 셋째, 정부가 권력을 이용하여 바람직하지 않은 것을 방지하는 것보다 '바람직한 것'을 행했다. 교육법, 아일랜드 토지법, 아일랜드 대학 법안, 비밀투표제가 그 사례이다.[2] 이 개혁들 가운데 아일랜드 국교회 폐지법, 아일랜드 토지법, 아일랜드 대학 법안은 아일랜드 문제를 다룬 제5장에서 언급할 것이다.

전체적으로 보자면, 글래드스턴 정부의 사회 입법은 자유방임 원칙이 국가에 부과한 한계 안에서 이루어졌다.디즈레일리 정부의 사회 개혁은 더욱 그랬다. 그렇지만 대규모 입법 활동은 정부의 책임 확대라는 인상과 기대

---

2 Bentley(1987), 앞의 책, pp.59~60. 글래드스턴의 개혁을 다른 범주로 분류하기도 한다. 전례 없는 정도의 국가 간섭을 통한 사회적·도덕적 개선을 위한 입법(교육법과 주류판매허가법), 민주주의 원리의 발달과 연관된 입법(비밀투표법·교육법·노동조합법), 불의와 분열을 제거하고 법과 제도를 존경하는 태도를 증대시켜 조화와 화해를 도모함으로써 연합왕국의 결속을 강화하려는 조치(아일랜드 입법들), 전통적인 자유당 노선인 절약과 효율성 증대를 꾀한 조치(군비 축소·식민지 방어비 축소·군대 개혁·공무원제 개혁)[Parry, Jonathan (2000), "Gladstone, Liberalism and the Government of 1868-1874," in David Bebbington and Roger Swift eds., *Gladstone Centenary Essays*, Liverpool, pp.94~112].

를 주는 것이었고, 이는 시간이 지나면서 집산주의적인 국가로의 전이를 더욱 용이하게 만들었다. 글래드스턴 정부가 이미 쇠퇴하던 무렵 디즈레일리가 자유당 정부를 "모든 직종을 괴롭히고, 모든 직업을 근심시키고, 모든 계급·제도·재산 영역을 공격하거나 위협한다"고 비난한 것도 실은 정부 간섭이 증대하는 추세를 확인한 측면이 있었다. 추세는 곧 통상적인 현상으로 간주되기 마련이다. 그리고 간섭이 정부의 통상적인 임무로 간주되면, 여러 입법이 선거 차원에서 어떤 결과를 초래할 것인가는 집권당이 그리 걱정할 일이 아니었다.

교육법, 1870년

1833년 이래 국가는 초등교육에 재정 지원을 하고 있었다. 그러나 교육과정과 학교 운영 및 교사의 급료 지불 기금은 대부분 교회 조직이 자발적으로 담당하였다. 교육에서 국가의 간섭을 반대한 이 '자발주의' 체제의 주요 조직은 종파에 따라 국교회, 비국교도, 가톨릭교회로 나뉘어 대립하였다. 비국교도와 급진파는 무상·의무교육체제를 주장하면서 종교교육은 성서 읽기에 국한되어야 한다고 주장하였다. 그들은 초등교육에서 국교회의 장악력을 타파하기를 원했다_{비종파주의 '영국'학교}. 반면 국교회는 특권의 유지를 고집하였고, 국교회가 교육을 통제하고 모든 신설 학교에서 앵글리칸주의를 가르쳐야 한다고 주장하였다_{종파주의 '국가'학교}.

19세기 후반 교육체제를 개혁할 필요성은 두 가지였다. 첫째, 자발주의 종교학교들은 산업 지역에서 급속한 인구 증가에 따른 아동교육 수요를 따라잡을 수 없었다. 1867년 선거법 개혁으로 개혁의 필요성은 더욱 대두되었다. 왜냐하면 종교와 도덕교육을 통해 대중민주주의 시대에 유권자의 자질을 향상시켜야 했기 때문이다. 둘째, 1870년 무렵이 되면 국가가 지원하는 무상·의무 초등교육체제를 도입한 프로이센과 미국의 경제적 성취는 교육이 한 국가의 힘과 번영을 이루는 데 중요함을 일깨웠다. 디즈레일리 정부는 교육 문제에서 대체로 비활동적이었다. 자유당 정부가 성립하자 교육개혁에 관한 여론의 관심과 기대가 커졌다. 1869년 성립한 전국교육동맹은 강제·세속·무상교육을 요구하였다. 그것은 비국교도 중심의 급진적인 자유주의 정책을 추구한 조직이었다. 같은 해 경쟁 조직인 전국교육연맹이 성립하는데, 이것은 현행 종파교육체제를 적절히 보완함을 목표로 삼았다. 여기에는 국교회 주교, 귀족, 온정주의자들이 포진하였고 종파교육을 지지하는 일부 비국교도가 포함되었다.[3]

1870년 5월 퀘이커 출신 사업가이자 급진주의자이며 교육자문위원회 부의장으로서 교육개혁을 열렬히 주창한 윌리엄 포스터가 내각에 교육법안을 제시하였다. 그 적용 대상에서 스코틀랜드와 아일랜드를 제외한 이 법안은 잉글랜드와 웨일스에 학구들을 설치하고, 정부 감독관이 보기에 학구에서 교회학교가 '효율적이고 적합한' 경우가 아니라고 판단되면 학무위원회를 설립하도록 했다. 버러에서는 자치시 의회가, 다른 지역에서는 납세자가 다수결에 의해 학무위원회 설립을 요구할 수 있었다. 학무위원회는 국가학교를 설립하는 권한, 학무위원회학교의 설

---

3 Feuchtwanger(1985), 앞의 책, p.63.

디즈레일리와 글래드스턴

립과 운영을 위해 지방 당국에게 지방세를 인상하도록 요구하는 권한, 취학을 강제하는 조례를 제정하는 권한, 재원 일부를 기존의 주로 종파적인 잉글랜드 국교회학교를 지원하는 데 사용하고 학교에서 가르칠 종교의 유형을 결정할 권한을 가졌다. 이 마지막 조치는 국가보조금을 증액해서 자발학교를 유지하려는 시도였다.

이 시도는 "현행 자발주의 체계를 보완하는 것, 즉 최소한의 공적 자금을 들여 자발학교 교육의 틈을 메우고, 자발주의의 피해를 최소화하며, 부모로부터 최대치의 지원을 확보하는 것"이었다. 그것은 철저한 개혁보다는 기존 체제의 결함을 보완하려는 것이었다.[4] 포스터는 교육동맹의 주장을 거부하였다. 그런데 학무위원회학교에서의 종교교육 문제는 심대한 갈등을 야기했고, 포스터는 일종의 '지방선택권'을 허용하여 이를 해소하고자 했다. 각 학무위원회가 관할 학교에서 어떤 종교교육을 제공할 것인가를 결정하도록 하자는 것이다. 동시에 아동의 부모가 반대하는 종파교육은 배제되었다. 이 '양심 조항'은 특정 종교교육을 받기를 원치 않는 부모가 자신의 아동을 교실에서 빼내는 기회를 주었다.

교육법안을 둘러싼 쟁점은 두 가지였다. 첫째, 비국교도는 공공의 재원을 앵글리칸학교를 유지하기 위해 사용하는 것을 반대하였다. 포스터의 법안은 '교회-학교'라는 기본 구조를 대체하는 것이 아니라 보완하는 것이었고, 앵글리칸 교회의 장악력을 파괴하려고 하지 않았다. 그것은 급진파가 주장한 무상·강제·비종파세속교육을 거부하였다. 둘째,

4 Sykes, Alan(1997), *The Rise and Fall of British Liberalism, 1776–1988*, London, p.77.

학무위원회학교^{국가학교}가 제공하는 종교교육의 유형이 문젯거리였다. 학무위원회의 기본 의무는 세속교육을 제공하는 것이지만, 학교에서의 종파교육을 지원하기 위해 또는 종파교육을 제공하는 교회에 보조금을 주기 위해 추가로 지방세를 부과할 수 있었다. 비국교도가 보기에 이것은 비국교도의 재원으로 국교회학교를 지원하는 셈이었다. 요컨대 비국교도는 교육법안에 의해서 앵글리칸이 지배하는 종파학교가 항구적으로 보존될 뿐 아니라 초등교육에서 국교회의 지배력이 실질적으로 강화될 것이라고 우려하였다.

1870년 6월 정부가 비국교도의 요구를 수용함으로써 몇 가지 타협이 이루어졌다. 첫째, 제안자인 자유당 의원 윌리엄 카우퍼템플의 이름을 딴 '카우퍼템플 조항'으로서, 학무위원회학교에서는 "다른 종파와 구별되는 특정한 종파의 교리문답 혹은 의식을 가르칠 수 없다"는 것이다. 종파교육을 금지한 것이다. 그 대신 성서에 토대를 둔 일반적이고 비종파적인 종교교육을 실시하도록 했다. 그런데 이 조항은 교사가 자신의 견해를 제시하고 자신의 양심을 따르는 것을 금지하지 않았는데, 디즈레일리는 이 규정이 "새로운 성직자 집단을 발명하고 수립하는 것"이라고 비판하였다. 이 조항은 '카우퍼템플교'라는 새로운 형태의 종교가 등장할 것이라는 광범한 우려를 낳았다. 둘째, 애초 법안의 단순 양심 조항과는 반대되는 타협이 있었다. 정부는 '수업 시간표 양심 조항'을 수용하였다. 이에 따르면, 공적인 보조를 받는 학교에서 종교교육은 정규 수업 시간 이전 혹은 이후에 시행된다. 즉 특정한 종파교육을 원하는 학부모는 자신의 아이를 자신이 믿지 않는 종파의 교실에서 자신이 믿는 종파의 교실로 데려갈 수 있는 것이다. 그리하여 아동을 종교 수업에서

디즈레일리와 글래드스턴

빼내는 일이 현실성을 갖게 되었다.[5] 셋째, 종파학교 교부금은 지방세가 아니라 중앙정부의 재원으로만 충당되었다. 보수당이 법안 통과를 지원한 이유의 하나가 이것이었다.

국교회주의자로서 글래드스턴은 처음부터 국가가 '보조적인' 학무위원회학교를 제공하면서 기존의 교회학교를 유지하기를 원했다. 현실적으로도 법안이 상원을 통과하기 위해서는 교회학교를 존치할 필요가 있었다. 그렇지만 그는 1869년 아일랜드 국교회 폐지 때 국교회를 포함한 프로테스탄트와 가톨릭 교육기관 모두에게 보조금을 지급하는 것^{상응하는 보조금}을 반대했던 것처럼, 교실에서 종교적 진리를 가르치는 데 국가가 기금을 지원하는 타협책을 강력하게 반대하였다. 그는 국가가 세속교육을 제공하고 다양한 교회가 종교교육을 실시하는 것을 선호하였다. 따라서 그는 '광교회적인', 즉 비종파적인 종교교육을 제공하려는 모호한 타협을 포함한 카우퍼템플 수정안에 크게 실망하였다.

정부의 양보는 무상·세속·강제교육을 지지한 비국교도뿐 아니라 온건 비국교도도 만족시키지 못했다. 그러나 법안 심의 과정에서 일부 토리가 가세한 결과, 자유당은 계속 다수파를 유지했고 반대파는 법안 통과를 저지할 수 없었다. 게다가 후일 교육법 반대운동의 초점이 될 법안 제25조^{학무위원회는 가난한 가정 아동의 수업료를 지방세에서 지불할 수 있다는} 표결 없이 통과되었다. 그러나 제25조 규정은 종파학교를 지원한다는 논란의 여지가 큰 원리를 실질적으로 재도입한 셈이었다. 따라서 비국교

---

5   Feuchtwanger(1985), 앞의 책, p.65.

도 강경파와 온건파 모두 지방세 이용과 앵글리칸의 지배력 유지에 여전히 불만이었다. 교육동맹은 가능한 한 어디에서나 학무위원회를 수립하고자 했고, 학무위원회를 구성하기 위한 선거는 비국교도와 국교회 간에 치열했으며, 일부 지방에서는 지방세 납부 거부 움직임도 있었다. 그렇지만 반곡물법동맹과 달리 교육동맹은 광범한 지지층을 갖지 못한 압력단체 수준에 그쳤다.[6]

교육법은 자유당 내부의 갈등을 크게 조장한 반면 보수당의 부흥에 크게 기여하였지만, 그 의의는 컸다. 교육법은 장기적 효과에서 글래드스턴 제1차 내각이 이룬 '단 하나의' 가장 중요한 업적이라는 평가가 있다.[7] 교육법은 처음으로 초등교육에서 국가교육체제의 토대를 마련하였다. 물론 아직은 무상·강제교육은 아니었지만, 국가로부터 재정 지원과 감독을 받는 교육이라는 기본 원리는 수립되었고, 세기말에 문자해득률은 급속히 상승했다. 오늘날까지 영국은 초등교육에서 자발주의와 간섭주의, 사립체제와 공립체제, 세속주의와 종교 논리의 타협적인 '이중체제'를 유지하는데 그 기원이 바로 1870년 교육법인 셈이다. 1870년 교육법은 자발주의를 보완하려는 의도의 산물이었기에 제한적인 국가 간섭 원리를 적용하였지만, 동시에 교육이라는 중요한 분야에서 국가의 책임 확대를 함축하였다.

---

6 Feuchtwanger(1985), 앞의 책, pp.65~66. 19세기 후반 여러 압력단체의 정치적 활동은 Hamer, D. A.(1977), *The Politics of Electoral Pressure : A Study in the History of Victorian Reform Agitations*, Hassocks 참조.

7 Feuchtwanger, Edgar J.(1975a), *Gladstone*, London, p.158 ; Feuchtwanger(1985), 앞의 책 p.62.

디즈레일리와 글래드스턴

대학심사법 폐지, 1871년

교육법과 심사법 문제는 1868년 아일랜드 국교회 폐지라는 대의에 의해 단합된 자유당 내부에서 종교적 알력을 드러내는 계기가 되었다. 현행 심사법에서는 앵글리칸 국교도만이 옥스퍼드대학과 케임브리지대학에서 스칼라십을 받고 가르치는 펠로가 될 수 있었다. 비국교도 자유주의자 대다수는 모든 종파에게 두 대학의 문호를 개방해야 한다고 강력하게 압박하였다. 그러나 글래드스턴은 여전히 두 대학의 앵글리칸 성격을 유지하기를 원했다. 동시에 그는 교회 사안에서 점차 세속적인 국가의 개입을 수용함이 어렵다고 느끼면서도 고교회주의를 열렬히 지지하였다. 따라서 그의 입장은 휘그의 반사제주의적이고 반교조주의적이며 국가에 의한 견고한 교회 통제를 지지한 세속주의와도 대립하였다. 나아가 그의 입장은 교회를 계몽과 진보를 지향하는 여론에 흡수하려는 자유주의 지식인들의 입장과도 달랐다.[8]

1860년대에 비국교도의 교수진 참여를 금지한 국교회 기본 교리 39개조 신앙 조항1563 준수를 종식시키려는 여러 법안이 제안되었다. 신학적 자유주의자와 정치적 자유주의자는 이 대의를 추진하는 데 합세했지만, 글래드스턴은 따르기를 주저하였다. 1866년 이미 옥스퍼드를 대표하지 않은 상태였지만, 글래드스턴은 여전히 두 대학에서 펠로십을 비국교도에게 개방하는 법안에 반대투표했고, 1871년까지 그는 이 조치를 정부 법안으로 만드는 데 동의하지 않았다. 그러나 1871년 글래드스

---

8 Feuchtwanger(1985), 앞의 책, pp.67~68.

턴은 종교적 차별이 더 이상 지탱될 수 없고 자유주의의 원리와도 상치한다고 판단하였다.

그 결과 그는 두 대학에서 종교적 심사를 폐지하고 교육과 행정을 모든 종파에게 허용하는 법안을 '주도'하였다. 그는 명백한 불만 대상을 제거함으로써 오히려 두 대학의 지위가 강화될 것이라고 자신의 행동을 정당화했다. 공무원제 개혁과 더불어 이 조치는 글래드스턴이 필주의적 효율성과 능력주의를 굳게 믿었음을 뜻한다. 이 조치는 또한 교육과 종교에서 평등주의의 신장을 상징하였다.

공무원제 개혁, 1870년

특권의 폐지, 즉 능력에 따른 승진에서 장애물을 제거하고 온전한 시민적 평등을 수립하는 것은 글래드스턴의 자유주의 이념의 한 요소였고, 따라서 정부는 후원보다 능력과 전문성을 공무원 임용의 토대로 삼는 추가 조치를 취했다. 1850년대 전반 글래드스턴은 후견과 엽관이 아니라 능력에 따라 공무원제가 운영되어야 한다고 믿었다. 그는 모든 공무원직에서 능력에 따른 승진 과정의 일환으로 시험을 통한 자유경쟁 제도를 적극적으로 지지하였다. 1854년 애버딘 연립내각에서 글래드스턴은 노스코트·트리벨리언 특별조사위원회를 설치하는 데 주도적 역할을 했다. 그 결과 공무원 임용위원회가 구성되었다. 그러나 이 공무원제 개혁 시도는 애버딘 내각이 붕괴하면서 무산되었다.

크림전쟁은 귀족적 후견체제가 비판을 받게 된 중요한 계기였다. 군직뿐 아니라 문관직에서도 전문적 자격이 요구되었다. 그러나 능력 있는 사람이 공무원직에 오르는 데에는 여전히 제약이 많았다. 공무원은 교육의 정도에 따른 상위직과 하위직으로 구분되는데, 이는 사회계급의 위계를 따랐다. 각 부서에서 소수의 상위직 공무원은 사립학교와 칼리지 출신의 엘리트로서 최상의 교육 이수자였고, 정부 부서의 업무 대부분은 하위직 서기들이 담당했다. 임용위원회 주관의 시험은 상당히 초보적인 수준이었고, 정부 부서의 수장들은 여전히 공석을 지명하거나 지명 후보자에게 제한을 가하는 재량권을 갖고 있었다.

글래드스턴과 내각을 압박하여 전향적인 조치를 취하도록 만든 인물은 능력주의를 지지한 재무장관 로버트 로였다. 그러나 다수 각료가 개혁을 반대하였다. 특히 외무장관 클라랜던 백작은 외교가 귀족적 배경을 가진 인사에 의해 수행되어야 한다고 주장했다. 타협책으로 글래드스턴은 모든 국내 공무원 임명은 공개경쟁을 통해 이루어지도록 하고 외교직은 공개경쟁에서 제외하였다.

그 결과 1870년 6월 정규 입법이 아니라 추밀원 자문만 거쳐 시행되는 긴급칙령은 외무부와 내무부를 제외한 모든 국무 부서에서 공개경쟁 시험을 임용의 정규 방식으로 삼고 임용 절차를 재무부가 통제하도록 하였다. 1873년 로가 내무부를 맡자 이 부서도 따르게 되었다. 오직 외무부만 예외였다. 외무부 관리들은 이를 '섞음질'로 간주했다.[9] 그렇지만 현실적으로 이 능력주의는 한계가 있었다. 왜냐하면 상층계급이 여전히 그들의 우월한 수준의 교육 덕분에 공무원직을 지배할 것이기 때문이다.

---

9 Feuchtwanger(1985), 앞의 책, pp.68~69.

군대 개혁, 1870~1871년

특권 타파와 능력주의 추구의 특별한 사례가 지배층과 긴밀히 결부된 육군 장교 집단의 임관 매입을 겨냥한 개혁이었다. 지주계급은 장교단에서 비중이 컸을 뿐 아니라 의회 의원 가운데에는 현역 혹은 퇴역 육군 장교 다수가 있었다. 용이한 장교직 매입과 의회 진출로 이어지는 일시적인 군복무는 주요한 정치 가문 구성원에게는 흔한 경험이었다. 중간계급 또한 군직 매입을 통해 지배층에 편입될 수 있었다. 이처럼 육군 장교직의 이미지는 귀족적이었고, 매입을 반대하는 주장에도 이 관행이 헌정의 보루라는 논리는 스며들어 있었다. 하여간 당시 영국 군대는 일종의 아마추어리즘에 근거하고 있었다. 그러나 크림전쟁 이후 군사 분야, 특히 더욱 전문성이 요구되는 병과^{공병과 포병}에서 능력주의 요구는 거세졌다.

군대 개혁의 배경은 크림전쟁 때 노정된 영국군의 무능, 오스트리아·프로이센전쟁, 프랑스·프로이센전쟁이었다. 글래드스턴은 현대전의 과학적 성격과 군사 규모의 증가 추세를 인식하고 있었고, 특히 프로이센 군대의 혁혁한 승리에 깊은 인상을 받았다. 그는 필파의 핵심 인물 에드워드 카드웰에게 영국군의 현대화를 주문하였다. 육군장관 카드웰은 군대 개혁에서 긴축과 효율성의 원리를 도입하였다. 1869년 급진파의 요구를 따라 평시의 체벌^{채찍질}이 폐지되었다. 1870년 육군부법은 이 부서를 총사령부·감사부·재정부 셋으로 나누어 효율성을 제고하고자 하였고, 1870년 육군징집법은 현행 12년 복무 기간을 현역 6년과 예비군 6년으로 나누었다. 즉 프로이센 모델을 따라 단기징집체제와 규모가 더 큰 예비군체제를 결합하였다.

1871년 육군규제법은 현역 복무 기간이 단축되면서 신속한 징집을 위해 전국을 69개의 군구로 나누고, 카운티별로 해외와 국내에서 복무할 병력을 배치하고, 지방들을 연계하여 지원병 규모를 확대하였다. 그렇지만 규제법의 핵심은 장교직 매입을 통한 승진을 폐지하는 것이었다.

17세기 이래의 관례에 따르면, 귀족이나 상층 중간계급은 장교직을 매입할 수 있었고 퇴역하고 나서는 이를 팔 수 있었다. 이는 진급이 능력보다는 부에 토대를 둔 것이자 군대가 기득권을 가진 귀족에 의해 운영됨을 뜻하였다. 디즈레일리는 규제법안을 완강하게 반대하지는 않았고, 오히려 법안의 세부를 더 검토하고 전원위원회 단계에서 수정안도 가능하다면서 보수당의 극단적 반대파를 설득하였지만 곧 반대파가 들고 일어났다. 특히 토리 쪽에는 '연대장'으로 불리는 장교 경력을 가진 의원들이 있었다. 그들은 폐지 자체를 반대하거나 폐지하더라도 더 나은 조건의 보상을 얻기를 원했다. 전원위원회에서 그들은 일련의 방해 동의안으로 정부를 괴롭혔다. 한편으로 정부는 장교단의 귀족적 성격의 소멸과 보상의 적절성에 관한 우려를 불식해야 했고, 다른 한편으로는 급진파를 무마하기 위해 특권 타파와 과도하지 않은 보상을 주장해야만 했다. 결국 법안은 치열한 반대에도 불구하고 하원을 통과하였다. 그러나 빅토리아 여왕의 삼촌인 육군 총사령관 케임브리지 공작이 상원에서 반대를 주도한 결과 법안은 부결되었다.

그러자 글래드스턴은 칙허장으로 이 관례를 폐지할 수 있다고 여왕에게 자문하였고, 장교직 매입을 여왕이 승인하지 않는다는 다짐을 받았다. 그러자 일부 급진파는 매입 폐지를 지지하면서도 글래드스턴의 묘수가 국왕 대권 행사의 선례가 될 것이고 의회 수위권을 침해한다고 우려했다. 그들은 글래드스턴을 '전제적인 대신大臣'이라고 공격하였다. 처음에는 매입 폐지를 주저하던 글래드스턴은 법안 반대파를 "어리석음, 분파주의, 계급적 이기심"을 가진 집단이라고 공격하였다. 디즈레일리는 여왕을 움직인 글래드스턴의 행위를 "상원의 명백한 특권을 겨냥한 후안무치한 음모"라고 비난하였다. 그러나 상원은 '재산권'을 상실한 장교에게 보상을 규정하는 조건으로 신속히 법안을 통과시켰다. 그 보상비는 무려 800만 파운드에 달했다. 고비용 개혁임에도 불구하고 군대 개혁은 경제성과 효율성을 비교적 현실적으로 성취했다고 할 수 있다. 그렇지만 규제법은 육군 장교 다수가 자유당을 적대시하는 경향을 강화하였다. 매입 폐지에도 불구하고 장교단의 귀족적 이미지와 지배계급과의 긴밀한 연계는 지속하였다.[10]

노동조합법과 개정형법, 1871년

1871년 무렵 비국교도 노동계급은 특히 교육법에 불만을 갖고 있었다. 그 결과 정부는 일련의 보궐선거에서 패배하였다. 노동조합 입법은 이런 추세를 만회하려는 정치적 고려의 산물이었다. 당시의 지적 분위기에서 노동조합 문제는 양면적인 성격을 띠고 있었다. 노동조합에게 가해진 법적 제약을 제거하는 것은 평등주의의 구현이라는 측면에서 정당화할 수 있었다. 동시에 그것은 집산주의를 거부하는 개인주의의 규

---

10 Feuchtwanger(1985), 앞의 책, pp.70~71 ; Coleman(1988), 앞의 책, p.139.

범을 침해하는 문제로서, 자본과 정치경제학은 임금이 시장의 힘에 의해 결정되므로 노동조합의 힘이 이곳에서 작용해서는 안 되며 또한 산업의 경쟁에 피해를 끼친다고 주장하였다.

노동조합을 적대시하는 자본의 힘은 1860년대에 노동조합에게 불리한 일련의 법원 판결로 나타났다. 1866년 보일러 제조공 노동조합이 브래드퍼드 지부의 재무 담당자가 횡령한 기금을 환수하기 위해 소송을 냈는데, 이 '혼비 대 클로즈' 소송에서 노동조합이 패소한 것이 대표적인 사례이다. 이 판결의 근거는 1855년 제정된 공제조합법 규정에 따라 노동조합은 법적으로 인정된 실체가 아니므로 소송의 주체가 될 수 없다는 것이었다. 이 판결로 노동조합의 존립 자체가 문젯거리가 되었다. 같은 해 셰필드의 칼 제조업계에서 노동조합원이 아닌 노동자의 주택이 폭파되는 사건이 일어났다. 1867년 보수당 정부는 '셰필드 사건'을 조사하기 위한 특별조사위원회를 구성하였다. 노동조합 지도부가 배제된 이 조사위원회는 1869년 보고서에서 노동조합의 합법화를 권고하였다. 글래드스턴도 노동조합의 정당성을 인정하였다. 그렇지만 다수 보고서는 공제조합 등록 담당자에게 기업 활동을 제약할 수 있는 노동조합 규정상의 '부당한' 조항을 거부하는 권한을 줄 것을 제안하였다.

이 무렵 숙련노동자들이 중심이 되어 1868년 발족한 노동조합회의 Trades Union Congress, TUC는 중기 빅토리아 시대의 호황 분위기 속에서 온건 노선을 표방했다. 노동조합회의는 1868년 자유당의 총선 승리에 기여하였다. 그들의 주요한 요구 사항은 노동조합의 법적 지위의 인정 및 병자와 실업자에게 제공되는 급여와 파업을 지원하는 데 사용되는 기금의 보호였다. 노동자 표와 자유당 내부에서 노동조합의 영향력을 감안하면, 자유당 정부가 노동조합의 법적 지위를 강화하는 입법을 추진하는 것은 불가피했다.

1871년 내무장관 헨리 브루스가 주도한 노동조합법안은 노동조합에게 완전한 법적 지위를 부여함으로써 노동조합이 법정을 통해 자신의 기금을 보호받도록 했다. 그렇지만 법안 제3조 규정은 "폭력·위협·협박·간섭·방해"를 포괄적으로 금지하였고, 노동조합은 이것이 노동조합의 활동을 실질적으로 불가능하게 만드는 것이라고 여겼다. 파업 때 고용주가 대체 노동력을 구하는 것이 매우 정상적이던 당시에 노동조합은 피케팅picketing : 파업 중인 작업장에서 파업에 동조하지 않는 노동자의 출입을 막는 것을 생사의 문제로 간주하였다. 반면 정부는 문젯거리인 제3조 규정을 별도의 개정형법에 넣는 선에서만 양보할 태세였다. 그러나 개정형법은 파업 노동자를 음모죄로부터 보호함으로써 파업을 허용하면서도 노동조합원을 관습법에 따라 음모죄의 적용을 받도록 하였고, 노동 분규에서 '모든' 형태의 협박과 작업장에서의 위협적인 피케팅을 불법으로 규정함으로써 평화적인 피케팅 권리를 부정하였다. 실제로 일련의 재판에서 판사들은 '모든' 피케팅이 위협적이고 따라서 불법이라고 판결하였고, 이에 따라 해당 노동자는 파업과 협박을 이유로 중노동의 형벌에 처해졌다. 개정형법은 개인의 자유 옹호라는 자유주의 이념을 따름으로써 노동조합의 위협을 받는 노동자 개인의 권리를 보장한 셰필드 사건 판결의 원리를 재확인하였다.[11]

---

11 Feuchtwanger(1985), 앞의 책, p.72 ; Sykes(1997), 앞의 책, p.81.

디즈레일리와 글래드스턴

이 법이 파업을 무력화한다고 여긴 노동조합회의는 파업과 반대운
동을 지속적으로 전개하였다. 내부적으로는 숙련공과 비숙련공, 온건
파와 강경파 사이의 대립이 있었지만, 이 조직은 다양하고 지방적인 자
율성을 가진 노동조합들을 전국 차원에서 포괄하였다. 1871년부터 노
동조합회의와 의회 로비를 담당한 이 조직의 의회위원회는 의회에 압
력을 넣어 피케팅을 합법화하고자 노력하였으나 성과를 거두지 못하
였다.

그렇지만 이후 자유당 정부는 노동조합의 요구를 간과하거나 무시하
지는 않았다. 1873년 가을 글래드스턴 정부는 노동조합의 입장을 대체
로 지지하는 쪽으로 나아갔다. 재무부에서 내무부로 자리를 옮긴 로는
후일 보수당 정부의 입법의 토대가 될 원리를 제시하였고, 자유당과 특
히 급진주의자 앤서니 먼델라는 1875년 입법 과정에서 보수당 정부의
내무장관 리처드 크로스의 법안을 크게 수정하고 확대하는 데 기여함으
로써 크로스의 법안이 최종적이고 포괄적인 타결이 되게끔 도왔다.
1875년 보수당의 입법은 자유당이 제시한 틀을 따른 '초당적인' 조치였
다. 디즈레일리 정부의 개혁에도 불구하고 빅토리아 시대 후기에 노동
조합이 정치적으로 여전히 자유당을 지지한 것은 노동조합과 자유당의
전통적인 유대가 지속한 결과이기도 했다.[12]

---

12 Spain, Jonathan(1991), "Trade Unionists, Gladstonian Liberals, and the Labour
    Law Reforms of 1875," in E. F. Biagini and A. J. Reid eds., *Currents of
    Radicalism : Popular Radicalism, Organised Labour and Party Politics in
    Britain, 1850-1914,* Cambridge, pp.109~110, pp.132~133.

주류판매허가법, 1872년

신생 노동조합회의와는 달리 오랜 역사를 가진 전국연합^{금주협회}은 개인의 책임, 자조, 자기개선이라는 빅토리아 시대의 사회적 에토스를 표방한 강력한 압력집단이었다. 비국교도가 주축을 이룬 전국연합은 자유당의 급진파와 연결되어 있었다. 반면 보수당 쪽에서 금주파는 드물었다. 1830년 맥주 판매에 적용되던 법적 규제가 제거된 이후 술집 수가 폭발적으로 증가했다. 주정^{酒酊}을 우려하는 목소리가 커졌지만 1850년대에도 자유방임 원리에 따라 맥주 판매는 규제를 벗어나 있었다. 전국연합의 금주정책 요구는 자유방임주의자의 입장과 상치하였지만, 전국연합과 자유당 사이에는 공감할 수 있는 도덕적 요소가 있었다. 1860년 영국·프랑스 통상조약 이후 전국연합은 소극적 성격을 지닌 지방선택권 혹은 화주^{火酒}의 판매와 생산을 지역 주민이 거부하는 권리를 지지하였다. 탈중앙집중화와 지방선택권은 자유당의 이념과 부합하는 측면이 있었다.

1867년 선거법 개혁은 음주 통제를 요구하는 운동에 큰 영향을 끼쳤다. 교육법의 취지대로 노동계급의 덕성을 함양해야 하듯이, 이제 선거권을 갖게 된 그들의 주정도 규제되어야 했다. 자유당뿐 아니라 '질서의 당'을 자처한 보수당 또한 이 필요성에 공감하였다. 그들은 주정을 개인 문제가 아니라 사회문제로 인식하였다. 1871년 브루스는 규제를 강화한 주류판매허가법안을 마련하였다. 이 법안은 치안판사에게 관할 지역의 주류 판매를 책임지게 했으며, 영업 허가를 받는 술집 수를 결정하고 술집을 공매에 넘기는 권한을 주었다. 그리고 이른바 지방선택권을 지지하는 부류를 달래기 위해 지방세 납부자 5분의 3이 찬성할 경우,

특정 상황에서 치안판사가 부여한 영업권의 수를 제한하고 영업시간을 단축하도록 하였다. 이 시도는 급진주의자를 만족시키지 못하면서 동시에 자유당을 지지하던 주류업자^{판매자와 생산자}로부터도 격렬한 저항을 받았다. 물론 전국연합은 법안을 지지하였다. 그러나 브루스의 법안은 2독회를 넘기지 못하고 철회되었다.

이듬해 더 온건한 법안이 제정되었다. 1872년의 주류판매허가법은 술 판매 마감시간을 시골에서는 11시, 도시에서는 12시로 제한하고 영업 허가권을 지방정부에 부여하였으며, 주정에 부과하는 벌금을 강화하고 치안판사가 공안을 해치는 술집을 폐쇄하도록 하였다. 그러나 음주를 여러 사회악의 근원으로 간주한 전국연합은 지방 당국의 재량에 따른 규제가 철저하지 못하다고 불만을 품었다. 그들은 특히 이 법이 술집 수를 감소시키지 않았고 지방선택권을 확립하지 않았다고 비난하였다. 반면 노동계급 애주가들은 영업시간을 강제로 제한하는 것에 분개했다. 떠들썩한 선술집 pub은 노동자의 삶에서 가정보다 중요한 공간이었다. 허가법에는 분명 계급적 요소가 있었다. 노동자들은 부유한 자에게 적용되는 법과 빈자에게 적용되는 법이 따로 있느냐고 불만을 표출하였다. 선술집은 법 적용의 대상이었지만 사교 클럽은 제외되었기 때문이다. 한편 영업주와 양조업자도 이 법이 개인의 자유와 재산을 규제한다고 크게 반발하였다. 브루스의 제안은 재산의 몰수로 비난받았고, 브루스 자신은 '공산주의자'라고 공격받았다. 특히 영업 허가세를 걷어 검사관에게 급여를 지불하는 조치는 '자유롭게 태어난 잉글랜드인'을 위협하는 것이자 '사회주의와 절대주의의 결합', '전제'로 비난받았다.

이 조치는 특별히 자유당의 성격을 드러낸 것은 아니었지만, 자유당 정부의 인기 하락에 기여했다. 보수당은 주류업계와 손잡으면서 동시에 '애주가의 당'을 표방하였다. 보수당은 이제 자신을 단지 지주계급의 대변자가 아니라 재산 일반을 방어하는 주체로 제시하였고, 나아가 재산 방어를 영국인의 자유 방어와 결부시켰다. 즉 "자유롭고 합리적인 개인이 스스로 선택하며 자신의 재산을 자신이 원하는 식으로 사용하고 자신이 원하는 때에 원하는 곳에서 술을 마시는 자유주의적 개인주의는 1870년대부터 점차 보수당에 의해서 하이재킹되었다." 장기적으로 보자면, 이 법은 자유당을 지지한 주류업계가 항구적으로 보수당을 지지하도록 만드는 데 매우 중요한 역할을 하였다.[13]

2. 디즈레일리 제2차 내각

디즈레일리 제2차 내각 시기의 사회 입법에는 세 종류가 있다.[14] 첫째, 개인의 책임을 조장하려면 제한적인 국가 간섭이 유리하다는 취지의 입법들이다. 공제조합법, 상선선적법이 이에 해당한다. 둘째, 지방 차원에서의 활동을 강제하기보다는 촉진하려는 것이지만, 권한을 부여

---

13 Feuchtwanger(1985), 앞의 책, p.77 ; Sykes(1997), 앞의 책, pp.79~80. 글래드스턴은 1874년 총선 패배가 "진과 맥주의 폭포수" 때문이었다고 진단하였지만, 통설과 달리 이 조치는 글래드스턴의 패배에 크게 작용하지는 않았다(Bentley(1987), 앞의 책, p.61).

14 Jenkins, T. A.(1996a), *Disraeli and Victorian Conservatism*, Basingstoke, pp.112~116.

하되 그 권한의 행사를 규정하지 않은 이른바 '소극적'permissive 입법들이 있다. 노동자주거법, 식품 · 의약품법, 하천오염법, 토지법, 인클로저법,[15] 공중보건법이 그 사례이다. 셋째, 선거 차원의 득실을 고려한 정치적 입법으로는 음모와 재산보호에 관한 법, 고용주와 노동자법이 있다.

주류판매허가법, 1874년

주류 제조업자와 영업자들은 글래드스턴 정부가 제정한 주류판매허가법에 크게 반발하였는데, 이것은 디즈레일리 정부에게는 일종의 정치적 부채였다. 보수당 정부는 신속히 또 다른 주류판매허가법을 제정하였다. 크로스가 내각에 제안한 법안은 런던과 대도시의 술집 영업시간을 30분 연장해서 자유당의 입법 이전 상태로 환원시킴으로써 영업시간에 관한 지방 당국의 재량권을 박탈하고, 이를 위반한 자의 영업 허가권은 지방 당국의 재량에 따라 결정하도록 했으며, 경찰의 영업장 단속권을 크게 축소하여 혼성주를 판매하는 행위를 처벌하지 않도록 하였다. 이 법안은 이로써 자유당 정부가 제정한 입법의 규제적 성격을 탈피하고자 하였다.

보수당 정부는 일상사를 규제하는 문제에서 자유당과 다른 입장을 갖고 있었다. 크로스는 억압적 입법보다 중간계급의 가치인 계몽과 자

---

15 인클로저란 15세기 후반 이래 상원의 영주와 부농이 경작지를 겸병하거나 공유지를 사유화하여 울타리를 치고 목초지로 전환해서 방목을 한 것을 말한다. 디즈레일리 정부의 인클로저법은 공유지 인클로저를 제한하였다.

조를 중시하면서 전국연합의 논리에 대항하였다. 그는 과도한 음주는 그 자체만으로 공격받아서는 안 되고, 오직 노동계급의 육체적·도덕적 상황의 전반적인 변화를 통해서만 치유될 수 있다고 보았다. 즉 주취 사고는 노동자가 즐길 공간을 갖지 못하기 때문에 일어난다. 따라서 위와 같은 음주 규제는 사고를 방지하는 근본적인 해결책이 될 수 없으며 주거 환경의 개선이 최선의 대책이다. 그러나 술집 영업에 관한 규제 완화를 주거 환경의 개선이라는 처방과 결부시킨 크로스의 이 주장의 근거는 희박했다.

특히 영업시간 문제는 보수당 내부에서도 반발을 샀다. 내각에서 크로스는 런던을 제외한 도시에서 영업시간을 30분 연장하는 조항을 폐지하고 시골에서는 문 닫는 시간을 1시간 단축함으로써 반발을 무마하고자 했다. 주류업계도 법안이 지나치게 제한적이라거나 반대로 느슨하다고 보는 등 입장이 갈렸다. 그 결과 정부는 '일요일'의 영업시간과 도시와 시골을 구분하는 문제에서 양보하였다.

디즈레일리 정부의 사회 입법에 관한 권위 있는 연구자인 폴 스미스의 혹평에 따르면, 이 법은 "형편없이 입안되고 불명예스럽게 통과된" 것으로서 "사회 입법 프로그램 최악의 선두주자"였다. 비록 영업시간 논란은 이 법으로 수그러들었지만, 이후 음주파와 금주파의 대립이 계속되고 각각 보수당과 자유당을 상대로 압력을 행사하였다. 보수당 정부는 주류 제조업자들이 요구한 허가세 폐지를 거부하고 자유당이 요구한 지방 당국의 통제권도 거부하였다. 주류 제조와 판매에서 보수당은 대체로 개인 자유와 국가 불간섭, 그리고 지방 선택권을 지지하는 입장을 취했다.[16]

노동입법, 1874~1875년

역시 크로스가 주도한 이 법들은 주류판매허가법과 마찬가지로 선거에서 노동계급 유권자의 영향력을 고려한 조치였다. 1874년 총선 때 랭커셔와 요크셔의 산업 지역에서 보수당 후보들은 전향적인 입법을 약속한 터였다. 우선 노동시간과 고용 연령에 관한 입법이 있었다. 1874년 크로스가 제안한 공장법안은 노동시간을 56.5시간으로 정하고, 반일 노동시간이 적용되는 노동자의 연령을 8세에서 10세로 상향조정하며, 전일 노동 아동의 연령을 13세에서 14세로 올렸다. 이는 대도시에서 보수당 지지자들이 제기한 하루 9시간 노동 요구에 부응한 것이다. 정치경제학 이론을 지지한 세력은 계약의 자유를 들어 이 시도를 반대하였다. 크로스는 성인 남성의 노동시간 제한은 계약의 자유를 침해한다는 이유에서 수용 불가라고 주장하는 한편, 여성과 아동은 자유롭지 못한 당사자이고 따라서 국가가 규제하는 대상이라고 주장하였다. 스미스에 따르면, 공장법은 보수당이 제정한 "진정 유일하게 온정주의적인 사회 입법"이었다.[17]

노동조합에게 더 중요한 사안은 주인과 하인법, 음모법, 개정형법이었다. 1875년 왕립조사위원회의 보고서는 주인과 하인법에 관한 노동조합의 입장을 수용하면서도 음모법과 개정형법을 수정할 필요성은 제안하지 않았다. 그러나 디즈레일리의 지원을 받은 크로스는 내각의 반대를 무릅쓰고 조사위원회의 보고서를 무시한 채 노동조합의 입장을 받

---

16 Smith(1967), 앞의 책, pp.208~209, p.211.
17 Smith(1967), 앞의 책, p.214.

아들여 입법을 추진하였다.

첫째, 조사위원회의 권고를 따른 1875년 고용주와 노동자법은 현행 주인과 하인법을 대체하였다. 주인과 하인법은 계약 위반 때 고용주에게는 민법을, 노동자에게는 형법을 적용했었다. 이제 고용주와 노동자법은 법적 계약을 위반할 경우 가스, 수도 분야와 "생명과 재산을 심각하게 위협하는" 경우는 제외 쌍방 모두 민법의 적용을 받도록 했다. 계약 위반을 민사상의 피해로 규정하고 벌금을 부과한 것이다. 또한 재산에 피해를 끼친 자를 노동자로 특정하지 않고 '사람'으로 규정하여 고용주도 계약을 이행하지 않는 당사자에 포함시켰다. 노사계약을 형법의 적용 대상에서 제외한 이 법은 고전적인 경제적 자유주의 이념을 반영하였다. 또한 노동조합이 활성화하면서 노동자의 법적 지위도 바뀌는 추세를 반영하였다. 스미스는 주인과 하인에서 고용주와 노동자로의 '개념' 전환 자체가 의미 있는 현상이었다고 평가하였다.[18]

둘째, 글래드스턴 정부는 노동조합의 법적 지위를 인정하면서도 노동조합 권익 보호의 본질적 수단이던 피케팅을 금지했다. 글래드스턴 제1차 내각 말기에 개정 시도가 있었으나 성사되지 못했다. 크로스가 마련한 음모와 재산보호에 관한 법안은 현행 음모법을 수정하여 '행위 자체가 범죄가 아닐 경우' 노동조합의 피케팅을 합법화했다. 노동조합의 활동을 음모법 적용 대상에서 제외한 것이다. 고용주와 노동자법처럼 이 역시 고전적 자유주의 이념을 반영하였다. 다만 법안 제4조는 가스와

18　Smith(1967), 앞의 책, p.215.

수도 분야에서 고용된 노동자의 '악의적'이고 '의도적'인 계약 위반을 범죄로 보아 약식재판에서 벌금이나 구금에 처하도록 하였고, 제5조는 의도적으로 재산에 피해를 끼친 경우 고용주나 노동자가 계약을 위반한 것으로 간주하여 벌금 혹은 구금에 처하도록 규정하였다. 즉 피케팅이 '과도하게' 사용되면 음모법을 적용한 것이다. 자유주의자와 급진파는 로가 제시한 '법 앞의 평등' 원칙을 내세워 보수당을 압박하였다. 그 결과 재산 피해 요건이 완화되고 노동자를 특정한 제4조와 제5조가 수정되었다.

셋째, 노동계급 출신 의원이자 기계공 노동조합 지도자인 알렉산더 맥도널드는 개정형법의 폐지를 요구하였다. 그러나 크로스는 글래드스턴 정부가 제정한 개정형법이 '평화적인' 피케팅을 범죄로 만들지 않는다고 보았기에 개정형법의 폐지나 수정을 원치 않았다. 이에 노동조합 회의는 개정형법의 전면적인 폐지를 압박했고, 로는 강압과 협박 개념을 노동자에게만 적용해서는 안 된다고 주장하였으며, 먼델라를 비롯한 노동조합회의 의회위원회도 로의 제안을 지지했다. 7월 의회 안팎의 압력을 받은 크로스는 개정형법 폐지 법안을 제출하였다.[19]

이로써 노동조합의 행위는 음모나 불법 피케팅 같은 족쇄에서 벗어나게 되었다. 노동입법은 보수당 정부의 국내 입법 가운데 가장 중요한 사회 개혁 조치로 평가받았다. 그것은 전임 글래드스턴 정부가 거부한 노동조합의 요구를 모두 수용한 것이다. 스미스가 '보수당의 쿠데타'로

---

19 Smith(1967), 앞의 책, pp.215~216 ; Spain(1991), 앞의 논문, pp.128~132.

까지 평가한 이 조치를 노동계급 지도부는 크게 환호하였다. 디즈레일리는 이 법이 자본과 노동의 갈등을 해소함으로써 보수당을 향한 노동계급의 항구적인 애정을 담보하고 보수당을 강화하는 데 크게 기여했다고 자평하였다.

그렇지만 스미스의 평가에 따르면, 물론 이 조치는 "자유당이 할 수 없었거나 하고자 하지 않던" 입법이었지만, 이 법을 통해 보수당이 노동계급의 지지를 '새롭게' 획득한 것은 아니다. 그런데 스미스가 보기에 그 양보는 오히려 보수당에 해를 끼쳤다. 즉 1871~1874년 노동문제는 자유당과 노동계급 사이 긴장의 주요 원천이었는데, 입법으로 이 긴장이 해소됨으로써 이제 노동조합이 '편안한 마음으로' 다시 자유당의 우산 아래로 들어올 수 있었다. 더구나 그 입법은 프로그램이나 정책이라기보다는 "시급한 현안에 경험주의적으로 대응한" 조치였다. 그 근저에는 사회적 삶을 완화한다는 모종의 '철학'이 없었다.[20]

노동자 주거법, 1875년

1869년 자조 이념을 선전하기 위해 조직된 자선조직협회는 1874년 런던의 가난한 노동자의 주거 환경을 조사한 보고서를 작성하였다. 보고서는 작업장 부근에서 빈자에게 적절한 주거를 제공할 필요가 있다고 지적하면서 지방 당국에게 주거를 마련하기 위한 부지를 강제로 매입하는 권한을 부여하자고 제안하였다.

---

20 Smith(1967), 앞의 책, pp.217~218 ; Feuchtwanger(1985), 앞의 책, p.86.

1875년 2월 크로스는 자선조직협회와 런던보건국 소속 의사들의 의견을 따라 노동자 주거법안을 제안하였다. 법안은 런던과 대도시 의회가 "보건 당국이 유해하다고 본 구역"에서 주거를 개선하고 부지를 강제 매입하는 권한을 가지며, 매입한 부지를 노동자 주택을 건립하기 위해 매각하도록 하였다. 자치시 의회는 필요한 경비를 공공사업 대부위원회로부터 저리로 대부 받게 되었다. 문제는 이 구상이 전적으로 지방 당국과 보건국 관리의 주도성에 달려 있었다는 점이다. 이 법안대로 시행하게 되면 소요 비용이 지방세에 전가되고, 단기적으로는 지방세가 부과되는 정비 대상 가옥의 가치 하락을 초래하며, 재입주시키는 문제가 만만치 않을 것이었다. 그런데 실제 새 주택 건설은 지방 당국의 감독 아래 민간 업자가 맡도록 하였고, 건설 대금은 대부위원회로부터 저리로 대부 받게 하였다.

　　크로스의 법안은 노동자의 삶의 환경과 국가 간섭을 보는 보수당의 시각을 잘 드러낸다. 법안 제안 연설에서 그는 "주거가 곧 사람"이라는 식으로 주거 문제가 근본적으로 중요하다고 강조하였다. 동시에 그는 국가 간섭의 범위에 관한 당시의 통념을 넘어서지 않으려고 했으며, 하층민의 자립을 침해해서도 안 된다고 여겼다. 그가 보기에 "그 어떤 부류의 시민에게도 그 어떤 생활필수품도 제공하지 않는 것"이 정부의 의무였다. 따라서 크로스는 이 문제를 위생 개혁의 문제로 제시함으로써 논란을 비켜 가려고 했다. 즉 정치경제학을 부정하기보다는 '건강＝부'이기에 이 법을 시행함으로써 질병으로 인한 낭비를 방지해야 한다고 본 것이다. 그러나 정치경제학의 비판은 만만치 않았다. 계급입법이라는 반론, 민간 부문이 아니라 지방정부 자신이 주택을 건설할 수도 있다는 비판, 잠재가치보다 현존가치에 따라 소유자에게 보상한다는 비판, 정부가 사회적 목적을 위해 시중금리보다 낮게 대부한다는 비판이 그것이다. 그럼에도 두 당은 법안의 목표에는 대체로 공감하였다. 크로스는 비판을 여럿 수용하면서도 근본적인 수정은 거부하였다. 그가 보기에 노동자의 주거는 자유, 자발주의, 여론 교육이라는 원리의 문제였다. 그래서 이 조치는 '전적으로' 소극적인 조치였다.[21]

디즈레일리가 "우리의 주요한 조치"라고 부른 이 법은 대도시의 노동자 주거를 다룬 최초의 중요한 시도이자 보수당의 입법 가운데 가장 야심찬 시도였다. 여론의 지지를 얻은 이 법은 재산권이 사회 개선에 양보해야 한다는 원리를 내세운 점에서 상징적 중요성이 있었다. 노동자의 주거 환경권이 재산 소유자의 권리에 선행한다는 것이다. 그렇지만 이 법은 지방 당국으로 하여금 슬럼을 정비하는 일을 강제하지 않았고, 오히려 당국이 재량껏 판단하는 권한을 주었다.

스미스에 따르면, 이 잠정적 조치는 국가 간섭을 확장하면서도 기본적으로 중간계급의 자유 이념을 신뢰하였다. 이 입법은 사업을 방해하는 '장애물'을 제거한 점에서 고전적인 자유주의의 조치이자 디즈레일리의 사회 개혁 근저에 놓인 "혼란스럽고 소심한 경험주의"의 대표적인 사례였다.[22] 1881년까지 잉글랜드와 웨일스의 87개 도시 가운데 고작 10개 도시만이 이 법을 적용했다. 법대로 시행하기에는 비용이 많이 들었고, 슬럼 거주자의 삶에 변화를 가져오지도 못했다. 그럼에도

---

21 Smith(1967), 앞의 책, pp.221~222 ; Feuchtwanger(1985), 앞의 책, p.89.
22 Smith(1967), 앞의 책, p.223.

디즈레일리와 글래드스턴

1875년 법은 도시 노동계급의 사회적 문제에서 핵심 요소인 주거에 관심이 점점 높아지는 시기가 도래했음을 알렸다.[23] 1876년 버밍엄 시장이 된 체임벌린이 이 법을 활용해서 슬럼을 정비한 일은 대표적 사례라 할 것이다.

공중보건 입법, 1875~1876년

1872년 글래드스턴 정부가 제정한 공중보건법은 1868년 디즈레일리 정부가 임명한 위생 시설 왕립조사위원회의 보고서를 따른 입법 조치였는데, 잉글랜드와 웨일스에서 지방 보건 당국들의 연계망을 구축하고 각 당국에 보건 담당관을 설치하였다. 그러나 보건 당국의 권한이 명확하게 특정되지 않고 기금도 제한적이어서 성과는 그리 크지 않았다. 디즈레일리 정부는 공중보건과 관련된 3개의 법을 제정하였다.

첫째, 1875년 공중보건법은 현행 위생 관련 입법들을 통합하고 합리화했다. 크로스가 주도한 이 법은 지방 당국으로 하여금 강제로 하수·배수·급수 시설을 확보하고 소음을 제거하며, 불결한 직종을 규제하고 부패 식품을 유통하는 유해한 상거래를 단속하도록 하였다. 전염병은 보건 담당관에게 보고해야 했다. 이후 60년간 지속된 이 법은 공중보건 행정에서 중요한 이정표였다. 다만 재산 소유자의 이해관계를 건드리는 데 몹시 신중했으므로 단속의 효과가 미미한 점이 한계였다.

둘째, 식품·의약품판매법은 현행 입법이 제대로 작동하지 않는 상

---

23 Feuchtwanger(1985), 앞의 책, p.89.

황을 조사하기 위해 구성된 1874년 특별조사위원회의 보고서에 따른 조치였다. 보고서는 강제적인 신규 입법을 권고하였다. 그러나 지방정부청장 조지 부스는 디즈레일리처럼 "소극적 입법이 자유민의 특성"이라고 믿었던 인물이다. 1875년 부스가 제안한 식품·의약품판매법안은 조악품을 포괄적으로 제재하려고 하였다. 그렇지만 법안은 어떤 식품을 규제 대상으로 삼는가를 규정하지 않았고, 조악 여부를 판단하는 분석관을 시의회가 '재량껏' 임명하도록 하였다. 이 법안은 많은 비판을 받았다. 법안이 공공의 이익보다 도매상인의 이익을 대변한다는 비판, 의회 의원 가운데 종종 해당 분야의 사업주가 있는데 이들은 '범죄자'이므로 분석관 임명을 강제해야 한다는 비판, 조악품을 만든 사람이 그 식품이나 약품이 조악품임을 입증해야 한다는 규정은 법 자체를 불구로 만든다는 비판 등이 제기되었다. 당사자 거증 책임 조항은 폐기되었다. 그러나 이 조치는 분석관 임명을 강제하지 못함으로써 효율성이 크게 제약받았다. 또한 식품 판매자들은 시의회에서 강력한 집단이었으므로 거의 성과가 없었다.

셋째, 1868년 하천 오염에 관한 왕립조사위원회가 구성되었다. 1875년 제출된 실태 보고서는 하수와 공장 폐기물 배출을 저지하기가 어려우며, 규제가 복잡하고 비용이 많이 들어 실패했다고 지적하였다. 1875년 상원에서 솔즈베리가 제안한 하천오염법안은 보고서의 권고보다 한결 완화된 조치였다. 법안은 오염된 액체를 하천에 방류하지 못하도록 금지하였지만, 카운티의 판사에게 어떤 것이 유해한 액체인가를 '재량껏' 판단하도록 하였으며, 제조업자와 광산 소유주에 관한 규정이 매우 모호했다. 즉 법안은 12년 이상 오염을 배출한 위반자는 2년 안에 정화하거나 배출을 아예 중단하라고 하는 한편, 실제로 12년 이상에 걸쳐 오염을 배출한 자에게는 방류가 무해하도록 '최선의 조치'를 취하라고 규정하는 것 이상은 어려울 것이라고 인정했다. 따라서 오염 개념 규정과 12년 기간 규정이 논란되었다. 부스는 12년 규정이 너무 엄격하다고 비판하면서 '최선의 조치' 조항은 '새로운' 오염에만 적용해야 한다고 주장하였다. 자신을 포함한 토지 소유자의 이익을 더 중요시한 솔즈베리는 12년 규정을 고수하였다. 그런데 솔즈베리가 북부의 산업가 대표들을 만나고 나서 공장과 광산에서 발생한 오염에 관한 규정이 삭제되고, 오염은 하수와 고형 물질에만 국한되기에 이르렀다. 시점이 회기 말이어서 법안은 폐기되었다. 1876년 부스는 제조업자의 불만을 회피하는 식으로 법안을 마련하였다. 하천 오염은 범법으로 규정되지만, 공장과 광산·하천에서의 오염 모두에서 오염을 해소할 충분한 시간을 주었고, 지방정부청의 승인 없이는 공장과 광산에서의 오염을 처벌할 수 없도록 하였다. 즉 고형 산업폐기물과 유독성 액체를 강에 버리는 것을 금지한 하천오염법은 어떤 것이 하천을 오염시키는 유해한 액체인가를 규정하지 못했고 그러니까 '오염' 개념 자체를 규정하지 못했다, 오염시킨 자를 처벌하는 조치도 마련하지 못했던 것이다. 스미스는 하천오염법이 공중보건 분야에서 정부의 주도성을 '마감'하였다고 지적하였다.

전체적으로 공중보건 입법들은 중앙정부의 간섭을 확대하지 않으며 기득권 세력에게 지나치게 엄격하지 않으려고 하였다. 또한 공중보건 행정에서 의료 전문가의 목소리보다는 의사의 권위에 불만을 가진 빈민 법위원회 관료들의 목소리에 더 귀를 기울였다. 그 결과 1872년 맨체스터에서 디즈레일리가 천명한 "모든 것이 위생이다" sanitas sanitatum, omnia sanitas라는 노선이 보수당의 정책에서 퇴조하게 되었다.[24] 그렇지만 하천오염법은 지주가 공유지를 인클로저할 권리를 제한하고 건물을 짓는 행위를 규제함으로써 일종의 그린벨트 개념을 선구적으로 도입하였던 인클로저법[1876]과 더불어 초창기 환경 입법에 해당하는 조치라고 하겠다.

공제조합법, 1875년

공제조합은 노동조합을 능가하는 400만 명이라는 엄청난 회원을 거느리고 질병에 걸렸을 때나 노후에 회원에게 혜택을 주기 위하여 마련한 막대한 기금을 갖추고 있는 노동계급의 중요한 자조 조직이었다. 공제조합은 유형상 지방의 클럽에서 규모가 큰 유관 단체 및 순수한 보험 단체에 이르기까지 광범하게 퍼져 있었다. 1870년 공제조합의 재정적 안정성과 보험 통계의 신뢰성을 조사하기 위해 왕립조사위원회가 구성되었다. 1874년 제출된 보고서는 국가가 공제조합의 실제 운용에 간섭하는 것을 권고하지는 않았다. 그렇지만 표준 회비에 관한 정보 제공, 회계감사, 정기적으로 조합의 가치를 평가할 필요성을 제기하였으며, 부모의 부주의를 유발한다는 이유를 들어 유아보험은 금지되어야 한다고 제안하였다. 이번에도 쟁점은 국가 간섭의 범위와 관련되었다.

---

24 Smith(1967), 앞의 책, pp.226~227. 디즈레일리의 "위생이요 위생이다. 모든 것이 위생이다"라는 말은 성경 가운데 전도서 1장 2절의 "헛되고 헛되도다. 모든 것이 헛되도다"를 변용한 말이다.

1875년 재무장관 써 스태퍼드 노스코트가 마련한 법안의 원리는 자유와 자조라는 개인주의 윤리였다. 노스코트는 법안의 취지가 공제조합으로 하여금 표준 회비 같은 유용한 정보를 손쉽게 이용하도록 돕고, 조합의 가치 평가를 통해 공중이 조합의 건전성을 판단하도록 정보를 제공하는 데 있다고 주장하였다. 즉 정부가 조합을 등록하고 표준보험표를 공시하지만, 조합이 파산하면 정부는 어떤 책임도 지지 않으며, 모든 조합이 최대한 자유롭게 활동하고 개인은 자신의 판단에 따라 투자하는 것이 원리가 되어야 하고, 다만 정부의 역할은 어느 것이 양호한 혹은 불량한 조합이고 투자인지를 판별할 수 있게끔 모두에게 공정한 기회를 제공하는 것이다. 그러나 이 온건한 수준의 간섭조차 크로스는 거부하였다. 크로스는 조합의 안정성에 관해 국가가 '그 어떤' 책임을 지는 것도 거부하였다. 그러나 두 사람의 의견차는 실제로는 미미했다. 노스코트는 크로스와 마찬가지로 자조를 넘어서는 어떤 것을 원하지는 않았고, 표준보험표를 강제할 의사가 없는 데다 조합의 강제 등록도 반대하였다.

노스코트 법안의 핵심은 "(개인에게) 유용한 정보를 제공하고 (조합에게) 적절한 정보를 요구하는 것"이었다. 또한 3세 이하의 유아에 적용되는 보험액도 제한하였다. 그러나 법안 지지도는 크지 않았으며, 일부 보수당 의원은 등록을 강제하고 노동자의 저축을 보호하는 조치를 요구하였다. 또한 북부 잉글랜드에서는 노동자계급인 부모들은 유아보험을 반대하였다. 그러므로 노동자주거법과 더불어 이 법은 고전적 자유주의와 결부된 자유와 자립 이념에 의해 보수당의 사회 입법이 지배된 사례였다. 노스코트와 크로스 모두 국가가 조합의 안정을 '보증'해야 한다는

주장에 동의하지 않았다. 그것은 "온정주의가 이론과 실제 모두에서 후퇴한 사례"였다.[25]

상선선적법, 1876년

하천오염법과 상선선적법은 해당 법안이 철회되었다가 이듬해 다시 시도되어 입법된 사례들이다. 이것은 두 사안이 상당한 논란을 야기했음을 뜻한다. 디즈레일리 정부가 상선 선적 문제를 다루게 된 까닭은 당시 '관선'棺船 · cofffin ships 으로 불린, 항해가 어려운 상태의 선박과 흘수선吃水線에 관한 여론이 비등했기 때문이다.

1873년 자유당 정부가 제정한 상선선적법은 통상부가 항해하기 어려운 상태의 선박을 억류하는 권한을 강화하였다. 이해에 왕립조사위원회가 구성되었다. 1874년 자유당 의원 새뮤얼 플림솔은 항해 가능 여부를 강제로 조사하고 만재滿載 흘수선을 규정하며 겨울철의 위험한 선적 문제를 입법으로 규정할 것을 요구하였다. 반대파는 선적의 안전 문제에 관한 책임을 국가에 돌리면 개인의 무관심을 조장한다고 반박하였다. 이렇듯 상선 선적 문제의 핵심은 '책임' 소재였다. 1874년 조사위원회의 최종 보고서는 안전 책임이 선주에서 정부로 옮겨 가서는 안 된다면서 플림솔의 제안을 모두 거부하였다. 플림솔과 대립한 통상부도 선적 문제에 국가가 간섭해서는 안 된다는 입장이었다. 법안은 불과 3표 차로 부결되었다.

---

25 Feuchtwanger(1985), 앞의 책, pp.87~88 ; Smith(1967), 앞의 책, pp.228~230.

디즈레일리와 글래드스턴

조사위원회의 논리를 수용한 정부는 개인의 사업을 간섭하는 데 주저하였고, 개인의 책임이므로 사고가 나면 그 개인이 처벌 받아야 한다고 보았다. 이 논리는 고전적 자유주의 이념이었다. 1875년 상선선적법안의 골자는 항해하기 어려운 선박을 운행함으로써 초래된 인신과 재산의 피해에 선박 소유주의 책임을 묻는 것이었다. 즉 위험하다는 것을 '알면서도' 배를 띄움으로써 초래되는 인신과 재산의 피해에 관해 선주 '개인'에게 무한책임을 지우는 것이다. 법안은 플림솔파와 선박업계 모두로부터 공격받았다. 스미스에 따르면, 정부의 목표는 선주가 항해할 수 없는 상태의 상선을 띄우거나 과적을 '할 수 없게' 만드는 것이 아니라, 그렇게 할 경우 '불리하다'고 깨닫게 만들려는 것이었다. 정부는 이 문제를 민간 차원의 해상보험에서 다루거나 침몰 선박의 과도한 가치 평가를 제약하는 식으로 다룰 수 있다고 보았다. 그렇지만 해상보험은 동시에 정부의 간섭과 결부되는 사안이었다.[26] 따라서 1875년 선적법안은 보험 문제를 다루지 않았다.

　　그러자 통상부장관 써 찰스 애덜리가 선주의 무한책임 조항을 제거하고 동시에 흘수선의 자발적 준수를 규정한 절충적 수정안을 제시하였다. 그렇지만 애덜리는 강제 조사와 흘수선 강제 규정을 완강히 반대하였다. 논란은 치열하였다. 전원위원회에서 무려 178개의 수정안이 제기되었고, 통상부장관 해임 문제가 불거졌다. 선적법안은 철회되었다. 1875년 7월 논란을 무마하기 위해 정부는 항해불능선박법을 제정하여 1년간 한시적

26　Smith(1967), 앞의 책, p.232.

으로 운용하고 '소유주가 정한' 흘수선을 규정하자고 제안하였다. 그러나 더욱 강력한 법안을 요구하는 목소리가 거셌다.

정부는 책임 원리에 계속 매달릴 수는 없고 상당한 수준의 규제가 필요하다고 깨닫게 되었다. 1876년 초 2개 법안이 제안되었다. 하나는 해상보험과 관련된 것으로서 보험 목적을 위해 선박의 가치를 과대평가하는 행위를 규제하는 것이고, 다른 하나는 전반적인 상선 선적을 다룬 법안으로서 항해 불능 선박에 관한 1875년의 한시법 규정을 항구화하고 갑판 선적을 금지하는 조항을 신설하는 것이었다. 그러나 침몰한 노후 선박에 보험금을 지급하는 문제와 관련된 전자는 이해관계의 대립으로 관철되지 못했고, 후자는 격렬한 논란을 야기하였다. 플림솔은 강제 조사와 공식적인 흘수선 규정을 요구하였지만, 애덜리는 정부가 규제를 강화하는 방법에 의해서보다는 사법적 책임을 강제하는 방법을 통해 인명 피해를 방지해야 한다고 주장하였다. '예방'보다는 '사후 처벌'의 견지에서 문제를 해결할 수 있다는 입장이었다.[27]

정부는 플림솔이 요구한 강제 규정을 수용하지 않기로 결정하였다. 디즈레일리는 "계약의 자유를 부지하는 일은 영국의 상업과 제조업의 위대함의 필수 조건"이라고 여겼다.[28] 상선선적법이 제정됨으로써 이른바 '플림솔 라인'이 생겼다. 배 측면에 페인트로 최대 적재선을 표시하여 노동자가 항해에 부적합한 선박에서 위험한 작업을 하지 않도록 규

---

27 글래드스턴 정부 때 제정된 1880년 고용주책임법에서도 이 차이를 확인할 수 있다. 김기순(2007), 앞의 책, 111~153쪽 참조.
28 Coleman(1988), 앞의 책, p.146 ; Feuchtwanger(1985), 앞의 책, p.90.

제한 것이다. 그런데 이 선적법은 '선주'가 그 선을 정하도록 했다. 그래서 악덕 선주라면 의도적으로 초과 적재를 하여 배가 침몰할 경우 보험금을 타낼 것이었다. 이 법 역시 정부가 노동자와 고용주의 '자유로운 계약'을 침해하기를 주저한 사례이다. 즉 개인이 "마음대로 잘못을 저지르도록 허용하면서 사후에 불확실한 보복을 하는 것"이다. 그것은 "온정주의보다는 자유와 개인주의 이념"을 반영하였다.[29]

교육법, 1876년

보수당은 교육이 사회질서의 지주라고 보았고, 디즈레일리 역시 나라의 명운이 교육에 달렸다고 말했다. 보수당의 입장은 학무위원회체제에 반대해서 자발주의와 앵글리칸 종파교육체제를 유지하는 것이었다. 1870년 교육법 제정 이후 지방세 징수권과 취학 강제권을 가진 학무위원회체제가 자발주의체제보다 우위에 서게 되었다. 특히 시골에서 자발주의학교 다수가 학생 수와 재정 모두에서 곤경에 처해 있었다. 보수당은 자발주의교육을 위해 납세자가 교육세를 자발학교에 내든지 아니면 자발 기부금을 지방세에서 공제하도록 허용하자고 주장했다. 그렇지만 자발주의체제를 유지하기 위한 최선의 방책은 취학률의 증가이고, 학교 재정 증가가 이에 수반할 것이었다. 이 점을 고려한 보수당의 입장에 변화가 일어났다.

논점은 '강제' 취학의 보편적 적용 여부였다. 자유당은 물론 지지했

---

29 Smith(1967), 앞의 책, pp.241~242.

고, 강제 취학에 관한 보수당의 거부감은 퇴색하고 있었다. 강제 취학은 교육 진작뿐 아니라 자발주의를 구하기 위해서도 필요하다고 여겨졌다. 취학률을 올리려면 우선 아동을 학교에 보내야 했기 때문이다. 1875년 말 교육개혁론자이자 종파교육체제를 강력하게 지지한 추밀원 부의장 샌던 자작이 내각에 개혁안을 제시하였다. 그 원칙은 학무위원회를 최소화할 것, 자발주의체제를 유지할 것, 직접적 강제 취학을 피하면서 취학률을 확보할 것이었다. 1876년 5월 제안된 법안의 핵심은 비직접적인 강제 취학의 필요성을 인정하고 강제 취학에 따른 이점을 어떻게 제공하느냐에 있었다.

샌던은 아동노동을 제한하는 '간접적 강제' 조치를 통해 학생 수 증가와 재정 증가를 달성하고자 하였다. 이를 위해 10세 이하 아동의 고용 금지 및 10~14세 아동 고용의 조건으로 일정 수준의 교육이나 수업 이수를 요구하였다. 이 규정은 교육의 '책임'을 우선적으로 부모에게 지웠다. 즉 자녀를 학교에 보내는 것이 부모에게 이익이라는 것이다. 이 규정을 집행하는 주체는 학무위원회와 (학무위원회가 없는 곳에서는) 강제 조례 제정권을 가진 도시 의회와 빈민법위원회이고, 후자는 취학위원회를 통해 집행한다. 법안에는 10세 이하 아동을 취학시키지 않는 부모에 관한 특별 조치가 포함되었다. 또한 10세 때 필수 수준 교육 및 수업 이수 증명서를 가진 아동에게는 이후 3년간 무상교육을 제공하도록 하였다. 학무위원회가 없는 곳에서는 빈민법위원회가 빈민의 아동을 위해 수업료를 지불할 권한을 가졌다. 또한 재정이 열악한 학교에게는 정부 보조금을 증액하도록 하였다. 나아가 1인당 교부금 상한을 올리고, 의회 교부금이 수업료나 기부금으로부터 오는 학교 수입을 초과할 수

없도록 한 규정을 폐지함으로써 자발학교 재정에 큰 도움을 주고자 하였다.[30]

직접적 강제를 요구한 자유당은 법안이 자발학교를 너무 우대했다고 비판하였고, 보수당 의원 다수는 강제가 지나치다거나 자발학교를 충분히 지원하지 않았다고 비판하였다. 시골 선거구 의원은 법안의 규정이 농촌에서 노동력 공급에 영향을 준다는 이유를 들어 반대하거나 포상성 무상교육 자체를 반대하였다. 더구나 종교교육과 자발주의를 옹호한 극단적 보수파는 모든 학교에서 종교교육을 실시하고 학무위원회가 불필요한 지역에서는 이를 폐지할 것을 요구하였다. 이에 정부는 지방 당국이 취학위원회 구성을 강제하고 5세 이상의 아동을 취학시키는 것이 부모의 의무임을 '선언'하는 식으로 양보했다. 샌던은 10세 이하 아동의 교육을 태만히 하는 것과 관련된 규정은 엄격히 강제되어야 한다고 여겼다. 따라서 그 최종 형태에서 법안은 실질적으로는 직접 강제였다. 또한 정부는 노동시장을 교란한다는 비판을 받아들여 고용되는 10세 아동이 동시에 반일제로 취학하는 경우에는 증명서를 요구하지 않기로 했다. 샌던은 모든 학교에서 종교교육을 실시하라는 자발주의자의 요구를 거부하였다. 그렇지만 그는 불필요한 학무위원회를 해체하라는 수정안을 받아들였다. 자유당이 거세게 반발하였지만 수정안은 가결되었다.[31]

1876년 회기의 가장 중요한 입법인 교육법은 교육적 조치라기보다는

---

30 Smith(1967), 앞의 책, pp.249~250, p.253.
31 Smith(1967), 앞의 책, pp.254~256 ; Coleman(1988), 앞의 책, p.150.

정치적 조치였다. 따라서 입법의 '당파성'이 다른 조치들보다 날카롭게 표출되었다. 국교회 강화를 원한 샌던의 목표는 초등교육에서 자발주의와 종파교육의 중요성을 유지하는 것이자, 특별히 시골에서 학무위원회 체제의 침투를 저지하려는 것이었다. 시골 지역의 교육 수준을 개선하는 것은 부차적 목표였다.

따라서 교육법은 교육을 사회적·정치적 권력의 기본 지주라고 본 보수당의 입장을 충실히 반영하였다. 교육법은 보편적 강제와 더불어 다양한 간접적 강제를 수반하였다. 샌던은 직접적 강제가 영국 국민의 성격에 영향을 끼친다고 우려하였다. 따라서 정부는 상선선적법에서 그랬듯이 '개인'에게 책임을 강제하는 원리에 따라 움직였다. 부모는 아이를 학교에 보낼 의무는 없지만, 안 보내면 불이익을 받게 된다. 소극적 원리의 표현인 것이다. 경제에서의 자유방임 원리와 상응하는 이념인 교육에서의 자발주의 원리는 이미 상당히 포기되었으므로, 소수만이 간접적 강제^{이를 확대하는 것이 교육법의 핵심이었다}를 사용하는 것에 반대하였다. 보수당에게는 학무위원회가 확산되는 것보다는 간접적 강제가 훨씬 나았다. 그래서 압력을 받고 나서야 10세 이하 아동의 취학의무를 선언하고 취학위원회 구성을 강제한 '실질적인 직접적 강제' 법안이 되었다. 이는 원래의 법안에서 개인의 자유와 책임이 크게 강조된 것과는 매우 달랐다.[32]

---

32 Smith(1967), 앞의 책, pp.256~257 ; Coleman(1988), 앞의 책, p.150 ; Feuchtwanger (1985), 앞의 책, p.90.

　　　　　　　　　　　　　　디즈레일리와 글래드스턴

3. 이념과 스타일

연합왕국의 제도와 구조에 관한 디즈레일리와 글래드스턴의 이념은 서로 달랐다. 디즈레일리는 귀족제, 젠트리, 교회, 군주제가 영국인의 자연스러운 결속을 도모한다고 보았다. 따라서 그는 특별히 휘그 '과두주의'에서 오는 '부패시키는 영향'을 공격하였다. 휘그의 배타성을 지양하기 위해 그는 개혁된 보수당이 국민정당으로서 더 광범하고 포용적인 접근을 취하기를 원했다. 반면 글래드스턴의 공격은 제도 외부에서 오는 위협보다는 제도 내부의 문제를 겨냥하였다. 특히 특권과 후원제뿐 아니라 행정상의 부패와 비효율성을 공격하였다. 그 처방 원리는 '기회의 더 큰 평등'이었다. 이 원리는 능력주의의 등장을 허용하였다. 그가 보기에 적은 외부에 있는 과두적 휘그가 아니라 제도 자체 내부의 과두적 경향이었다.[33]

글래드스턴

'19세기의 가장 괄목할 만한 개혁내각' 혹은 '가장 급진적인 입법 프로그램을 제공한 행정부'로 평가받는 글래드스턴 제1차 내각의 사회 입법 대다수는 기득권 세력을 겨냥한 반反특권 원리에 입각하였다. 자유, 자율, 평등 이념은 이 원리의 구성 요소였다. 영국 사회의 근대화 여정에서 이정표에 해당하는 그 개혁은 진보적 자유주의가 광범한 영역에서

---

33 Lee(2005), 앞의 책, p.28.

적용되었음을 보여 준다. 글래드스턴 정부의 개혁이 이해관계를 가진 다양한 세력의 저항을 받은 것도 이 때문이다. 아일랜드 국교회 폐지법과 아일랜드 토지법은 말할 것도 없지만 교육법, 공무원 시험제, 대학심사법, 군대 개혁, 노동조합법, 비밀투표법은 이를 환영한 부류와 이에 불만을 품은 부류를 뚜렷이 나누었다.

또한 그의 개혁은 행정적 효율성을 제고하려는 필주의의 연속이기도 했다. 사법 개혁,[34] 공무원 시험제, 군대 개혁, 교육법이 그 예이다. 특권이 흔히 비능률과 비효율을 초래하므로, 국가 제도의 능률성을 높이려는 이 개혁은 반특권 이념의 또 다른 표현이라고 하겠다. 예컨대 군대 장교직 매입을 폐지하면서 글래드스턴은 케임브리지 공작을 비롯한 개혁 반대 세력이 이기적이고 협량한 생각에 젖어 있다고 공격하였다. 그는 귀족이 국가의 중요한 요소라고 인정했으나, 변화하는 시대에 살아남으려면 중간계급의 효율성과 생산성의 가치를 채택해야 한다고 믿었다.

그렇다고 해서 그의 개혁이 자유당의 주류 노선과 늘 일치한 것은 아니다. 글래드스턴의 개혁 이념과 내각 장악력에 관한 신화를 부정하는 연구는 비록 다수 입법을 글래드스턴이 '용인'했지만, 그 어느 것도 '그의' 것이 아니었다고 본다. 조너선 패리에 따르면, 오히려 개혁은 휘

---

34 당시 영국의 사법제도는 중세 이래 점진적으로 진화한 결과 7개의 독립적 법정이 각각 자체의 사법 절차를 갖고 있었다. 그래서 업무 처리가 느린 데다 비효율적이고 고비용을 요구했다. 1873년 사법 개혁은 두 개의 지부(이전의 독립적 법정들을 통할하는 대법정과 상원을 대신해서 최종 항소심을 담당하는 항소법정)를 가진 단일 최고법원을 설립했다. 그러나 1876년 디즈레일리 정부는 항소심판권을 다시 상원에 귀속시켰다.

그와 급진파 모두의 입장과 양립할 수 있는 실용적이고 개량적인 개혁이라는 더 포괄적인 휘그^{자유주의} 전통에서 나왔고, 다만 1867년 이후의 정치적 필요를 위해 업데이트된 것에 불과했다. 또한 글래드스턴은 자유당 내부에서 개혁 추동력도 통합 영향력도 제공하지 못했다. 재정 긴축, 효율적 행정, 정부의 도덕성 유지에 헌신한 '교조적 필주의자'로서 글래드스턴은 널리 인정받은 그의 정부의 개혁들에서 대체로 '주변적인' 위치에 있었다. 더구나 글래드스턴의 개혁 목표는 보수적이었고, 너무 많은 논란을 야기함으로써 효과가 적었다.[35]

그러나 적어도 디즈레일리의 개혁과 비교한다면, 패리의 해석은 그리 설득력이 있지는 않다. 디즈레일리의 경우, 11개나 되는 주요한 사회 개혁 입법 가운데 그 자신이 중심에 서서 법안 마련과 통과를 주도한 사례는 없다. 패리의 주장처럼 개혁의 이념 측면에서 글래드스턴이 비록 주변적인 위치에 있었을지라도, 디즈레일리와 비교한다면 글래드스턴은 상당히 광범한 입법 분야에서 더 직접적으로 개입하였다. 예컨대 아일랜드 문제에서는 법안 마련에 필요한 자료를 정리하고 법안을 기초하며 이를 하원에서 통과시키는 데 상당히 정력적으로 활동하였다. 그렇지만 그의 개입은 선별적이었다. 비밀투표법, 교육법, 군대 개혁, 공무원제 개혁, 대학심사법이 그 사례이다. 여러 연구자는 이 개혁들과 아일랜드 문제와 관련된 입법에서 글래드스턴의 자유주의 이념이 대륙

35 Parry(1993), 앞의 책, pp.247~273 ; Jenkins, T. A.(1994), *The Liberal Ascendancy, 1830-1886*, New York, p.132.

의 어떤 사회주의보다 현저한 '일관성'을 보였다고 평가한다.[36]

   또한 패리가 제시한 '너무 많은 논란'이라는 기준 또한 그리 설득력이 있지는 않다. 자유당은 이념과 노선이 이질적인 세력의 집합이었고, 따라서 현안들에서 서로 다른 입장이 분출할 가능성이 훨씬 컸다. 그러므로 논란의 규모가 기준이 될 수는 없다. 오히려 그런 것이 많을수록 그 정당이 더 건강하다고 할 수 있기 때문이다. 원래 정당은 그래야 한다. 핵심은 글래드스턴 정부의 개혁 대부분이 특권 타파를 겨냥한 데 있었다. 더구나 디즈레일리 정부의 개혁들이 대체로 한 정당의 특성을 보이기보다 초당적 조치의 성격이 컸고, 그 결과 상대적으로 적은 논란을 야기했다는 점이 고려되어야 할 것이다. 또한 개혁이 이른바 '휘그^{자유주의} 전통'에서 나왔다는 패리의 주장은 글래드스턴 정치의 전반적인 특성을 감안하지 않은 해석이다. 물론 글래드스턴의 정치는 자유주의 이념을 반영하였고, 입법 자체는 자유당에서 큰 세력을 차지한 휘그의 지지 없이는 불가능했을 것이므로 휘그의 영향력을 무시해서도 안 된다. 그러나 글래드스턴의 이념은 휘그주의의 재현이 아니었다. 전체적으로 보자면 휘그주의가 세속주의 및 공리주의와 결합했다면, 글래드스턴류 자유주의^{Gladstonian Liberalism}는 종교적·도덕적 성격이 강했던 것이다. 그의 개혁의 반특권 원리는 바로 이 특성을 보였다. 벤틀리의 지적대로 글래드스턴 정부의 사회 개혁 조치들에서 거의 편재했던 것이 종교가 자유

---

36 Biagini, Eugenio F.(1992), *Liberty, Retrenchment and Reform : Popular Liberalism in the Age of Gladstone, 1860–1880*, Cambridge, p.4 ; Feuchtwanger (1985), 앞의 책, p.60.

당 정서의 시금석 역할을 한 점이다.[37] 아일랜드 문제를 다룬 개혁이나 시도는 말할 것도 없거니와, 잉글랜드에서 교육·음주·대학 심사 문제들은 모두 종교와 깊이 관련된 사안들이었고, 그 결과 자유당의 이질성을 드러낸 사례들이었다. 개혁의 근저에 종교적 본질이 있었다는 사실은 디즈레일리 제2차 내각의 사회 개혁의 성격과 견주어 볼 때 차이점이 두드러진다. 디즈레일리 정부의 개혁 입법에 깃든 탈이데올로기적이고 소극적인 성격은 아마도 부분적으로는 사안 다수가 종교와 긴밀히 연관되지 않았거나 보수당 자체가 종교적으로는 대체로 단일성을 유지한 결과일 것이다.

글래드스턴의 개혁을 개량주의, 실용주의, 보수주의 견지에서 파악하는 평가와 짝을 이루는 또 다른 비판적 해석이 있다. 즉 제1차 내각 시기에 글래드스턴이 일관성 있고 강력한 개혁 프로그램을 갖지 않았다는 것이다. 테렌스 젠킨스에 따르면, 비밀투표법을 비롯한 여러 사례에서 글래드스턴의 접근법은 자유당의 상이한 세력들의 지지를 확보할 필요에 토대를 둔 '기회주의적인' 것이었다. 공무원제 개혁이나 군대 개혁에서 볼 수 있듯이 그 결과는 오직 제한적인 사회 유동성의 증가였다.[38] 그러나 이런 평가는 다소 시대착오적이다. 그것이 다분히 현대의 정당 정치를 염두에 둔 것이고, 과연 빅토리아 시대에 오늘날의 프로그램 정치나 정강정치가 성숙했는지는 의문이기 때문이다. 당시에는 당의 리더

37 Bentley(1984), 앞의 책, p.206. 상세한 연구로는 Parry, Jonathan(1986), *Democracy and Religion : Gladstone and the Liberal Party, 1867–1875*, Cambridge 참조.
38 Adelman, P.(1994), "Gladstone and Liberalism," in P. Catterall ed., *Britain, 1867–1918*, Oxford, p.15 ; Jenkins(1994), 앞의 책, p.131.

가 선거에서 강령을 제시하지 않았다.

글래드스턴은 특정 사안에는 거의 관심이 없었다 사실 수상이 대부분의 현안에 관심을 가질 이유는 없다. 이 점은 디즈레일리의 경우에도 해당한다. 디즈레일리는 자신의 정부의 개혁 조치와 입법에 관심이 없었다는 비난 조의 평가를 글래드스턴보다 더 흔히 듣는다. 예컨대 공중보건법, 빈민법, 자치시 차원의 공공서비스 제공에서 중앙정부가 재정을 지원하는 조치에 글래드스턴은 별다른 관심을 기울이지 않았다. 또한 그는 술집 영업을 규제하는 데에도 관심이 없었다. 그는 매일 와인과 쓴 맥주를 즐겨 마셨고, 자신과 상층계급이 만찬에서 자유롭게 술을 마시면서 노동계급의 음주에는 반대하는 위선을 인정했다. 더구나 그는 주류 판매에서 자유무역주의를 믿었고, 1860년 영국·프랑스 통상조약을 체결하여 수입 포도주에 부과된 관세를 없앰으로써 포도주 소비를 진작했다. 하지만 그는 주류판매허가법을 반대하지 않았다. 그렇더라도 아일랜드 문제와 관련된 입법을 제외하면 비록 개혁 조치 대다수가 직접적으로 '글래드스턴의' 개혁은 아니었지만, 그는 대부분의 개혁 입법을 수용했고, 입법 또한 그의 개혁 이념에 부합하였다.

물론 개혁이 글래드스턴 자신의 이념과 일치하지 않은 사례들이 있었다. 대표적인 경우가 교육법이다. 교회의 교리가 신앙에 매우 중요하다고 여긴 그는 비종파적인 종교교육을 지지하지 않았다. 이런 이유에서 글래드스턴은 이미 1856년 러셀이 국가의 보조를 받는 국가교육체계를 촉진하자는 결의안을 제시했을 때 강력히 반대하였다. 그는 언제나 국가가 지원하는 체제보다 자발주의체제를 지지했다. 국가교회인 잉글랜드 교회의 틀 '안에서'의 자발적인 교육 제공이 글래드스턴의 이상이었다. 그럼에도 그는 국가 차원의 교육체제를 제공해야 하는 필요성을 인식했다. 그는 교육에서 국교회의 역할을 확대하는 것으로는 자유당의 주요한 지지층인 비국교도 세력을 막을 수 없다고 판단했다. 그래서 그는 지방 선택권이라는 타협책을 지지했다. 지방의 학무위원회가 지방세를 부과하여 학무위원회학교를 운영하는 재원을 마련하고 일부를 중앙정부가 지원하는 것이다. 그가 포스터에게 중앙정부의 교부금을 50퍼센트 증액하도록 압박한 것은 이러한 입장이 드러난 사례이다. 그러나 급진파와 비국교도는 이 지방 선택권을 수용하지 않았다.

노동문제에서도 글래드스턴은 국가 간섭을 혐오하였다. 물론 그는 노동조합 지도자들의 체통을 인정하였다. 그렇지만 그는 노동문제에 특별히 관심을 갖지는 않았고, 노동과 자본의 관계가 자유방임^{계약의 자유}의 틀 안에서 이루어지기를 원했다. 또한 비노조원이나 파업을 지지하지 않는 노동자에게 가해진 노동조합의 협박과 폭력에 관해서도 명확한 입장을 견지하지 않았다. 그 결과 그는 노동조합과 관련된 법안을 마련하는 데 적극적으로 개입하지 않았고, 대체로 주무자인 내무장관 브루스에게 맡겼다.

매슈에 따르면, 글래드스턴의 태도는 노동조합을 보는 유산계급의 더 광범하고 모호한 태도와 유사했다. "그는 산업 관계에서 노동조합이 질서와 일체감을 낳는 데 유용한 조직임을 인식하였지만, 노동조합이 원하는 수단을 주지는 않았다."[39] 그렇지만 그는 노동계급의 잠재적 힘

---

39 Matthew(1997), 앞의 책, p.217.

을 인식하였고, 동시에 그 힘을 사용하는 데에서 노동과 자본의 화합
과 사회적 결속이라는 더 큰 공공선을 위해 노동자가 절제심을 발휘하
기를 희망하였다. 그는 상층계급과 중간계급을 '계급'으로, 노동자를
'대중'으로 규정하였다. 그가 의미한 진보는 사회문제가 아니라 정치적
도덕성과 관련되었다. 그는 이 덕성의 소재지를 계급이 아니라 대중에
게서 찾았다.[40]

디즈레일리

글래드스턴의 사회 개혁 입법이 반특권 원리에서 나왔다면, 디즈레
일리 제2차 내각 시기의 사회 입법은 사회적 조건의 개선이라는 원리에
서 나왔다. 도식적으로 말하자면, 반특권 개념은 분명 이데올로기적 함
의를 갖지만 개선 개념은 탈이데올로기적이다. 디즈레일리 정부의 개혁
이 초당적 성격 덕분에 가능했다는 해석이 있는 것은 이 때문이다. 동
시에 탈이데올로기 경향은 디즈레일리 정부의 사회 개혁이 소극주의 원
리에 근거했음을 뜻한다.

그런데 19세기 영국에서 광범한 합의를 이룬 이념이 자유방임이었
다. 따라서 보수당 정부의 사회 입법의 원리인 소극주의는 역설적으로
자유당보다 보수당이 자유주의 원리를 훨씬 더 수용했음을 의미한다.
실제로 그의 정부의 대다수 사회 입법이 이 소극주의 원리를 표방하였

---

40 Wrigley, Chris(2012), "Gladstone and Labour," in Roland Quinault, Roger
Swift and Ruth Clayton Windscheffel eds., *William Gladstone : New Studies
and Perspectives*, Farnham, pp.51~70 ; Hoppen(1998), 앞의 책, pp.640~
641.

다. 반면 사회 분야에서 양적으로 많은 입법이 이루어진 것은 원리와 내용을 떠나 국가 개입이 증가했음을 뜻한다. 국가와 구별되는 사회 영역이 어쨌든 국가권력이 작동하는 입법의 대상이 된 것이다. 이렇듯 디즈레일리 정부의 사회 개혁은 글래드스턴 정부의 개혁처럼 양면성을 갖고 있었다. 다만 원리에서 달랐을 뿐이다.

1872년 디즈레일리는 맨체스터 자유무역회관 연설과 런던 수정궁 연설에서 보수당을 헌정 방어, 제국 보존, 노동계급의 물질적 조건 개선에 헌신하는 정당으로 제시하였다. 이로부터 디즈레일리가 사회 개혁과 제국주의에 토대를 둔 보수당의 프로그램을 제시했다는 토리민주주의 신화가 생겨났다. 맨체스터 연설에서 디즈레일리는 보건, 식품, 노동, 위생 같은 분야에서의 개혁을 보수당의 정책으로 제시했다. 앤거스 호킨스에 따르면, 디즈레일리는 "모든 것이 위생이다"라는 수사를 통해 사회 개혁이라는 비금속을 보수당 승리라는 황금으로 바꾼 '수사적 연금술사'였다. 이를 통해 그는 보수당이 노동계급의 물질적 조건에 관심을 갖고 있는 국민정당이라는 자신의 믿음을 확인하였고, 보수당에게 새로운 집단적 목표를 제공함으로써 영감을 주는 지도자로 변신하였다.[41]

사실 사회 개혁 언급은 모호하고 비헌신적이었고, 제국 비전은 전적으로 소극적인 것으로서 제국 팽창의 새로운 시대를 연 것이 아니었다.

---

41 Hawkins, Angus(2005), "The Disraelian Achievement : 1867–1874," in Stuart Ball and Anthony Seldon eds., *Recovering Power : The Conservative in Opposition since 1867*, New York, pp.39–40.

비록 위생 개념으로 포괄되는 사회정책이 있었더라도, 그것은 그 자체로서 제시된 것이라기보다는 장기간에 걸친 그의 헌정 방어 전략의 일부로서 제시된 것이다.[42] 젠킨스도 이 연설에서 오히려 디즈레일리의 스타일을 보았다. 그것은 겉보기에 파괴적인 자유당을 향한 대중의 불편한 심기를 증폭시키려는 디즈레일리의 전략이었다. 글래드스턴의 국내 개혁이 헌정을 위협하며 국제주의 외교가 영국의 위상을 실추시켰다고 강조함으로써 디즈레일리는 보수당 집권의 당위성을 부각시키고자 하였다.[43] 이 점에서 디즈레일리의 수사는 때로 시대의 흐름을 예리하게 포착하고 정치 슬로건으로 제시하는 스타일의 탁월성을 보였다. 이 스타일은 보수당 내부에서 디즈레일리의 리더십을 강화하였다.

1874년 총선 유세에서 디즈레일리는 보수당이 집권하면 글래드스턴 시절과는 달리 국민에게 스트레스를 주지 않겠다고 말했다. 그런데 역설적으로 1875년은 많은 사회 입법이 분출한 해였다. 그것은 글래드스턴 정부의 사회 입법의 규모를 능가하였다. 국민을 편안하게 하겠다는 그가 오히려 많은 입법을 수행한 것이다. 외견상의 이 모순은 어떻게 설명되는가? '스트레스를 주지 않는 많은 입법'이면 된다. 실제로 디즈레일리의 사회 입법은 기본적으로 이런 특성을 갖고 있었다. 젠킨스의 지적대로 보수당 정부가 고려한 사회 입법의 필요성은 자유당의 개혁 조치에 대처하는 '해독제'를 의미했다. 그 결과 디즈레일리 정부의 사회

---

42 Hoppen(1998), 앞의 책, pp.610~611.
43 Jenkins(1997), 앞의 논문, p.19.

디즈레일리와 글래드스턴

개혁은 본질상 상대적으로 비논쟁적이었고, 이는 '정적주의적'인 통치 방식을 따른 접근법이었다. 그들에게 사회 입법은 성공적인 정부 여부를 가늠하는 리트머스 시험지가 아니었다.[44]

디즈레일리는 헌정적 쟁점을 회피하기를 원했다. 그는 입법을 해당 부서의 장관에게 일임하였고, 그들은 자기 부서와 연관된 "될 대로 되라는 식의 일련의" 법안을 마련하였다.[45] 그것은 글래드스턴의 반특권주의 같은 전반적인 뚜렷한 방향성을 갖지 않았다. 따라서 '상황'이 법안의 내용을 결정하였다. 그렇다고 해당 사안에 관심이 없었다고 말할 수는 없다. 다만 소극주의가 초당적인 19세기의 정통론^{국가 간섭 거부}을 반영하였다는 것이다. 노동조합 합법화를 제외하면 공제조합, 노동자 주거, 식품·의약품, 공중보건 입법의 기조는 자유방임주의였거나 상선선적법처럼 강력한 압력을 받고 나서야 신중한 행동을 취한 결과였다.

디즈레일리 정부의 사회 개혁 입법에 관한 논란의 핵심은 이 조치들이 디즈레일리의 이념^{보수주의}을 반영하는지, 아니면 원칙과 이데올로기보다는 해당 사안에 실용주의적으로 대응^{기회주의}한 결과인지 여부이다. 디즈레일리 사후부터 20세기 중반까지 디즈레일리의 사회 개혁은 토리민주주의 이념을 구현했다고 선전되었다. 즉 선거법 개혁 및 제국주의와 더불어 사회 개혁을 통해 보수당^{토리}과 노동계급^{민주주의}의 일체성을 확립했다는 것이다. 그러나 오늘날 여러 연구자는 사회 개혁

---

44 Jenkins(1997), 앞의 논문, pp.19~20.
45 Hoppen(1998), 앞의 책, p.614.

의 이념적 배경에 관해서 부정적 판단을 내린다. 이에 따르면 토리민
주주의는 '공허한 수사'에 지나지 않으며, 디즈레일리의 사회 개혁은
'철학적'으로 접근해서는 안 된다. 블레이크는 디즈레일리 정부의 개혁
이 모종의 온정주의적 토리민주주의 이념을 완수하였다는 주장은 과장
이라고 지적하였다. 디즈레일리의 개혁은 재산의 신성함과 국가의 매우
제한적인 역할에 관한 정통적 믿음에 도전하지 않았다. 그 입법들은
글래드스턴 정부라도 했을 법한 것들로서 '중요한 출발'이 아니었다.
그의 주된 관심은 개혁을 통해 새로운 사회관계를 수립하려는 것이 아
니었다.[46]

수뇌부정치학파의 관점과 연구 방법을 디즈레일리의 사회 입법 분야
에 적용한 스미스는 1870년대 디즈레일리의 보수주의를 구성한 요소는
국가의 확립된 제도의 유지, 국제무대에서 영국과 영제국의 힘과 위신
강화, 그리고 인민의 생활조건의 개선 및 자유방임경제를 사회 개혁으
로 규제하는 것이었다고 주장하였다. 그런데 스미스는 이 이념이 디즈
레일리 사후 보수당이 선전한 토리민주주의가 아니라, 1840년대 디즈
레일리의 경력 초기의 청년 잉글랜드의 이념이었다고 본다. 30년 전에
형성한 이념을 1870년대의 현실에 적용했다는 것이다. 이처럼 스미스
는 디즈레일리의 이념의 격세유전을 전제한다.

그런데 스미스의 주요 논점은 이념의 유무가 아니라 개혁의 '성격'에

---

46 Adelman(1994), 앞의 논문, p.29 ; Machin(1995), 앞의 책, p.135 ; Blake(1966),
   앞의 책, p.759 ; Blake(1972), 앞의 책, p.117, p.123 ; Coleman(1988), 앞의 책,
   pp.149~150.

디즈레일리와 글래드스턴

관한 것이다. 첫째, 이 조치들은 사회 '정책'의 산물이 아니라, "사안의 규모와 긴급성 때문에 중요하게 등장한 문제"를 "피할 수 없었기에" 또는 "정치적 이익을 직접적으로 추구"할 목적에서 나왔다. 둘째, 다양한 위원회나 조직의 보고서와 권고를 따른 대다수 입법은 자유당 정부도 실천했을 법한 것들이었다. 오직 주류 판매와 교육에서만 보수당은 자유당이 추구하지 않았을 것을 추구했고, 오직 노동문제에서만 보수당은 시대를 앞섰다. 셋째, 이 조치들에는 하등 공통된 '철학'이 없었고, "온정주의적 자비, 경험주의, 써 로버트 필의 자유주의^{자유주의적 보수주의}의 혼합물"이었으며, 그 가운데 필의 자유주의가 가장 강력했다. 이 비논쟁적이고 신중한 입법들은 경제와 사회문제에서 국가 간섭의 영역을 확장한 것이 아니라 다만 '정도'를 증대시켰다. 그리고 그 효과에도 장단점이 있었다.[47]

스미스는 특히 노동계급과의 연관성을 상당히 부정적으로 평가하였다. 계급 화해와 복리 증진이라는 디즈레일리의 기대와 달리, 입법이 대중과 보수당의 유대를 강화한 증거가 없고 보수당을 지지하는 노동계급이 '새로이' 유입되지는 않았으며, 비논쟁적이고 초당적 성격의 조치였으므로 정당 지지에는 변화가 거의 없었다. 더구나 디즈레일리와 보수당은 중간계급을 소외시키면서까지 노동계급의 지지를 받는 민주주의에 구애할 생각이 없었다.[48] 보수당은 노동계급의 지지를 얻으려는 만큼이나 상업·기업 세력인 중간계급과의 유대를 유지하고 발전시키

---

47 Smith(1967), 앞의 책, pp.257~260 ; Feuchtwanger(1985), 앞의 책, p.85.
48 Smith(1967), 앞의 책, pp.261~265.

려고 했다. 이는 도시 근교에서 중간계급이 자유당과 글래드스턴 지지로부터 이반하는 추세가 곧 보수당에게 정치적 이익이라고 판단한 결과였다.[49]

그러나 피터 고슈는 스미스의 해석이 '사회 개혁=노동계급'이라고 전제함으로써 1870년대 말 대불황기에 사회 입법 추동력이 쇠퇴한 것을 보수당 안에서 중간계급 세력이 강력해진 결과로 보았다고 비판하였다.[50] 고슈에 따르면, 사회 개혁의 영역은 원래부터 계급 구분선을 따르지 않았고, 유산계급의 보수당으로의 유입도 1914년까지 반세기에 걸친 과정이었으며, 입법과 대불황 사이에 일반적인 연관성은 없었다. 만약 연관성이 있었더라면 입법 대부분은 1875~1876년이 아니라 3년 뒤에 제안되었어야 했다. 따라서 디즈레일리 정부의 사회 개혁이 입법에 성공한 것은 "역설적으로 1900년 이전에는 사회정책이 중심 쟁점이 되지 못했고, 정치에서 '제도' 문제가 계속해서 우위를 차지했기" 때문이다.[51]

사회 입법의 비논쟁적 성격과 디즈레일리의 스타일에 관해서도 고슈는 새로운 해석을 제시하였다. 1875년의 놀라운 사회 입법이 성취된 것은 입법의 이념적 기원이 아니라 공약과 약속 제시→입법 전략에 초점

---

49 Feuchtwanger, Edgar J.(1975b), "The Rise and Progress of Tory Democracy," in J. S. Bromley and E. H. Kossmann eds., *Britain and the Netherlands Vol.5 : Some Political Mythologies*, The Hague, pp.172~175 ; Hoppen(1998), 앞의 책, p.612.

50 Ghosh, P. R.(1987), "Style and Substance in Disraelian Social Reform, c. 1860–1880," in P. J. Waller ed., *Politics and Social Change in Modern Britain*, Brighton, p.78, p.88(각주 91).

51 Ghosh(1987), 앞의 논문, pp.78~81.

맞추기→의회 운영→법안 제시라는 '일련의 정치적 인자들'이었다. 달리 말하자면 사회 개혁에 관한 디즈레일리의 분명한 '의도'는 우선적으로 '정치적 스타일과 전략에 관련된 것이며, 특정 법안에서는 '간접적으로만' 작용했다. 일단 사회 입법의 필요성이 증대한 상황에서 디즈레일리는 논란을 야기할 제도 개혁을 회피하는 전략을 세웠으며, 1867년 때와 흡사한 의회 운영술을 발휘하여 이 목표를 달성하였다. 바로 이 "내재적으로 통상적인 — 실제에서는 초당적인 — 성격" 때문에 사회 개혁은 1875년과 같은 '예외적인' 모습을 지속적으로 보이기는 어려웠고, 따라서 1875년 이후 개혁 추동력이 쇠퇴하였다.[52] 이 지적은 디즈레일리의 이념과 실제 법안의 연관성이 정합해야 할 필요는 없다고 봄으로써 디즈레일리의 이념을 구출하는 동시에 이념보다는 스타일에 더 관심을 기울여야 한다는 주문이다.

디즈레일리는 사회 개혁을 개괄적이고 포괄적인 틀 속에 제시했다. 그는 유익하지만 비논쟁적인 사회 개혁 조치가 보수당에게 적합한 형태의 행동이라는 자신의 견해에 충실했다.[53] 사실 이런 옹호는 디즈레일리가 보수당에 남긴 최대 유산의 하나로 간주된다. 마거릿 대처의 신자유주의와는 달리 디즈레일리는 개인의 자유뿐 아니라 사회의 책임도 강조했다. "계약의 자유와 재산권에 관한 정통론은 사회적 의무감, 약간의 도덕적 온정주의와 공존하였다."[54] 한 평자는 디즈레일리 시대의 사

---

52 Ghosh(1987), 앞의 논문, p.69, p.71, p.74, pp.76~77.
53 Jenkins(1996a), 앞의 책, p.115.
54 Coleman(1988), 앞의 책, p.149.

회 입법을 예로 들면서, "사회 정의와 공정에 집착하는 것이 좌파의 특권으로 남겨질 수 없고 남겨져서도 안 된다고 실제로 입증한 토리가 디즈레일리이다"라고 주장했다.[55] 디즈레일리의 사회 입법을 매우 긍정적으로 판단한 셈이다.

그렇지만 소극주의 원리, 개혁의 온건성과 신중함, 공중의 관심과 열의의 부재는 1876년부터 국내 사안과 사회 입법 대신 외교와 제국 문제가 부각된 사실을 설명해 준다. 설사 이 문제들이 부각되지 않았을지라도, 1876년 이후 디즈레일리가 사회 입법을 계속 추동했을 법하지는 않다. 1878년 대불황의 도래라는 환경에서도 디즈레일리는 재정 지출 정책을 추구하지 않았다. 긴축과 자유방임원리는 지속하였다. 디즈레일리는 사회 개혁의 구체적인 조치들에 관심을 갖지 않았다. 블레이크에 따르면, 사회 개혁은 디즈레일리의 "주요한 관심거리 혹은 이차적이나마 주된 관심거리도 아니었다."[56] 그럼에도 그가 개혁을 추구한 이유는 무엇인가? 한 연구자는 이를 '집권의 매력'으로 풀이했다. 선거법 개혁의 논리처럼 사회 입법은 보수당의 호소력을 확장하면서 동시에 자유당을 곤혹스럽게 만들었고, 보수당을 국가 제도를 수호하려는 모든 계급을 동맹시키는 존재로 부각시켰다.[57] 이 해석은 디즈레일리의 실제 정치의

55 Huffington, Arianna(2003), "Two Nations : From Disraeli to Thatcher and Beyond," in Stanislao Pugliese ed., *The Political Legacy of Margaret Thatcher*, London, p.42.
56 Blake(1966), 앞의 책, p.556.
57 Layton-Henry, Zig(1978), "Democracy and Reform in the Conservative Party," *Journal of Contemporary History* 13(4), p.653.

핵심이 권력 추구라는 관점이 여전히 타당함을 뜻한다. 그런데 디즈레일리를 우호적으로 평가하는 연구자들은 종종 이론^{상상}과 실제를 구분함으로써 디즈레일리의 권력욕을 부각시키기를 회피하는 경향이 있다. 물론 모든 정치가와 정당이 권력을 추구하며 글래드스턴 또한 예외일 수 없다.

외교

Disraeli and Gladstone

디즈레일리와 글래드스턴은 1850년대 후반 파머스턴 시대에 대정부 공세에서 서로 협력했다. 1853~1856년 크림전쟁 때 러시아와의 강화 조건, 1856년 애로호 사건,[1] 1858년 오르시니 사건[2]이 그 예로서 이들 모두 대외 정책과 관련되었다. 그렇지만 집권 이후 외교정책은 두 사람의 선호도뿐 아니라 후대에 남긴 영향에서도 대조적이다. 1870년대에 외교는 정치적 결정의 가장 중요한 기반이었다. 그 주요 이유는 글래드스턴과 디즈레일리가 전혀 다른 접근법을 채택했기 때문이다. 이 대비는 특히 동방문제에서 두드러졌다. 그리고 동방문제에서 두 사람은 각각 성격이 다른 정치적 성공을 얻었다.[3]

---

1 청나라가 영국기를 달고 광동항(廣東港)에 정박한 청나라 선박에 올라 해적 혐의를 받는 선원들을 체포한 사건. 영국은 프랑스와 연합하여 청나라와 전쟁하였다(제2차 아편전쟁). 파머스턴의 공세적 외교정책의 한 사례이다.
2 이탈리아 민족주의자 오르시니가 나폴레옹 3세에게 폭탄을 던진 사건. 나폴레옹 3세는 암살 모의와 폭탄 제조가 영국에서 이루어졌다는 이유를 들어 연루된 영국인을 처벌할 것을 강력하게 요구하였고, 파머스턴은 이 요구를 받아들여 법안을 제안하였지만 의회는 굴욕적인 외교라고 비난하면서 부결시켰다. 이 일로 파머스턴은 사임했다.
3 Hoppen(1998), 앞의 책, pp.619~621.

1. 글래드스턴 제1차 내각의 외교정책

프랑스 · 프로이센전쟁과 알자스로렌 병합, 1870년

1866년 오스트리아 · 프로이센전쟁 때 보수당 정부는 평화와 불간섭을 천명하였다. 이것은 현실적으로 영국이 아무런 영향력도 행사할 수 없는 상황을 고려한 결과이지만, 동시에 영국의 위신을 유지하는 길이 중립이라고 보았기 때문이다. 1866년 이후 국경 동쪽에서 강력한 프로이센이 등장할 것을 경계한 프랑스는 독일 통일을 용납하지 않으려고 했다. 1870년 스페인에서 왕위 계승 문제가 불거져 프로이센 왕가의 인물이 왕위를 수락하자, 프랑스는 이를 묵과할 수 없었다. 나폴레옹 3세는 중재를 요청하였다. 글래드스턴은 자신은 후보자를 승인하지 않지만 스페인 국민이 자신들의 왕을 선택하는 자유에 간섭할 의사는 없다고 답변하였다. 프로이센이 후보를 철회하자, 프랑스는 사퇴가 공개적이고 항구적으로 표명될 것을 요구하였다. 글래드스턴은 프랑스에게 요구를 철회하도록 촉구했다. 프랑스 정부는 이를 거부하고 오히려 영국의 승인을 요청했다. 그러나 비스마르크는 프랑스와의 대결을 회피할 생각이 없었다.

7월 프랑스는 프로이센에 선전포고하였다. 대다수 영국인처럼 글래드스턴은 전쟁을 불사한 프랑스의 행위를 비난하였다. 프랑스는 오랫동안 영국의 경쟁자였다. 민족성의 가치를 믿은 글래드스턴은 '우리의 튜턴 사촌' 독일이 스스로 통일된 민족을 형성하는 것을 오히려 자연스러운 현상이라고 보았다. 따라서 일단 전쟁이 발발하자 글래드스턴은 1860년 영국 · 프랑스 통상조약으로 구현되었던 프랑스와의 우호관계라는 자신의 오랜 바람에도 불구하고 간섭할 의사가 없었다. 그는 전쟁 당사국 모두 옳다고 여겼다.

전쟁 기간 글래드스턴의 주요한 관심 대상은 벨기에였다. 비스마르크가 프랑스의 비밀 제안—프랑스가 벨기에를 병합하는 것을 프로이센이 묵인하는 대가로 프랑스는 프로이센의 독일 통일 추진을 허용하겠다는 것—을 공개하자, 글래드스턴은 벨기에 중립을 부지할 압력을 받게 되었다. 글래드스턴은 어떤 식의 벨기에 병합도 "유럽의 공공의 권리를 없애는 것"이라고 지적했다. 영국이 전쟁을 한다면 그것은 "자유와 공공의 권리를 위한" 것이자 "전제와 무법의 힘"에 맞서기 위함이었다. 영국 정부가 실제로 한 것은 프랑스와 프로이센 양국이 모두 벨기에의 중립을 존중함을 서약하도록 요청하고, 만약 벨기에가 공격을 받으면 영국은 다른 한쪽 나라와 더불어 벨기에 방어에 나선다는 것이었다.

영국 정부는 벨기에가 어느 한편으로부터 공격을 받을 때에 대비해서 3만 명의 신속 배치군을 준비하는 조치를 취했고, 오스트리아·러시아·이탈리아 같은 유럽의 중립 강국들을 설득하여 다른 나라들과의 사전 양해 없이는 중립에서 이탈하지 않을 것이라는 공동 합의를 이끌어 내었다. 프랑스와 프로이센은 벨기에의 중립을 재확인하는 데 동의했다. 이 '중립국들의 동맹'은 소극적이나마 글래드스턴의 국제주의를 표현한 것이었다. 벨기에의 중립을 확보한 영국은 프랑스·프로이센전쟁에서 중립을 지켰다.

1870년 가을 세당전투에서 대승한 비스마르크는 알자스로렌의 프랑스 영토를 병합한다고 선언하였다. 글래드스턴은 덴마크전쟁과 프랑스·프로이센전쟁 때 비스마르크의 노선을 비판하지 않았다. 그러나 알자스로렌 문제는 달랐다. 글래드스턴에게 이 병합은 유럽의 협조체제를 무너뜨리는 일이었다. 이 지역의 주민은 압도적으로 독일인이었지만, 병합은 주민투표를 통한 의사를 묻지 않고 이루어졌다. 글래드스턴이 보기에 이것은 "사람을 가축처럼 이동시키는 일"이었다. 그는 알자스로렌의 군사적 중립화를 염두에 두었고, 중립국들의 지지를 호소하자는 데 내각이 동의해 줄 것을 요청했다. 그러나 내각은 중립국들이 군사행동을 취해야 한다는 글래드스턴의 주장을 받아들이지 않았다. 외무장관 그랜빌 경을 비롯한 각료들은 실행하지 못할 위협이라면 영국은 오히려 위신을 상실할 것으로 보아 주민자결에 관한 글래드스턴의 주장을 의문시했기 때문이다. 설사 내각의 강력한 지지를 받았더라도 강대국 프로이센에게 실제로 영국이 단독으로 무력 개입을 할 여지는 없었을 것이다. 그 결과 영국은 프로이센의 행동에 아무런 항의를 못했다. 영국의 무기력이 입증됨으로써 글래드스턴 정부는 불신을 살 수밖에 없었다. 그러자 글래드스턴은 1870년 10월 『에든버러 리뷰』에 익명의 논설 「독일, 프랑스, 영국」을 발표하였다. 이 논설에서 그는 국제법과 자결권이 무엇보다도 우선이라고 주장하면서 병합을 강력하게 반대하였다. 그는 일방주의자가 아니었다. 그는 물론 간섭을 원했다. 그러나 그가 바란 간섭의 형태는 다른 강대국들이 병합에 공식적으로 항의하는 것이었다.[4]

---

4 Feuchtwanger(1985), 앞의 책, pp.93~94.

러시아의 흑해 중립 파기, 1870년

크림전쟁을 종결한 1856년 파리조약의 핵심 중 하나는 흑해 중립화 규정이었다. 이 조항은 주로 러시아를 겨냥하였다. 러시아에게 흑해는 해군기지 확보와 지중해로의 진출을 위해 중요했다. 1870년 프랑스·프로이센전쟁이 발발하자, 러시아는 더 이상 중립 조항을 준수하지 않겠다고 선언했다. 영국 여론은 분개했고, 크림전쟁을 불사했던 러시아를 향한 공포감이 다시 등장했다. 글래드스턴은 원래의 흑해 중립화 조항이 부당하고 강제할 수 없다고 믿었기에 이 규정을 지지한 적이 없었다. 그럼에도 그는 러시아가 일방적으로 중립화를 폐기하는 데 분노했다. 그런데 "그의 사유는 언제나 독특했다. 즉 대다수는 러시아의 행동의 '결과'에 반대했지만, 글래드스턴은 그 결과에 이른 '방법'에 반대했다."[5] 그렇지만 분명 그는 이 문제로 전쟁을 마다할 태세는 아니었으므로, 격앙된 여론을 이용해서 영국이 전쟁을 고려하고 있다는 느낌을 주게끔 만들었다. 이는 비스마르크에게 경각심을 주었다. 비스마르크는 아직 프랑스와 전쟁하는 상태에서 새로운 충돌이 일어나는 것을 원치 않았고, 흑해 중립화 조항의 개정을 승인하기 위해 국제회의를 열자는 글래드스턴의 제안을 러시아로 하여금 수용하게 했다.

1870년 말 런던회의에서 흑해 중립화 조항은 폐기되었다. 영국이 일방적이고 단독으로 개입할 실제적 기회가 없었음에도 불구하고, 유럽의 공법 원리는 부지되고 러시아의 단독 행동은 상호 합의로 대체되었다.

---

5   John(2010b), 앞의 책, p.220.

글래드스턴에게는 큰 외교적 성과였다. 이 사례에서 보듯이 글래드스턴의 국제적 이상주의가 수동성을 의미한 것은 아니다. 그러나 영국 여론은 글래드스턴이 도발적 행동을 한 러시아로 하여금 제재를 받지 않도록 하였고 런던회의도 이미 러시아가 취한 행동을 국제적으로 승인한 것에 지나지 않는다고 보았다. 디즈레일리는 글래드스턴이 "영국에 굴욕을 주기 위해" 국제회의를 소집했다고 비난하였다. 그의 비난은 글래드스턴이 국익을 위한 외교를 지지하지 않는다는 의구심을 확산시켰다.

앨라배마호 배상 사건, 1871년

글래드스턴의 외교가 영국에게 굴욕을 안긴다는 비난은 앨라배마호 사건으로 더욱 커졌다. 앨라배마호는 남북전쟁 때 남부의 주문에 따라 영국에서 건조되어 영국 정부가 판매를 허가한 선박이었다. 이런 선박을 제공하는 것 자체가 영국이 선언한 중립을 위배하는 것이었으므로 미국은 당연히 항의하였다. 그런데 파머스턴 정부가 항해 금지 조치를 취하기 전에 이미 그 선박은 출항했고, 전쟁 첫해에 북부 선박을 자그마치 48척 격침시켰다. 1865년 전쟁이 끝나자 북부는 피해 배상을 요구했다. 보수당과 자유당 모두 영국·미국 관계를 개선해야 한다는 필요성을 인식하고 있었다. 1868년 디즈레일리 정부는 국제중재가 최선의 해결 방식이라는 데 합의하였다. 그러나 곧 디즈레일리 정부가 실각하고 국제회의를 상원이 비준하지 않음으로써 타결이 실패로 돌아갔다.

국제법 신봉자 글래드스턴은 이 문제를 국제중재를 통해 타결하기를

디즈레일리와 글래드스턴

원했다. 1871년 제네바에서 중재가 시작되었지만, 미국은 앨라배마호가 끼친 피해뿐 아니라 북부 선박의 침몰에 따른 전쟁의 장기화라는 '간접'피해도 책임지라고 영국에게 요구했다. 배상 액수가 크게 증가할 것이므로 영국은 이 요구를 거부하였다. 결국 미국은 간접피해 배상 요구를 철회할 뜻을 비쳤고, 5월 워싱턴조약에 따라 제네바에서 중립적 중재위원회를 구성하였다. 일단 중재가 진행되자 미국은 간접피해 배상을 다시 요구하였다.

격분한 글래드스턴은 이를 수용하는 것은 "정신 나간 짓"이라고 말했다. 각료 일부가 교섭 파기를 주장하였으나, 글래드스턴은 런던 주재 미국 공사와 직접 개인적으로 교섭하여 교착 상태를 돌파하였다. 중재위원회는 미국의 간접피해 배상 요구를 기각하였다. 그렇지만 1873년 최종적으로 결정된 배상액은 320만 파운드^{현재 가치로 1억 6천만 파운드}에 이르렀다. 글래드스턴 자신도 이는 어마어마한 액수라고 인정했지만, 평화적으로 분쟁을 타결한 '도덕적 가치'에 비한다면 '먼지 같은' 액수라고 보았다.

이 사례는 글래드스턴이 외교와 협조체제 틀 속에서 국가들이 서로 결부되는 체제를 믿었음을 보여 준다. 급진주의자 리처드 콥던 같은 일부 자유무역주의자와는 달리, 그는 그런 조정을 부자연스럽다거나 차선책이라거나 부패한 것으로 여기지 않았다.[6] 그런데 글래드스턴의 대응에는 1862년 남북전쟁 때 남부를 지지한 자신의 행위를 '속죄'하는 측면

---

6 Matthew(2004), 앞의 논문, p.394 ; Matthew(1997), 앞의 책, pp.188~190.

이 있었다.[7] 고전적인 글래드스턴 전기를 쓴 몰리가 "19세기 예방적 외교의 고상한 예술"로 평가한 이 조치는 글래드스턴의 성가聲價와 긴밀히 결부되었다. 물론 국제중재에 의존하는 방식은 디즈레일리 정부 때 이미 인지되었고 (따라서 두 사람의 외교 노선이 일치한 한 사례이며) 글래드스턴의 묘책도 아니었지만, 영국과 미국 사이의 우호적 관계의 오랜 전통에서 중요한 이정표였음을 부인하기는 어려울 것이다. 로이 젠킨스에 따르면, 그것은 "19세기 합리적 국제주의가 근시안적인 징고이즘을[8] 이긴 최대 승리로서 1872년 이후 영국과 미국 사이의 전쟁을 거의 생각조차 할 수 없게 만들었다."[9] 국제적 도덕, 국가 사이의 분쟁을 해결하는 평화적 절차에 대한 관심, 그리고 장기적인 영국의 이해관계는 이 사건에서 명확하게 일치하였다.

그렇지만 배상은 국내에서는 인기가 없었다. 여론은 글래드스턴이 미국의 협박에 굴복했다고 여겼다. 자유당은 배상액이 미국과의 전쟁에 들 비용보다 훨씬 적다는 식으로 타결을 옹호했으나, 오히려 보수당으로 하여금 자유당 정부가 금전적 이익을 위해 국가의 위신을 희생시켰다고 역공하는 빌미가 되기도 했다. 이 사태는 러시아의 흑해 중립 파기 직후 일어났으므로 글래드스턴이 국제관계에서 영국의 이익을 방어할 태세가 되어 있지 않다는 우려가 한층 확증된 듯했다.[10]

---

7 Leonard(2013), 앞의 책, p.147.

8 러시아·튀르크전쟁 당시 선술집과 뮤직홀에서 인기를 끌던 노래의 가사에서 유래했다.

9 Jenkins, Roy(1995), *Gladstone : A Biography*, London, p.357 ; John(2010b), 앞의 책, pp.221~222 ; Feuchtwanger(1985), 앞의 책, p.95.

디즈레일리와 글래드스턴

교황의 무오류 선언, 1870년

교황은 1869년 아일랜드 국교회 폐지를 '자유로운 국가 안의 자유로운 교회'라는 이념을 반영한 조치라고 호평했다. 그러나 글래드스턴은 1870년 바티칸 공의회가 교황의 무오류를 주장하자 분격했다. 글래드스턴은 무오류 선언이 잉글랜드에서 보편교회 이념을 침해하고 잉글랜드 가톨릭의 '시민적 개체성'을 공격한다고 여겼다. 그는 시민적 개체성이 유럽의 국가들에게 세계 차원의 사안에 관한 최고권을 주는 것이자 개인과 국가의 자유를 보증하는 것이라고 생각하였다. 그가 보기에 시민적 개체성이 없으면 유럽이 '이슬람'이나 '동방'과 같은 위치로 추락할 것이었다. 그래서 그는 유럽의 정부들이 함께 교황지상주의를 반대함으로써 가톨릭 온건파 주교들의 지위를 강화하고 무오류 선언을 저지해야 한다고 보았다. 문제는 교황청과 공식적인 외교관계가 없던 영국으로서는 주도성을 발휘하기 어려웠고, 내각과 외무장관이 이 사안을 글래드스턴처럼 심각하게 받아들이지 않은 데 있었다. 유럽의 국가들도 "문명화한 인류의 일반적인 판단"이 유럽의 질서를 보증한다는 글래드스턴의 요청을 무시하였다. 공의회가 진행되자 글래드스턴은 프랑스가 로마에 주둔하고 있던 군대를 철수한다는 그리하여 교황청을 이탈리아 정부의 의지에 맡기게 된다는 위협이 유일한 저지 수단이 될 것으로 희망하였다. 글래드스턴은 협조체제가 교황지상주의에 반대하는 행동을 취하도록 열심히 노력하였지만 성과를 거두지 못했다. 프랑스·프로이센전쟁에서 그랬듯이 바

---

10   John(2010b), 앞의 책, p.222.

티칸 공의회 문제에서도 글래드스턴은 '말' 차원의 주도성 이상을 언급하지 않았으며, 스스로도 이를 성공 가능성을 지닌 '정책'으로 여기지는 않았다. 두 사례 모두에서 영국의 개입은 유럽이라는 '가족'을 구성하는 다른 국가들의 태도에 달려 있었다.[11]

평가

파머스턴의 일방주의 외교에 익숙하던 영국 여론은 글래드스턴 정부의 외교가 약체여서 국익 방어에 실패하여 국가의 위신을 추락시킨다고 여겼다. 1872년 두 차례 대중연설에서 디즈레일리는 이 여론을 활용하였다. 외교정책에서 글래드스턴의 접근은 지적으로는 일관성이 있었지만 실제에서는 그렇지 못했다.

첫째, 영국이 사태에 개입하는 맥락이라고 할 유럽의 협조체제 이념이 단지 희망 사항이었기 때문이다. 1850~1860년대에 파머스턴의 간섭 정책을 가능케 한 빈체제는 급속히 이완되고 있었다. 그 가장 중요한 요인은 파머스턴이나 디즈레일리의 정부 시기에는 확연하지 않던 '비스마르크의 독일의 부상'이었다. 비스마르크의 국가 에고이즘과 현실정치 이념은 옛 세력균형을 완전히 뒤집었다. 프랑스가 완패한 상태에서 영국은 중립을 취하거나 고립되었다. 협조체제의 의미가 거의 사라진 상태에서 영국이 유럽 사태에 개입할 근거가 사라진 것이다. 나폴레옹전쟁 종결[1815] 이후부터 1860년대 초까지 유럽은 상대적으로 비무장 상태

---

11 Matthew(1997), 앞의 책, p.187.

였고, 이 상황에서 파머스턴의 외교적 승리가 가능했다. 유럽에서 영국 개입의 효율성을 종식시킨 것은 파머스턴의 사망이 아니라 비스마르크의 등장이었다. 글래드스턴은 이 새로운 상황을 통제할 수 없었다.

둘째, 해군력에 의존한 영국이 프랑스·프로이센전쟁, 알자스로렌 병합, 러시아의 흑해 중립 파기, 독일 통일에서 취할 수 있는 선택지가 거의 없었다. 상황이 이러했기에 글래드스턴이 국익을 저버렸다고 할 수는 없다. 분쟁에 말려들지 않고, 포괄적으로 중립을 유지하고, 경제에 집중하면서 군대를 개혁하는 것은 일리 있는 방책이었다.[12] 그런데 디즈레일리는 이 바뀐 상황에서 파머스턴의 노선과 스타일을 시도하였다. 이렇게 본다면 솔즈베리의 이른바 '위대한 고립' 정책은 본질적으로 글래드스턴적인 정책에 의존하였다. 그런데도 우리는 솔즈베리의 외교가 영국의 국위를 추락시켰다고 하지 않는다.

셋째, 글래드스턴은 군비 지출을 반대하고 전쟁을 혐오했으며 유럽의 집단적인 도덕적 질서를 믿었다. 그런데 비록 이 믿음이 이론상으로는 유럽의 사태에 관해서 간섭을 고려하게 만들었지만 실제에서는 실행되기 어려웠다. 패리에 따르면, 공공경제와 외교적 협력이라는 수사를 동원한 글래드스턴의 이데올로기는 '철혈'의 시대에 대응하기 어려웠다. 유럽의 공공질서를 믿었으므로 글래드스턴은 '영국'의 국익을 주장할 수 없었다.[13]

---

12 John(2010b), 앞의 책, p.223 ; Somervell, D. C.(1926), *Disraeli and Gladstone : A Duo-Biographical Sketch*, New York, pp.167~168.
13 Parry(1993), 앞의 책, p.191.

2. 디즈레일리, 글래드스턴, 동방문제

기질상 디즈레일리는 국내 입법보다 외교와 제국 사안을 선호하였다. 디즈레일리 제2차 내각의 외무장관 더비 백작[15대]은 디즈레일리가 "그에 관한 행동이 필요하지 않거나 종종 행동이 가능하지 않은 모든 종류의 대외 문제를 뒤집어 놓고 토론하는 데 기이한 즐거움을 갖는"다고 회상한 적이 있었다. 디즈레일리 자신도 대외 문제가 국내에서의 비판과 의기소침으로부터 여론의 관심을 돌리는 것이며, 외교를 "조종할 가치가 있는 정치"라고 인식하였다.[14] 그렇다고 디즈레일리가 의도적이고 선제적으로 외교 문제를 일으켰다는 뜻은 아니다. 글래드스턴과 마찬가지로 디즈레일리의 외교정책은 대체로 사후대응의 성격이 강했다.

1872년 맨체스터 자유무역회관 연설에서 디즈레일리는 영국의 국제적 위신이 과거 어느 때보다 크다고 주장하였는데, 이는 당시 대륙에서 일어난 국제 질서의 중대한 변화가 영국이 영향력을 행사할 새로운 기회를 제공하는 것처럼 보였기 때문에 근거 없는 주장은 아니었다. 종래 그는 유럽 사안에서 '체계적인 불간섭'을 지지했었다. 그것은 무관심보다는 영국이 해양 국가라는 점을 염두에 둔 입장이었다. 그는 프랑스의 헤게모니가 파괴됨으로써 더 유리한 세력균형이 등장하게 된 유럽에서 영국은 해외의 광대한 제국의 힘에 의거하여 영향력을 주장할 수 있을

---

14 Parry, Jonathan(2004), "Disraeli, Benjamin," in H. C. G. Matthew and Brian Harrison eds., *Oxford Dictionary of National Biography*, v. 16, Oxford, p.287.

것이라고 역설하였다.

그렇지만 영국의 적극적인 정책이 직면할 장애물은 1870~1871년 독일의 통일과 프랑스의 붕괴가 유럽의 세력균형을 파괴하고, 대안을 두려워한 러시아·오스트리아·독일로 하여금 상호합의에 의해 국제 문제를 해결하도록 강제하였다는 점이다^{삼제동맹}. 디즈레일리는 이 구도를 깨고자 했다.

보스니아 봉기와 베를린각서

'동방문제'란 발칸과 동지중해에서 오스만튀르크제국이 점차 약화하면서 19세기 유럽 외교에 가한 문제들을 가리킨다. 1870년대 동방문제의 재발에서 새로운 요소란 발칸의 민족주의운동이었다. 유럽에서 이탈리아와 독일의 통일을 촉진한 민족주의는 발칸으로 확산되었다. 러시아와 오스트리아는 발칸 민족주의에 가장 큰 관심을 가진 인접 제국들이었다. 디즈레일리는 동방문제를 통해 영국이 유럽의 강국이자 '동방'의 제국이라는 자신의 비전을 실현하고자 했다. 당시 영국에서 일반적으로 인정된 견해는 러시아를 견제하려면 오스만제국의 유지가 반드시 필요하므로 '유럽의 늙은 병자'를 생존시키는 일은 난관을 무릅쓸 가치가 충분히 있는 일이라는 것이었다. 크림전쟁을 종결한 1856년 파리조약으로 이미 영국은 오스만제국의 독립과 통합을 유지할 부담을 지고 있었고, 이 지역에 투자된 영국의 자본을 보호할 필요가 있었다. 동방위기 때 디즈레일리는 기본적으로 튀르크의 독립과 통합이라는 파머스턴적 노선을 견지하였다. 그렇지만 그는 튀르크를 늘 우호적으로 평가하고 강력하게 지지함으로써 파머스턴주의에 자신의 개성을 부가하

였다.[15]

1875년 7월 기독교-슬라브인 지역인 헤르체고비나와 보스니아에서 오스만제국의 지배에 저항하는 봉기가 발발했다. 그것은 정치적·경제적 불만을 가진 보스니아·헤르체고비나의 기독교 농민이 세르비아와 몬테네그로의 지원을 받아 일으킨 민족주의운동이었다. 이 사건은 튀르크의 재정 위기를 불러옴으로써 튀르크의 주요 채권국인 영국의 관심사가 되었다. 또한 1866년 오스트리아·프로이센전쟁 패배 이후 발칸에서 영향력 강화를 꾀하던 오스트리아와 남진을 추구하는 러시아가 발칸 슬라브인에게 영향력을 강화하려고 개입하는 빌미를 주었다. 또 다른 강대국 독일은 유럽의 세력균형, 프랑스의 고립화, 삼제동맹 유지라는 견지에서 상황을 판단하였다.

오스트리아와 러시아는 이 지역에서 상호 경쟁이 전쟁으로 나아갈지 모른다고 우려했다. 이를 방지하기 위해 1876년 5월 독일을 포함한 세 나라는 베를린각서를 작성해 술탄에게 튀르크의 개혁을 요구했다. 이 각서에는 술탄이 강대국들의 감독하에 2개월 안에 정부를 개혁하지 않으면 무력 개입을 할 것이라는 경고가 있었다. 동시에 그들은 오스만제국이 해체될 경우에는 오스트리아가 보스니아를 병합하고 러시아는 베사라비아를 병합하기로 비밀리에 합의했다. 그러나 디즈레일리는 이를 "튀르크를 유럽으로부터 몰아내는 것"으로 간주하여 각서 서명을 거부했다. 내용은 차치하더라도 그는 세 나라가 영국과 일절 상의 없이 마

---

15 Seton-Watson, R. W.(1972), *Disraeli, Gladstone and the Eastern Question : A Study in Diplomacy and Party Politics*, New York, pp.551~552.

디즈레일리와 글래드스턴

련한 자신들의 제안에 가부를 묻는 방식을 용인할 수 없었다. 서명 거부는 발칸 위기에서 영국이 발휘한 첫 주요한 주도권이었다.[16]

디즈레일리의 판단에는 몇 가지 고려가 들어 있었다. 영국이 각서에 서명하면 삼제동맹을 더욱 강화하는 셈이 되므로 영국은 외교적 독자성을 과시할 필요가 있었고, 개혁 요구를 튀르크가 거부하면 한층 강경한 개혁 요구가 뒤따라 그 결과 오스만제국이 해체될 가능성마저 있었다. 디즈레일리는 열강이 오스만제국의 통합과 독립을 보장한 1856년 파리 조약을 유지하는 것이 중요하다고 보았다. 사실 디즈레일리는 발칸 민족들의 요구를 중요한 사안으로 여기지 않았다. 강대국에 둘러싸여 서로 얽힌 민족적·종교적 집단들이 존재하는 지역에서 민족의 독립이란 큰 의미가 없다는 것이다. 각서 거부와 베시카만으로 영국 해군 소함대를 파견한다는 디즈레일리의 결정은 지금까지 무기력했던 정책에서 벗어나는 조치로 환영받았다. 튀르크에서 쿠데타가 일어나고 외견상 개혁을 동조한 인물이 술탄이 되자, 1876년 6월 러시아·오스트리아·독일은 각서를 철회했고, 디즈레일리는 영국이 명확히 승리함으로써 삼제동맹이 종식되리라고 예상했다.

불가리아인 학살과 디즈레일리의 동방문제 접근법

그러나 보스니아 봉기는 1876년 봄 불가리아에서 튀르크의 지배에 저항하는 전면적인 봉기로 이어졌다. 열강이 방관할 것이라는 디즈레일

---

16 Feuchtwanger(1985), 앞의 책, p.98.

리의 예상은 불가리아 봉기 진압 단계에 튀르크의 비정규군이 1만 2천 명에 달하는 불가리아인을 학살하면서 복잡해졌다. 5월에 발생한 이 학살은 한 달 뒤 자유당 계열 신문인『데일리 뉴스』에 보도되었는데, 디즈레일리는 이 보도를 심각하게 여기지 않았다. 7월 초 공식적인 조사가 이루어지면서 디즈레일리는 학살의 실체를 인정했지만, 여전히 사태의 심각성을 깨닫지 못했다. 이 사태가 "동방민족 안에서 예외적으로 광범하게 자행된 학살이 아닌 고문"이고 언론 보도는 "커피숍의 수다"에 지나지 않는다는 디즈레일리의 발언은 그를 줄곧 괴롭혔다. 그는 학살 보도가 과장되었고, 자신의 정책을 반대하는 여론은 위선적인 "반정부 외침"이자 오스만제국의 보존이라는 영국 외교정책의 진정한 이익을 교란하는 행위라고 보았다.

영제국의 경제적·전략적 이익을 견지하려는 디즈레일리의 판단에는 세 가지 고려가 작용했다. 첫째, 삼제동맹을 와해시키고 영국의 주도 아래 유럽에서의 세력균형을 재확립하려고 했다. 만약 삼제동맹이 발칸 문제 해법을 주도하게 되면, 러시아와 오스트리아가 유럽 쪽 튀르크를 차지하고 독일은 서유럽 쪽에서 보상받을 것인데, 이는 영국·프랑스·벨기에를 결정적으로 약화시킬 것이다. 따라서 발칸과 동지중해에서 러시아의 세력 확장을 저지하고 러시아를 독일과 오스트리아로부터 떼어 놓을 필요가 있었다. 둘째, 유럽과 인도에서 러시아의 위협으로부터 영국의 이익을 보호하고자 했다. 파머스턴처럼 그리고 영국 외교의 전통을 따라 디즈레일리는 영국의 이익의 전제는 오스만제국의 영토적 통일 유지라고 여겼다. 피압박 민족의 봉기는 오스만제국의 통합을 저해할 것이다. 만약 튀르크제국이 무너지면 러시아가 남동유럽·동지중해 · 소아시아를 지배할 것이고, 이어 수에즈운하를 위협함으로써 '제국 왕관의 가장 빛나는 보석' 인도에 직접적인 위협을 줄 것이다. 셋째, 민족주의를 불신하였다. 그가 보기에 민족주의는 비밀결사들이 정치적 · 사회적 변화를 이루기 위해 이용하는 급진적이고 전복적이며 무의미한 이념이었다. 예컨대 그는 이탈리아 통일 이념과 운동에 전혀 공감하지 않았다.[17]

글래드스턴과 불가리아 캠페인

정부의 외교정책을 둘러싼 논란은 1876년 여름 산회 동안 잠잠했다. 반대파는 불간섭 정책을 그리 문제 삼을 수 없었기 때문이다. 불간섭 정책은 베를린각서 서명 거부로 더욱 두드러져 보였다. 7월 하원에서 글래드스턴은 디즈레일리 정부의 정책이 영국을 대륙의 국가들로부터 격리시켰다고 공격하였지만, 이 발언은 별다른 주목을 받지 못했다. 불가리아인 학살에 이어 7월 세르비아와 몬테네그로가 튀르크에게 선전포고했다. 8월 『타임스』를 비롯한 여러 언론이 학살을 더욱 상세하게 보도했다. 역사가 에드워드 프리먼, 국교회 고교회파[18] 인사들, 급진파 의원들을 중심으로 학살과 영국 정부의 무관심에 항의하는 운동이 각 지방으로 확산되었다. 이 단계에서 중요한 현상은 이른바 '비국교도 양심'이 참여한 사실이다. 그 중심인물인 언론인 윌리엄 스테드는

---

17 John(2010a), 앞의 책, pp.169～170.
18 영국 국교회의 사도책(가톨릭적) 전통을 지지하고 교회와 성직자의 권위 및 의식(성사)을 중요시하는 국교회의 한 유파이다.

잉글랜드 북부에서 일련의 대중 집회를 조직하였다. 그렇지만 이 운동의 전개에서 가장 중요한 것은 글래드스턴이 지지를 선언하고 참여한 점이다.

그런데 글래드스턴의 참여는 정치적인 목적도 갖고 있었다. 1875년 자유당의 리더십을 포기한 그는 1876년 8월 학살과 정부의 방조를 비난하는 여론이 고조되는 상황을 대중과 자신이 다시 연결되고 자유당의 리더십을 재주장하는 기회로 포착하였다. 섀년의 지적처럼 그것은 사태에 간여해야 한다는 '양심의 부름'에 응답하고 자신의 '올바른' 정치 이념과 여론의 연관성을 재수립하려는 이중적 의도의 산물이었다.[19] 사실 글래드스턴은 오랫동안 발칸에서의 민족 감정을 지지했지만, 불가리아 사태 초기에는 논란에 개입하기를 주저하여 항의 집회들에 초대되었지만 거절했었다.

그는 자신이 뒤늦게 튀르크의 압제에 항의하는 운동에 참여했다고 인정하면서, 그 이유는 "디즈레일리 정부가 동방의 종속 민족을 위해 도덕적 의무"를 인식하리라고 희망했기 때문이라고 토로했다. 이제 그

---

19 Shannon, Richard(2007), *Gladstone : God and Politics*, London, p.278. 상세한 연구는 Shannon, Richard(1975), *Gladstone and the Bulgarian Agitation 1876*, 2nd ed., Hassocks 참조. 글래드스턴의 캠페인을 기회주의의 산물보다는 글래드스턴 자신의 복잡한 정서적·정치적 욕구에 의해 추동된 것으로 보는 해석은 Saab, Ann Pottinger(1991), *Reluctant Icon : Gladstone, Bulgaria, and the Working Classes, 1856-1878*, London 참조. 섀년은 캠페인을 사회적 저항운동으로 인정하면서 무엇보다도 수뇌부정치의 사건으로 본다. 앤 삽은 집단행동에 관한 사회학 이론과 1877~1878년의 대중청원 자료를 구사하여 섀년의 해석을 수정하였다. 섀년이 강조한 자기기만의 복잡성과 능력을 부인하지 않으면서도 삽은 글래드스턴이 통설이 제시하는 것보다 더 진지하였으며 초기의 주저 이후에는 더 계획적이었다고 평가하였다.

디즈레일리와 글래드스턴

는 영국의 전략적 이해를 유지하기 위해 비도덕적이고 비기독교 국가인 튀르크를 옹호하는 디즈레일리의 현실주의는 영국인을 오도하는 비도덕적 행위라고 보았다. 또한 글래드스턴은 디즈레일리가 학살을 무시한 것은 그가 진정한 기독교도가 아니라 실은 "비밀스러운 유대인"임을 입증하는 것이라고 공격하였다.

1876년 9월 6일 글래드스턴은 팸플릿『불가리아 참상과 동방문제』 *The Bulgarian Horrors and the Question of the East*를 출간하였다. 팸플릿을 쓰기 시작하면서 그는 "정치에서 선한 목적은 열정 없이 성취되기란 무척 어렵다. 오랜 시간이 지나고 이제 처음으로 도덕적 열정이 존재한다"고 밝혔다. 요통으로 몸져누운 상태에서 일주일 만에 완성된 이 책자는 한 달 사이에 20만 부가 팔렸다. 그는 튀르크를 "거대한 반인륜적 종족"으로 선언했고, 학살을 "인류 역사는 아닐지라도 금세기의 가장 저열하고 가장 나쁜 폭력"으로 묘사하였다. 그는 튀르크가 발칸에서 "온갖 가재도구를 정리하여" 완전히 철수할 것을 요구하였다. 이 '공적인' 행위를 통해 글래드스턴은 즉각 자신을 "재각성된 국민적 양심의 선두"에 내세움으로써 "효과적으로 불가리아인 학살에 항의하는 운동을 하이재킹했다."[20] 사흘 뒤 글래드스턴은 자신의 지역구 그리니치에서 1만 명의 대규모 군중을 상대로 일련의 연설을 했다. 이 '복음주의적' 연설은 영국 정치의 스타일을 바꾸었다. 원로 정치가가 대중을 상대로 지속적으로 연설하는, 이전에는 볼 수 없던 이 현상은 이제 글래드스턴의 정치를 규

---

20 Hawkins, Angus(1998), *British Party Politics, 1852-1886*, Basingstoke, p.201.

정하는 특징이 되었다. 이것은 정치 현안에서 물질적 이해관계에 의해 도덕적 감성이 무뎌진 상층계급보다 대중이 "더 건전하고 더 도덕적인" 견해를 갖고 있다는 자신의 믿음을 확인했다. 이어 1877년 5월 글래드스턴은 버밍엄에서 열린 전국자유당연맹 창립 대회에서 디즈레일리 개인을 맹렬히 공격하였다. 그는 동방문제에 관한 디즈레일리의 "이상하고 언뜻 보기에는 불가해한 행동"을 면밀히 관찰했다면서, 디즈레일리의 행동은 "인종적 적대감"과 "동방의 기독교도를 향해 유대인이 그렇게도 보복적으로 보여 주는 혐오감"에서 나온 것이며, "비록 (기독교) 세례를 받았지만, 디즈레일리의 유대인 감정은 자신의 대단히 그릇된 본성의 가장 격렬하고 가장 실제적이고 매우 훌륭한 부분"이라고 비꼬았다.

글래드스턴의 접근 방식은 급진적이지만 처방은 온건했다. 첫째, 그는 오스만제국의 개혁과 병행하는 유럽의 안정이라는 틀 속에서 오스만제국의 명목상의 종주권 아래 발칸 지역에 '자치'가 주어지고, 그리하여 장차 이곳에서 반란의 근거를 제거함으로써 오히려 러시아의 영향력 확장을 저지할 수 있다고 보았다. 둘째, 그는 오스만제국이 영제국에게 전략적 이해를 갖는다는 점을 부정했다. 그의 판단으로는 인도는 영국의 힘의 요체가 아니라 오히려 군사적 약체성의 원천이며, 따라서 영국의 정책은 인도에 이르는 길을 보존하는 것을 중심으로 수행되어서는 안 된다. 게다가 수에즈운하만이 인도에 이르는 길은 아니다. 하여간 영국은 튀르크에 특별한 이해관계를 갖지 않으므로 일방적으로 간섭해서는 안 되고, 유럽의 공법을 유지하기 위해 오직 다른 강대국들과 함께 간섭해야 한다. 따라서 글래드스턴의 정책은 기본적으로 보수적인

것이었다.[21]

다른 한편 글래드스턴의 판단에는 앨라배마호 사건 때처럼 속죄의 의미도 있었다. 그는 "적어도 크림전쟁의 장본인 가운데 한 사람^{자신}에게, 침묵의 책임감은 감당하기에는 너무 크다"고 말한 적이 있었다. 이제 자신이 뛰어든 항의운동은 분명 크림전쟁을 지지하고 개입하였던 자신의 '죄'를 씻는 일이었다.[22]

정치의 양극화

불가리아 캠페인은 영국의 외교정책이 국민을 매우 심각하게 분열시킨 드문 사례였다. 9월 이후 반정부 투쟁에 나서면서 글래드스턴은 의식적으로 스스로 이 운동의 선두에 섰다. 불가리아 캠페인을 통해 그는 대중과 도덕적 유대를 재형성하고자 했다. 그런데 불가리아 캠페인은 아일랜드 국교회 폐지만큼 자유당을 통합하지는 않았다. 하팅턴과 그랜빌 같은 자유당의 공식 지도부는 학살에 냉담하게 반응했고, 그로부터 정치적 쟁점을 만들려고 하지 않았다. 특히 하팅턴은 글래드스턴의 정치 활동 재개와 체임벌린이 조직한 전국자유당연맹과 글래드스턴의 제휴가 자신의 리더십을 위협한다고 여겨 경계하였다.[23] 휘그는 글래드스턴의 행동이 러시아로 하여금 전쟁을 일으키도록 부추기는 것이고, 그리하여 20년 전 크림전쟁에서처럼 영국이 다시 튀르크 편에 서서 개입

---

21 John(2010b), 앞의 책, p.236.
22 Feuchtwanger(1985), 앞의 책, p.100.
23 Sykes(1997), 앞의 책, pp.90~94.

하라는 요구를 촉발할 것으로 보았다. 따라서 글래드스턴의 참여를 기회주의의 소산으로 보는 것은 자유당 내부의 반감을 충분히 고려하지 않은 견해라고 하겠다.

사정은 디즈레일리도 마찬가지였다. 그 역시 당의 전폭적인 지지를 받지 못했다. 외무장관 더비와 인도장관 솔즈베리는 디즈레일리가 그처럼 적나라하게 친튀르크 노선을 취하는 것이 현명치 않다고 여겼기 때문이다. 솔즈베리는 박해받는 정교회 기독교인을 동정한 일부 고교회파 인사들을 대변하였다.

디즈레일리는 글래드스턴의 개입에 분개했다. 그는 글래드스턴의 팸플릿이 "열정적이나 강력하지 않고, 복수심에 젖어 있으나 볼품없이 쓰인 글"이자 "모든 불가리아 참상 가운데 아마도 최대의 참상일 것"이라고 비난했다. 그는 "후세는 질투, 원한, 위선, 미신의 희귀한 혼합인 저 원칙 없는 광신자를 제대로 심판할 것"이라고 주장했다. 글래드스턴의 비난도 이에 못잖았다. 그는 "악마적 영리함"을 가진 디즈레일리가 "캐슬리 경 이후 최악이자 가장 비도덕적인 대신"이라고 평가하였으며, 말년에 이르러서도 "예전에 토리에게는 좋은 일이든 나쁜 일이든 자신이 대변하려고 한 원칙들이 있었는데, 이 모든 것을 디즈레일리가 파괴했다"고 주장했다. 글래드스턴의 반감에는 반유대주의 편견이 작용했는데, 이 반유대주의는 당시 디즈레일리에 반대한 여론에서 일반적이었다. 글래드스턴은 "그 디즈레일리가 증오하는 것은 기독교인의 자유"라고 지적하면서, 오스만제국이 해체되고 영국이 이집트를 장악하면 디즈레일리는 "또 다른 멤피스 공작"으로 생을 마칠 것이라고 비꼬았다.[24]

글래드스턴을 선동가이자 반미치광이라고 비난한 빅토리아 여왕까지

가세한 상태에서 여론은 친러시아파와 친튀르크파로 극명하게 나뉘었다. 전자는 반이슬람 민족주의, 기독교, 러시아의 개입을 지지했다. 후자는 러시아의 세력 확장을 저지하는 방파제로 튀르크를 유지하는 것이 중요하다고 보았다. 중간계급 비국교도, 디즈레일리 정부가 국교회에서 가톨릭적 전례를 법으로 규제한 데 불만을 가진 국교회 고교회파, 특히 앵글로—가톨릭이 전자에 속했고 이들의 반튀르크 노선은 발칸의 정교회를 향한 교회 일치주의의 표현이었다, 애국주의와 정치적 보수주의에 따라 정부를 지지한 대다수 국교회주의자·귀족·여왕이 후자에 속했다. 온건한 입장은 침묵했다. 개인주의자·반국가주의 자유당원은 대개 반튀르크 쪽이었지만, '감정주의'를 배격한 지식인들은 캠페인에 비판적이었다. 권력과 제국의 현실에 관심을 기울인 대학의 소장파 지식인은 반디즈레일리 노선과 거리를 두었는데, 후일 이들은 '자유주의 제국주의자'가 될 것이었다. 지역적으로 잉글랜드 북부·스코틀랜드·웨일스의 여론은 글래드스턴을 강력하게 지지한 반면, 런던과 잉글랜드 남동부는 반러시아 징고이즘이 장악하였다. 런던과 상층계급은 친튀르크였지만, 지방과 급진파는 반튀르크였다. 노동계급의 여론은 갈렸다. 비국교도 노동계급은 글래드스턴을 지지했고, 애국주의 대중적 토리즘을 지지하는 노동계급은 친튀르크 입장이었다.[25]

24 멤피스는 이집트 고(古)왕국(기원전 3100 ~ 기원전 2200년)의 수도이다. 글래드스턴은 이 지명을 동방을 상징하는 개념으로 사용하여 1876년 비콘스필드 백작(Earl of Beaconsfield)이 된 디즈레일리가 친튀르크 정책을 통해 동방과 연관된 또 다른 작위를 얻을 것이라고 비꼬았다.

25 Feuchtwanger(1985), 앞의 책, pp.100~103.

러시아 · 튀르크전쟁

불가리아 캠페인은 디즈레일리의 외교정책에 중요한 영향을 끼쳤다. 그가 믿기에 캠페인은 발칸에서 범슬라브주의를 야기하고 정부의 행동 거지를 제약하였으며, 러시아가 튀르크에 선전포고할 공산을 크게 만들었다. 1876년 가을 세르비아 · 몬테네그로와 튀르크 사이의 전쟁에서 튀르크가 우세했다. 그 결과 발칸의 기독교도를 위해 열강이 개입할 가능성이 한층 커져 오스트리아, 독일, 러시아는 오스만제국의 분할을 논의하였다. 더비가 개혁과 영토 통일성 유지라는 견지에서 튀르크의 장래를 논의할 열강회의를 콘스탄티노플에서 개최하자고 제안한 것은 이 분할을 회피하기 위함이었다. 이 제안은 불간섭과 오스만제국의 주권 존중이라는 영국의 정책에서 크게 이탈하였다. 솔즈베리는 오스만제국 부지가 영국에게 아무런 실제적 이익을 가져다주지 않는다고 생각하였고, 디즈레일리조차 영토 분할을 고려했다.

1877년 1월 열강이 비교적 온건한 개혁을 제안하자, 튀르크는 거부하고 회의는 해산했다. 이때 튀르크 민족주의가 각성하였고, 콘스탄티노플에서는 외국의 간섭에 저항하는 움직임이 있었다. 더구나 튀르크는 러시아가 진정 전쟁을 불사하리라고는 여기지 않았다. 그러자 콘스탄티노플 주재 러시아 대사가 주도하여 일련의 온건 개혁을 요구하는 각서를 작성하고 이번에는 영국도 서명하였다^{런던의정서}. 그러나 다시 튀르크가 거부했다. 이런 국제적 노력이 무산되자 1877년 4월 러시아는 튀르크에 선전포고하였다.

러시아는 보스니아 · 헤르체고비나에서 오스트리아의 권리를 인정하는 대가로 오스트리아의 중립을 비밀리에 확보한 상태였다. 러시아의 목표는 발칸에서 자신의 세력을 주장하고, 1856년 파리조약으로 상실한 베사라비아를 되찾고, 러시아의 영향을 받는 대불가리아 독립국을 만드는 것이었다. 5월 디즈레일리는 영국이 튀르크 방어에 나서는 것은 불가능하고 영국 스스로 런던의정서에 서명했으며, 영국 여론이 튀르크를 위한 전쟁을 용인하지 않을 것이라는 점을 고려했다. 영국은 중립을 선택했다. 다만 페르시아만, 이집트, 수에즈, 콘스탄티노플, 다르다넬스 해협 가운데 어느 하나라도 위협받으면 개입할 수밖에 없다고 러시아에게 경고했다. 튀르크의 저항은 예상보다 완강하여 러시아군의 진격은 불가리아 북서부 플레브나에서 4개월 동안 저지되었다.

러시아의 선전포고 직후 자유당의 분열은 명확해졌다. 5월 글래드스턴은 당 지도부의 만류에도 불구하고 튀르크 정부가 기독교도에게 '좋은 정부'를 부여할 때까지 튀르크를 위한 모든 도덕적·물질적 지원을 철회하라는 결의안을 제안하였지만, 이 결의안은 큰 표차로 부결되었다. 한편 보수당 정부 안에서도 분열이 있었다. 튀르크의 주권 유지를 주장한 콘스탄티노플 주재 대사가 경질되었다. 무력을 앞세워 러시아와 협상하자는 디즈레일리의 입장과 러시아를 달래서 영국과의 대립을 평화적으로 해결하려는 더비의 입장이 대립하였다. 디즈레일리는 랭커셔의 유력자인 더비를 잃을 수 없었고, 솔즈베리는 더비를 지지하면서도 그의 수동성과 우유부단을 비판하였으며, 국교회 고교회파인 식민장관 카나번은 발칸의 기독교도를 지지하였다.

1877년까지 디즈레일리는 대체로 더비의 노선을 따랐다. 그러나 러시아가 유럽 쪽 튀르크를 침공하자 상황은 변했다. 지중해, 이집트, 아시아에서 영국의 이해가 위협받을 가능성이 현실화했기 때문이다. 이때부터 1878년 1월까지 디즈레일리는 러시아의 진격에 대항하기 위해 갈리폴리 점령 같은 다양한 시도를 하지만 더비와 여러 각료의 반대를 받았다. 1877년 7~12월 튀르크가 플레브나에서 완강히 저항하면서 전쟁 종결이 지연되자 상황은 더 악화하였다. 더비와 각료들은 여전히 디즈레일리와 다른 노선을 주장하고 있었다.

그렇지만 상황은 1877년 12월 플레브나의 함락과 임박한 의회 개원에 의해 다시 바뀌었다. 특히 솔즈베리가 디즈레일리의 입장을 지지하게 되었다. 1878년 1월 러시아가 콘스탄티노플을 위협하자, 내각은 다르다넬스해협을 통해 함대를 파견하고 의회에 재원 승인을 요청하자는 디즈레일리의 제안을 지지하였다. 그러자 술탄이 평화 협상을 수용한다는 소식이 보도되고, 시티the City : 런던의 상업·금융 중심지가 주전파의 승리에 경각심을 갖게 되었고, 보수당은 랭커셔에서 더비의 영향력이 상실될 것을 두려워했다. 함대는 즉각 소환되었다. 더비는 내각에 남기로 했다. 이 위기는 일관성 없는 정부의 입장을 불신하게 만들었고, 광범하고 호전적인 반러시아 감정을 낳았다. 더비와 그의 아내가 런던 주재 러시아 대사에게 내각의 상황을 알렸다는 소문이 더해지면서 징고이즘은 디즈레일리의 반러시아 정책을 강력하게 지지하는 여론을 형성하였다.

12월 마침내 플레브나를 돌파한 러시아 군대는 콘스탄티노플 근처에 진격하였다. 그렇지만 러시아 군대도 힘이 다해 있었다. 영국 정부는 한층 단호하게 행동할 여지를 갖게 되었다. 불가리아 캠페인은 크게 약해졌고 러시아의 콘스탄티노플 점령이 임박한 상태에서 내각의 불일치는 해소되었다.

디즈레일리와 글래드스턴

솔즈베리도 내각도 강경 노선을 택했다. 1878년 1월 디즈레일리는 내각의 합의를 도출했다. 그 내용은 러시아의 콘스탄티노플 점령을 반대하는 오스트리아와 동맹 교섭을 재개하고 전쟁 예산 600만 파운드를 의회에 요청하며, 다르다넬스해협을 통해 콘스탄티노플로 영국 함대를 파견한다는 것이었다. 이에 따라 2월 영국 함대는 콘스탄티노플 연해에 정박했다. 그러자 영국 및 오스트리아와의 전쟁이 임박했다고 여긴 러시아는 3월 튀르크에게 산스테파노조약에 합의할 것을 압박했다. 그 내용은 발칸 남부·에게해·마케도니아 전역을 포함하면서 러시아의 종주권 아래 있는 대불가리아 국가를 창설하고, 흑해에 인접한 아르메니아 동부 지역을 포함한 튀르크의 중앙아시아 영토를 러시아에게 할양하며, 세르비아·몬테네그로·루마니아가 완전히 독립한다는 것이었다.

　영국과 오스트리아는 이를 수용할 수 없었다. 디즈레일리는 산스테파노조약이 체결되면 유럽 쪽의 오스만제국이 사라지고 튀르크가 러시아에게 절대적으로 복종하는 결과가 될 것이라고 생각하였다. 그래서 영국은 오스만제국의 통합에 영향을 주는 그 어떤 조약도 열강회의에 회부되어야 한다고 요구했다. 영국은 산스테파노조약이 크림전쟁을 마무리한 파리조약을 위반한 것이며, 따라서 파리조약 서명국 전체의 승인을 받지 않으면 비준될 수 없다고 주장하였다. 솔즈베리는 만일 러시아가 이에 동의하지 않으면 영국의 군사개입이 뒤따를 것임을 명확히 밝혔다. 이어 그는 튀르크와의 비밀 교섭을 통해 튀르크가 키프로스를 영국에 할양하고 즉각적인 혹은 장래의 개입을 위한 적절한 기지를 제공한다는 양보를 얻어 냈다.

베를린회의

러시아의 반응이 없자 내각은 예비군을 소집하고 군대를 인도에서 몰타로 이동시켰다. 영국이 전쟁을 불사한다는 의지를 과시한 것이다. 이 정책은 디즈레일리에게 몇 가지 이점을 주었다. 그 조치는 기대감을 가진 보수당을 만족시켰고, 영국이 아시아 쪽의 튀르크에서 영향력을 증대시켜야 한다는 내각 다수파의 요구에 부응하였다. 이에 더비와 카나번이 사임하고 솔즈베리가 외무장관이 되었다. 솔즈베리는 영국 외교의 중심이 튀르크를 지지하는 정책이 되어서는 안 된다고 생각한 인물이다. 독실한 고교회파 인사로서 그는 비인도적인 통치 방식 때문에 튀르크가 더 이상 러시아의 팽창을 저지할 수 없게 되었다고 판단하였다 _{이 생각은 글래드스턴의 견해와 유사했다}. 또한 그는 러시아가 인도에서의 영국의 이해관계를 전혀 위협하지 않는다고 여겼으며, 영국이 이집트를 장악하고 튀르크가 분할되기를 원했다.

디즈레일리와 솔즈베리는 산스테파노조약이 초래한 위기를 해결하기 위해 러시아를 국제회의에 끌어들이려는 태세였고, 산스테파노조약을 반대한 독일과 오스트리아 역시 동조하였다. 영국이 강경하게 나오고, 대불가리아 수립을 반대한 오스트리아가 보스니아 획득을 보장받지 못한 데 불만을 품자, 러시아는 영국과의 협상 개시에 동의했다. 1815년 빈회의 이후 가장 중요한 외교 회합이자 영국 수상이 처음으로 직접 국제외교 무대에 등장한 베를린회의가 1878년 6~7월에 열렸다. 그 결과 산스테파노조약을 대체한 베를린조약이 체결되었다. 오스만제국의 통일 유지와 러시아의 지중해 진출 좌절이 핵심이었다. 첫째, 산스테파노조약에서 언급된 대불가리아는 둘로 분할되었다. 북부는 자치를 얻고 남

디즈레일리와 글래드스턴

부·동부 루멜리아는 오스만의 직접 통치를 받는 지역으로 남았다. 불가리아는 에게해 진출이 좌절되었다. 둘째, 오스트리아가 보스니아와 헤르체고비나를 병합하고 루마니아·세르비아·몬테네그로는 공식적으로 독립하였다. 불가리아 분할 규정과 더불어 이 조항은 튀르크의 유럽쪽 영토가 크게 축소됨을 의미했다. 10년 뒤 불가리아가 통합되면서 알바니아, 마케도니아, 동부 트라키아만이 튀르크의 지배를 받게 되었다. 셋째, 러시아는 아시아 쪽 튀르크에서 더 이상 영토를 획득하지 못했지만 동부 아르메니아를 유지하였다. 그 결과 인도에서 러시아의 위협이 커졌다. 넷째, 아르메니아에서 러시아의 세력 확장을 견제하기 위해 영국은 튀르크와 방어동맹을 결성하였다 ^{키프로스협정}. 그 대가로 영국은 튀르크로부터 키프로스를 할양받아 동지중해에서 해군기지를 확보했다. 디즈레일리는 "지중해에서 영국의 힘은 절대적으로 증가했고" "인도제국은 엄청 강해졌다. 키프로스는 서부 아시아의 관건"이며 "튀르크는 전쟁 이전보다 러시아에 대항하는 더 강력한 방파제가 될 것"이라고 자평했다.

디즈레일리의 동방정책의 명암

디즈레일리의 동방정책은 단기적인 성과와 장기적인 영향의 견지에서 평가할 수 있다. 첫째, 크림전쟁 때와는 대조적으로 디즈레일리는 전쟁을 피하면서 평화를 달성하였다. 러시아가 영국, 오스트리아와 전쟁을 하지는 않을 것이고 영국이 단호하게 나오면 러시아는 협상 테이블로 나올 것이라는 그의 판단은 옳았다. 그렇지만 이 타결의 장기적인 의의, 특히 오스트리아가 보스니아와 헤르체고비나를 병합하도록 승인한 결정은 논란거리이다. 제1차 세계대전의 발발 원인과 연관이 있기 때문이다. 둘째, 디즈레일리의 정책은 러시아의 동지중해 진출을 항구적으로 저지함으로써 영국의 이익을 보존하였다고 평가된다. 그러나 당시 러시아의 위협이 실질적이라는 디즈레일리의 판단이 과연 근거가 있는 것이었는지는 논란거리이다. 셋째, 튀르크로부터 키프로스를 할양받음으로써 영국은 동지중해에서 군사기지를 확보했다. 하지만 이곳의 전략적 가치가 디즈레일리의 생각만큼 중대했는지는 의문이다. 글래드스턴은 영국이 이곳을 장악함으로써 오히려 소아시아에서 튀르크를 대신하여 단독으로 싸우겠다는 전면적인 약속을 한 셈이라고 비판하였다. 넷째, 디즈레일리는 튀르크가 "유럽의 공인된 정치체제의 일부"임을 보증했다. 그런데 영토 조정의 결과 기독교도 지역이 튀르크의 지배로부터 벗어남으로써 '작아진' 튀르크는 더욱더 강해졌다. 디즈레일리의 현실주의 정책은 단기적으로는 튀르크를 부지했지만, 장기적으로는 튀르크가 영국을 불신하는 추세를 강화했다. 튀르크 궁정에서 영향력을 더욱 행사하게 된 나라는 영국이 아니라 독일이었다. 다섯째, 디즈레일리는 발칸에서 대불가리아의 등장을 좌절시켰다. 그렇지만 불가리아가 러시아의 종속국이 될 것이라는 디즈레일리의 우려는 기우였다. 오히려 불가리아는 러시아의 피보호국이 되기를 거부했다. 그런데 글래드스턴은 발칸에서 러시아의 팽창을 저지하는 가장 효과적인 방책은 민족국가라고 예상했다. 여섯째, 삼제동맹을 와해시켜 유럽의 세력균형을 회복한다는 디즈레일리의 목표는 달성되었다. 그러나 1881년 삼제동맹은 더 강화되었다. 장기적으로 보면 동맹의 와해는 디즈레일리의 외교가 아니라 발칸에서 러시아와 오스트리아의 패권 갈

　　　　　　　　　　　　　디즈레일리와 글래드스턴

등의 결과였다.[26]

베를린회의 이후

베를린에서 귀국한 디즈레일리는 군중의 열렬한 환영을 받았다. 그는 자신이 "명예와 함께한 평화"를 성취했노라고 기염을 토했다. 또한 그것은 영국의 위신을 드높이고 인도로 가는 길을 확보해야 한다는 여론과 튀르크를 혐오하고 전쟁 없이 영국의 국익이 유지되기를 원하는 여론 사이에서 중용을 달성하였다.[27] 디즈레일리는 전쟁을 치르지 않고 러시아의 세력 확장을 저지한다는 기본 목표를 달성했다. 하원은 조약을 압도적으로 비준했다. 베를린조약은 영국의 승리로 간주되었고, 디즈레일리의 명성과 위신은 절정에 달했다. 그러나 이후 2년간 수상으로 재임하면서 그는 베를린의 영광을 즐겼지만, 새로운 정치적 주도성을 시도하지는 않았다. 의회 조기 해산과 총선도 고려되지 않았다. 그것은 다수당 지위가 유지되는 상태에서 비헌정적인 처사이고 베를린 승리의 여파가 오래갈 것이라는 자족감에서, 그리고 대불황이라는 경제 상황과 그에 따른 세수 감소와 군비 지출 위한 대부를 감안할 때 총선 결과를 장담할 수 없다는 이유 때문이었다.

반면 1878년 자유당과 글래드스턴의 존재감은 미약했다. 러시아 공포증에 걸린 여론이 작용했던 것이다. 그렇지만 디즈레일리의 고비용 제국정책은 두 차례 큰 타격을 입었다. 귀국 당시로서는 외교와 제국정

---

26 John(2010a), 앞의 책, pp.181~185.
27 Saab(1991), 앞의 책, p.195.

책 자체가 역전되리라고 예상하기 어려웠다. 그러나 1879년 1월 남아
프리카 줄루란드의 이산들와나에서 영국군이 줄루 군사에 의해 궤멸되
었고, 같은 해 9월에는 아프가니스탄의 카불에 주재한 영국 군사사절단
이 몰살되었다. 이 사태들은 현지의 영국군 지휘관이나 행정가의 무모
함 때문에 촉발되었지만, 디즈레일리와 그의 정부는 굴욕적인 패퇴에
따른 비난을 뒤집어썼다. 줄루전쟁은 결국에는 영국의 승리와 영토 병
합으로 귀결되나, 아프가니스탄에서는 영국군이 완전히 철수하는 결과
로 이어졌다.

미들로디언 유세

디즈레일리의 성공에도 불구하고 글래드스턴은 정부를 공격하는 데
주도적인 역할을 맡았다. 글래드스턴은 키프로스 할양을 "미친 맹약"으
로 불렀고, 이에 디즈레일리는 글래드스턴이 "쓸데없이 장황한 자신의
말에 도취된 궤변 수사가"라고 맞받았다. 두 사람의 관계는 최악이었다.
당시 글래드스턴은 자유당의 리더가 아니었고, 따라서 더 '자유롭게' 자
신의 생각을 표현할 수 있었다. 이제 글래드스턴은 자신의 공격 목표를
디즈레일리의 외교와 제국정책 및 재정 낭비라는 전 영역으로 확대하였
으며, 원칙 없는 모험주의를 '비콘스필디즘'으로[28] 규정하였다. 1877~
1878년 『19세기』에 실린 일련의 논설 「이집트를 겨냥한 공세와 동방에

---

28 디즈레일리는 1876년 비콘스필드 백작이 되었다. 비콘스필드는 디즈레일리의 향리
휴엔든 근처의 도시이다. 글래드스턴은 디즈레일리의 작위명을 따서 디즈레일리의
공세적 대외 정책과 재정 낭비를 비콘스필디즘(Beaconsfieldism)으로 규정하였다.

서의 자유」,「장래의 평화」,「명예와 치욕의 길들」,「잉글랜드의 사명」에서 그는 디즈레일리의 제국주의를 공격하고 '부풀려진' 제국에 내포된 위험성을 경고하였다.

　다음 총선에 그리니치에 나서지 않기로 결정한 글래드스턴은 1879년 초 스코틀랜드의 에든버러 근교인 미들로디언을 지역구로 택했다. 1879년 11월 하순 글래드스턴은 유명한 '미들로디언 유세'를 시작했다.[29] 기차를 타고 리버풀에서 에든버러로 가면서 그는 여러 곳에서 연설했다. 유세는 2주간 계속되었는데, 에든버러의 한 유세에는 2만 명의 청중이 운집하였다. 그는 가는 곳마다 열렬한 환영을 받았다. 그것은 영국 정치에서 전례가 없는 일이었고, 더군다나 전직 수상이 그런 적은 없었다. 글래드스턴의 유세는 전국적으로 회자되었다. 글래드스턴은 8만 5천 명 이상이 그의 연설을 들었다고 계산했다. 그의 연설은 축자적逐字的으로 전국의 신문에 보도되었고, 이는 분명 그가 의도한 것이기도 했다. 이처럼 총선을 예상하면서 지역 선거구 연설을 전국을 향해 이용하는 것은 전적으로 새로운 방식은 아닐지라도 '현대적인' 현상이었다. 일련의 연관된 연설에서 일관성 있는 주제들을 개진하면서 그는 2주 동안 보도성을 최대한 획득했다. 디즈레일리는 이를 "억수처럼 쏟아지는 수사"로 폄훼하였고, 적대자들은 글래드스턴의 유세가 '비헌정적'이라고 비판하였다.

　미들로디언 유세의 핵심 주제는 "외교정책의 올바른 원리들"이었다. 그가 선언한 6개 원칙이란 국내에서 정부의 재정 긴축을 통한 제국의

29　상세한 설명은 김기순(2007), 앞의 책, pp.185∼217.

힘 보존, 민족 간의 평화 보존, 유럽 열강의 협조체제 유지, 불필요한 외교상의 분규 회피, 모든 민족의 동등한 권리 인정, 충성과 질서의 가장 확실한 토대를 제공하는 자유의 대의 지지였다. 글래드스턴은 수많은 기억될 만한 말을 청중의 마음속에 전했다. 예컨대 그는 "우리가 야만인이라고 부르는 이들의 권리를 기억하라. 그들의 누추한 집의 행복이, 겨울눈에 싸인 아프가니스탄의 산악 마을에서의 삶의 신성함이 여러분의 그것처럼 전능한 신이 보기에는 침해받을 수 없음을 기억하라"며 정의의 불가분리성을 말했다. 그의 연설에서 도덕적 호소가 가장 두드러졌지만, 국가 위신을 제고한다는 디즈레일리의 욕망이 공공 재정을 타락시킨 점도 강조하였다. 그는 자신이 남긴 600만 파운드 재정 잉여를 디즈레일리가 800만 파운드 적자로 돌렸다고 공격하였다. 그리고 "이 재정 오용보다 더 나쁜 것은 오랜 기간에 걸쳐…… (재정에 관해) 의회의 지혜가 점진적이고 힘들게 구축해 온 건전하고 건강한 규칙들을 더러는 파괴하고 더러는 망가뜨렸다"고 역설하였다.

1880년 3월 디즈레일리는 예상치 못한 보수당의 두 차례 보궐선거 승리에 고무되어 예정보다 1년을 앞당겨 총선을 선언했다. 글래드스턴은 다시금 기차를 타고 스코틀랜드로 가서 2차 미들로디언 유세를 전개했다. 유권자의 반응은 역시 열광적이었다. 디즈레일리는 맞대응 유세를 하지 않는데, 이는 귀족은 선거 유세에 참여하지 않는다는 관행에 따른 결정이었다. 총선 결과는 디즈레일리의 대패였다. 자유당은 보수당보다 114석을 더 얻었다.

디즈레일리는 자신이 외교에서 거둔 성공으로 총선 승리를 예상했지만, 유권자들의 선택에서는 6년간의 작황 부진과 산업 후퇴에 따른 경제의 암울한 상황이 더 중요했다. 또한 줄루전쟁과 아프가니스탄에서의 영국군의 굴욕적 패배에 따른 유권자들의 좌절감이 작용했다. 그러나 글래드스턴의 유세가 디즈레일리의 패배에 크게 작용했다는 주장도 있다.[30]

총선 유세에서 글래드스턴은 자유당의 다른 지도자들을 완전히 압도했다. 특히 자유당의 공식 지도자였던 하팅턴은 정력적으로 많은 연설을 했지만 언론의 주목을 받지 못했다. 1876년 불가리아 캠페인을 통해 글래드스턴은 자유당을 약화시키고 분열시켰다. 자유당 지도부는 디즈레일리의 동방문제 접근법을 대체로 승인했고, 여론에 호소한 글래드스턴의 압력을 달가워하지 않았다. 그러나 1879~1880년 미들로디언 유세를 통해 글래드스턴은 자신이 실질적인 자유당의 리더임을 확인시켰다. 미들로디언 유세는 자유당 차원에서 또 다른 중요한 결과를 낳았다. 글래드스턴은 급진파의 리더인 체임벌린이 오랫동안 도모하던 자유당의 당권 장악 전략을 파괴했다. 불가리아 캠페인이 시작되었을 때 체임벌린은 글래드스턴과 동맹을 맺어 당권을 쥔 휘그를 제거하기를 원했다. 그러나 미들로디언 유세를 통해 글래드스턴이 카리스마 정치가로 등장함으로써 유권자들의 지지를 확보하였고, 이는 급진파에게는 심각한 장애물이었다.[31] 체임벌린과 달리 글래드스턴은 조직을 추구하지 않았다. 그는 말[언어]을 통해 수많은 청중과 직접 접촉하였다.

30 Feuchtwanger(1985), 앞의 책, p.111 ; Bebbington, D. W.(1993), *William Ewart Gladstone : Faith and Politics in Victorian Britain*, Liverpool, p.173
31 Shannon(1975), 앞의 책, pp.266~274.

글래드스턴 제2차 내각 시기의 외교

1880년 봄 총선에서 승리한 글래드스턴은 제2차 내각을 발족시켰다. 협조체제와 유럽의 공법 이념은 글래드스턴과 그랜빌의 외교정책에서 매우 실질적인 역할을 하였다. 1880년 9월 글래드스턴은 베를린조약 수행에 관한 자유당의 정책은 "유럽이 결정한 바를 유럽의 행위자를 통해 요구하는 것"이라고 생각하였다. 그러나 이는 유럽의 강대국들이 철저히 자국의 이익을 따지는 상황에서 쉬운 정책이 될 수 없었고, 글래드스턴도 그랜빌도 이를 밀어붙일 자신이 없었다. 글래드스턴 정부는 전임 보수당 정부의 동방정책을 간단히 역전시킬 수 없었다.

글래드스턴의 판단에는 몇 가지 문제가 있었다. 전제정 러시아의 간섭을 묵인한 그의 입장은 자유당 내부에서조차 공격받았다. 그리고 영국은 실제로 동지중해에서 전략상의 이해관계를 갖고 있었다. 그는 키프로스를 반환하지 않았다. 나아가 이집트를 점령한 인물은 디즈레일리가 아니라 글래드스턴이었다. 그는 오스만튀르크의 지배 아래 발칸 국가들의 자치를 원했다. 그런데 발칸의 장래에 관한 이런 정책은 실천되기 어려웠다. 한편으로는 발칸 지역에서 약소민족들의 민족주의가 흥기하게 되고, 다른 한편으로는 러시아와 오스트리아가 발칸의 지배권을 놓고 경쟁하였기 때문이다.[32] 한편 베를린조약에 따라 글래드스턴 정부는 강대국들의 협조를 얻어 튀르크를 압박해서 그리스와 몬테네그로에게 영토를 양보하도록 큰 노력을 기울였다. 그렇지만 이 협조체제의 이

---

32 John(2010b), 앞의 책, pp.240~244.

면에는 비스마르크가 조종하는 삼제동맹이 있었다. 그는 영국을 고립시키는 데 점차 관심을 가졌을 뿐 아니라, 영국 국내에서 반정부 여론을 부추기는 데 노력을 기울였다. 1879년 이래 비스마르크가 추구한 외교·통상·정치 노선은 여러 면에서 반글래드스턴주의였다.[33]

글래드스턴이 미들로디언 유세에서 천명한 외교 노선은 현실과 부합하지 않았다. 다음 장에서 다룰 제국과 관련된 실책과 더불어 외교에서의 이런 한계 때문에 글래드스턴 제2차 내각은 대체로 부정적인 평가를 받았다. 원리와 현실 사이의 이 비정합성은 여러 요인이 작용한 결과였다. 당시 아일랜드 문제에 전념한 상태에서 글래드스턴은 실질적으로 외교 문제까지 전담하였다. 여기에 이데올로기적 한계가 작용하였다. 협조체제를 신봉한 그는 열강의 집단행동을 지지하였다. 그렇지만 그는 영국이 '유럽의 도덕적 힘'을 구현할 수 있다고 판단한 때에는 독자 행동을 마다하지 않았다. 다른 구조적 요인도 작용했다. 협조체제는 글래드스턴류 외교의 기틀이었지만, 비스마르크는 글래드스턴을 "미친 교수"라고 경멸하면서 협조체제에 관해서는 오직 입에 발린 말을 했을 뿐이다. "공통된 목표 규정, 행동 프로그램에 관한 외교적 논의와 회합을 통한 의견 조율, 협의된 압력을 통한 계획 실행"이라는 글래드스턴의 생각은 제2차 내각 시기에 명분 차원에서뿐 아니라 실제에서도 강대국들에 의해 폐기되었다.[34]

---

33 Stone, James(2010), "Bismarck versus Gladstone : Regime Change and German Foreign Policy, 1880-1885," *Historische Mitteilungen* 23, pp.167~200 ; Feuchtwanger(1985), 앞의 책, pp.151~152.

34 Hoppen(1998), 앞의 책, pp.655~656.

물론 국제적 평화 노력은 지속하였다. 사실 비스마르크의 동맹체제와 적대자를 분열시키는 노선은 대체로 '평화'를 위한 것이었다. 문제는 그 기제를 영국이 주도하지 않았다는 점이다. 그 이유는 자유당 외교정책의 일반 원리, 특히 글래드스턴류 외교정책이 여타 지역에서의 사태 전개에 매우 들어맞지 않았기 때문이다. 글래드스턴의 협조체제관은 "유럽의 국가들이 상호 이익을 위해 자신의 차이를 폐기해야 하는 것이 아니라, 포기될 근본적인 차이가 전혀 존재하지 않는다"고 가정했던 것이다.

글래드스턴이 '일시적' 불화라고 여긴 것의 배후에는 일종의 '플라톤적 실재'에 관한 글래드스턴의 인식이 있었다. 즉 '자유무역, 보편적 진보, 자기균형적인 기제'에 의해 평형이 유지된다는 것이다. 그런데 대륙의 국가들은 사태를 다르게 보았다. 그들은 대규모 군대를 유지하고, 전쟁을 하고, 자유무역을 폐기하였다. 또한 글래드스턴의 정책이 역설적으로 비스마르크로 하여금 국제관계를 지배하게끔 도운 측면이 있었다. 이를테면 영국이 이집트를 침공한 것은 비스마르크가 영국과 프랑스의 불화를 조장하는 데 이용되었다. 그러나 글래드스턴은 자유주의 영국이 "어떤 적도 없고 어떤 적도 찾지 않는다"고 믿었기에 비스마르크의 도전을 비교적 무관심하게 대할 수 있었다.[35] 1885년 솔즈베리가 글래드스턴과 자유당이 역설적으로 "영국에 대항하는 협조체제를 구축하게 만들었다"고 공격한 연유가 여기에 있다.

---

35 Hoppen(1998), 앞의 책, p.656.

3. 이념과 스타일

글래드스턴의 자유주의적 국제주의

미들로디언 유세에서 글래드스턴이 천명한 외교의 '올바른 원리들'은 한마디로 '자유주의적 국제주의'로 요약할 수 있다. 첫째, 그는 '온건 간섭주의'를 지지함으로써 파머스턴식 간섭주의와는 차별성을 두는 동시에 맨체스터학파의 정치적 고립주의를 탈피했다. 따라서 글래드스턴 입장은 고전적 자유주의와 콥던주의가[36] 혼용된 자유주의적 국제주의이다. 둘째, 글래드스턴은 선거권이 확대된 상황에서 자유주의적 국제주의에 대중적 토대를 제공하였다. 셋째, 그렇지만 글래드스턴과 지지자들은 이 자유주의적 국제주의를 '제도화'하지는 못했다. 이를테면 제1차 세계대전 이후 창설된 국제연맹 같은 제도는 없었다. 따라서 글래드스턴의 이념은 전통적이지도 급진적이지도 않은 '독특한' 것이었다.[37] 특히 이 독특함은 민족 사이의 평화와 평등을 주장한 원칙에서 두드러진다. 글래드스턴은 "외교정책이 유럽에서의 힘에 관한 것이라거나 영국의 이익의 보호라고 믿지 않았다. 그는 외교정책은 민족 간 정의에 관한 것이라고 믿었다."[38]

그런데 글래드스턴은 이 원리들이 보편적으로 적용된다고 생각하지

---

36 자유무역주의를 통한 국제적 평화 추구 노선이다.
37 Ceadel, Martin(2006), "Gladstone and a Liberal Theory of International Relations," in Peter Ghosh and Lawrence Goldman eds., *Politics and Culture in Victorian Britain*, Oxford, p.78, p.94 ; John(2010b), 앞의 책, p.213.
38 Ramm, Agatha(1989), *William Ewart Gladstone*, Cardiff, p.61.

않았다. 글래드스턴의 원리는 외교 사안에서 일반적 이념과 법의 지배를 적용하는 것이었지만, "특별히 세계의 기독교 국가들"을 겨냥하였다. 글래드스턴은 자신의 원리에 투철했다. 제1차 내각 시기 유럽에서의 외교나 동방문제에서 그가 취한 접근과 해법에 이러한 원칙이 적용되었음을 부인하기란 어렵다. 그 원칙의 적용이 성공했느냐 실패했느냐는 별개의 문제이다. 매슈에 따르면, 글래드스턴의 외교정책의 출발점은 민족의 실재와 중요성을 믿은 데 있었다. 그는 민족이란 신이 만든 '유기적 실체'라는 신념을 버리지 않았다. 이 점에서 그의 입장은 민족을 자의적이고 인위적인 실체이자 교역을 방해하거나 비합리적인 갈등을 촉발하는 존재로 평가하는 자유주의자·급진주의자의 관점과 달랐다.[39] 글래드스턴은 민족의 자치 요구에 동정적이었고, 당시로서는 드물게도 이 개념을 이집트나 수단 같은 낙후한 민족에게도 확대했다. 디즈레일리의 '전진 정책'을 공격한 미들로디언 유세에서 그는 신성하고 침해받을 수 없는 '야만인의 권리'를 기억할 것을 주문하였다. 그는 민족주의가 '대체로' 선한 힘이라고 간주했다.

이 맥락에서 보자면, 튀르크와 러시아 가운데 어느 쪽을 지지하느냐가 아니라 '튀르크의 실정'과 '발칸의 자유' 가운데 어느 쪽을 선택하느냐가 핵심이라는 주장과 영국이 튀르크 편을 들면 중동의 모든 기독교인이 자동적으로 러시아 품으로 갈 것이라는 견해는 동방위기 논쟁에서 글래드스턴의 주장이 지닌 가장 큰 장점이었다. 즉 그는 이 지역의 주

---

39 Matthew(1997), 앞의 책, pp.374~377.

민이 러시아 혹은 다른 열강과의 동맹이 아니라 "견딜 수 없는 멍에에서 벗어나" 민족자결을 추구한다고 보았던 것이다. 디즈레일리는 이 점을 전혀 파악하지 못했다. 그래서 글래드스턴은 비록 조건 없이 러시아를 지지한 것은 아니지만, 동방위기 때만은 러시아가 자유와 진보 편이라고 공개적으로 피력하는 용기를 보였다.[40] 이처럼 글래드스턴의 동방문제 인식은 민족주의 추세와 후기 빅토리아 시대의 특징인 도덕적 진지함에 부합했다. 그는 강대국의 간섭을 막을 최선의 방파제는 "자유민의 가슴" 즉 독립적 발칸 국가들이라고 했는데, 실제로 신생 불가리아는 러시아의 꼭두각시 국가가 아니었다.

　글래드스턴의 민족성 옹호는 개인의 도덕적 선택의 권리라는 '자결' 원칙이 대외적으로 적용된 경우였다. 그런데 이 민족성 옹호는 또한 애국주의와 연결되었다. 흔히 디즈레일리가 애국주의를 보수당의 이념으로 정립했으며 이것이 그가 보수당에 남긴 유산 중 하나라고 지적되지만, 글래드스턴도 디즈레일리 못잖게 '영국성'의 옹호자였다. 프랑스 · 프로이센전쟁 때 프랑스가 그 이미지를 대표하는 민주주의^{무능, 부패, 공화주의와 사회주의}와 프로이센이 그 이미지를 대표하는 제국^{군대, 근대 기술, 대중 지지, 중앙집권적 전제정} 모두 '영국성'에 관한 자유당의 이념과 상충하였다.[41] 자유당은 애국주의를 강력한 헌정적 · 기독교적 원리의 방어와 결부시

40　Seton-Watson(1972), 앞의 책, p.563, p.565
41　Parry, Jonathan(2006a), *The Politics of Patriotism : English Liberalism, National Identity and Europe, 1830-1886*, Cambridge, p.277. 1870~1871년의 외교 사안(프랑스 · 프로이센전쟁, 러시아의 흑해 중립 폐기, 바티칸 공의회, 앨라배마호 사건)이 재정 긴축, 방어, 국민 정체성과 결부되어 자유당과 여론에서 논란을 야기함으로써 1874년 총선 패배에 작용하였다는 해석은 Parry(2000), 앞의 논문, pp.94~112 참조.

키려고 하였다. 글래드스턴은 자유당의 이 영국성 이념을 공유하였다. 자유당과 글래드스턴에게 국제주의와 애국주의는 양립이 불가한 개념들이 아니었다. 글래드스턴의 입장은 영국의 국익을 무시하자는 것이 아니라, 영국의 국익은 '명예와 정의'를 준수함으로써 가장 잘 증진된다는 것이었다. 그는 자유주의적 입헌주의와 자유무역의 확산이 영국과 세계에 이익이 되게끔 평화와 국제 교역을 증진시킬 것이라고 보았다. 그는 이것이 영국의 외교 전통이라고 여겼다. 문제는 이 방법이 당시의 국제관계에서 실행 가능성이 적었다는 점이다. 설사 당시에 협조체제가 여전히 존재했더라도 그 체제는 비스마르크가 수행하였고, 여기에서 도덕성은 아무런 역할을 하지 못했다. 글래드스턴 자신도 영국이 고통받는 종속민을 위해 최소한의 실질적 기여를 할 수 있는 수단조차 갖지 못함을 인정하였다.[42]

글래드스턴은 민족성과 더불어 애국주의를 '위대한 덕'으로 평가하였다. 그러므로 한 국민이 다른 국민을 지배하는 것은 그가 보기에 '부자연스러운' 일이었다. 일관해서 민족의 해방을 옹호한 그가 보기에 제국주의는 지배자와 피지배자 모두를 타락시키는 것이었다. 그런데 현실에서 독립국가들은 서로 갈등하지 않는가? 이에 글래드스턴은 자유무역이 공통 이해의 그물망 속에서 개별 국민들을 결합하여 평화와 진보를 달성할 것이고, 이것이 신의 뜻이라고 답변하였다.[43] 그렇지만 그는 "자유롭기 위해 투쟁하는" 모든 민족의 노력을 무조건 지지하지는 않았다.

---

42 Parry(2006a), 앞의 책, p.323, p.388 ; Sykes(1997), 앞의 책, p.89.
43 Bebbington(2004), 앞의 책, pp.274~275.

일단 자신이 공감한 민족주의운동이 폭력적으로 변질되고 정치적·인종적·종교적·문화적으로 배타성을 띠게 되면 그는 간섭을 주저하지 않았다. 이집트 사태와 수단 사태가 그 사례이다.

글래드스턴 외교의 또 다른 핵심은 유럽의 협조체제의 추구이다. 글래드스턴이 생각한 협조체제는 유럽의 열강이 그들의 공동선을 도모할 유럽의 공법을 부지하기 위해 상호 신뢰와 이해관계의 토대 위에서 협력하는 것이다. 그는 유럽을 하나의 가족으로 보았고, "공공의 권리 이념을 유럽이 추구하는 정책의 지배적인 이념으로서 축성하는 것을 이 시대의 최대 승리"로 평가했다. 민족들에게 법이 있듯이 독립하려는 민족의 권리를 인정하고 분쟁을 중재하기 위해 폭력의 사용을 반대하는 법이 있다고 그는 믿었다. 글래드스턴이 유럽 열강 사이의 통합을 유지하는 일이 중요하다고 판단한 이유는, 협조체제를 통해 "각자의 이기적인 목적을 중화하고 속박하고 결부"시킬 수 있기 때문이며 "공통의 행동은 공통의 목표"를 의미하기 때문이다. 그는 영국의 의무는 이 국제적 협력을 증진하는 데에 주도적인 역할을 하는 것이라고 간주했다. 그는 고립주의자가 아니었다.[44] 따라서 국제공법을 증진하려는 글래드스턴의 헌신과 기여를 적극적으로 평가해야 한다는 지적이 있다.[45]

---

44 Sandiford, K. A. P.(1985), "Gladstone and Europe," in Bruce Kinzer ed., *The Gladstonian Turn of Mind : Essays Presented to J. B. Conacher*, Toronto, p.177.

45 Schreuder, D. M.(2012), "Gladstone's 'Greater World' : Free Trade, Empire and Liberal Internationalism," in Roland Quinault, Roger Swift and Ruth Clayton Windscheffel eds., *William Gladstone : New Studies and Perspectives*, Farnham, pp.267~290.

그렇다면 유럽의 도덕적 질서에 위해危害가 발생하면 어떻게 해야 하는가? 글래드스턴은 전쟁이 일어나면 영국은 다른 나라와 함께 전쟁을 비난하고, 무력으로 저지할 경우 동참해야 한다고 믿었다. 예컨대 그는 크림전쟁을 지지했다. 그러나 그는 유럽 공공의 도덕을 부지하기 위해서만, 그리고 다른 강대국과 함께 행동하는 경우라야 전쟁에 개입할 수 있다고 보았다. 이 제한적 조건은 그가 유럽에서 실제로 군사적 개입을 선도하지 않았음을 의미한다. 그는 '일방주의' 간섭을 거부했다. 이론상 그는 언제나 다자주의와 협조체제를 통한 강대국의 집단적 군사행동을 지지했다. 그러나 실제에서 그럴 수 있었던 경우는 대단히 드물다. 1882년 이집트 사태는 일방주의의 한 사례이다. 그렇지만 알렉산드리아 포격과 이집트 점령은 프랑스와의 공조가 무산된 '이후에야' 채택되었다는 사실을 감안해야 한다. 이런 입장은 현실적인 차원에서도 필요했다. 공세적 외교정책은 고수준의 군사비 지출을 요구하였고, 그가 보기에 이것은 낭비였다. 또한 그는 공세적 외교정책은 장기적으로는 오히려 한 국가를 약하게 만든다고 생각했다. 그가 보기에 군사개입은 "힘을 강화함이 없이 개입을 증대시키는 것이다. 그러면 힘이 감소되고, 갖고 있는 힘을 고갈시킨다."

하지만 글래드스턴은 '평화주의자'가 아니었다. 평화주의자는 전쟁이 대규모 양심적 저항 행동에 의해 폐지될 수 있다고 믿는 절대론자이다. 반면 글래드스턴의 입장은 유럽의 '정당한 전쟁론' 계열에 속한다.[46]

---

46 Schreuder(2012), 앞의 논문, pp.268~269 ; Ceadel(2006), 앞의 논문, pp.75~76 ; Quinault, Roland(2012), "Gladstone and War," in Roland Quinault, Roger

그는 "전쟁이 제아무리 비난받을 만해도 전쟁은 우리의 필수 조건 가운데 하나이다. 그리고 정의가, 신앙이, 인류의 장래가 전쟁을 해야 하는 책임으로부터 물러서지 않게 되는 때가 있다"고 말했다. 그는 대체로 전쟁을 회피하려고 했다. 그러나 정당화된다고 생각될 때는 어떤 희생을 치르더라도 기꺼이 전쟁을 수행할 태세였다. 2003년 수상 토니 블레어가 이라크 침공을 '도덕적'인 군사개입으로 정당화한 것을 글래드스턴이라면 승인했을까? 1894년 글래드스턴은 "한 나라의 제도를 나쁜 것에서 좋은 것으로 바꾸기 위해 그 나라를 침입할 수 없다"고 단언하였다.[47] 그렇지만 그는 특정한 상황에서 전쟁은 도덕적으로 정당화된다고 여겼다. 양차 대전에서 영국의 개입은 이런 논리를 따른 것이다.

글래드스턴의 이러한 외교 노선을 역사가들은 서로 다르게 평가한다. 트레버 로이드는 글래드스턴의 협조체제 외교 구상이 훨씬 자국 이해 중심인 디즈레일리나 비스마르크의 정책보다 영국과 유럽의 필요에 실제로 더욱 적합했을 가능성을 지적하였다. 19세기 말 현실주의가 득세하는 상황에서 협조체제 노선이 무력했을지라도, 두 차례의 세계대전을 감안한다면 장기적으로 글래드스턴식 접근이 부적절했다거나 시대착오적이었다고 무시될 수는 없다는 것이다.[48] 이런 해석은 글래드스턴의

Swift and Ruth Clayton Windscheffel eds., *William Gladstone : New Studies and Perspectives*, Farnham, pp.249~251.

47 Quinault(2012), 앞의 논문, p.251.

48 Lloyd, Trevor(1985), "Comment," in Bruce Kinzer ed., *The Gladstonian Turn of Mind*, Toronto, pp.260~261.

정책을 소극적이지만 긍정적으로 판단하는 것이라고 하겠다.

그러나 일반적으로 역사가들은 글래드스턴의 노선이 1870년대 이후 국제정치 상황의 실제를 제대로 파악하지 못했다고 평가한다. 당시 유럽은 1840~1850년대와 매우 달랐다. 글래드스턴은 독일의 대두와 비스마르크의 현실주의에 적응해야 했다. 특히 1880년대에 글래드스턴의 다자주의 접근은 비스마르크의 냉혹한 현실주의 외교에 의해 무용지물이 되었다. 반면 비스마르크는 글래드스턴의 이념을 독일과 자신의 외교체제를 심각하게 위협하는 이데올로기로 간주한 결과, 글래드스턴 제2차 내각을 무너뜨리려고 했다. 그는 글래드스턴이 국제정치에서 완전히 무능하다는 선전전을 펴도록 주재국들의 독일 대사관에 훈령을 보냈고, 글래드스턴 정부가 수립되면 우선 (튀르크에 공동 이해관계를 갖는) 오스트리아·러시아를 결합하려는 자신의 시도를 위협할 것으로 우려했다. 그는 영국과 러시아 동맹의 가능성을 크게 걱정했다. 실제로 제2차 내각 수립 직후 글래드스턴은 몬테네그로와 그리스의 국경 문제 타결을 유도하기 위해 러시아에 접근했다. 이에 비스마르크는 대륙의 보수적 군주들의 동맹이 글래드스턴 정부를 고립시키고 실각시킬 것으로 기대하였다.[49]

외교 문제를 파악하는 글래드스턴의 스타일은 이념 못잖게 독특하였다. 은퇴 상태에 있던 그가 불가리아 사태를 계기로 정치 일선에 전면적으로 등장한 것을 역사가들은 종종 기회주의의 소산으로 판단한다.

---

49 Stone(2010), 앞의 논문, pp.167~200.

사태 초기에 그가 전혀 움직이지 않다가 전국에서 학살에 항의하는 운동의 열기가 고조된 단계에 와서야 반정부운동의 선봉에 섰기 때문이다. 그런데 자유당 차원에서 1876년 글래드스턴의 항의는 기회주의만큼이나 이데올로기의 요소를 갖고 있었다. 상징성 강한 불가리아 사태를 계기 삼아 글래드스턴은 이질적이고 경쟁하고 갈등하는 세력들로 구성된 자유당에게 광범한 연합을 가능하게 한 이데올로기를 제공하였다. 불가리아 캠페인은 비국교도의 비중을 제고하고 그들 및 도시와 농촌의 급진적 노동계급을 글래드스턴과 화해시켰다. 그런데 글래드스턴의 승리는 특이한 스타일에 따른 '개인적' 승리였다. 체임벌린은 동방문제를 이용해서 새로운 지구당 조직을 수립하여 엘리트의 장악력을 파괴하고자 했다. 이것은 당을 근본적으로 개성^{인격}과 독립된 존재로 만들려는 것이었다. 이 시도는 글래드스턴에 의해 좌절되었다. 자유당 지지자들은 제도적인 규율이 아니라 공통된 정서에 의해 단합했다. 그것은 위기관리 리더십 스타일을 매우 효과적으로 만들었지만, 통상적인 토대 위에서는 유지하기 어려운 것이었다.[50]

　동방문제에서 글래드스턴은 팸플릿, 그리고 특히 대중 연설과 미들로디언 유세를 통해 디즈레일리와는 뚜렷이 구별되는 스타일을 보여 주었다.[51] 그 요소는 두 가지이다. 하나는 대중의 판단을 신뢰하는 것이고, 다른 하나는 강렬한 도덕적 호소이다. 이 두 요소가 결합하여 이른바 글래드스턴의 카리스마적 리더십이 등장하였다. 미들로디언 유세에

50　Saab(1991), 앞의 책, pp.196~197, p.200.
51　김기순(2007), 앞의 책, pp.189~214.

서 글래드스턴은 '평화, 긴축, 개혁'이라는 전통적인 자유주의 이념을 도덕주의로 채색하여 대중에게 전달하였다. 그런데 이 소통은 일방적이 아니라 쌍방적이었다. 당시 대중 차원의 자유주의자는 글래드스턴이 제시한 '위대한 대의'를 합리적으로 이해하고 적극적으로 수용하였다. 달리 말하자면, 글래드스턴을 지지한 대중은 상세한 논증과 증거를 포함하는 그의 연설을 합리적으로 이해하는 수준의 '문화'를 갖고 있었다. 글래드스턴의 유세는 이 자유주의자들의 공통된 가치 평가 언어를 재작동시켰고, 그 언어가 지시하는 이상과 갈망에 호소하였다. 이 새로운 소통 스타일은 대체로 대중과 거리를 두고 심지어 두려워한 보수당과 자유당의 대다수 정치가뿐 아니라 디즈레일리의 입장과도 사뭇 달랐다. 또한 디즈레일리가 연설에서 내용과 표현 형식^{修辭}을 구별한 반면, 글래드스턴은 수사적 호소를 자유주의의 본질에 관한 논증과 지속적으로 연계함으로써 유권자들로 하여금 그의 연설의 합리성을 따지도록 자극하였다. 따라서 글래드스턴의 연설이 비합리적인 것에 호소한 것이 아니라, 오히려 연설의 내용과 형식을 분리한 디즈레일리가 이미지를 중시하였다고 할 수 있다. 왕정, 국교회, 인종, 제국주의는 디즈레일리식 '비합리적' 정치의 범주에 더욱 적합했다.

그런데 동방문제에서 글래드스턴의 접근에는 도덕적 이상과 더불어 불미스러운 측면이 있었다. 그의 불가리아 캠페인과 미들로디언 유세에는 강력한 종교적 요소가 있었다. 그는 디즈레일리의 정책을 '소돔' 개념을 구사하며 비난하였다. 그는 '잉글랜드적이자 기독교적인' 공적 의무감을 공유하는 집단적·국민적 정체성 속에 새로 선거권을 얻은 유권자들을 결속하고자 했다. 그 정체성은 단수^{單數}의, '남성적인', 종족적,

종교적 '국민' 개념이었다. 이로부터 그는 디즈레일리의 정책을 유대주의의 산물로 간주하였다. 따라서 글래드스턴은 영국에서 팽배하던 반유대주의 편견으로부터 온전히 자유롭지 못했다. 그는 유대인해방법안을 지지했지만, 불가리아 사태 때에는 디즈레일리의 친튀르크 정책을 비도덕적이라고 비난하면서 반유대주의를 첨가하였다.

당시 영국에서 오리엔탈리즘은 유대인에게 이중성·배신·불신앙 같은 특성을 귀속시켰고, 이런 특성들은 쉽사리 비기독교 집단 이를테면 튀르크의 무슬림에게 적용되었다. 『불가리아 참상과 동방문제』에서 글래드스턴은 튀르크가 '사탄주의'와 '야수성'을 대표한다고 비난하였는데, 여론에서는 튀르크에 의해 관대하게 다루어지던 유대인에게도 이 특성들이 적용되었다. 그래서 잠재적으로는 글래드스턴의 '자유주의적·기독교적 시민권' 개념이 디즈레일리의 시민권 개념보다 훨씬 유해했다는 평가가 있다.[52] 동방위기 때 글래드스턴은 동유럽 신생 민족국가들에서 살던 유대인의 운명에 무관심했다. 이는 유대인과 자유당의 오랜 유대를 종식시켰다. 유대인 해방을 지지했음에도 글래드스턴의 '영국' 개념은 유대인 같은 비기독교인을 공동체 '외부'에 두는 것이었다. 반면 디즈레일리는 그의 작품들에서 보이듯이, 최소한 '상상'의 차원에서라도 유대인과 기독교인이 공유한 광범한 문화적 가치에 영국의 국민 정체성이 달려 있다는 감각을 가졌다. 디즈레일리는 영국의 유대인이 기독교인과 동등한 수준의 윤리적 행위자라고 봄으로써 시민권을

---

52 Dellamora, Richard(2004), *Friendship's Bond : Democracy and the Novel in Victorian England*, Philadelphia, p.109, pp.114~116.

능동적으로 규정했다.[53]

디즈레일리의 앵글로-유대적 애국주의

디즈레일리 제2차 내각 후반기에 동방문제는 그 자체로서 중요했을
뿐 아니라, 디즈레일리의 이념 및 정책이 특별히 글래드스턴의 이념 및
입장과 대비된다는 면에서도 중요했다. 디즈레일리의 외교정책을 보는
두 입장이 대립하고 있다. 하나는 디즈레일리가 유대성을 영국 애국주
의와 결부시켜 정책을 폈다는 입장이고, 다른 하나는 디즈레일리의 정
책이 파머스턴으로 대표되는 전통적인 노선을 따랐으며 유대성이라는
이념과는 무관하다는 입장이다. 비록 서로 다른 해석이기는 하지만, 디
즈레일리의 외교정책에 관한 해석은 '디즈레일리의 유대성'이 근래에
학문적 관심거리가 된 상황을 반영한다.

첫째, 디즈레일리의 유대성이 그의 동방정책의 배후에 있다는 해석
이 있다. 종래 유대인 해방을 지지한 비국교도, 급진주의자, 자유당을
지지한 지식인은 불가리아 사태 때 오히려 유대인과 유대교를 비판하
면서 이를 디즈레일리의 정책과 결부시켰다. 반디즈레일리 진영의 글
래드스턴, 역사가 프리먼과 골드윈 스미스는 디즈레일리의 친튀르크 정
책이 그 자신의 유대적 기원과 '동방적 공감'에서 나왔다고 보았다. 이
런 판단은 잉글랜드의 유대인이 애국자인가라는 주제로 확장되었다. 그
리고 이것은 국민 정체성의 문제였다. 이런 이유 때문에 자유당의 급진

---

53 Saab, Ann Pottinger(1988), "Disraeli, Judaism, and the Eastern Question,"
  International History Review 10(4), pp.576~578.

주의자 헨리 라부세 같은 인사는 불가리아 사태 때 영국의 외교정책의 이념이 유대인의 이해관계로 둔갑했다고 비판하였다. 그는 이를 시티를 지배한 금권정치의 현상으로 규정하였다.[54]

　유대인이 인종적으로 우월하다는 견지에서 역사를 파악한 최초의 사례인 『코닝스비』Coningsby : Or the New Generation, 1844에서 디즈레일리는 철저한 잉글랜드인으로 자란 등장인물 시도니아를 통해 유대인이 겪은 편견과 박해를 다루었다. 시도니아의 역할은 인종적 우월성에 관한 유럽 중심주의와 튜턴 중심주의를 비판하는 것이다. 이를 통해 디즈레일리는 잉글랜드인의 삶의 가장 오랜 토대를 튜턴주의가 아니라 헤브라이즘에서 발견하였다. 잉글랜드에서 유대인은 수용되고 보호받지만, 잉글랜드인은 이보다 더 큰 빚을 유대인에게 지고 있다는 것이다. 따라서 유대인 디즈레일리는 앵글로색슨 전통과 히브리문화유대주의를 결합하여 자신의 정체성을 구축하였다.[55] 한편 『탠크리드』Tancred : Or the New Crusade, 1847는 기독교와 유대교의 경계를 허물고 자신처럼 '기독교앵글리칸이즘로 개종한 유대인'을 기독교의 근원을 가장 잘 유지하는 존재로 구축하려는 시도였다. 이 작품에서 디즈레일리는 기독교인이 유대교로 귀의한다는 데까지 나아갔다. 히브리 전통과 잉글랜드 전통의 본질적 연속성을 확인한 셈이다. 그것은 종래 잉글랜드인이 자신의 민족적 경계선을 획정하기 위해 사용하였던 유럽과 아시아의 경계, 기독교도와

54　Feldman, David(1994), *Englishmen and Jews : Social Relations and Political Culture, 1840-1914*, New Haven, p.94, pp.102~104.

55　Ragussis, Michael(1995), *Figures of Conversion : "The Jewish Question" and English National Identity*, London, p.183, pp.185~187.

유대인 구분을 최소화함을 뜻했다. 이것이 디즈레일리의 '새로운 십자군'이었다.[56] 따라서 디즈레일리의 이념은 '앵글로-유대적 애국주의'였다.

디즈레일리는 자신이 유대인해방법안을 지지하는 이유는 유대인이 기독교인과 '동등한' 도덕적 능력을 가진 시민이기 때문이라고 주장했다. 그래서 당시 그는 (기독교인의) '남자다운' 용기를 발휘했다고 칭찬받았다. 1870년대 이후 글래드스턴이 노동귀족 및 비국교도와의 정치적 연대를 강화하면서 유대인 같은 소수자 부류와는 멀어진 반면, 디즈레일리는 광범하게 파악된 문화적 가치들, 세속적 견지에서 규정된 전략적 이해관계, 나라를 위한 헌신적 행동을 보수당과 애국주의의 표지로 강조하였다. 그것은 디즈레일리 자신을 영국 사회에 확고하게 안착시키는 전략이었을 뿐 아니라, 글래드스턴의 기독교적 배타성과는 달리 유대인 집단을 보수당 지지 세력으로 끌어들이는 효과가 있었다.[57] 이처럼 유대인의 덕성과 자질이 잉글랜드인과 동등하고 잉글랜드성의 기원이라면, 러시아의 남진을 저지하려는 전략적인 고려 외에도 당연히 유대인에게 우호적인 튀르크를 지지하고, 유대인을 박해한 슬라브인 기독교도의 맹주를 자처한 러시아와 대결해야 했다. 그에게 반유대주의는 반튀르크였다.

그런데 글래드스턴도 미들로디언 유세에서 "진정한 영국, 진정한 애

---

56 Ragussis(1995), 앞의 책, pp.196~197. '새로운 십자군'은 『탠크리드』의 부제(副題)이다.
57 Saab(1988), 앞의 논문, pp.576~578.

국자"를 요청하였다. 휴 커닝엄의 연구는 19세기 후반을 '애국주의 언어'가 영국 정치의 우익에 의해 포착된 결정적 순간으로 본다.[58] 그렇지만 이에 대항해서 '토착적 자유'에 뿌리 둔 국민이라는 이미지도 여전히 강력했다. 1876~1880년 디즈레일리의 동방정책을 비판한 세력들은 디즈레일리와 유대인이 영국인의 국민적 문화와 종교적 삶에 자리 잡은 자유와 인도주의 전통으로서의 애국주의를 갖고 있지 않음을 증명한다고 여겼다. 그런데 동방위기 때 등장한 유대인 혐오증은 자유주의의 실패나 반자유주의가 아니라 유대인 해방을 가능하게 했던 그 자유주의의 '확장'이었다. 그것이 확장인 까닭은 자유주의가 디즈레일리 개인을 향한 공격을 넘어서서 유대인을 국민 공동체 밖에 위치시키느냐 여부에 관한 문제를 제기하였기 때문이다. 예전에 유대인 해방을 반대한 부류의 주장 속에서는 '기독교적 정치체'와 '국민'의 이념이 상충했다. 유대인 해방 당시 비국교도와 급진주의자에게 해방은 영국이 도덕화한 정치체로 나아가는 데에서 단지 하나의 단계에 지나지 않았다. 그런데 동방위기 때 유대인과 디즈레일리의 행동은 유대인이 더 이상 귀족적이고 잉글랜드적인 국교회 특권의 희생자가 아니라 자기이해에 몰두하고 강력한 힘을 가진 소수집단임을 보여 주었다.[59]

불가리아인 학살부터 러시아·튀르크전쟁 발발까지 반디즈레일리운동은 디즈레일리의 국가 경영을 주로 기독교적·인도주의적 이념^{도덕적}

58 Cunningham, Hugh(1971), "Jingoism in 1877-78," *Victorian Studies* 14(4), pp.429~453.
59 Feldman(1994), 앞의 책, pp.119~120.

^{정당성}에 근거해서 비판하였다. 그러나 1877년 12월 이후 헌정 주제가 한층 중요해졌다. 1876년 가을에서 1877년 말 시기의 반정부운동의 목표는 영국과 강대국이 개입하여 튀르크에게 '개혁'을 강제하도록 하는 것이었지만, 1877년 12월에서 1878년 1월에 이르는 시기에는 영국의 중립 유지와 러시아와의 전쟁 회피, 즉 평화였다. 디즈레일리가 이를 거부하고 러시아와의 전쟁을 불사하겠다는 태도를 보이자, 그가 '국내에서' '자유와 헌정'을 침해한다는 주장이 제기되고 '음모'와 '아시아적 은폐'[60] 개념이 부각되었다. 이로써 유대인 혐오는 새로운 형태를 띠게 되었다.[61] 디즈레일리 자신은 평화운동을 세계시민주의자들의 비판으로 치부하면서 징고이즘을 부추겼다. 이는 애국주의와 국민 정체성을 놓고 서로 경합하는 두 규정 사이의 갈등이었다.

이 헌정론은 국왕호칭법 이후 빅토리아 여왕의 이해관계가 우선하게 되었다는 디즈레일리의 주장을 반박하면서 여왕 및 디즈레일리를 비판하는 데로 나아갔다. 또한 인도 군대를 몰타로 이동시킨 조치는 의회의 동의를 얻지 않은 조치이자 재정과 외교에서 의회가 행사하는 통제권을 부정하는 행위로 비판받았다. 반정부파는 두 사례를 정부 안의 '외국' ^{디즈레일리}의 영향 탓으로 돌렸다. 그 이념은 '제국주의'이자 잉글랜드의 입헌주의를 위협하는 것으로 판단되었다. 즉 제국과 제국주의를 비잉글랜드적인 것이자 비기독교적인 것으로 동일시하였다. 또한 으레 전제정과 동방이 결부되었으므로 디즈레일리의 '동방적 상상력'도 비판받

---

60 디즈레일리의 정책 배후에는 실제로는 유대주의가 있다는 주장이다.
61 Feldman(1994), 앞의 책, pp.105~107.

디즈레일리와 글래드스턴

앉다.[62] 이 비판에 따르면, 디즈레일리가 잉글랜드의 자유를 집요하게 침해하려는 것은 그가 진정한 잉글랜드인이 아니기 때문이다. 이처럼 디즈레일리의 이국성은 그의 인종과 종교에 의해 특징 지어졌다. 태생이 유대인인 그는 '우연히' 기독교인이 되었다. 1840~1850년대 초 디즈레일리의 저술과 작품은 그 근거로 제시되었다.[63] 잉글랜드에 있는 유대인Jews in England은 '이방인' 개념이고, 잉글랜드계 유대인English Jews 은 '동료 시민' 개념이다. 전자는 반유대주의 개념으로서 유대인의 충성심을 의심한다. 디즈레일리는 잉글랜드계 유대인이었지만, 비판자들은 그를 잉글랜드의 유대인으로 간주하였다.

둘째, 디즈레일리의 정치에서 기회주의 문제는 논란의 중심을 차지한다. 이 문제는 두 차원에서 다룰 수 있다. 하나는 기회주의가 이념의 '존재' 자체와 양립하지 않는다는 주장이고, 다른 하나는 이념의 존재를 인정하되 그것이 실제정책에서 반영되었는지 여부, 그러니까 이념과 실제의 '관계'를 따지는 것이다. 전자에 관해서 근래의 연구 성과는 디즈레일리가 특정한 이념을 가졌다고 본다. 사실 정치 입문 초기부터 디즈레일리는 영국의 역사, 제도, 정치, 사회를 독특하게 이해하였다. 그가 1846년 이후 30년 이상 보수당의 중진 혹은 리더로 활약하면서 자신의 이념을 갖지 않았다면 오히려 이상한 일이다. 그렇다면 '디즈레일리의

62 Feldman(1994), 앞의 책, pp.108~110.
63 Feldman(1994), 앞의 책, p.111. 1870년대 중반에 3부작『시빌』(Sybil, or the Two Nations), 『코닝스비』(Coningsby), 『탠크리트』(Tancred)이 디즈레일리 정부를 공격하는 근거로 어떻게 이용되었는가는 Ragussis(1995), 앞의 책, pp.200~211 참조.

기회주의는 이념과 실제의 관계와 관련된다. 블레이크는 디즈레일리가 기회주의자라는 해석을 거부하고 그가 일관된 이념을 가졌다고 인정한다. 그런데 그는 디즈레일리에게서 이념과 실제는 불일치했다고 본다. 이 해석은 디즈레일리의 여러 정책에 관한 통설로 수용되고 있다. 디즈레일리의 외교정책에 이 '불일치론'을 적용하면 유대성이 아니라 파머스턴주의가 핵심 개념이다.

디즈레일리가 파머스턴식 영국 외교 전통에 충실했다는 해석에서 디즈레일리의 유대성은 중요하지 않다. 동방위기 때 영국의 목표에 관한 디즈레일리의 생각에 '결정적인' 영향을 끼친 것이 파머스턴의 이념이었다. 이 노선의 요체는 평화 유지와 영국의 이해 방어가 명확한 메시지와 무력시위를 동반한 일관성 있는 외교를 통해서만 달성된다는 확신이다. 따라서 파머스턴과 디즈레일리의 노선은 애버딘 경, 글래드스턴의 노선과 대비된다. 후자의 노선은 러시아에게 더 타협적이고 튀르크에게 유보적이며 발칸의 슬라브 민족에게는 전향적으로 관대했다. 파머스턴처럼 디즈레일리는 튀르크의 개혁 가능성을 여전히 믿으면서도 동방위기 때는 튀르크의 분할을 고려했지만, 글래드스턴은 튀르크가 개혁의지와 능력 모두 갖고 있지 않으며 제국 정부의 부패와 실정은 만회할 수 없고 기독교도 박해는 용납될 수 없다고 보았다.[64] "누가 발칸을 통치해야 하는가"에서 파머스턴과 디즈레일리는 개혁된 튀르크를 지지한 반면, 애버딘과 글래드스턴은 튀르크의 유럽 쪽 영토는 발칸 민족이 소

---

64 Seton-Watson(1972), 앞의 책, p.564, p.570.

디즈레일리와 글래드스턴

유해야 한다고 믿었다. 발칸 민족들의 자치 가능성 여부는 디즈레일리와 글래드스턴의 입장이 서로 크게 달랐던 대목이다.

그런데 디즈레일리는 1863년 파머스턴이 그리스와 이오니아의 통합을 허용한 노선을 비판했다. 그는 이오니아가 영제국의 일부로 남아야 한다고 요구했다. 이 문제를 계기로 디즈레일리는 파머스턴의 그늘에서 벗어나 독자적인 노선을 표방하게 되었다. 파머스턴의 일방주의적 간섭정책은 그래도 '정의' 같은 수사를 동원했다. 그러나 이후 디즈레일리의 외교정책과 제국주의의 토대는 '권력'과 '명성'이라는 두 원리였다. 그는 여기에다 '위신'과 '세력균형'이라는 원리를 추가했다. 이런 점에서 그는 국제관계에서 '현실주의자' 부류에 든다.[65] 따라서 디즈레일리의 외교에서 개성, 이념, 유대성보다 훨씬 중요한 역할을 한 것은 영국의 외교 전통이었다. 동방위기가 절정으로 치달을 때 그가 언급한 것은 '거대한 아시아의 신비'가 아니라 세력균형이었다.[66] 즉 국제관계에서 디즈레일리가 '영국의 이익'을 외교정책의 본질적인 시험으로 간주한 반면, 글래드스턴은 '문명과 인도주의'에 호소하였다. 러시아·튀르크전쟁이 발발한 이후에도 글래드스턴은 여전히 문명과 인도주의 이념을 구체화한 유럽의 협조체제를 통한 타결을 지지했다. 글래드스턴이 보기에 자국의 이익이 옳고 그름의 기준이 되면 모든 나라가 이를 추구할 것이고, 논리적으로 그 결과는 국제적 차원의 아나키가 될

---

65 Ković, Miloš(2011), *Disraeli and the Eastern Question*, Oxford, pp.308~311, p.314.
66 Ković(2011), 앞의 책, p.317.

것이다. 따라서 그는 '명예와 정의'의 명령을 따르는 것이 오히려 영국의 이익을 증진한다고 보았다. 이 점에서 그는 자신의 시대를 훨씬 앞섰다.[67]

동방문제는 디즈레일리가 유대인의 권리를 옹호했고 유대 민족주의를 촉진했다는 주장의 대표적인 사례로 꼽힌다. 이 주장에 따르면 디즈레일리의 친튀르크 정책은 그의 유대성을 드러낸 사례였다. 왜냐하면 발칸의 슬라브 기독교도들이 유대인을 박해한 것과 달리 튀르크는 매우 관대하게 유대인을 다루었기 때문이다. 디즈레일리 자신도 튀르크의 유대인 정책을 매우 긍정적으로 판단했다. 이에 반디즈레일리 진영은 일종의 '색깔론'으로 그의 정책을 비난하였다.[68] 그러나 디즈레일리의 '정책'을 보면 이런 색깔론은 근거가 박약하다. 디즈레일리의 주요 동기는 영국의 국가이익과 위신 문제였다. 이미 1874년 총선에서 그는 자신과 보수당을 '국민적 원리'의 대변자로, 글래드스턴과 자유당을 '세계시민적 원리'의 대표자로 양극화했다.

1876~1878년 디즈레일리는 이 원리에 따라 동방위기를 인식하였다. 그의 정책이 유대성에서 비롯한 친튀르크 감정에서 왔다는 징후는 없으며, 그는 발칸 민족들의 독립과 자율성 요구에 전혀 공감하지 않았다. 그는 튀르크의 약화를 저지하고 러시아의 지중해 진출 가능성을 차단하는 데 관심이 있었다. 소설에 나타난 디즈레일리의 유대성 상상은 '직업

---

67 Seton-Watson(1972), 앞의 책, pp.566~567.
68 Feuchtwanger, Edgar J.(2002), "'Jew Feelings' and Realpolitik : Disraeli and the Making of Foreign and Imperial Policy," in Todd M. Endelman and Tony Kushner eds., *Disraeli's Jewishness*, London, p.183.

디즈레일리와 글래드스턴

정치가 디즈레일리를 방해하지 못했다. 유대성은 디즈레일리의 개성과 자기이해에서 중요했을지 모르나, 그는 자신의 유대성이 정치가로서 자신에게 영향을 끼치는 것을 허용하지 않았다. 결국 그는 현실주의자였다.[69] 그리고 이 현실주의로부터 디즈레일리는 때로 러시아와의 타협을 지지하거나 때로 튀르크의 개혁 가능성이 없으므로 분할이 불가피하다고 보거나 때로 러시아와의 전쟁을 불사해야 한다고 여겼다. 그것은 한편으로는 디즈레일리의 탁월한 적응성과 유연성을 보여 주는가 하면, 다른 한편으로는 임기응변과 기회주의를 보여 준다.[70]

근래에 디즈레일리의 유대성에 관한 수많은 연구가 나왔지만, 연구자들은 대체로 디즈레일리의 유대성이 실제 외교정책에서 반영되었다고 단정하기 어렵다는 입장을 취한다. 콜린 엘드리지의 판단은 더 부정적이다. 그는 디즈레일리가 외교에 관해 '명확한 사고'를 갖지 않았다고 본다. "디즈레일리는 외교에서 무언가를 하려고 했지만, 영국의 이해와 방어 전략에서 전통적인 파머스턴적 개념 이외에 다른 생각을 갖지 않았다. 결국 그는 숙고된 외교정책을 가질 수 없었다. 그가 최종적으로 취한 정책이란 본질적으로 대응적이었다."[71] 한편 샵에 따르면, 유대인 해방 의제를 우선시하지 않는 디즈레일리가 유대인에게 '불확실한' 혜택이 주어질 수 있는데도 영국의 외교정책을 조직했을 가능성은 낮았다. 당시 영국의 유대인 집단의 신문은 영국인이 튀르크의 기독교도

---

69 Feuchtwanger(2002), 앞의 논문, pp.187~188, pp.193~195.

70 Seton-Watson(1972), 앞의 책, pp.552~561.

71 Eldridge, C. C.(1973), *England's Mission : The Imperial Idea in the Age of Gladstone and Disraeli, 1868-1880*, London, p.207

제3장 외교

191

박해에는 주목하면서도 기독교도루마니아인가 저지른 유대인 박해는 외면한다고 보도했다. 이런 정황을 알았던 디즈레일리는 불가리아인 학살에 외견상 무관심을 보였다. 그리고 학살을 영국의 전략적 필요와 분리했다.[72]

그럼에도 유대 정체성과 현실 정치가를 구별하는 해석을 수정하면서 한 연구자는 디즈레일리가 "영국의 현실정치가이자 유대인 공상가일 수는 없는가?"라고 물으면서 두 요소를 동일 차원의 양면성으로 파악하였다. 즉 디즈레일리가 영국의 국익이라는 견지에서 행동했다고 해서 그의 행동을 이끈 '추가적인' 동기로서 그의 낭만적·유대적 오리엔탈리즘을 배제하지는 않는다는 것이다.[73] 동방위기 때 영국의 유대인 집단은 글래드스턴 지지파와 반대파로 나뉘었다. 유대인 언론에서는 영국이 튀르크를 지원하면 팔레스타인에 유대인 나라를 건설할 기회가 올 수 있다는 보도를 했다. 그리고 고토 회복 교섭이 실제로 진행되었다. 후일 시오니즘의 원형에 해당하는 이 생각에 디즈레일리는 매료되었다. 그런데 동방위기 때 디즈레일리가 그의 작품에서처럼 유대인 국가 건설을 꿈꾸었을지라도, 유대 애국주의 동기 때문에 동지중해에서 영국의 영향력 확대를 위해 노력했다고는 단정할 수 없을 것이다. 디즈레일리는 영국에 유리한 조건이라면 최소한 오스만제국의 부분적 해체를 기꺼이 고려할 태세가 되어 있었다. 그의 동방정책에서는 '영국'의 이익이라

---

72 Saab(1988), 앞의 논문, pp.568~571.

73 Kalmar, Ivan D.(2005), "Benjamin Disraeli, Romantic Orientalist," *Comparative Studies in Society and History* 47(2), pp.365~368, pp.370~371.

는 판단이 더 중요했다. 그런데 "튀르크의 부분 해체가 유대인을 돕는 것이라면 그 또한 좋을 것이었다."[74] 그렇다면 이것은 동전의 양면처럼 등가적인 두 요소를 말하기보다는 비등가적인 주종관계 혹은 본위와 부가의 관계를 언급하는 셈이다.

74 Saab(1988), 앞의 논문, pp.573~576.

제4장

제국

Disraeli and Gladstone

외교정책과 구별되는 제국정책은 식민지 문제와 직접적으로 연관되었다. 19세기 중엽까지 식민지 획득은 상대적으로 제한적이었고, 보호무역주의와 국가 사이의 경쟁이 전면적인 식민지 팽창을 촉진하지 않았으며, 극소수의 정치가만이 공개적으로 제국주의를 지지했다. 식민지에서의 사태 전개는 여전히 주로 해당 지역의 상황과 그곳 영국 관리들의 대처, 그리고 본국에서 오랫동안 확립된 식민주 태도와 정책의 산물이었다.[1] 그러나 1874년부터 식민화는 지속적으로 강화되었고 1890년대 정점에 도달하였다. 실제로 '제국주의'라는 용어가 영국 정치에 처음 등장한 때는 디즈레일리 정부가 국왕호칭법을 제정한 1876년이었다. 당시 법안 반대 세력이 황제 칭호를 나폴레옹 3세 체제의 '값싼 화려함'을 상징하는 것으로 여긴 데에서 알 수 있듯이, 제국주의는 처음부터 부정적 의미로 사용되었다. 또한 식민지 문제는 정부와 야당이 '거의 반자동적으로' 대립한 주제였다.[2] 1867~1868년 보수당 집권 때 자유당이 아비시니아전쟁에티오피아전쟁을[3] 비판한 것과 1873년 자유당 집권 때 보

1　Feuchtwanger(1985), 앞의 책, p.108.

2　Hoppen(1998), 앞의 책, p.627.

3　아비시니아 왕이 현지 영국인을 억류하자 영국은 원정군을 보내 영국인을 구출하고 수도를 점령하였다. 아비시니아 왕은 자살하고 영국군은 철수하였다. 그러나 영

수당이 아샨티전쟁을[4] 공격한 것이 그 사례이다. 아비시니아전쟁에서 승리한 보수당 정부의 위신은 높아졌지만, 자유당은 군사비 지출의 증가를 우려했다. 마찬가지로 글래드스턴은 자유당 정부가 아샨티전쟁에서 승리하였을지라도 그것이 자유당 정부의 실각으로 이어질 수 있다고 염려했다. 따라서 19세기 후반 제국정책은 자유당과 보수당의 경쟁에서 주요한 현안이었을 뿐 아니라 디즈레일리와 글래드스턴의 경쟁을 가속화한 사안이었다. 그런데 디즈레일리와 글래드스턴의 제국정책의 실제는 일종의 역설을 보였다. 열렬한 제국주의자인 디즈레일리 집권 시기보다 이론상 제국주의를 반대한 글래드스턴 집권 시기에 더 많은 식민지 획득이 이루어진 것이다.

1. 디즈레일리 정부의 제국정책

글래드스턴 제1차 내각이 쇠퇴하기 시작한 1872년 무렵 디즈레일리는 적극적인 제국 개념을 제시하고 이를 통해 노동계급의 보수당 지지를 강화할 때가 무르익었다고 판단하였다. 1872년 런던 수정궁 연설에서 디즈레일리는 노동계급의 보수주의, 사회 개혁, 제국에 관해 수사적

국은 아비시니아를 병합하지 않았다. 전비는 예상치의 두 배 가까운 900만 파운드였다.

4 서아프리카의 아샨티왕국이 황금해안 지역의 영국인 거류지를 침공하자, 영국군은 아샨티왕국 내지로 진격하여 수도를 점령하였다. 1874년 왕국의 남부 지역은 영국의 직할식민지가 되었다.

으로 언급했다. 그는 식민지에서의 자치가 '제국 관세' 및 '모종의 대의적 회의체'와 병행해야 한다고 언급하였다. 그렇지만 그는 제국을 강화하고 확대하는 정책을 추구하려는 어떤 계획도 없는 상태에서 집권했다. 그는 대체로 제국을 강화하기를 원했다고 평가되지만, 실상 그는 이 팽창을 성취하는 구체적인 방법을 숙고하지 않았고 심지어 멀리 떨어진 식민지를 본국과 긴밀히 통합하는 것이 여전히 가능한지도 의심했다. 그의 집권 시절에 있은 영토 확대 대부분은 사소했고, 해당 지역에서 영국 군대가 원활한 질서를 유지하는 것에 국한되었다. 수정궁 연설에서 제창된 제국 이념은 실제로는 그의 집권 시기에 계속되지 않았다.

디즈레일리 정부 때 제국과 식민지 정책은 전임 글래드스턴 정부와 비교하여 크게 다르지 않았다. 식민지에서 군사적 개입을 축소하려는 글래드스턴 정부 시절의 추세는 이어졌고, 제국을 아우르는 관세 통합이나 제국 의회를 향한 어떤 움직임도 없었다. 디즈레일리는 선제적이고 능동적인 제국정책을 압박하는 각료들의 주장에 공감하지 않았다. 보수당은 대체로 군사비 지출에 관대했다.

그런데 1867~1868년 아비시니아전쟁은 디즈레일리가 재정적 견지에서 제국 확대를 반대했을지라도 실제에서 재정 지출을 상쇄하는 이점을 인식한 사례이기도 했다. 1868년 6월 그는 "이기심과 물질적 이해를 너무 중시한다고 어쩌면 부당하게" 비난받는 시대에 "잉글랜드의 군사적·도덕적 특성을 전 세계에서 제고하는" 것은 자랑할 만한 일이라고 말했다. 그러나 디즈레일리와 제국주의를 결부시키는 대표적인 두 사례—수에즈운하회사 주식 매입과 국왕호칭법—는 그 성격이

다분히 상징적이다.[5] 낭만주의자 디즈레일리에게는 실제보다 상징이 더욱 중요했다.

수에즈운하회사 주식 매입, 1875년

1869년 프랑스인 페르디낭 드 레셉스가 건설한 수에즈운하는 지중해를 홍해·인도양과 연결함으로써 인도로의 항해를 7주나 단축시켰다. 영국은 운하 건설을 반대하고 케이프 항로에 의존하기를 선호했다. 그렇지만 일단 운하가 건설되자, 자유로운 통행을 유지하고 다른 강대국의 배타적인 운하 통제를 방지하는 일이 영국의 국가적 이해가 되었다. 1882년 무렵 이곳을 통과하는 선박의 80퍼센트가 영국 선적이었고, 영국 무역량의 13퍼센트가 이 운하를 경유했다. 이처럼 운하는 영국의 경제적 이해관계가 걸린 문제였지만, 디즈레일리가 주식 매입을 감행한 것은 유럽의 세력 관계의 변화에 대응한 측면이 있었다. 1874년 디즈레일리가 집권할 때 유럽은 1873년 결성된 삼제동맹이 지배하고 있었다. 비스마르크는 이 동맹을 통해 러시아의 지지를 얻고 프랑스를 고립시킴으로써 독일의 지위를 강화하고자 했다. 디즈레일리는 이 심각한 불균형을 교정하기를 원했지만, 구체적으로 어떻게 이 목표를 달성해야 할지를 알지 못했다. 1874년 총선에서 디즈레일리는 같은 프로테스탄트 국가인 독일과의 우호관계를 추구하겠다고 천명하였다. 그러나 1875년 5월 독일이 프랑스·프로이센전쟁에서 패배하여 복수심에 찬 프랑스를

---

5 John(2010a), 앞의 책, p.187.

더욱 약화시키려고 프랑스와의 또 다른 전쟁을 불사하겠다고 위협하자, 러시아가 항의하고 영국은 이에 동조하였다. 디즈레일리는 해외에서 영국이 좀 더 적극적으로 존재감을 과시해야 한다고 보았다. 1876년 불가리아 사태는 이 목표를 이룰 뜻하지 않은 계기가 될 것이지만, 한 해 전의 운하회사 주식 매입 조치는 그가 의도적으로 자신의 목표를 추구한 점에서 달랐다.

영국에게 운하는 대단히 중요한 제국 연결로였다. 운하회사 주식 40만 주 가운데 이집트의 지배자 케디브 이스마일의 보유분^{44퍼센트}을 제외하면 운하회사 주식은 대체로 프랑스가 소유하고 있었다. 운하회사를 차지하려고 열중한 디즈레일리는 1874년 프랑스 몫 주식을 매입하겠다는 제안을 하지만 프랑스는 거부했다. 1875년 11월 무능하고 낭비적인 케디브는 부채에 허덕였다. 파산에 직면한 그는 자신의 지분 전체^{400만 파운드}를 매각하려고 프랑스 은행가들과 교섭했다. 그렇게 되면 프랑스가 운하 운영권을 완전히 쥐게 될 것이다. 그런데 런던의 유대인 금융가 로스차일드 남작에게서 케디브가 영국인 구매자에게 운하회사 주식을 팔고 싶어 한다는 귀띔을 받은 디즈레일리는 내각에서 외무장관 더비와 재무장관 스태퍼드의 반대를 무릅쓰고 영국 정부가 매수하기로 결정했다. 당시 의회는 산회 중이었다. 속도전이 관건이었으므로 디즈레일리는 자신의 오랜 친구인 로스차일드로부터 급전 400만 파운드를 확보했다. 의회 표결을 거치지 않은 선대부였다. 케디브의 사절과 로스차일드 사이의 복잡한 협상을 거쳐 영국 정부는 케디브의 주식을 매입했다. 레셉스와 프랑스 정부는 격노했지만, 영국은 인도와의 연결에 중대하다고 판단된 수에즈운하에서 실제적인 이해관계를 갖게 되었다.

비록 '개인' 차원의 개입이기는 했지만, 디즈레일리의 신속한 행동은 멋진 일격으로 간주되었다. 디즈레일리는 빅토리아 여왕에게 자신이 프랑스의 허를 찔러 운하회사를 여왕의 '물건'으로 만들었음을 의기양양하게 보고했다. 이로써 영국이 운하를 장악했다는 신화가 생겨났다. 그러나 실질적인 견지에서 보자면 영국의 주식 매입은 운하 운영에 별다른 변화를 초래하지 못했고, 주식 소유가 "제국 유지에 필수적이며" "운하 운영에서 엄청난 영향을 주었다"는 디즈레일리의 자평은 사실과 한참 거리가 멀었다. 주식 대부분은 여전히 프랑스 수중에 있었고, 운하 항해는 국제협약에 의해 통제되고 있었다. 그럼에도 디즈레일리의 조치는 프랑스의 이해관계가 강화되는 것을 방지한 소극적인 성과를 거두었고, 종래와는 다른 수준에서 영국이 이집트에 개입하는 계기가 되었다. 또한 주식 매입 사건은 디즈레일리의 위신을 크게 높였다. 영국 국민은 이 조치를 열광적으로 환영하였다. 디즈레일리는 자신의 1872년 수정궁 연설의 취지가 입증되고 정당화되었다고 한껏 고무되었다. 디즈레일리의 적극적인 제국정책의 성공은 보수당이 '애국당'이라는 평판을 획득하는 데로 이어졌고, 이는 선거에서 보수당의 호소력을 크게 증진하였다. 특히 노동계급 유권자에게서 그랬다. 디즈레일리는 자신이 영국의 '동방제국'을 성취하였다고 상상하였다.

국왕호칭법, 1876년

이 상상의 제2탄은 빅토리아 여왕에게 황제의 칭호를 부여한 조치였다. 그것은 디즈레일리가 아시아에서 영국의 지위를 매우 중요하게 여긴 또 다른 사례이다. 여왕은 수에즈운하회사 주식 매입 조치를 그녀 자신의 숙원을 밀어붙이는 데 이용했다. 독일제국이 창건됨으로써 이제 유럽에는 황제 세 명이 존재했다. 그들은 삼제동맹을 통해 느슨하게 결속했다. 빅토리아 여왕은 자신이 다른 세 군주에 비해 호칭상 열등하다고 생각했고, 이런 불편한 심기는 독일로 출가한 자신의 장녀가 이윽고 황후가 될 것이라는 전망 때문에 더했다. 여왕은 글래드스턴이 수상이었을 때는 자신이 황제가 되려는 일을 전혀 진척시키지 않았지만, 이제 수상 디즈레일리가 자신의 소망을 실현하는 데 적극적으로 나서리라고 예상했다. 여왕은 디즈레일리에게 자신의 의지를 실질적으로 강제했다. 디즈레일리는 개인적으로는 이것이 현명치 않다고 보면서도 여왕의 허영심을 만족시킬 선물을 바쳐야 한다는 사실을 부정할 수 없었다. 이 문제는 디즈레일리가 예상한 바보다 큰 논란거리가 되었다.

그렇지만 1858년 인도 반란을 진압한 영국이 직접 통치를 선언할 무렵 이미 디즈레일리는 여왕이 인도의 공식적인 주권자의 지위를 가져야 한다고 생각한 듯하다.[6] 1857년 그는 영국이 더욱 직접적이고 강제적이고 상상력 있고 동정적인 기조에서 인도를 통치해야 한다고 제안한 적이 있었다. 그는 아마도 여황제 칭호가 자신의 이전 제안의 취지에 자연스럽게 부가되는 조치로 인식했을 것이다. 디즈레일리는 여왕을 인도 여황제로 선포하면 인도가 영국에게 더욱 충성할 것이고 영국의 힘과 위신의 상징으로서 작용하며, 러시아에게는 "의회가 인도 제국을 부지하기로 단호히 결심했다"는 의지를 보이리라고 기대하였다. 그러나 그

---

6   John(2010a), 앞의 책, p.189.

시점은 그가 선택하지 않았다.[7]

국왕호칭법은 19세기 말 군주제의 인기 상승에 중요한 기여를 한 조치였다. 그러나 내각과 의회, 자유당과 언론에서 반대가 심했다. 1870년대에 제국주의는 데마고그적이고 권위적인 통치라는 부정적 의미를 가졌다. 법안을 "바보짓"이라고 묘사한 더비를 비롯한 각료들의 반대에도 불구하고 디즈레일리는 법안 제안을 고집했다. 1876년 2~5월에 법안은 하원에서 자유당의 거센 반대를 받았고 비판 여론이 비등했다. 법안에 적대적인 언론은 디즈레일리의 정책을 '제국주의'라고 비난하였다. 그들은 황제 칭호 자체가 "국민의 기호, 기질, 전통에게 역겨운 것"이라고 비판하면서 황제는 전제를 뜻하는 칭호이지만 여왕은 잉글랜드 헌정에 맞는 군주제의 정확하고 전통적인 칭호라고 주장하였다.

자유당의 반대 선봉에는 글래드스턴과 로가 있었다. 이들이 보기에 황제 칭호는 영국인의 자유 전통과 어울리지 않는 절대주의 혹은 전제정 개념이었다. 글래드스턴은 황제 칭호를 "법과 헌정의 제약 없는 지배"이자 "신기한 외국 방식"일 뿐이라고 배격하였으며, 여왕 칭호가 잉글랜드에 어울리는 '역사적인' 이름이라고 주장하였다. 나아가 그는 디즈레일리의 법안이 유권자의 표를 얻으려는 계산에서 나왔다고 비판하였다. 글래드스턴은 작고한 여왕의 부군 앨버트 공을 기린 논설에서 디즈레일리가 영국 군주의 이미지를 '오리엔트'적이고 제국주의적인 것으로 만든다고 비판하면서, 디즈레일리의 생각은 앨버트 시대의 이상과는

---

7 Feuchtwanger(1985), 앞의 책, p.96.

다르다고 강조하였다.[8] 한편 로는 대중 연설에서 디즈레일리를 통해 여왕이 독일과 러시아의 황제들과 같은 존재가 되었다고 비난하였다. 1866~1867년 선거법 개혁 당시 어덜러마이트의 리더였던 로는 디즈레일리가 자신을 부추겨 자유당 정부의 온건한 선거법안을 부결하도록 하고서는 훨씬 급진적인 조치를 관철함으로써 자신을 기만했다고 느꼈다. 로가 호칭법안을 격렬히 반대한 데에는 이런 감정이 작용하였다.

　상징적 의미 정도만 갖는 조치였지만, 거센 반대를 받고 하원을 통과한 법안은 상원에서는 손쉽게 가결되었다. 빅토리아 여왕의 이 새로운 칭호는 사실 국내용이 아니라 국외용이었다. 디즈레일리는 이 변화가 특별히 무엇을 의미하는지를 특정하지 않았고, 새로운 칭호가 국왕 대권을 침해하는지 확인해야 한다는 의회의 요청을 거부하였다. 디즈레일리는 새로운 칭호는 '인도의 여황제'임을 확인하면서, 비록 이 칭호가 국내에서는 사용되지 않지만 법안에서 이런 제한을 규정하기를 거부하였다. 그렇지만 칭호 자체는 여왕이 좀 더 많은 권력을 확보하게 된다는 의구심을 자극하였다. 법은 의회와 자유롭고 헌정에 의해 통치되는 인민을 희생하고 군주권을 제고하는 것으로 비추어졌다. 그런데 실제로 이런 우려대로 나아간 점도 있었다. 이후 여왕의 존재가 당파성을 띠는 방향으로 전개된 것이다. 특히 즉위 50주년인 1887년 이후 여왕은 '토리의 여왕'이 되었다. 그러나 그 당파성은 정치적 문젯거리가 되지는 않았고, 자유당이나 군주주의자 글래드스턴도 이를 문제 삼지 않았다. 디

8　Kuhn, William M.(1996), *Democratic Royalism : The Transformation of the British Monarchy, 1861-1914*, London, pp.48~49.

즈레일리 사후 군주는 주로 의식儀式 차원의 존재이자 국민의 수장으로서 국내적 역할을 가진 존재로 인식되었다. 그렇지만 이 사건은 여왕이 글래드스턴을 더욱 혐오하는 데 크게 작용하였다.[9]

남아프리카

디즈레일리 제2차 내각 전반기에 해당하는 1874~1876년 보수당 정부가 사회 입법에 진력하였다면 1876년 이후 디즈레일리의 주요한 관심사는 외교였다. 베를린회의를 통해 디즈레일리는 영국의 국제적 위신을 제고하고 자신의 성가를 드높이는 데 성공하였다. 그러나 이후 제국 문제가 뜻하지 않게 그의 실각에 작용하였다. 남아프리카에 관해 무지하고 무관심한 디즈레일리는 식민지와 관련된 업무를 식민장관카나번 경과 후임자 마이클 힉스비치에게 일임했다. 카나번은 유능하고 경험 많은 행정가였을 뿐 아니라 디즈레일리와는 달리 선제적 조치를 지지한 제국주의자였다. 그는 영국의 피지제도 병합을 주관하고 이집트에서 영국 정부의 재정 간섭을 지지했으며, 식민지에서 영국의 군사력을 증강해야 한다고 주장했다. 그런데 카나번의 남아프리카 정책은 디즈레일리 정부에게 곤란을 야기하였다. 또한 당시의 빈약한 통신수단 때문에 식민장관도 해당 지역의 영국 관리들에게 주도권을 양도할 수밖에 없었다.

---

9 Williams, Richard(1997), *The Contentious Crown : Public Discussion of the British Monarchy in the Reign of Queen Victoria*, Aldershot, p.146. 호칭법을 중기 빅토리아 시대 왕정에 관한 논의 틀에서 검토한 국내 연구로는 강현주(2002), 「빅토리아 시대 왕정에 대한 논의, 1861-1876」, 『서양사연구』 제29집, 55~96쪽 참조.

디즈레일리와 글래드스턴

남아프리카에서 영국인은 산재한 소규모 공동체를 이루고 있었다. 영국은 오래전부터 이곳의 영국인과 네덜란드인의 정주지를 통합해 연방을 형성하기를 바랐다. 1867년 캐나다에서 연방제를 수립한 적이 있는 카나번은 남아프리카연방제를 강력히 주장하였고, 디즈레일리도 이 생각에 동의했다. 영국은 특히 금광이 위치한 트란스발의 상황에 관심을 기울였다. 네덜란드계 정착민 보어인 거주지인 이곳에서 백인 정착자들은 줄루족을 포함한 여러 원주민 부족과 항구적인 갈등 상태에 있었다. 카나번은 전진 정책을 통해 트란스발과 오렌지자유국을 영국의 통제 아래 두어 불안의 원천을 제거하기로 결심했다.

이 구상을 실행하기 위해 카나번은 경험 많은 인도 관리 써 바틀 프레르를 남아프리카 고등판무관^{케이프 식민지 총독}으로 임명했다. 그는 연방을 형성하기 위한 예비 조치로 1877년 4월 트란스발의 병합을 선언하였다. 이것은 즉각 보어인의 불만과 납세 저항을 초래했다. 그런데 병합은 당시 보어인과 전쟁을 하던 줄루족에게는 영국과의 전쟁으로 간주되었고, 이에 프레르는 원주민의 위협을 제거하는 일이 자신의 구상의 관건이라고 여겼다. 그러나 유럽에서 동방위기가 중대 국면^{러시아·튀르크 전쟁}에 진입하면서 정부는 남아프리카에서의 전쟁 개시를 매우 꺼렸다. 1878년 9월 프레르는 줄루족 저항을 분쇄하기 위해 병력 증파를 요청했다. 디즈레일리의 동방정책에 반대해서 사임한 카나번을 대신한 식민장관 힉스비치는 프레르에게 전쟁을 단념하라고 훈령을 보냈으나, 프레르는 이를 무시했다. 현지의 영국 행정가를 지원하지 못한 데 따른 결과를 두려워한 내각은 11월 마지못해 군대를 파견하면서 공격이 아닌 방어에 전념하라고 지시했다. 그러나 영국이 남아프리카에서 권위를 과시해야 한다고 믿은 프레르는 이 지시를 무시하고 12월 줄루족에게 최후통첩을 보내 군대를 해산하고 그들의 영역 안에서 영국인의 정주를 수용하라고 요구했다. 1879년 1월 통첩 시한이 만료되자 프레르는 선전포고했다. 이런 과정을 감안하면 줄루전쟁은 프레르의 책임이지 정부 책임은 아니었고, 분명 디즈레일리의 책임은 아니었다.

영국군이 단기간에 승리를 거둘 것이라는 낙관에도 불구하고, 줄루 군사는 첼름스퍼드 남작이 지휘하는 영국군 1천 200명을 이산들와나전투에서 패배시켰다. 영국군의 패배이자 나폴레옹 3세의 아들이 전사한 점에서 그것은 서양의 이중적인 굴욕이었다. 1879년 2월 패배 소식이 런던에 전해지자 큰 물의를 야기했고, 정부의 위신은 한층 더 추락했다. 여론의 비판을 맞은 내각은 지원군을 파견하기로 결정하였다. 지원군 파병에 따를 재정과 인력의 손실은 디즈레일리를 낙담시켰다. 또한 프레르의 거취 문제를 놓고도 디즈레일리는 빅토리아 여왕 및 힉스비치와 대립했다. 디즈레일리는 내각 대다수가 원하는 프레르의 소환을 저지하였다. 그러나 프레르와 첼름스퍼드를 혐오한 디즈레일리는 써 가닛 월슬리를 파견함으로써 현지에서 최고지휘권을 행사하도록 하였다. 타협의 결과, 명령에 불복한 프레르는 견책을 당하지만 고등판무관직은 유지하게 되었다. 이 일관성 없는 조치는 하원에서 자유당의 거센 비판을 받았다. 한편 지원군이 현지에 도착했을 때는 첼름스퍼드의 영국군이 이미 줄루 군대를 패퇴시킨 상태였다.

아프가니스탄

전반적인 제국 전략을 갖지 못했지만, 동방에 매료된 디즈레일리가

디즈레일리와 글래드스턴

영제국의 가장 중요한 부분으로 여긴 곳은 인도였다. 그는 영국이 인도를 소유함으로써 명실상부하게 세계 강국이 되었다고 생각했다. 그 결과 디즈레일리는 인도에서 영국의 이익 보호를 핵심으로 삼는 제국정책을 지지하였다. 디즈레일리는 수에즈운하회사 주식 매입, 국왕호칭법, 동방문제 처리가 모두 인도에서의 영국의 지위와 관련된다고 생각하였다. 특히 러시아에서 인도에 도달하기 위해 통과하는 지역인 아프가니스탄과 인도의 북서 국경 지대가 보호되어야 했다. 영국이 보기에 러시아는 발칸과 지중해로의 진출이 좌절되면 중앙아시아로 진출할 것이고, 아프가니스탄의 지배자 아미르 알리와 접촉함으로써 결국에는 아프가니스탄을 점령하고 인도를 위협할 것이었다. 디즈레일리와 솔즈베리는 영국의 인도 군대가 아프가니스탄을 점령하고 중앙아시아에서 러시아에 저항하는 무슬림 봉기를 지원하는 방안을 고려하였는데, 비록 현실화하지 못했지만 이는 아미르가 영국에게 갖는 의혹을 증폭시켰다.

러시아가 아프가니스탄에 간섭할 것으로 염려한 디즈레일리는 전진 정책을 지지했다. 산악 지대인 아프가니스탄보다 인더스강 지역에서 방어에 치중하는 '비활동적인' 정책과 대립하는 이 전진 정책의 핵심은, 영국이 아프가니스탄 내정에서 적극적인 역할을 하고 실질적으로 아프가니스탄의 외교를 지배하는 것이었다. 1876년 디즈레일리는 자신의 오랜 친구의 아들인 리턴 백작을 인도 총독^{부왕}에 임명하였다. 리턴의 임무는 아미르를 설득하여 영국의 군사사절단을 받아들이고 북부 국경 지대에서 영국이 러시아의 행동을 감시하도록 허용하는 일이었다. 그 대가로 영국은 아프가니스탄에게 재정 지원과 군사적 방어를 제시하였다. 2년간 리턴의 노력은 성과가 없었다. 아미르는 러시아와 교섭하기를 선호했다.

동방위기 때 영국이 인도군을 몰타에 파견한 조치에 대항하여 1878년 7월 러시아가 사절단을 아프가니스탄 카불에 파견하자, 리턴은 이를 전진 정책의 호기로 파악하였다. 공명심이 강한 그는 영국의 군사사절단을 수용하고 러시아 사절단을 물리치라고 아미르를 압박했다. 이 요구는 거절되었다. 그런데 본국의 인도부는 군사사절단 파견은 승인했지만 러시아 사절을 퇴거시키라는 요구는 승인하지 않았다. 8월 충돌을 피하려고 영국 외무부는 러시아에게 카불 사절단 파견에 항의하는 전문을 보내는 한편, 리턴에게 항의 결과가 확실해질 때까지 군사사절단을 파견하지 말 것과 어떤 사절단도 카불에 이르는 카이바르고개까지 진출하지 말고 수도에서 한참 떨어진 칸다하르까지만 가라는 지시를 보냈다. 9월 리턴은 사절단에게 카이바르고개를 지나 카불로 나아가라고 명령했다. 본국 정부의 승인을 받지 않은 조치였다. 사절단은 국경에서 내쫓겼다.

그러자 리턴은 아미르에게 영국 사절단의 항구적인 카불 주재를 수용하라는 최후통첩을 보냈다. 응답이 없자 1878년 11월 영국군은 선전포고하였다. 사실 디즈레일리는 전혀 전쟁을 추구하지 않았다. 전쟁은 리턴이 본국의 훈령을 무시하고 독자적으로 판단한 결과였다. 디즈레일리는 잠정적으로 일부 영토를 점령한다는 더 온건한 노선을 제안하였지만, 내각은 인도장관 게이손하디^{크랜브룩 백작}의 주도 아래 전쟁을 결정하였다. 그럼에도 불구하고 이 위기 전 기간에 디즈레일리는 전쟁 혹은 평화를 선택하는 문제를 영국의 명예를 유지하는 문제와 결부시켰다. 그래서 그는 영국이 아프가니스탄을 지배해야 한다고 일관되게 강경론을 지지하였다. 그는 보수당이 무른 집권 세력이 아님을 보이고자 했다. 그는 러시아에 대항하여 인도의 '과학적인' 국경을 만들어야 한다면서 전쟁을 정당화했고 영국 국민의 애국심을 촉구했다.

영국군의 일련의 승리 이후 아미르는 투르키스탄으로 도망하고 러시아에 도움을 청했지만 성과는 없었다. 1879년 5월 아미르의 아들은 외교 통제와 사절단의 주재라는 영국의 요구를 수락했다. 디즈레일리는 "우리 인도 제국의 과학적이고 합당한 국경"을 확보했다고 리턴 백작을 치하했다. 상원에서 그는 인도 제국이 난공불락이 되었다고 자찬했다. 그렇지만 아프가니스탄에서 외국인을 향한 적개심은 커졌다. 9월 사절단은 카불에서 군사 봉기에 의해 전원 학살되었다. 그것은 리턴과 영국 정부에게 굴욕적인 타격이었고 비활동적인 정책의 타당성을 증명한 듯했다. 그러나 디즈레일리에게 이 사태는 의문의 여지없이 과학적 국경을 확정할 기회였다. 영국의 위신을 세우기 위해서는 보복이 필요했다. 프레드릭 로버츠가 지휘한 영국군은 아프가니스탄에 진격해서 카불을 접수하고 저항을 분쇄했다. 영국은 칸다하르를 중심으로 남부에서 영향권을 확보하고 아프가니스탄은 북부를 통치하게 되었다. 그렇지만 아프가니스탄전쟁은 자유당에게 정부를 공격하는 호재를 제공하였고, 1880년 봄 총선에서 패배한 보수당은 실각했다.

2. 글래드스턴 정부의 제국정책

제1차 내각 시기 글래드스턴 정부의 제국정책은 외교정책에서 그랬듯이 이념적 일관성을 보이면서도 다양한 실제 현안과 괴리를 보였고, 때로는 이념과 정반대의 길로 나아갔다. 첫째, 이 시기 글래드스턴 정부의 제국정책은 제국주의가 아니라 오히려 식민지와 자치령에서 영국의 개입을 철회하는 것이었다. 대표적인 사례가 뉴질랜드와 캐나다에서 영국군의 철수였다. 뉴질랜드에서 영국인 정착자들은 원주민 마오리족과 전쟁 중이었는데, 식민장관 그랜빌은 영국군은 오직 영국 정부의 지휘 아래에서만 운용되며 뉴질랜드가 자치정부를 갖고 있으므로 영국군은 전투를 위해서는 소집될 수 없다고 주장하였다. 뉴질랜드의 정치가들과 영국 언론의 항의에도 불구하고 1870년 영국군 부대는 최종적으로 철수했다. 뉴질랜드가 제국을 이탈하고 심지어 미국에 합류한다는 풍문도 있었다. 그러자 그랜빌은 방어에 소요되는 100만 파운드를 대부해 주겠다고 제안함으로써 이들의 불만을 달랬다. 따라서 영국 정부는 식민지의 분리를 원한 것이 아니라 식민지에서 '책임정부'를 강화해서 자립하라고 요구한 것이다.이 개념은 선거를 통해 구성되는 입법부의 지지에 의존하는 수상과 내각, 즉 내각책임제를 의미했다. 1871년 캐나다에서도 영국군이 철수했다. 영국 정부는 특히 미국과의 전쟁의 개연성을 염려했다. 그런데 캐나다가 영국과 연계된 점이 미국과의 전쟁 가능성을 오히려 높였다. 만약 캐나다가 독립하면 캐나다·미국, 영국·미국 관계 모두 개선될 수 있었다. 이상적으로는 글래드스턴은 캐나다의 독립을 지지했다. 그러나 이는 서약하기에는 너무 민감한 사안이었으므로 영국 정부는 영국과 캐나다의 결합은 "캐나다가 원하는 한에서만" 지속된다고 여겼다.

둘째, 글래드스턴 정부는 제국을 확대하는 것에도 반대하였다. 전략적인 이유에서 절대적으로 필요한 경우가 아니라면, 글래드스턴은 식민

디즈레일리와 글래드스턴

지 팽창을 단호히 반대하였다. 이를테면 그는 피지제도를 병합하라는 선교사와 내각의 압력을 성공적으로 물리쳤다. 반면 1868년 집권 벽두에 디즈레일리가 피지를 병합한 것은 제국 문제에서 두 사람의 접근법의 차이를 상징적으로 드러낸다. 그럼에도 글래드스턴 제1차 내각 시기에 식민지 확대는 있었다. 케이프 식민지의 총독이 1871년 킴벌리 다이아몬드 광산을 병합한 것은 현장 실무자의 판단과 행동에 따라 식민지 팽창이 이루어진 고전적인 사례이다. 한편 감비아와 관련된 프랑스와의 교섭 사례는 제국을 보는 글래드스턴 정부의 시각의 복합성을 드러내었다. 1870년 정부는 영국의 식민지인 서아프리카의 감비아를 프랑스에 넘겨주면 그 대가로 상아해안의 소규모 정착지를 주겠다는 나폴레옹 3세의 제의를 수용했다. 파산한 감비아가 경제적 가치가 거의 없다는 판단에 따른 것이었다. 그러나 이 정책은 상인들의 이해관계와 영국 국민을 그들의 의사에 반해 외국에 넘긴다고 비난받았다. 다행히 프랑스·프로이센전쟁의 발발로 교섭이 종료되고 감비아는 영국령으로 남았다.

셋째, 그렇지만 식민지에서 영국의 이해관계가 직접적으로 도전받을 경우 글래드스턴 정부가 전쟁을 불사한 사례도 있다. 1873년 서아프리카 황금해안의 영국보호령이 이곳 내지를 장악한 아산티족의 공격을 받았을 때 식민부와 육군부는 보호령을 구하기 위해 영국군을 파견하기를 원했다. 이 문제에 아무런 열의를 갖고 있지 않은 글래드스턴은 군사 준비를 저지할 수 없었다. 내각에서 이 문제가 논의되자 월슬리가 지휘하는 영국군은 이미 파견 중이었다. 그의 원정은 대성공이었다. 순식간에 아산티의 수도가 점령되었고 아산티 왕은 자신의 영토가 영국보호령이 되는 것에 동의했다. 글래드스턴은 월슬리의 승리를 칭찬하지 않을 수 없었다.

1878년부터 1880년 총선까지 글래드스턴은 디즈레일리 정부가 영토 확장, 군사력 과시, 제국의 상징성을 추구하면서 의회를 경멸한다고 공격하였다. 그는 이 조치들이 현대의 상업적이고 기독교적인 영국 국민에게는 적합하지 않은 정책이라고 비판하였다. 대안으로 그는 미들로디언 유세에서 외교정책의 '올바른' 원칙을 제시하였다. 그렇지만 제2차 내각에서 글래드스턴 정부의 외교와 제국정책은 실제로는 이 원칙들과 반대로 진행되었다. 신중히 고려된 '실용주의'에도 불구하고 실제 행동은 혼란, 주저, 불일관성으로 특징지어진다.[10] 오히려 유세에서는 거의 언급되지 않은 아일랜드 문제와 국내 문제에서 어느 정도 성과를 거두었다.

이집트

글래드스턴 정부의 이집트 점령은 19세기 영제국 팽창 과정에서 최대 사건으로 평가된다.[11] 이 사건은 영국이 자유무역주의를 통해 영향력

---

10 Hoppen(1998), 앞의 책, p.657. 실용주의는 영국 자체의 이익이라는 개념에 토대를 둔 것이다. 18세기 중엽 이래 20세기 후반에 이르기까지 실용주의는 영국의 제국정책의 기조로서 일관되게 지속하였다.

11 로빈슨과 갤러거는 영국의 이집트 단독 점령이 아프리카 분할과 쟁탈전의 막을 연 사건이었다고 평가하였다. 그러나 몇몇 비판이 있다. 서아프리카에서 영토 분할은 1870년대에 일어났는데, 프랑스는 이집트 점령이 자국민을 보호한다고 환영했고 1884~1885년 군대의 공식 주둔 원칙을 천명한 베를린회의가 쟁탈전을 본격화했으며, 동남아시아를 비롯한 다른 지역에서 영토 분할은 영국을 포함한 더 광범한 국제적 추진력에 의해 이루어졌다(Robinson, R. E., J. A. Gallagher and Alice Denny

을 확대한 이른바 '비공식적 제국주의'에서 벗어나 확장을 포함한 적극적인 제국 방어로 나아간 대표적 사례였다. 그 규모는 차치하더라도 미들로디언 유세에서 디즈레일리의 제국 팽창 정책을 격렬하게 비난한 글래드스턴이 정작 이집트 점령의 당사자가 되었기 때문이다. 디즈레일리 정부조차 오스만제국을 유지하는 대가로 가끔 언급되던 이집트 점령을 전혀 고려하지 않았다. 더구나 이 이 점령 상태는 이후 70년간 지속하였다.

비록 명목상으로는 오스만제국의 한 부분이었지만, 술탄의 대리자인 케디브가 통치하는 이집트는 실질적인 독립국가였다. 그렇지만 프랑스와 영국은 공동 소유한 수에즈운하회사를 통해 이집트에서 중요한 이해관계를 갖고 있었다. 1879년 근대화를 추구하던 이스마일이 부채 상환 가능성을 의심한 서방 국가들의 사주에 의해 축출되고 그의 아들이 케디브가 되었다. 이집트 정부가 진 부채 이자를 확보하기 위해 영국과 프랑스는 협정을 맺어 이집트 정부 재정을 감독하는 권한을 행사했다. 글래드스턴은 디즈레일리 정부 때 체결된 이 협정을 "불행하고 파멸적인 실책"으로 비난했지만 현실적으로 파기될 수 없다고 판단했다. 1881년 국가적 굴욕과 정부의 부패에 불만을 가진 다양한 민족주의 세력을 규합하여 이집트 장교 아라비 파샤가 봉기를 일으켜 케디브를 축출하고 영국과 프랑스를 배척하였다. 근본적으로 그 봉기는 유럽이 무슬림 신

(1981), *Africa and the Victorians : The Official Mind of Imperialism*, 2nd ed., Basingstoke ; 스미스, 사이먼 C.(2001), 『영국 제국주의, 1750~1970』, 이태숙 · 김종원 옮김, 동문선, 114~125쪽, 185쪽).

앙과 전통을 침해한다는 민족주의 감정에서 나왔다.

원래 글래드스턴은 이집트 문제에서 영국은 초연해야 한다는 입장을 가졌다. 그래서 그는 디즈레일리의 수에즈운하회사 주식 매입도 반대하였다. 동방위기와 미들로디언 유세 때에도 이런 입장에는 변함이 없었다. 그러나 집권 이후 신중론은 점차 폐기되어 갔다. 이집트와의 교역, 이집트 채권을 소유한 영국인의 압력, 현지 영국 관리의 생각, 영국과 프랑스가 수립한 이중통할체제의 붕괴, 이집트 재정에 관한 우려가 글래드스턴과 내각에 영향을 끼쳤다.[12] 이집트 민족주의운동은 애초에는 글래드스턴의 공감을 샀다. 1882년 1월 그는 "이집트인을 위한 이집트"는 '이집트 문제'를 해결하는 "유일하게 좋은 해법"이라고 말했다. 그는 자치 이념을 이집트에 적용했다. 글래드스턴은 이 해법이 술탄의 권리, 외채 지불, 수에즈운하의 안전 같은 영국의 이해관계를 유지하는 것과 병존할 수 있다고 보았다.[13] 그러나 이집트에 주재한 영국 관리들은 아라비운동이 폭력적이고 진정한 민족 감정에 근거하지 않을 뿐 아니라 유럽에게 해로우므로 케디브의 권위를 회복하기 위해 열강이 개입하라고 촉구하였다. 1882년 글래드스턴은 자치 이념 적용을 폐기하였다.

6월 알렉산드리아에서 반서양 폭동이 일어나 50명의 외국인이 학살되고 영국 영사가 부상당했다. 글래드스턴은 유럽의 협조체제를 소집할 생각이었다. 그가 보기에 이집트에서 진보의 전제 조건은 질서 회복이었다. 그는 유럽의 국가들이 집단적으로 이집트 사태에 개입하면 영국

---

12 Hoppen(1998), 앞의 책, p.659.
13 Matthew(1997), 앞의 책, pp.384~385.

디즈레일리와 글래드스턴

과 프랑스의 부담이 줄어들 것이라고 여겼으나 이 기대가 무산되자, 케디브에게 무력시위를 하려고 영국과 프랑스는 알렉산드리아에 함대를 파견하였다. 정부는 의회에 230만 파운드를 요청하고 소득세를 인상하였다. 그러나 독일의 위협을 염려한 프랑스가 이탈하면서 영국은 일방주의 행동으로 나아가게 되었다. 최후통첩이 거부되자, 7월 영국 함대는 알렉산드리아를 포격하였다. 급진주의자 브라이트가 사임하였지만, 군사행동을 반대하는 영국 여론은 거세지 않았다. 하원에서 글래드스턴은 "여지가 있다면 남은 시간에 문명화한 유럽과 협력할 것이지만, 만약 모든 협력 기회가 소진된다면 그 일은 잉글랜드라는 한 강대국에 의해서만 수행될 것이다"라고 선언하였다.

9월 월슬리의 영국군은 이집트를 점령하고 반란을 진압하였다. 아라비의 봉기로 자리에 오른 케디브는 지위를 유지하지만, 영국 총독의 지시를 받게 되었다. 자유당 내각의 모든 계파는 점령이 일시적이라는 데 동의했다. 단기적으로 정부의 인기가 치솟았고 글래드스턴 자신도 흡족하였다. 하원에서 그는 이 전쟁이 "정당한, 기독교인의 전쟁"이라고 평가하였다. 섀넌에 따르면, 글래드스턴은 영국이 "나일강, 운하, 세계의 교차로들"의 지배자가 되었다고 "승리와 허세의 열정을 예외적으로 표출하였다."[14]

1882년 말부터 1885년 봄까지 이집트 사태의 정치적 · 재정적 타결은 글래드스턴의 중대 관심사였다. 우선 그는 이집트에서 영국이 재정

---

14   Shannon(1999), 앞의 책, p.306.

적 부담을 지는 것을 원치 않았다. 그의 목표는 이집트에서 질서가 회복되고 운하가 안전해질 때까지 영국의 군사적 점령은 잠정적이어야 한다는 것이었다. 그리고 자유주의적인 개혁을 도입하기 위해서는 케디브 체제를 유지할 필요가 있었다. 또한 그는 오스만제국체제 '안에서' 이집트는 오스만제국에 조공을 바치면서 자치정부를 수립해야 한다고 생각했다. 글래드스턴의 이 구상은 몇 가지 이유에서 좌절되었다. 첫째, 영국의 무력에 의해 질서가 수립되었으므로 군대를 철수하면 사태 개입의 목적 자체가 무산될 것이다. 이제 이집트의 자유주의적 개혁은 무력이 뒷받침하는 상황이었다. 둘째, 영국이 이집트를 공식 병합하기를 원치 않음으로써 프랑스를 비롯한 유럽 강국들이 이집트에서 자국의 이익을 추구하는 것을 배제할 수 없게 되었다. 그 결과 이집트 사안이 집단적 조정을 통해 처리되면서 영국의 일방적인 간섭이 어려워졌다. 셋째, 이집트는 파산이 임박해 있어 영국의 개입을 재촉했지만, 재정 문제 타결에는 시간과 재원이 필요했다.[15]

글래드스턴은 이집트 재정의 혼란을 종식시키는 일이 영국군 철수의 필수 조건이라고 보았다. 설상가상으로 수단 사태는 이집트의 부담을 가중시켰다. 1884년 런던회의에서 글래드스턴은 이집트 공채 소유자에게 지불할 배당액을 축소하자고 제안하였으나, 이집트 재정 문제를 이용하여 영국에게 국제적 압력을 가할 수 있다고 판단한 비스마르크의 계략으로 프랑스가 이탈하면서 회의는 수포로 돌아갔다. 따라서 재정

---

15 John(2010b), 앞의 책, p.283.

디즈레일리와 글래드스턴

문제의 타결 없이는 영국군의 조속한 철수가 불가능했다. 다국적 해법과 조기 철수라는 글래드스턴의 복안은 무산되었다. 일부 각료는 영국이 직접 지배하거나 일방적으로 재정은 통제해야 한다고 주장했지만, 글래드스턴은 협조체제를 통해 이집트 정부에 관한 영국의 1순위 책임을 덜고자 했다. 1885년 영국·프랑스·오스만제국의 협상 결과 이집트에게 재정 정비를 위한 2년의 유예 기간을 주고, 국제보증 대부 900만 파운드를 튀르크가 받으며, 공채 소유자에게 이자율을 인하하고, 이집트 재정을 감독할 열강의 국제위원회를 설치키로 결정하였다.

이집트 침공은 독일의 도전을 부추겼다. 특히 비스마르크는 이집트에서 영국에게 당했다고 믿은 프랑스에게 영국이 보상해야 한다고 주장함으로써 이집트 사태를 지렛대 삼아 영국과 프랑스의 화해^{앙탕트}를 저지하고자 했다. 그러므로 트란스발 사태와 달리 이집트 침공은 단지 제국 차원만이 아니라 유럽 차원에서 매우 중대했다. 글래드스턴이 천명한 협조체제는 마감된 듯했다.[16]

수단

이집트 점령으로 글래드스턴 정부가 얻은 인기는 곧 수단 사태로 물거품이 되었다. 1877년 글래드스턴은 영국이 이집트를 점령하면 아프리카에서 일련의 추가적인 영토 획득으로 이어질 것이라고 경고한 적이 있었다. 그가 이집트 점령을 주도함으로써 실제로 이 일이 일어났다. 오

---

16 Hoppen(1998), 앞의 책, p.661.

스만제국에 속한 수단은 명목상 이집트의 케디브가 통치했다. 1883년 이집트의 폭압적인 지배에 저항해서 모하메드 아메드 무슬림 구세주를 뜻하는 '마디'로 불렸다가 이끈 반서양 무슬림 봉기가 일어났다. 이번에도 글래드스턴은 봉기에 공감하였다. 그는 수단 봉기를 "정당화할 수 있는 명예로운 봉기"로 규정하였다. 수단을 포기할 뜻이 없는 케디브는 9월 이집트 군대 지휘관인 윌리엄 힉스에게 마디를 진압하도록 하였다. 그러나 이것이 이집트 정부의 책임이라고 본 글래드스턴은 힉스의 임무와 관련된 아무런 조치도 내리지 않았다.

준비가 안 된 힉스의 군대는 1883년 11월 마디 군대에 의해 소탕되고 수단에서 이집트의 지배는 무너졌다. 이 상태에서 영국 정부는 수단의 이집트 군대를 철수하기로 결정했고 이를 위해서 지원군을 요청했다. 내각은 찰스 고든 장군을 파견하기로 결정하였다. 1877~1879년 수단 총독을 지낸 고든은 1863~1864년에는 태평천국의 난을 진압하였으며 경험과 카리스마를 갖춘 적임지로 간주되었다. 그러나 글래드스턴은 고든이 수단 문제를 정치적·군사적으로 부각시킬지 모른다고 우려하였다. 이집트 총독 에벌린 베링도 열렬한 기독교도인 고든이 무슬림 봉기를 오히려 자극할 것이라고 생각했다. 그러나 스테드를 비롯한 언론계 인사는 고든을 위대한 인도주의자이자 기독교인이라고 추켜세웠고, 자유당은 이 기회에 자신들이 '애국당'임을 과시하려고 했다. 글래드스턴은 마지못해 고든 임명을 승인하였다.

고든이 임무를 수행하는 데에는 장애들이 있었다. 이집트 군대는 산재해 있고 영국 정부가 아니라 이집트 정부가 고든을 고용했으며, 임무가 명확하지 않았던 것이다. 공식적으로 그의 임무는 이집트 군대의 철

　　　　　　　　　　　디즈레일리와 글래드스턴

수 '방법'을 보고하는 것이었지만 고든은 자신이 철수를 '감독하는 것으로 이해하였다. 1884년 2월 수단에 도착한 고든은 스스로 수단 총독 자리에 앉고 철수가 아니라 통치를 시작하고는 오히려 수단을 이집트에 붙들어 매고자 했다. 1884년 5월 고든은 수도 하르툼에서 마디 군사에 포위되었다.

글래드스턴은 고든을 구출하기 위해 군대를 파견해야 한다는 베링과 내각의 요청을 무시했다. 영국이 항구적으로 수단을 점령할 가능성을 우려하였기 때문이다. 자신이 위험에 처하지 않았다고 호언한 고든의 말을 그대로 믿은 글래드스턴은 고든이 지시를 어긴 데 분개하였다. 그렇지만 실제로 고든은 위기에 봉착해 있었다. 1885년 5월 하원에서 고든 문제로 격론이 벌어졌다. 글래드스턴은 "자유롭기 위해 올바르게 투쟁하는 민족을 정복하는 전쟁"에 영국을 결부시켜서는 안 되고, 고든의 가치를 수단 침공에 따를 비용·유혈·명예와 견주어야 한다고 답했다. 결국 그는 구원대를 파견해야 한다는 압력에 굴복하였다. 1885년 1월 월슬리가 지휘하는 영국군이 하르툼에 도달했을 때 고든의 군대는 이미 전멸해 있었다. 2월 하원에서 글래드스턴은 14표 차로 탄핵을 가까스로 모면했다. 4월 러시아가 아프가니스탄에서 압박을 가하는 상황에서 월슬리 군대는 수단에서 철수하였다. 수단은 마디가 장악하였다. 다른 유럽 강국이 수단 점령을 위협하지 않는 상황에서 영국은 수단에서 아무런 이해관계를 갖지 않았으므로 글래드스턴의 판단이 현명했다는 평가가 있는 반면, 징고이즘을 혐오한 글래드스턴이 수단을 '문명화'하지 않으면 이집트가 안전을 누릴 수 없다는 사실을 간과했다는 평가가 있다.

남아프리카

아프리카 다른 지역에서도 글래드스턴은 제국 팽창을 피하려고 했다. 미들로디언 유세에서 글래드스턴은 트란스발을 영국이 지배하는 남아프리카연방에 통합하려는 디즈레일리의 정책이 줄루전쟁으로 비화하자 이를 격렬하게 비판하였다. 그는 남아프리카 대통령 파울 크뤼에르와 트란스발인뿐 아니라 영국의 자유당에게 디즈레일리 정부의 정책이 역전되고 그 주무자인 프레르가 소환될 것이라는 강한 기대감을 주었다. 그렇지만 집권 후 글래드스턴은 보수당 정부의 정책을 역전시키는 조치를 취하지 않았다.

제1차 내각에서 식민장관 킴벌리 경이나 디즈레일리 제2차 내각의 카나번이 추진한 남아프리카연방제는 상충하는 이해 세력의 요구를 해소하는 듯했다. 즉 케이프에서 영국의 전략적 이익을 보호하고 보어인의 억압에 저항하는 원주민을 인도주의적 관점에서 다루며, 이 목표를 적은 비용을 들여 성취할 수 있을 것이라는 예상이었다. 제2차 내각에서 글래드스턴과 킴벌리는 전임 보수당 정부의 연방제 목표를 유지하기를 희망하였다. 글래드스턴은 연방제의 이점과 이를 통해 보어인이 받을 혜택을 강조한 식민부의 견해에 동조했다.

그러나 남아프리카연방 구상은 실천되지 않았다. 케이프 식민지는 전진 정책을 추진할 생각이 없었고, 트란스발은 "영국 종주권 아래에서의 자치"라는 글래드스턴의 제안을 무시했기 때문이다. 트란스발은 독립을 원했다. 1880년 12월 트란스발은 연방 탈퇴를 선언하고 영국 지배에 저항하여 반란을 일으켰다.^{제1차 보어전쟁} 당시 자유당 정부는 아일랜드 문제에 몰입한 상태였으므로 남아프리카 사태에 거의 관심을 두지 않았다. 킴벌리는 진압이 가능한지, 비용을 치를 가치가 있는지를 의심하였다. 1881년 1월 내각은 강압 정책으로 선회하면서도 보어인과 협상하였다. 2월 본국의 지시를 따르지 않고 보어인에게 보복적 전투를 추구한 나탈 총독 써 조지 콜리와 영국군 92명이 마주바힐에서 전사했다는 소식이 런던에 도착하였다. 충격을 받은 글래드스턴은 이 "정말로 애석한 소식"을 "심판의 손"이라고 여겼다. 빅토리아 여왕과 언론과 보수당은 복수를 강력하게 요구하였다. 이는 정부의 협상을 어렵게 만들었다. 그러나 글래드스턴은 본격적인 개입을 회피하기로 결심하였다. 신임 총독 써 에벌린 우드는 보어인이 생업에 복귀하면 적대 행위를 삼가라는 지시를 받았다. 내각에서는 급진파가 보어인과의 타협을 계속 압박하였다.

8월 프리토리아협정이 체결되었다. 첫째, 영국은 트란스발을 남아프리카연방에 병합하지 않는다. 즉 트란스발은 독립공화국이 된다. 둘째, 원주민의 권리를 감독하기 위해 프리토리아에 영국 주재원을 설치한다. 셋째, 트란스발은 자신의 영토에서 외교를 포함한 영국의 명목상의 종주권을 인정한다. 이로써 영국 정부는 "영국 여왕의 종주권에 종속하는 완전한 자치정부"를 트란스발에게 인정하였다. 이 결정은 트란스발과 오렌지자유국에서 보어인들과의 전면전을 피한 최선의 성과로서 글래드스턴이 사태 처리에서 솜씨를 발휘한 결과였다. 아프가니스탄과 트란스발에서 영국의 종주권을 확인한 것은 동방위기 때 그가 견지한 튀르크의 영토적 통합 유지와 지방 차원의 자치라는 해법이 적용된 사례였다고 할 수 있다. 그런데 이 개념은 아일랜드에서처럼 영국의 개입 축소를 의미할 수도, 이집트에서처럼 부분 개입에서 전면 개입으로 나아갈 수도 있었다.[17] 실제 제국 문제에 관한 자유당의 정책이 된 이 개념은 교조적으로 적용되지 않고 상이한 문제 형태에 상이하게 적용되었다고 볼 수 있다. 물론 부정적으로 본다면 글래드스턴 정부가 아무런 명확한 정책을 갖지 않았다고도 볼 수 있다.

그러나 완전한 독립을 요구한 보어인은 협정 개정을 요구하면서 원주민 거주지인 서쪽의 베추아날란드로 팽창하려고 했다. 이에 1884년 자유당 정부는 베추아날란드를 영국의 보호령으로 공식 선언하면서 프리토리아협정을 대체한 런던협정을 체결하였는데, 이 협정에 따라 보어인의 내지 진출은 허용되고 영국은 해안 지역에서 이해관계를 유지하였으며, 원주민 권리 감독관은 소환되고 영국의 종주권 요구는 철회되었다. 그렇지만 글래드스턴의 주장대로 영국은 계속해서 트란스발의 외교를 통제할 수 있었다. 이 결과는 아프가니스탄에서의 타결과 같았다. 글래드스턴의 목표는 남서아프리카에서 보어인이 독일과 조우하는 것을 방지하려는 것이었다. 그렇지만 란드^{Rand}에서 금광이 발견됨으로써 이 지역에서 이해관계와 세력 구도는 더욱 복잡해졌다. 글래드스턴 정부에게 남아프리카 문제의 딜레마는 모든 전진 정책 혹은 팽창주의 움직임이 실제적이지 않았다는 점이다. 그것은 글래드스턴의 제국정책의 광범한 딜레마의 일부였다. 즉 (글래드스턴이 전혀 고려하지 않았을 뿐 아니라 실제적이지도 않았던) 제국으로부터의 적극적인 후퇴가 아닌 바에야, 유일한 대안은 필요한 곳에서는 제국의 확장을 배제하지 않으면서 영국

---

17 Sykes(1997), 앞의 책, p.102.

의 제국 지위를 능동적으로 방어하는 것이었다.[18]

아프가니스탄

글래드스턴은 아프가니스탄에서는 디즈레일리의 전진 정책을 역전시켰다. 인도 총독 리폰 경의 요구를 수용한 아프가니스탄의 지배자 아미르는 외교에서 영국의 통제를 인정하였다. 그러나 카불에서 영국인이 거주한다는 요구는 거부하였다. 1881년 봄 영국군 대부분은 철수했다. 그렇지만 이 조치는 영국이 아프가니스탄에서 영국의 이익을 포기함을 뜻하지는 않았다. 영국의 목표는 영국이 아프가니스탄의 외교를 통제할 수 있도록 안정적인 아프가니스탄 정부를 확립하는 것이었다. 아미르는 아프가니스탄이 촉발하지 않은 전쟁이 발발할 경우, 영국이 아프가니스탄을 방어하는 대가로 아프가니스탄의 모든 대외관계를 통제한다는 데 동의하였다.

그런데 러시아는 중앙아시아를 통해 아프가니스탄 국경 쪽으로 계속해서 팽창을 시도했다. 1885년 2월 러시아가 국경에 진출하면서 정확한 국경을 설정하는 교섭이 전개되자, 이 지역에서 영국군을 강화하기 위해 철도 부설이 시작되었다. 그사이 러시아가 아프가니스탄과 투르케스탄 국경 지역인 펜제^{Pendjeh}에서 아프가니스탄 군대를 격파하고 이 지역을 점령했다. 동맹국의 영토가 침공되자 글래드스턴은 의회로부터 전비 의결을 얻어 내고 전쟁을 준비하였다. 또한 러시아가 계속 남하하면

---

18 Feuchtwanger(1985), 앞의 책, p.153.

전쟁을 불사하겠다고 경고했다. 이것은 글래드스턴이 신속함·단호함·유연함을 과시한 사례이자, 보수당을 당혹시킬 정도로 파머스턴적 입장을 천명한 것이었다. 이에 러시아는 아프가니스탄 영토에서 군대를 철수시켰다. 글래드스턴 정부는 아프가니스탄에서 안정적인 정부를 수립하는 괄목할 만한 성공을 거두었다. 1885년 7월 솔즈베리의 보수당 소수파 내각에서 아프가니스탄 사태는 글래드스턴이 제시한 방식으로 타결되었다. 이 지역을 분할하려는 교섭은 종결되었고 내부의 질서는 확보되었다. 영국은 펜제를 포기하였지만, 러시아도 요충지로의 접근이 저지되었다. 영국은 인도 국경 지대에서 우호적이지만 독립적인 국가를 수립하였다. 영국은 전쟁을 치르지 않고 러시아를 아프가니스탄 국경 밖에서 확실하게 저지하였다. 이것은 자유당이 이룬 "진귀한 그리고 전면적인 성공"이었다. 아프가니스탄이 군사적 의미가 더해진 보호령이 되는 길을 모면했을뿐더러 인도 방어 문제는 정치적 논쟁거리에서 벗어나게 되었기 때문이다.[19]

3. 이념과 스타일

디즈레일리의 '신제국주의'?

디즈레일리는 식민지 자체를 글래드스턴보다 큰 관심을 갖고 다루지

---

19 Matthew(1997), 앞의 책, p.381 ; Hoppen(1998), 앞의 책, pp.663~664.

는 않아 많은 연설에서도 식민지 문제는 큰 비중을 차지하지 않았다. 그는 식민지 유지의 필요성을 역설하면서도 자치 허용을 주장하기도 했다. 따라서 디즈레일리는 이미 나 있는 길, 자유당이 이미 만들어 놓은 길을 따랐고, 재정 절약의 필요에서 군대를 감축하거나 요새를 축소하였다. 그러나 이런 입장이 일관되지는 않았다. 외국과의 경쟁이나 모종의 위협은 디즈레일리의 정책을 정반대 방향으로 몰고 갔다. 사정은 글래드스턴의 경우도 비슷했다. 디즈레일리가 한 일은 인상적인 거창한 제국상을 제시하는 것이었고, 이 점에서 디즈레일리의 제국정책과 이념은 그 자신의 개성이 잘 반영된 분야라고 할 수 있다. 세부 사항에 약했던 그는 낭만적 사고로 큰 그림을 그리는 데 능했다.[20] 영국의 국제적 지위에 관한 디즈레일리의 가장 특징적인 전망은 동방과 아시아에서의 식민지 제국과 관련되었다. 이 관심은 디즈레일리의 내면에 자리 잡은 낭만주의에 뿌리를 두고 있었다. 1866년 그는 잉글랜드가 "실제로는 유럽보다는 아시아의 강국이다"고 말했다. 그래서 그는 캐나다 같은 자치령 식민지에 거의 관심을 두지 않았다. 그가 캐나다 자치령의 지위를 '심각하게' 고려해야 한다고 했을 때, 그것은 영국이 통치하지 않는 식민지에 영국 군대가 있는 '비정상'을 재고해야 한다는 의미였다. 그는 자치 식민지 개념을 갖지 않았다. 그의 관심은 백인 정착 식민지^{자치령}가 아닌 비백인 식민지에 있었다.

　디즈레일리의 정치적 기회주의를 그의 제국정책에 그대로 적용한 연

20　Hoppen(1998), 앞의 책, p.629.

구자들은 제국을 거론한 디즈레일리의 몇몇 부정적인 언명을 근거로 그의 제국주의는 일관성이 없었다고 주장한다. 1852년 더비 제1차 내각때 디즈레일리는 "이 비참한 식민지들은 수년 안에 모두 독립할 것이고, 우리 목에 매달린 맷돌이다"라고 말했고, 1866년에는 "'우리가 통치하지 않는' 식민지라는 무거운 짐들이 무슨 소용이 있는가? ⋯⋯캐나다인들이 스스로 방어하도록 내버려 두고, 아프리카의 기병대를 소환하고, 아프리카 서부 해안의 정착지들을 포기하라. 그러면 우리는 동시에 선박을 건조하고 건전한 예산안을 위한 저축을 하게 될 것이다"라고 말했다. 디즈레일리를 소^{小}잉글랜드주의자로 보는 해석에서 이 발언은 글래드스턴처럼 디즈레일리도 제국을 짐으로 여겼다는 근거로 제시되었다. 그리고 1870년대 말 그는 적극적이고 호전적인 제국주의를 표방하였지만, 이는 자유당 외교정책의 부적절성을 지적함으로써 이득을 취하기 위해서이거나 불가리아 사태 때 대중이 보인 관심에 대처하려는 것이었다고 해석된다. 간단히 말하자면, 디즈레일리의 제국주의는 자유당의 약점을 추궁하는 과정에서 나온 부산물이었다.

그러나 여러 연구자는 1852년의 '맷돌' 언급이 디즈레일리를 반제국주의자로 규정하는 근거가 될 수 없다고 본다. 그가 한 말의 중심은 제국주의가 아니라 국가재정에 있었기 때문이다. 일반적인 차원에서 디즈레일리를 반제국주의자로 해석하는 것은 그의 제국 이념의 기본적인 연속성을 뒷받침하는 증거들을 무시하는 것이다. 디즈레일리는 오랫동안 제국을 영국의 위대함의 본질적 요소로 간주했다. 그래서 그는 세계에서 영국의 이해와 지위를 유지하고자 결심했다. 보수당을 제국 대의와 일치시킨 것은 그의 가장 영향력 있는 유산이었다. 그는 국내 사안보다 외교와 제국 사안에 좀 더 관심을 기울였다. 그는 글래드스턴 정부가 국익을 제대로 부지하지 못했다고 비판하면서 보수당이 파머스턴주의의 진정한 계승자라고 주장하였다. 수에즈운하회사 주식 매입, 국왕호칭법, 그리고 특별히 동방문제는 디즈레일리의 노선과 정책의 특성을 보여 주는 사례이다. 앞의 두 사례는 실효성보다는 상징성이 두드러지지만, 또한 그의 스타일을 잘 보여 주었다.

그렇지만 정책적 견지에서 본다면 그의 관심은 선택적이었다. 엘드리지는 디즈레일리의 제국주의 언급이 수사 수준에 머물렀다는 해석을 거부하고, 디즈레일리의 제국 이념이 과연 정책에 반영되었는가를 검토한 결과 디즈레일리가 식민지 획득에는 아무런 관심이 없고 아무런 역할도 하지 않았다는 일종의 절충적인 해석을 내놓았다. 예컨대 디즈레일리의 인도 정책은 영국의 노선이 비활동 정책으로부터 '새로운' 제국 비전을 구현하는 전진 정책으로 명확하게 바뀐 사례이다. 그러나 피지, 트란스발 같은 나머지 사례들에서 보자면 디즈레일리는 식민지 획득에는 적극적이지 않았다. 그는 "중앙집중적인 군사 제국이자 인도에 기반을 둔 세계 강국으로서의 영국의 역할"에 관심이 있었다.[21]

제2차 내각 시기에 디즈레일리는 글래드스턴 같은 자유당 인사들이 제기하면서 비판하던 방식으로 제국의 팽창을 추구하지도 체계적인 제국 팽창 전략을 갖지도 않았다. 그의 정책은 전임 글래드스턴 정부로부터 물려받은 문제들을 겨냥한 실제적 대응에 불과했다. 그렇지만 선택

21 Eldridge, C. C.(1988), "Disraeli and the New Imperialism : Prophet or Charlatan?," *Trivium* 23, pp.151~170.

적이든 실현되지 않은 비전이든, 제국이 강대국으로서 영국의 지위와 국내의 복지 모두에 중요한 기여를 한다는 디즈레일리의 확신은 무시할 수 없다. 동시에 그의 제국주의에는 기회주의적인 측면이 있었다. 디즈레일리에게 이상적인 정치가는 행동하는 신비스러운 인간이었다. 디즈레일리는 자신의 '창조성'과 '상상력'을 통해 시대에 흔적을 남기는 인물이 되기를 원했다. 그는 명예를 추구했다. 제국주의는 그의 이런 갈망에 적합한 주제였다.[22]

오늘날 연구자들은 대체로 제국주의가 디즈레일리의 정책과 이념의 긴요한 부분임을 인정한다. 그런데 그의 제국주의의 일관성과 연속성에 대해서는 의론이 분분하다. 일단 역사가 대부분은 1860년대 말에서 1870년대에 디즈레일리가 제국주의에 점차 열광하였고, 이것이 1872년의 수정궁 연설에서 표현되었다고 본다. 그런데 일부 연구자는 이 연설을 디즈레일리가 제국주의에 '새로운' 요소를 추가한 것으로 평가하고, 그럼으로써 '디즈레일리의' 제국주의의 특성을 파악한다. 그 새로운 요소란 인도의 사례에서 보듯이 제국주의와 징고이즘을 결합시키고 식민지 '획득'과 결부된 특정 형태의 제국주의를 추진한 점이다. 그러니까 이 해석은 1872년을 기점으로 디즈레일리의 제국주의 이념이 달라졌다고 본다.

그런데 이 수정궁 연설에 관해서는 몇 가지 해석이 있다. 첫째, 디즈레일리가 제국주의를 지지한 것은 그가 보수당의 정치적 필요를 인식한

---

22 Durrans, P. J.(1989), "Beaconsfieldism," *Trivium* 24, pp.70~71.

것과 결부된다. 스미스에 따르면, "1872년 디즈레일리가 제국을 언급한 데에는 하등 독창적인 것이 없다. 새로운 점은 자유당의 취약성을 드러내는 것처럼 보였던 사안으로서뿐만 아니라 국민적 위상의 공통된 상징, 국가적 번영의 공통된 원천, 국가적 자부심과 노력이라는 공통된 목표를 모든 계급에게 제공하는 데 중요한 통합적 기능을 수행할 수 있는 것으로서 제국을, 자신이 구축하고 있는 보수당의 선거 전략의 중심에 놓는 것이었다."[23] 수정궁 연설은 선거 전략 차원에서 나온 발언이라는 것이다.

둘째, 일부 연구자는 정당정치가로서 디즈레일리의 성격과 그의 외교정책에서 제국주의가 중요했다고 강조하면서도 제국주의 '강령'은 전혀 존재하지 않았다고 본다. 이언 매친은 디즈레일리의 기회주의를 강조한다. "그는 제국의 현재적 중요성을 인정하는 상상력 있고 대중에게 인기 있는 정책적 손바람을 일으켰지만, 자신은 어떤 체계적이고 장기적인 식민지 확장 계획도 대변하지 않았다."[24] 이 논점은 왜 디즈레일리가 영제국에 그다지 많은 영토를 더하지 않았는가를 설명한다. '기회주의자' 디즈레일리는 제국을 확장한다는 야심찬 목표를 갖지 않고도 제국을 광범한 차원에서 정당화했다는 주장이 있을 수 있다. 아마도 제국정책은 경제·외교정책에 종속적이었을지도 모른다. 그는 인도, 그리고 인도에 이르는 길에 토대를 두고 본질적으로 '상업제국'을 고려하였고, 그의 특정한 제국정책은 1875년 프랑스와의 관계이든 아니면

23 Smith, Paul(1996), *Disraeli : A Brief Life*, Cambridge, p.164.
24 Machin(1995), 앞의 책, p.5.

1878년 러시아와의 관계이든 언제나 다른 강대국들과의 관계를 염두에 두었다.

셋째, 디즈레일리의 제국 이념을 1830~1840년대로 소급해서 확인하고 그후로도 그의 제국관에는 변화가 없었다고 연속성을 주장하는 해석이 있다. 이 해석에 따르면, 디즈레일리가 1860년대에는 반제국주의자였다는 주장도 1870년대에는 팽창주의자였다는 주장도 틀리다. 그는 자유당이 남긴 정책을 '설거지'했고 그러나 이 주장대로라면 글래드스턴도 디즈레일리가 남긴 정책을 설거지했다, 현장 실무자들의 과도한 조치를 늘 비판했다. 이를테면 수에즈운하회사 문제는 실제 운영권과는 거리가 있었고, 인도 문제는 디즈레일리의 낭만주의를 표현한 것이지만 그는 황제 칭호가 시기적으로 맞지 않는다고 보았으며, 키프로스 문제는 디즈레일리가 아니라 솔즈베리가 주도하였다. 블레이크가 대표하는 이 해석은 '거물급 제국주의 옹호자 디즈레일리'라는 통설을 타파하였다. 디즈레일리 정치 스타일의 '연극적' 성격을 그의 제국주의의 특징과 결부하는 해석은 이것의 연장선상에 있다. 1876년 국왕호칭법을 제정해서 빅토리아 여왕을 공적 인물로 복귀시킨 사례는 '배우 디즈레일리'를 잘 보여 준다. 이 연극성은 동방문제와 베를린회의에서 성공적으로 재현되었다.[25]

디즈레일리의 제국정책은 1880년 총선 패배의 주요 원인으로 간주되어 왔다. 베를린회의의 성과에도 불구하고 남아프리카와 아프가니스탄에서의 위신 실추는 글래드스턴의 공격이 가세함으로써 유권자들이 보

---

25 Voskuil, Lynn M.(2004), *Acting Naturally : Victorian Theatricality and Authenticity*, Charlottesville, pp.140~181.

디즈레일리와 글래드스턴

수당 정부를 외면하는 데 작용하였다. 그런데 이 두 사례는 디즈레일리 정부의 정책이라기보다는 현지 실무자들의 실책의 결과였다. 그럼에도 디즈레일리와 정부는 그 책임에서 자유로울 수 없었다. 사실 이런 상황은 글래드스턴 제2차 내각 시기의 사례들에서 더 심했다. 하여간 현지 실무자들의 입장과 행동을 중시하는 관점에서 보자면, 디즈레일리의 제국 이념과 정책의 강도와 주도성은 퇴색한다.

그렇지만 프레다 하코트에 따르면, 디즈레일리의 적극적 제국주의는 1872년이 아니라 이미 1866~1867년 아비시니아전쟁에서 시작하였다. 이 해석에서는 디즈레일리의 제국주의의 시점이 소급될 뿐 아니라 주도성이 부각된다. 1866년 국내의 선거법 개혁 와중에 디즈레일리는 토리의 지도 아래 '계급 통합'을 이루어 보수당이 '국민정당'이 되는 길은 제국주의적 대외 팽창임을 인식하였다. 아비시니아전쟁 때 디즈레일리의 목표는 국내에서 정치적 안정을 유지하고 경쟁적 세계에서 장차 영국의 역할에 관한 자신의 전략의 토대를 구축하는 것이었다. 따라서 1866~1868년 디즈레일리의 제국주의는 과거와의 '결정적 단절'이며, 이 전략은 디즈레일리의 절묘한 기회주의 덕분에 성공했다. 그 결과 제국과 외교에서 '새로운 오리엔테이션'이 등장했다.[26] 그런데 900만 파운드가 소요된 아비시니아전쟁은 디즈레일리가 재무장관이었을 때 일어난 사건이다. 만약 1852년 "목에 매달린 맷돌" 발언이 디즈레일리가 제국주의를 반대했다는 근거라면, 역시 재무장관 때의 아비시니아전쟁은 하코트

---

26 Harcourt, Freda(1980), "Disraeli's Imperialism, 1866-1868 : A Question of Timing," *Historical Journal* 23(1), p.104, pp.106~109.

의 해석대로 과거와의 결정적 단절이 된다.

한편 시몬느 보르그스테드는 "인종이 전부다"라는 디즈레일리의 발언에 착안하여 그의 제국정책 근저에는 인종 개념이 존재했다고 본다. 이 주장에 따르면, 디즈레일리는 모든 식민지 대표를 포함하는 제국 의회 이념을 견지했고 제국의 인민을 '인종화'했다. 디즈레일리는 인도인 동방의 상상력을 이용하여 '동의에 의한 통치'가 가능하다고 생각했다. 그는 로마제국의 통치가 바로 이런 것이었다고 여겼다. 디즈레일리는 제국 의회에서의 대표성을 통해 백인 정착 식민지를 통합하고자 했으나 지지를 얻지 못했고, 그 결과 캐나다 경우처럼 정착 식민지는 자치를 원한다면 (이를테면 미국의 위협으로부터) 스스로 방어할 수 있어야 한다는 노선을 발전시켰다. 그러나 그는 아프리카 기원의 식민지에서는 이것이 불가능하다고 생각했다. 그 차이가 너무 크기 때문이다. 이를테면 그가 보기에 자메이카는 생산자이자 소비자^{시장}이지만, 대규모 흑인 주민과 소수 백인이 대립하므로 자메이카는 계속 식민지로 남아야 했다. 이 '현저한 차이' 개념은 아프리카 정책에도 적용되었다. 한편 인도는 디즈레일리의 제국 구상의 중요한 부분이었는데, 그 이유는 디즈레일리가 보기에 인도는 고대 문화의 수준이 높았을 뿐 아니라 영국에게 중요한 생산자이자 거대한 시장이었기 때문이다. 따라서 디즈레일리는 인도와의 관계 속에서 다른 지역이 갖는 지리적·전략적 역할을 고려했다. 그의 인종주의 이념은 통합된 국민을 '제국 인종'으로 창출하는 데 용이했다. 결국 디즈레일리는 신제국주의를 발명했다기보다는 제국을 보는 '새로운 이해'를 발전시켰고, 이는 새로운 형태의 제국적 정치 형성으로 귀결했다. 그는 제국 팽창보다는 제국 통합을 목표 삼았다. 그는

계급을 통합하는 일국민 정치에서 제국이 경제적·이데올로기적으로 중요하다고 인식하였다.[27]

글래드스턴의 '반제국주의'?

'글래드스턴의 더 넓은 세계' 개념으로 그의 외교관과 제국관을 다룬 데릭 슈로이더에 따르면, 글래드스턴은 평화 지지자였고 큰 책임감을 갖고 '제국으로서의 국민'을 인식하였다. 디즈레일리가 자유당은 잉글랜드제국을 해체한다고 공격하자 그는 이렇게 응수했다. "나는 제국주의는 반대하지만, 제국에는 헌신한다." 글래드스턴에게는 제국의 힘을 어떻게 행사하는가와 인류를 위해 제국의 의미를 어떻게 실현하는가가 중요했다. 그는 팽창주의를 반대하였지만 '원형' 탈식민주의자는 아니었다. 그는 1858년 이오니아 특명감독관 경험을 통해 제국 '안'에서의 권력분립론을 구축하였고, 1866년 캐나다의 자치를 옹호하였으며, 백인 정착 식민지에서의 종교적 다원주의를 지지하고 1869년 아일랜드 국교회를 폐지하였으며, 두 차례 아일랜드 자치 정책을 추구하였다. 이 사례들은 그가 제국의 의미를 '도덕화'했음을 뜻한다.

그렇지만 그는 도덕적 제국 이념에 교조적으로 매달리지 않았다. 그는 "힘과 섭리"가 영국의 평화 Pax Britannica에서 함께 작용한다고 믿었다. 더구나 그는 "제국은 신이 준 목적을 위해 그 영토를 쓸 수 없다면 정당화될 수 없다"고 말함으로써 도덕적 제국과 제국의 확대를 구별했

27 Borgstede, Simone B.(2011), 'All Is Race' : Benjamin Disraeli on Race, Nation and Empire, Berlin, p.31, p.244.

다. 그는 제국체제를 "제국에 의한 직접적인 강제"로 간주하지 않았다. 이를테면 그가 보기에 완전한 자유의 제국이자 공동체 구성원의 자발적인 식민으로 이룩된 그리스제국은 로마제국과 대비되었다. 그리스제국은 제국의 책임과 식민지의 책임이 조화를 이룬 상태였다. 그는 미국의 독립은 영제국이 로마제국의 '잘못된' 모델을 적용한 결과라고 인식하였다.

글래드스턴의 '자유주의적 제국'은 본국과 식민지의 상호 유대감에 토대를 둔 것이었다. 그가 보기에 제국은 일사불란한 행정적 · 정치적 · 군사적 통일체가 아니며, 통일성이 있다면 그것은 가치와 충성심의 통일성이어야 했다. 그는 이 통일성이 공유된 (영국의) 가치와 문화, 공통의 제도와 호혜적인 경제적 이해관계에서 온다고 여겼다. 도덕적 제국과 제국의 확대를 구별함으로써 글래드스턴은 기존의 제국 상태에서 식민지들을 무력으로 통합하거나 새로운 영토를 획득하여 제국을 팽창시키는 정책을 거부했다. 그는 이를 비도덕적이라고 여겼다. 그는 무력 대신 자유무역을 통한 "감정의 부드러운 유대"를 유지하기를 원했고, 그것이 쌍방에게 이익이라고 생각했다.

글래드스턴에게 제국이란 "그 구성원이 그렇게 하는 것이 이득이라고 생각하는 한 존속할 수 있는 이해관계의 호혜적 공동체"였다. 이 견해의 근저에는 '자발적' 결합이라는 이념이 있었다. 글래드스턴은 영국인의 독특한 성질은 책임 있는 자치 능력이라고 믿었다. 세계 도처의 영국 식민지들이 자신의 의회와 행정부를 만드는 것은 불가피할 뿐 아니라 정당했다. 그것은 지방 차원의 행정이 중앙으로부터의 지시보다 더 잘 운영되고, 자치 정부가 부과하는 규율에 의해 능동적인 시민이 함양될 수 있다는 논리였다. 따라서 글래드스턴은 식민지의 자치를 옹호하였다. 그러나 그는 자치가 캐나다, 오스트레일리아, 뉴질랜드, 케이프, 트란스발 같은 백인 정착 식민지에서 적합하다고 보았다. 자치와 자발적 결합이라는 이념은 인도, 아프리카 식민지 같은 비백인 식민지에 적용되지 않았다. 영국은 이 지역에서는 식민지인의 최상의 이익을 위해 통치할 책무가 있다. 다만 인도 같은 곳에서는 영국 정부가 인도의 제후들로 하여금 도덕적 정부의 이름 아래 진보적이고 참여적이며 자유주의적인 정책을 펴도록 이끌어 자치 능력을 배양한 뒤에야 그 단계에 도달할 것이다. 이런 이유에서 그는 제2차 내각 시기 인도 총독 리폰의 자유주의적 개혁을 높이 평가하였다.[28]

그렇지만 이런 제국관은 실제에서 한계에 부딪혔다. 제1차 내각 시기에 서인도제도에 속한 리워드제도는 연방화했지만 남아프리카에서는 연방제가 좌절되었다. 케이프에서는 책임정부를 허용했으나 나탈에서는 거부하였다. 책임을 동반한 자치는 현지에서 영국군의 철수로 이어졌다. 따라서 글래드스턴 집권 시기에 제국은 '자유주의적으로' 유지될 것이지만 확장되어서는 안 되었다. 자치는 권장되고, 식민지 이해가 본국 이해와 대치할 때에도 식민지가 무력으로 억제되어서는 안 되었다. 즉 "사회 진보, 도덕적 계몽, 자유와 자발주의"가 글래드스턴의 제국관의 토대를 형성했다.[29]

28 이상의 내용은 Schreuder(2012), 앞의 논문, pp.277~279, pp.281~283.
29 Macdonald, Hugh(1971), "Gladstone and Imperialism," *Millennium : Journal of International Studies*(L. S. E.), 1(2), p.19.

1870년대 중반 이후 글래드스턴은 제국주의 열풍이 영국과 유럽을 휩쓴다고 확신했다. 그 결과 종전에는 원리상 제국을 반대하지 않았지만 이제는 영제국의 팽창을 격렬히 반대하게 되었다. 그가 보수당뿐 아니라 자유당 내부의 제국주의 옹호자들과 다른 점은 특히 전략적 고려에서 제국주의를 옹호하는 주장을 거부한 데 있었다. 글래드스턴은 이른바 안보론이 객관적인 근거가 없다고 보았다. 예컨대 그는 영국의 이익이 인도에 이르는 교역로에 달려 있다고 보지 않았다. 그는 수에즈운하가 아니더라도 남아프리카를 돌아 인도에 이르는 길은 여전히 건재하다고 보았다.

그런데 글래드스턴은 절대 소잉글랜드주의자가 아니었으나 영토의 추가 획득을 절대적으로 배제하지는 않았다. 그는 식민지 확장 자체를 반대하지는 않았다. 또한 그는 무역과 영향력이 필요하다면 때로 무력을 정당화했다. 제국 혹은 강대국이 다른 민족의 권리와 원주민의 권리를 침해하지 않는다면, 그는 서양 문명을 확산시키는 것을 반대하지 않았다. 그렇지만 그는 식민지 확대가 그릇되지 않다는 바로 그 이유에서 한 나라가 식민지를 확대해야 한다는 결론이 뒤따르지는 않는다고 보았다.

글래드스턴은 도덕적 이유뿐 아니라 재정적 이유에서도 자신의 주장을 정당화했다. 그의 생각으로는 영제국의 확장이 바로 영국의 이익은 아니었다. 왜냐하면 제국 팽창은 식민지 방어와 행정에 소요되는 경비의 증가를 요구하고, 그 결과 제국의 경제적 힘을 빼앗기 때문이다. 따라서 영국과 기존의 영제국의 선을 위해서는 식민지 팽창은 '가능하다면' 회피해야 했다. 재정 긴축론자였던 그는 긴축이 국방비 부문에도 적용되어야 한다고 생각했다. 당시 국방비는 전체 예산의 3분의 1을 차지했다. 동시에 영국은 군대를 근대화하고 유럽에서의 잠재적 위협에 대처할 준비를 해야 했다. 따라서 글래드스턴은 식민지에서 제국의 간여를 축소하고자 하였다. 백인 정착 식민지에서 책임 있는 자치정부 추진과 군대 철수는 글래드스턴의 제국 이론과 실제가 재정적인 측면에서 일치한 사례이다. 수정궁 연설에서 디즈레일리는 자유당 정부가 영제국을 해체한다고 공격하였다. 물론 글래드스턴은 영제국의 해체를 원하지 않았다. 그렇지만 그런 인상을 준 것은 두 가지 이유 때문이다. 그의 제국관 자체가 '독특'하였고, 1870년대 이후 디즈레일리가 수사와 실제 모두에서 대표한다고 간주된 '제국주의' 때문이었다. 1880년대 국내에서 글래드스턴이 겪은 정치적 곤경은 부분적으로 빅토리아 여왕, 정계, 여론이 합세하여 지지한 전진 정책 때문이었다. 이 불리한 상황에서 그는 여전히 자신의 중기 빅토리아 시대의 제국관을 견지하려고 했다.[30] 그 때문에 그의 제국 이념의 이론과 실제는 종종 불일치했다. 그것은 글래드스턴 자신이 적극적으로 선택한 정책의 경우와 내각과 여론의 압력에 굴복한 결과 선택된 경우 모두에 해당하였다.

글래드스턴은 평화를 증진하고 무력 사용을 국제적 권위에 종속시킴으로써 규제하고 제한하려는 시도에서는 단호했다. 그렇지만 제2차 내각 시기 보어전쟁, 이집트 침공, 수단 사태에서 보듯이 비용이 많이 든 식민지에서의 일련의 갈등은 제국과 외교에 관한 자유당 수사의 신뢰성

---

30 Matthew(1997), 앞의 책, p.377 ; Jenkins(1995), 앞의 책, p.500.

과 협조체제를 심각하게 침해했다. 프랑스와의 대립, 아프가니스탄에서 러시아의 팽창, 아프리카 분할은 국제관계에서 비스마르크의 철학이 규칙이 됨을 예시하였다.

그런데 유제니오 비아지니는 이 실패가 단순히 불일관성과 이중적 잣대의 문제가 아니라고 본다. 즉 자유당 정부는 제국 차원의 "상이한 도전들에 상이한 방식으로" 대응했다.[31] 글래드스턴은 제국을 영국의 후견 아래 민족들이 자발적으로 연합하는 것으로 간주하였다. 그러나 그는 남아프리카에서 자신의 새로운 정책을 운용할 기회를 놓쳤다. 미들로디언 유세에서는 트란스발 자치가 언급되었지만, 1880~1881년 아일랜드 문제와 임박한 이집트 위기에 관심을 집중하면서 글래드스턴 정부는 남아프리카 대통령 크뤼에르의 요구에 부응하지 못했고, 남아프리의 정부는 상황을 잘못 운용하였다. 글래드스턴은 전면적 진압과 독립에 근사한 양보 가운데 후자를 택하는데, 이 '강압에서 화해로의' 방침은 1886년 아일랜드 자치 시도의 예고편이었다. 인도에서 리폰이 자유주의적인 정부를 수립한 사례도 이와 유사했다. 또한 아프가니스탄에서는 매우 성공적으로 사태를 수습하였다. 그렇지만 이집트에서는 달랐다. 글래드스턴은 아라비 봉기를 "정당하게 자유를 위해 투쟁하는 것"으로 간주했지만, 일단 간섭 정책을 시작하자 주저와 실수 없이 단호하게 행동했다. 그것은 알렉산드리아 포격과 이집트 점령으로 귀결하였다. 반

---

31 Biagini, Eugenio(1998), "William Ewart Gladstone," in Robert Eccleshall and Graham Walker eds., *Biographical Dictionary of British Prime Ministers*, London, pp.205~207.

디즈레일리와 글래드스턴

면 또 다른 "자유를 위한 정당한 투쟁"이 일어난 수단에서는 전면 철수를 지지하였다.

따라서 글래드스턴의 제국정책을 이해하려면 그가 평화를 원했지만 '오직 질서와 국제조약에 토대를 둔' 평화만을 믿었음을 알아야 한다. 아프가니스탄과 트란스발에서는 조약 체결 이후에야 철수가 이루어졌고, 현지에서 영국과 교섭할 안정적인 정부가 있는 경우에야 조약이 체결되었다. 이와는 대조적으로 1881~1882년 이집트에는 안정적인 정부가 없었고, 글래드스턴은 아라비가 이집트의 애국자가 아니라 군사적 모험가라고 확신하였다. 처음에 그는 이곳에서 튀르크의 군사개입과 함께 국제회의라는 방식으로, 이어 유럽 다국적군 파견 방식으로 질서를 회복하려고 했다. 영국의 일방주의 행동은 여타 모든 선택지가 무용해졌을 때에야 채택되었다.[32]

글래드스턴 제2차 내각 시기 제국주의는 급진주의자까지 가세한 영국뿐 아니라 유럽 차원에서 시대의 흐름으로 작용했다. 영국은 아프리카·동아시아·태평양에서 여러 보호령을 수립했고, 베추아날란드를 병합하고 이집트를 비공식적으로 점령하였다. 글래드스턴은 이런 의미에서 제국 반대자는 아니었다. 하지만 신념에서 그는 '반제국주의자'였다. 현실에서 그는 제국 반대와 반제국주의를 구분하기 어려움을 실감하였다. 역설적이지만 디즈레일리 정부 때보다 글래드스턴 정부 때 영제국은 팽창하였다. 글래드스턴을 지지한 부류는 식민지 확대가 영국에

---

32 Biagini(1998), 앞의 논문, p.207.

게 '강제되었다'고 보았다. 반면 글래드스턴은 영국의 영향권을 간섭하지 않는 한 다른 나라의 식민지 획득을 관대하게 대해야 한다고 생각하였다. 영국의 입장이 이처럼 수동적이었으므로 유럽의 열강은 '상대적으로 고통 없이' 아프리카를 분할하였다. 1882년 영국의 이집트 침공은 프랑스와 독일이 가세하는 계기가 되어 아프리카 분할을 촉진하였다고 종종 평가된다. 자유주의자 글래드스턴이 오히려 제국주의의 선도자가 되었다는 것이다. 그러나 열강의 아프리카 분할은 영국의 이집트 침공이라는 단일한 사건이 촉발하지 않았다.[33]

글래드스턴의 제국관은 반제국주의가 아니었다. 그렇다고 그의 '제국주의'가 디즈레일리의 제국주의와 같지도 않았다. 글래드스턴에게 중요한 것은 제국주의적 개입의 성공적인 결과보다는 개입의 '범위'였다. 디즈레일리와는 달리 그는 언제나 제국주의적 해법을 주저하면서 택했다. 한 가지 중요한 점은 제국주의와 아일랜드 사이의 연계가 점차 증대한 것이다. 글래드스턴은 아일랜드 문제를 종국적으로는 권한이양 혹은 자치를 요구하는 '국내 문제'로 간주했다. 그러나 자치 반대자들은 언제나 이중적 논증을 구사했다. 하나는 자치가 연합왕국을 파괴할 것이라는 주장이고, 다른 하나는 자치가 제국의 통일성을 해칠 것이라는 주장이다. 디즈레일리는 이 관점을 선구적으로 제시하였다. 그는 아일랜드와 제국의 연관성을 글래드스턴이 자치로 선회하기 이전에 이미 포착하였다. 그와 보수당은 제국주의와 합방주의가 영국의 미래에 긴요하다고

---

33 Hoppen(1998), 앞의 책, pp.664~666 및 각주 11.

믿었다. 체임벌린 같은 자유당 제국주의자들이 이 견해를 지지했고, 그 결과 자유당은 분열하였다.

　디즈레일리에게 제국은 영국의 핵심적 속성 중 하나였다. 그는 영국이 단순히 유럽의 국가가 아니라 해양제국의 모국이라고 보았다. 그에게 정부의 가장 중요한 관심사는 제국 유지였다. 그는 '제국을 바라보는 방식'에 글래드스턴보다 많은 영향을 끼쳤고, 제국주의를 보수당 이념의 중요한 부분으로 만들었다. 반면 글래드스턴은 "자신의 땅 안에서 자신의 자식들을 보살피는 것"이 정부의 의무라고 여겼다. 그러나 이념과 실제가 늘 일치하지는 않았다. 실제에서 글래드스턴은 디즈레일리보다 많은 땅을 영제국에 추가했고, 제국주의를 지지하는 여론을 인정할 수밖에 없었고, 결국 "제국 감정은 모든 영국인이 타고난 것"이라고 토로하였다. 그러므로 디즈레일리가 제국주의 이론의 열렬한 지지자였다면, 글래드스턴은 제국주의의 소극적 실행자였다. 그러나 장기적 견지에서 보자면 글래드스턴의 제국 이념은 자치 이념을 낳았다. 이 이념이 적용된 대표적인 곳이 아일랜드였다.

제5장

아일랜드 문제

Disraeli and Gladstone

아일랜드 문제는 제국 사안이자 국내 사안이었다. 아일랜드가 품은 불만은 아일랜드에게만 해당하는 문제가 아니어서 아일랜드의 헌정상 지위가 변화하면 다른 지역에 파급될 것이었다. 또한 아일랜드 문제는 이념, 정책, 스타일 모든 면에서 디즈레일리와 글래드스턴의 대비를 선명하게 드러낸다.

　　디즈레일리는 1800년 합방법이 항구적으로 유지되어야 한다고 보았다. 디즈레일리는 글래드스턴이 제시한 거의 모든 아일랜드 정책을 반대하였고, 이 노선은 1914년까지 아일랜드 문제와 관련된 보수당의 접근법을 규정하였다. 그것은 기본적으로 아일랜드 문제를 보수당의 통합을 위한 인자로서 다루는 것이었다. 반면 글래드스턴은 아일랜드의 평온을 유지하는 것을 자신의 '소명'으로 간주하였고, 네 차례 집권하면서 아일랜드 문제에 큰 관심을 기울었다. 아일랜드 국교회 폐지 → 토지문제 해법 → 선거법 개혁 → 자치 시도로 나아가는 글래드스턴의 개혁은 반특권을 넘어 민족자결 이념을 지지하고 연합왕국의 토대를 포괄적으로 재규정하려는 야심 찬 기획이었다. 이 과정에서 그는 자유당을 항구적으로 분열시켰다.

1. 디즈레일리의 아일랜드 정책

역사가들은 아일랜드 문제에 관한 디즈레일리의 이념과 정책에 그리 주목하지 않았다. 블레이크에 따르면, 디즈레일리는 아일랜드인에게 유익한 어떤 것도 말하거나 행하지 않았는데, 그 이유는 그가 아일랜드인에게 "내심으로는 전혀 공감하지 않았기" 때문이다.[1] 그러나 근래에 디즈레일리의 이념과 정책에 주목하는 연구가 등장하였다. 모두 디즈레일리의 이념과 일관성을 지적하면서 기회주의 개념을 부인한다. 앨런 워런에 따르면, 디즈레일리의 역사 이해는 그가 아일랜드 문제를 다루는 입장을 정립하는 데 대단히 중요했고, 그 접근법은 단계적인 변화를 거쳤다. 한편 키노는 빅토리아 시대 수상들의 아일랜드 정책을 비교하면서 디즈레일리가 아일랜드에 관심을 가졌을 뿐 아니라, 그의 정책은 '처음부터' 개혁주의적이고 타협적인 측면들을 가졌다고 주장한다. 보르그스테드는 위의 두 연구 모두 디즈레일리의 아일랜드 정치가 '국민의 재구성'과 어떤 연관이 있는지, "역사의 열쇠"로서의 인종에 관한 디즈레일리의 이념이 아일랜드 정책에서 어느 정도까지 적합한지를 다루지 않았다고 지적한다.[2]

---

1 Blake(1966), 앞의 책, p.728.
2 Warren, Allen(1999a), "Disraeli, the Conservatives, and the Government of Ireland : Part 1, 1837-1868," *Parliamentary History* 18(1) ; Warren, Allen(1999b), "Disraeli, the Conservatives, and the Government of Ireland : Part 2, 1868-1881," *Parliamentary History* 18(2) ; Quinault(2011), 앞의 책 ; Borgstede(2011), 앞의 책.

디즈레일리의 입장, 1830~1860년대

급진주의자로서 정치 경력을 시작한 디즈레일리는 아일랜드와 관련된 사안들―가톨릭 해방, 교회세, 빈민법―에서 각각 토리와 휘그의 정책을 지지하였다. 그러나 1830년대 중반 토리로 전향한 그는 휘그 및 이론적으로 휘그주의에 결부된 공리주의·정치경제학·맨체스터학파를 맹렬히 공격했고, 1839년에는 가톨릭에게 문호를 개방하는 휘그의 아일랜드자치시법을 반대하였다. 1844년 디즈레일리는 아일랜드 문제를 "굶주린 주민, 부재지주不在地主, 이방 교회, 세계에서 가장 약체인 행정부"로 규정하면서 강력한 더블린 행정부, 종교적 평등, 물질적 개선을 통해 질서를 유지해야 한다고 주장하였다. 1845년 메이누스 위기[3] 때 그는 필의 정책이 '역사적 토리주의'를 배신하는 원칙 없는 임기응변이라고 공격하면서 자신을 메이누스 지원을 반대하는 대중적 프로테스탄트주의와 결부시켰다. 디즈레일리는 1846년 필의 곡물법 폐지도 농업 이해를 대변하는 토리즘을 배신하고 휘그와 맨체스터학파를 따른 정책이라고 비판하였다. 그렇지만 1848년 혁명 때 그는 질서를 유지하기 위해서 아일랜드 혁명 세력에게 인신보호법을 유예하여야 한다고 주장하였다. 이처럼 1850년까지 아일랜드를 보는 디즈레일리의 시각은 복

---

3 1795년 영국 정부는 아일랜드에서 프랑스혁명의 이념이 전파되는 것을 차단하기 위해 더블린 근처 메이누스에 가톨릭 사제를 양성하는 신학교를 설립하고 소규모의 재정을 지원하였다. 1845년 필 정부는 아일랜드의 불만을 잠재우고 가톨릭교회와 화해하고자 교부금을 크게 증액하고 항구화하는 법안을 제안하였는데, 보수당을 비롯한 반가톨릭 세력은 이 조치를 강력하게 반대하였다. 당시 통상부장관이던 글래드스턴은 필의 정책의 실용성을 인정하면서도 국교회주의자로서 양심상 지지할 수 없었다. 결국 그는 각료직을 사퇴했지만 법안에는 찬성투표했다.

합적이었다.

디즈레일리의 입장은 1850년대에 구체화했다. 그는 대중적 프로테스탄티즘과 가톨릭 요구의 균형 전략을 추구했다. 즉 국교회를 견지하고 온건 가톨릭의 지지를 확보함으로써 보수당을 유지한다는 '정치적' 전략이었다. 그렇지만 디즈레일리는 프로테스탄트주의, 반가톨릭주의, 친지주 입장을 견지한 더비의 하위 협력자였다. 한편 아일랜드 민족주의의 대두와 가톨릭의 강경한 입장은 '공감의 균형'을 통하여 아일랜드의 지지를 얻으려는 디즈레일리의 전략을 좌절시킨 외부적 요인이었다.

이후 보수당이 파머스턴 정부[1859~1865]를 실각시키는 데 적극적이지 않았으므로 디즈레일리는 아일랜드 문제에 거의 관심을 쏟지 않았다. 그렇지만 이 시기에 그는 '보수당=교회당'의 확립이라는 전략으로 아일랜드 문제를 고려하기 시작하는데, 이는 앞으로 국교회 문제가 중대한 현안으로 부상할 것이라는 기류를 포착한 결과였다. 이 '교회정치'는 한편으로는 국교회 안에서의 고교회파 의식주의와 사제주의를 공격하면서, 다른 한편으로는 아일랜드의 '온건' 가톨릭의 지지를 얻어 보수당이 소수파 지위를 벗어나는 정치적 목표를 겨냥하였다. 그런데 이 무렵 휘그, 자유주의자, 비국교도는 관심의 초점을 교회세에서 아일랜드 국교회로 바꾸고 있었다. 1865년 총선에서 보수당은 아일랜드에서 참패했다.[4]

---

4 이상의 내용은 Warren(1999a), 앞의 논문, pp.47~58, pp.60~61 참조.

디즈레일리와 글래드스턴

더비 제3차 내각과 디즈레일리 제1차 내각, 1866~1868년

글래드스턴의 선거법 개혁이 좌절되고 1866년 6월 성립한 더비 제3차 내각에서 아일랜드에 관한 디즈레일리의 입장은 1850년대의 입장과 다르지 않았다. 디즈레일리는 피니언주의무장투쟁을 통해 영국의 지배를 종식시키려는 아일랜드 공화주의적 민족주의의 한 노선를 비난하면서 아일랜드 가톨릭 지도부를 우호적으로 언급하였는데, 이는 대학 문제에서 정부와 아일랜드 가톨릭의 지도자 컬런 추기경 사이의 교섭으로 나아갔다.

디즈레일리는 앵글리칸이 지배하는 더블린의 트리니티칼리지에서 배제된 가톨릭을 위한 새로운 대학을 설립해서 아일랜드 농민의 불만을 무마하고자 했다. 가톨릭 대학에 부여할 특허장에 관한 교섭이 전개되었다. 그러나 대학 운영에서 가톨릭교회가 전권을 갖느냐 여부 및 기금의 규모 문제에서 정부와 가톨릭 지도부 사이에 이견이 있었다. 디즈레일리의 입장은 교부금 지급과 대학 의사 결정 기구에서 평신도를 배제하는 조건이라면 하원에서 어떤 대학법도 통과될 수 없다는 것이었다.

이 상황에서 1867년 12월 글래드스턴은 장차 자신이 교회, 토지, 교육을 포함한 아일랜드 문제의 '포괄적인' 타결을 추진하겠다고 선언함으로써 디즈레일리의 허를 찔렀다. 국교회 폐지는 토지와 교육을 모두 포함하는 주제였다. 글래드스턴의 제안은 자유당의 휘그와 급진파는 결합시키고 아일랜드 가톨릭 의원과 보수당 정부의 유착은 떼어 놓았으며, 가톨릭에게 교부금을 지원하는 조치에 반대하는 영국 프로테스탄트의 지지를 확보하고 보수당을 소수파 아일랜드 국교회를 고수하는 집단으로 보이게 만들었다. 1868년 초 교부금 지원을 배제하고 평신도가 대학평의회에 참여하도록 허용하자는 디즈레일리의 제안을 컬런 추기경이 전향적으로 검토하였지만, 수상 더비가 은퇴하자 교섭은 더 이상 진전되지 못했다.

1868년 2월 디즈레일리는 수상이 되었다. 다가올 11월 총선이 아일랜드 국교회 문제를 중심으로 전개되리라는 데에는 의문의 여지가 없었다. 글래드스턴은 디즈레일리 정부와 가톨릭의 교섭을 결의안 형태로 제압하고자 하였다. 이에 대항해서 디즈레일리는 국교회 폐지론의 정치적 전제들을 부정하는 전략을 구사하였다.

피니언주의, 부재지주 관행에 따른 지주와 농민 관계의 악화, 가톨릭 세력의 신장에 근거를 둔 글래드스턴의 위기론에 맞서 디즈레일리는 국교회가 인기가 없다고 인정하면서도 '국교회 자체의 가치'에 초점을 맞추어 국교회를 방어하였다. 그는 앵글리칸 교회의 역사적·프로테스탄트적 본질을 강조하였다. 그는 글래드스턴의 결의안이 아일랜드에서 프로테스탄트 공동체를 파괴하고, 교부금 폐지를 통해 국교회 재산을 위협하는 차원을 넘어서서 원리적으로 영국의 헌정체제를 전복하려는 것이라고 공격하였다. 그는 보수당, 휘그, 필파 모두가 수용한 아일랜드 정책의 전통이 파괴될 것이라고 경고하였다. 그렇지만 폐지결의안은 무난히 통과되었다.

야당, 1869~1874년

총선에서 대승한 글래드스턴이 1869년 아일랜드 국교회 폐지법안을 제안하자, 디즈레일리는 잉글랜드에서 교회와 국가의 결합이 오히려 관용과 종교적 자유를 보증한다는 이전의 주장을 되풀이하면서 국교회주의를 재천명하였으며, 폐지는 교회분파주의를 가속화하고 교부금 중단은 재산권 침해이며, 아일랜드 국교회에게 필요한 모든 개혁은 국교회주의 '안'에서 확보될 수 있는 반면 '불필요한' 폐지는 교황군주국을 창출한다고 주장했다. 그렇지만 국교회 폐지는 디즈레일리 자신과 보수당의 장래에 상당한 타격을 입혔다. 그의 정치적 역량과 재능은 의문시되었다. 1870년 당대를 신앙^{교회}과 무신론^{공화주의와 민주주의}의 대결로 파악한 『로테르』^{Lothair, 1870} 서문에서 그는 자신의 교회정치 이념의 미래를 암울하게 바라보았다.

글래드스턴 정부는 국교회 폐지에 이어 토지법을 제정하였다. 그러나 과거 디즈레일리 자신이 차지인이 이룬 토지 개선을 보상하는 조치를 지지한 적이 있었기에, 그리고 특히 아일랜드 북부에서 차지인의 압력을 받은 지주가 무력한 상태에서 디즈레일리는 1870년 토지법에 별다른 저항을 하지 못했다.

한편 디즈레일리는 1873년 글래드스턴의 대학법안을 '기독교'가 아니라 종교교육만이 있는, 더구나 역사와 철학이 배제된 방안이라고 조롱하였다. 동시에 그가 수년 전 보수당 정부가 국교회주의의 트리니티칼리지에 교부금을 지원하는 것에 상응해서 재정 지원을 받는^{concurrent endowment} 가톨릭 대학을 수립하려고 하자 아일랜드 가톨릭 지도부는 글래드스턴을 지지함으로써 '기회주의적으로' 법안을 좌초시켰는데, 그 동일한 지도부가 이제는 교부금이 없는 상태에서 가톨릭 대학 설립을 반대한다고 비판하였다. 대학법안 부결 이후 조각 위촉을 거부한 디즈레일리는 입헌군주정, 잉글랜드 국교회, 재산권을 보호하기 위해서는 보수당이 "위대한 헌정의 당"이 되어야 한다고 진단하였다. 이 전망에

서 아일랜드는 그다지 중요한 위치를 차지하지 못했다.[5]

디즈레일리는 아일랜드가 점차 연합왕국의 한 부분이 되고 있으며, 이 왕국의 유지는 영제국 유지에 필수라고 보았다. 1874년 총선에서 그는 아일랜드 자치를 요구한 글래드스턴의 추종 세력을 공격하면서 보수당은 모든 수단을 써서 잉글랜드의 영제국 지배를 지지한다고 강조했다. 그는 자치를 반대하였다. 그는 자치를 아일랜드인의 '자기비하'로 규정하면서 잉글랜드인이 종속민이 아니듯이 아일랜드인도 종속되지 않았다고 주장하였다. 연합왕국의 해체와 영제국의 파괴 대신 그가 보고자 한 것은 "하나의 위대한 국민 속에 통합된 인민"이었다.[6]

정책의 불모, 1874~1875년

제2차 내각 초기에 디즈레일리는 아일랜드 문제에 전반적으로 부정적인 입장을 견지하였다. 이런 입장은 객관적 조건과 디즈레일리 자신의 인식이 작용한 결과였다. 글래드스턴의 대학법안 부결 결과, 자유당과 가톨릭이 갈등하는 상태와 이 무렵 아일랜드 상황 자체가 상대적으로 번영을 누리고 평온했던 점이 객관적 조건이라면, 아일랜드 문제가 정치 무대 전면에 부상하여 자신이 불필요하게 휘말려드는 것을 원치 않아 아일랜드에 관해 경험 없는 인사인 힉스비치를 아일랜드장관에 임명한 것은 주관적 판단의 결과였다. 이처럼 디즈레일리는 상황에 대처하는 전술적 접근을 취한 것이지 자신의 이념을 따른 선제적이고 주도적

---

5 Warren(1999b), 앞의 논문, pp.148~151.
6 Borgstede(2011), 앞의 책, pp.177~178.

디즈레일리와 글래드스턴

인 정책을 표방하지는 않았다. 그렇지만 디즈레일리가 상황을 잘못 판단한 부분이 있었다. 아일랜드에서 보수당의 정치적 입지는 1865년 이래 약해지고 있었고, 얼스터 농촌 지역에서는 차지인의 기대 상승으로 지주 중심의 보수당 세력이 약화하였고, 버러에서도 선거권 확대는 보수당의 기반을 침식할 것이었다. 그러나 가톨릭의 반발을 우려한 나머지 디즈레일리는 아일랜드 교육체계 조사위원회의 보고서가 지적한 난점들을 시정하려고 하지 않았으며, 빈민법과 지방정부체제 같은 문제에서 개혁이 필요하다는 광범한 공감대가 있었지만 아일랜드에서 보수당의 이익을 도모하려는 아무런 조치도 취하지 않았고, 얼스터 정기 차지농을 입법에서 배제하는 것이 보수당에게 불리하게 작용하였지만 1870년 토지법을 개정할 수도 없었다.

또한 그는 그 어떤 수준의 자치도 제국 해체의 시작이라고 간주하였다. 특히 그는 자치당과 피니언주의를 강경하게 다루었다. 그는 영국과 아일랜드의 헌정적 관계를 재고하라는 자치당 지도자 아이작 버트의 동의안을 지지하지 않았다. 그가 보기에 어떤 양보도 전적으로 헌정 재조정을 뜻했다. 왜냐하면 잉글랜드와 스코틀랜드에게 허용되지 않는 권리를 아일랜드에게는 부여하기 때문이다.[7]

중등교육, 1876~1878년

집권 초기의 이러한 부정적 입장은 사회 입법의 열기가 수그러드는

---

7 Warren(1999b), 앞의 논문, pp.151~153.

1876년부터 약간의 변화를 보였다. 아일랜드 문제는 다시금 종교와 교육을 중심으로 다루어졌고, 아일랜드인의 자치 요구나 물질적 조건의 개선은 뒷전으로 밀렸다. 그리고 이 변화의 계기는 자유당에서 온 것이고, 보수당 정부가 종전보다 적극적으로 아일랜드 문제에 대처한 것은 디즈레일리의 주도가 아니라 총독부와 힉스비치의 요구 때문이었다. 다만 이러한 의제는 디즈레일리의 취향에 적합했다. 왜냐하면 그는 국교회 방어를 통해 보수당의 입지를 강화한다는 기본 전략을 줄곧 유지했기 때문이다.

1875년 말 글래드스턴이 은퇴한 상태에서 자유당을 이끌던 하팅턴은 자치와 종파교육에서 자유당은 자치당을 지지하지 않을 것이라고 분명히 밝혔다. 이에 아일랜드 가톨릭 지도부는 힉스비치와 접촉하였는데, 정부는 대학 문제에서 가톨릭과 자치당의 요구를 거부하면서 중등교육 문제를 우선하겠다고 하였다. 이 전향적 입장에는 자치당의 온건파를 달래고 가톨릭 지도부와 실질적인 화해를 재수립하는 이점이 있었다. 1878년 중등교육 문제는 상대적으로 합의가 쉬웠다. 아일랜드 내부에서 온건 가톨릭과 프로테스탄트는 상금 및 장학금 수여와 연계된 중등 시험에서 국가교육 체계의 이점을 인정하였다. 그런데 양심의 문제에 관한 관심을 감안한다면, 상응하는 보조금 지급 문제는 강경파 자발학교 지지자들의 불만을 야기할 수 있었다. 디즈레일리는 처음에는 보조금 지급을 반대했지만, 결국 적어도 중등교육에 관해서는 총독부의 조언을 받아들였다. 그렇지만 그는 1878년 2월 힉스비치의 후임으로 반동적인 제임스 로더를 아일랜드장관에 임명하였다. 아일랜드 가톨릭은 당연히 경각심을 갖게 되었다. 결국 상원에서 제안되어 통과된 중등교육법은 중등교육에서 시험감독위원회를 설치하고 상금과 장학금, 성과에 따른 보조금 지원을 포함하였다. 또한 양심 조항에 따라 아동이 종교교육을 받지 않는 것을 허용하였다. 그렇지만 로더가 매우 미온적인 태도를 취해 총독부는 더 중요한 대학 문제에서는 유사한 주도권을 발휘할 수 없었다.[8]

대학교육, 1879년

아일랜드에서 보수당의 지지 기반이 약해지리라고 우려한 재무장관 노스코트는 디즈레일리가 대학 문제에 관한 입장을 내놓아야 한다고 압박했다. 1879년 2월 국왕 연설에서 대학에 관해 아무런 언급이 없었다. 이처럼 정부 차원의 주도성이 상실된 상태에서 자치당이 대학 문제를 압박하였다. 게다가 이제 하팅턴은 자치당이 자유당을 '자연스러운' 동맹자로 여길 때가 오기를 기대한다고 말했다. 중등교육 문제가 논의되던 1878년 초 총독 말버러 공작은 런던대학을 모델로 삼는 아일랜드 가톨릭 대학의 설립을 고려하였다. 이에 따르면 상금과 장학금과 연계된 공통시험 방식이 제공되고, 여기에 개별 칼리지들이 가입할 수 있었다. 그렇지만 디즈레일리는 이 대학 개혁 방안을 마련하는 데 아무런 역할도 하지 않았다.

1879년 회기 막바지인 6월 하순 자치당의 오코너 돈이 대학법안을 제안하자, 정부는 정부 법안을 곧 상원에 제안하겠다는 식으로 대처했

---

8 Warren(1999b), 앞의 논문, pp.153~156.

다. 돈의 법안은 1869년 국교회 폐지 후 국교회 재정 자립을 위해 되돌려준 1천만 파운드 가운데 일부인 150만 파운드를 사용하여 여러 칼리지가 가입하는 성패트릭대학을 설립하고 칼리지들에게 자금을 지원하여 박물관, 도서관, 실험실을 짓자는 것이었다. 반면 정부 법안은 상금과 장학금을 통해 대학을 구성하는 칼리지에 지급할 보조금도 건물도 없이 대학 학위 시험을 시행하자는 것이었다. 법안은 상원 의원들에게 당혹감을 주었다. 정부가 장학금과 건물 기금을 제공함으로써 법안의 미비점을 보완하겠다고 하자, 하원에서 프로테스탄트의 의구심은 더욱 깊어졌다. 따라서 최종 통과된 법안은 1879년 회기에 정부가 겪은 의회 차원의 딜레마에 대체로 '전술적'으로 대응한 결과였다. 1866~1868년처럼 아일랜드에서 보수당에게 유익한 입법적·정치적 기반을 만들려는 시도는 내각의 신중하고 소극적인 태도 때문에 좌절하였다. 디즈레일리 정부는 아일랜드 대학 문제에 아주 내키지 않은 채 휘말렸고 그것도 대체로 의회 전술상의 이유에서 그랬다.[9]

농촌문제, 1880~1881년

1879년 8월 말까지 보수당 정부의 관심 대상은 중등교육과 대학이었다. 그러나 1879년 후반 정부는 점차 아일랜드 서부의 경제 상황 악화의 심각성을 깨닫게 되었다. 9월 초 총독부는 예상되는 작황 부진과 겨울 시기의 곤경을 우려하였다. 그러나 경제적 곤경을 과장으로 치부한

---

9 Warren(1999b), 앞의 논문, pp.157~159.

디즈레일리와 내각은 입법 조치에 반대하거나 양보가 오히려 아일랜드 농민의 반발을 조장할 것이라고 여겨, 지주를 위한 토지 개선용 대부 외에는 고작 기존 공공 근로사업을 강화하고 강압법에 의거하여 소요를 다스리는 정도로만 대응했다.

아일랜드의 경제 상황을 개선하려는 시도에서도 내각은 의견이 갈렸다. 크로스는 국교회에 환급된 자금에서 구제 기금을 추가적으로 마련한다는 합의를 이끌어 내었고, 로더는 재산법을 갱신하고 국교회 기금을 이용하여 토지 개선을 위한 대부로 배분하는 방안을 내각에 제시하였다. 그러나 재무장관 노스코트는 자영농 형성을 '사회공학' 조치로 여겨 반대하였다. 구제 금액을 늘리는 정도로 대응하던 디즈레일리 정부는 보궐선거 승리에 고무되어 의회 해산과 총선을 통해 국면을 전환하기로 결정하였다. 3월 총선에서 디즈레일리는 "누가 아일랜드를 통치하는가"를 쟁점으로 내걸었다. 그의 선거 전략은 아일랜드 문제를 전향적으로 다루려는 것보다는 잉글랜드의 정치적 상황을 우선 고려하였다. 대불황기 지주의 어려움, 차지인의 불안정한 지위, 지방정부 개혁의 필요성, 온건 가톨릭을 무마할 필요성은 모두 대체로 간과되었다. 1879년 말 경제 위기와 선거가 다가왔을 때에야 아일랜드는 디즈레일리의 관심을 끌었고, 그것도 잉글랜드에서 보수당 지지를 동원하는 수단으로서였다.

1880년 총선 때 디즈레일리는 아일랜드 자치를 쟁점화했다. 그는 보수당의 교육법이 모든 계급과 종파에 개방된 공교육 체계를 수립함으로써 아일랜드 정부 및 인민과 결부된 난제를 해결했다고 주장하였다. 그러면서 그는 자치가 '역병과 기근'이자 연합왕국의 제국적 특징을 부정한다고 공격하였다. 디즈레일리는 글래드스턴이 아일랜드인의 "낭만적인 혹은 상상력 있는" 성격이 아니라 "가장 더러운 성격"에 호소한다고 비난하였다. 디즈레일리에게 아일랜드 문제는 곧 연합왕국과 영제국을 유지하는 문제였다. 그는 영국의 노동계급을 이런 사태 진전에서 유일하게 의지할 부류로 간주하면서 점점 더 아일랜드인을 불신하게 되었다.[10] 그러나 예상과 달리 보수당은 참패하였다.

글래드스턴 제2차 내각은 우선 아일랜드 토지문제를 다루었다. 보수당이 1880년 7월 자유당 정부가 제안한 추방보상법안에 불만을 가진 휘그와 공조하기는 쉬웠다. 그렇지만 보수당이 장악한 상원이 법안을 거부하면 디즈레일리의 재집권도 장담하기 어려울 것이었다. 자유당의 '친아일랜드' 개혁성과 보수당의 '반아일랜드' 수구성이 대비될 것이기 때문이다.

디즈레일리는 1870년 토지법 제정 때 보수당이 표 대결을 하지 않았던 사례를 거론하면서, 그때와는 달리 추방보상법안은 국가의 구조를 변개하는 첫 시도라고 공격하였다. 디즈레일리는 아일랜드에서 반지주 운동과 자유당 정부의 행동이 한 짝을 이루어 토지 이해관계에 바탕을 둔 잉글랜드 헌정과 통치체제를 공격한다고 비난하였다. 워런은 이를 디즈레일리의 '광범한 예언자적 사고'로 평가하는데,[11] 실제에서는 인신보호법 유예와 제2차 토지법 제정을 병행한 글래드스턴의 전술로 빛이 바랬다. "천운에 의해 작황이 좋아져서 물질적 조건이 개선되면 아일랜

10 Borgstede(2011), 앞의 책, pp.179~181.
11 Warren(1999b), 앞의 논문, pp.159~164.

드는 상식을 회복할 것"으로 기대한 디즈레일리는 글래드스턴의 아일랜드 토지법안에 별다른 관심을 기울이지 않은 상태에서 서거하였다.

2. 디즈레일리의 이념, 스타일, 유산

국교회 방어

반휘그주의와 대중적 프로테스탄트주의는 디즈레일리 경력 전반기의 아일랜드관과 연관되지만, 이것이 이후에도 지속되어 정책에 영향을 끼쳤다고 보기는 어렵다. 1865년 파머스턴 사망 이후 휘그는 자유당을 지배하지 못했다. 휘그는 자유주의자·급진주의자와 더불어 자유당의 한 계파였고, 1870년대 중반 이후 당권 투쟁에서 급진파와 경쟁하였다.

자유당의 이런 상황은 디즈레일리에게 불리한 조건일 수 없었다. 따라서 그가 반휘그주의를 기치로 내걸 이유는 없었다. 한편 대중적 프로테스탄트주의는 1845년 메이누스 문제와 1850년 영국에서 가톨릭 위계를 재수립하려는 교황청의 시도에 저항하면서 활기를 띠었지만, 1860년 이후 대중의 관심을 자극할 만한 쟁점은 드물었다. 더구나 1869년 아일랜드 국교회가 폐지되고 메이누스 교부금마저 중단되면서 아일랜드의 종교와 교회에 관한 주요한 쟁점은 해소된 상태였다. 오히려 프로테스탄트주의가 문제 된 곳은 아일랜드가 아니라 국교회가 건재한 잉글랜드였다. 글래드스턴은 물론이거니와 디즈레일리도 국교회 신자였고, 이들은 국교회를 영국 헌정의 기본 요소로 고수하였다. 따라서 디즈레일리로서는 대중적 프로테스탄트주의를 지속할 상황이 아니었다.

디즈레일리의 대중적 프로테스탄트주의는 1860년대에 국교회 방어와 교회정치로 전환하였다. 파머스턴 정부 시절 아일랜드에 관한 디즈레일리의 관심은 상당히 저조했다. 그렇지만 1859년 이후 디즈레일리는 '보수당=교회당'을 확립하는 전략으로 아일랜드 문제를 다루기 시작하였다. 선거법의 추가 개혁을 완강히 거부한 파머스턴 집권기에는 정치가 의회 개혁 문제에 의해 형성될 가능성이 적었다. 그 대신 교회세, 대학심사법, 국가교육체계, 국교회주의 같은 국교회 문제가 지배적일 가능성은 컸다. 이런 변화된 상황에서 디즈레일리는 프로테스탄트주의 자체와는 구별되는 국교회 방어를 중심으로 '새로운 토리정치'를 시도하고자 했다. 동시에 이 전략은 가톨릭을 배척하거나 비국교도^{프로테스탄트}를 폄훼해서도 안 되었다. 그것은 대중의 반가톨릭 프로테스탄트주의와 결탁하기보다는 보수당의 정치적 이념으로 국교회주의를 확립하는 것이자 보수당 정치의 방향을 다시 구축하려는 것이었다. 그는 '국교회 방어'라는 정치 언어를 재형성하고자 했다.

종래 교회정치에는 거의 관심이 없던 디즈레일리가 새로운 발전을 모색한 것은 평신도와 사제 차원에서 교회 조직의 번성으로 나타난 국교회의 '갱생'이라는 흐름을 간파하였기 때문이다. 디즈레일리는 국가 제도로서의 국교회 방어가 보수당이 소수파 지위를 벗어날 수단이라고 믿었다. 파머스턴이 있는 한 불가능에 가까웠지만, 그가 사라진 이후에는 교회 개혁 압력이 증가할 것임은 의문의 여지가 없었다. 의회에서 그는 국교회 지위를 재확인하는 교회 개혁의 명확한 프로그램을 제시하였다. 그 주요 요소는 국가·교회·보수당의 동일시, 1829년 타결^{가톨릭}

해방의 최종적 성격, 역사적으로 형성된 국민적 제도로서 국교회 부지를 위한 교회세 부과의 정당성, 지속적인 관용의 보증과 모든 자유의 토대로서의 국교회, 반세속국가 이념이었다.[12]

디즈레일리가 국교회의 미래를 중심으로 대중적 보수당정치를 만들려는 구상을 가다듬을 때, 휘그와 자유주의자·비국교도의 관심은 교회세에서 아일랜드 국교회로 이동하였다. 디즈레일리는 이 도전에 대항하여 인기가 없는 아일랜드 국교회를 중심으로 국교회 방어를 내세우기가 대단히 어렵다고 느꼈다. 그는 아일랜드 국교회 폐지나 토지법에 관해서도 뚜렷한 입장을 피력하지 못했다. 1874년 이후 수상 디즈레일리는 자유당 지도부와 자치당 사이의 상호 적대감에도 불구하고 아일랜드에서 보수당의 지위를 다시 구축할 방법을 모색할 필요를 느끼지 못했다. 중등교육과 대학교육 입법들에서 디즈레일리의 역할은 미미했고, 오히려 그는 보수당 내부의 개혁주의자들이 아일랜드 가톨릭 지도부와 정치적 화해를 추진하는 시도를 저지하였다. 이런 정황은 디즈레일리의 아일랜드 정책을 압축한 국교회 방어 이념이 과연 임기응변이나 기회주의적 성격으로부터 온전히 자유로운 것인지 의문을 갖게 만든다. 더구나 그 이념이 일관하였다면, 1879년 말 런던과 더블린 정부가 대불황에 어느 정도 대처하려고 하였음에도 그가 갑자기 반아일랜드를 쟁점으로 내걸고 선거를 치르기로 결정한 사실도 설명하기 어려울 것이다.

---

12   Warren(1999a), 앞의 논문, pp.56～59.

1864년 이후 아일랜드는 디즈레일리의 국교회 방어 정치에 부가되었다. 그러나 1869년 이후 디즈레일리의 국내정치에서 상대적으로 작은 부분이 되고 만 아일랜드는 1874년 승리에 거의 기여하지 않았다. 제2차 내각 시기에 아일랜드는 '통치'의 문제로서 가능한 한 정치 무대의 '배후'에 남아 있어야 했다. 그럼에도 1880년대에 아일랜드는 잉글랜드의 반아일랜드 편견을 교란할 정도의 힘을 가졌다. 1886년 이후에야 아일랜드는 다시 보수당 국내정치의 이데올로기^{합방 수호}가 되었다. 그리고 이 사태 변화는 1868년 디즈레일리의 교회정치의 패배만큼이나 글래드스턴의 정치적 역동성의 산물이었다.[13]

인종주의

보르그스테드에 따르면, 디즈레일리의 아일랜드관과 정책은 아일랜드가 '내부'의 국민이자 '외부'의 국민이라는 모호성을 반영하였다. 1830년대에 그는 아일랜드인을 '야만인'으로 매도하는 상투적이고 인종주의적인 관점을 가졌지만, 동시에 아일랜드인이 '상상력'이 풍부한 종족이라고 인정하였다. 잉글랜드인의 물질주의와 아일랜드인의 영적 특성을 대비한 것이다. 그에게 문제는 이 두 요소를 용해하는 일이었다. 따라서 디즈레일리는 "아일랜드에 관한 정의는 잉글랜드에 관한 정의를 이룸으로써 확보될 것"으로 믿었다.

그러나 1840년대에 디즈레일리는 '식민지'이자 제국의 한 부분으로서

---

13 Warren(1999b), 앞의 논문, p.165, p.167.

아일랜드가 갖는 지위의 복합성을 이해하게 되었다. 그는 찰스 1세가 아일랜드를 통치한 방식, 이른바 '포용' 통치를 선호하였다. 이를 통해 그는 합방폐지운동을 저지하고 아일랜드에서 질서를 회복하며 아일랜드를 제국에 통합할 수 있다고 믿었다. 따라서 디즈레일리의 입장에서 1830년대와 1840년대의 차이는 아일랜드 민족주의^{합방폐지운동}의 등장으로 생겨났다. 세기 중엽에도 그는 아일랜드인이 영국 국민의 유익한 부분이라는 생각을 견지했지만, 보수당의 편견과 정치경제학의 교의라는 벽을 넘어설 수는 없었다. 그는 아일랜드인 삶의 조건을 개선할 수도 그들의 '가슴과 마음'도 얻을 수 없었다. 1870년대에 아일랜드에서 자치운동이 힘을 얻자, 그는 이를 아일랜드의 낙후한 상태에서 비롯한 '광신'이라고 폄훼하였다. 그가 보기에 아일랜드인이 합방을 인정하는 '상식'을 갖지 않는 한, 결국 영국은 그들을 무력으로 다스려야만 했다. 아일랜드는 협치의 대상이 될 수 없었다.

이런 사고는 1830년대 디즈레일리의 '초연한' 인종주의와는 확연히 다른 것이다. 디즈레일리는 아일랜드인을 이방인화하고 '정신이상자'로 봄으로써 인종주의의 부정적 이념을 표출하였다. 그렇지만 그는 아일랜드인의 내재적 본성이 그들을 자치에 부적합한 존재로 만드는 것이 아니라, 아일랜드인이 연합영국의 한 부분이기를 거부함으로써 스스로를 문명사회의 외부에 둔다고 보았다. 그가 보기에 "하나의 위대한 국민성 속에 용해된 통일된 인민"이라는 비전을 위협한 것은 아일랜드인의 지속적인 반란이었다. 그런데 그는 아일랜드 상황이 거의 변하지 않는 상태에서 반란이 지속될수록, 아일랜드인은 모종의 '본래적인' 결함을 가진 존재여서 자치에 부적합하다고 여기는 쪽으로 나아갔다. 즉 아일랜

드인은 국민 '안'에 있지만, 결국 그들은 마치 '외부'에 있는 것처럼 통치되어야 했다.[14]

이처럼 보르그스테드는, 디즈레일리가 국민 속 아일랜드의 존재를 인정하면서도 외부적 존재라는 성격이 특정한 사건을 계기로 재등장하자 인종주의 입장을 지속한 것으로 파악하였다. 그러나 이 해석은 디즈레일리의 인종주의의 심층, 즉 그 자신의 편견이 그의 아일랜드관과 어떻게 연관되는지 제대로 파악하지 못했다. 디즈레일리의 인종주의의 핵심은 유대 정체성과 잉글랜드 정체성 Englishness의 결합이었다. 잉글랜드 정체성은 영국 정체성 Britishness과 다르며, 글래드스턴의 영국 정체성이 아일랜드를 포함한 데 반해 디즈레일리의 잉글랜드 정체성은 훨씬 배타적이었다. 보르그스테드의 주장은 디즈레일리가 영국 정체성을 옹호했다는 전제에 서 있다. 그러나 그는 경력 초기부터 줄곧 잉글랜드 정체성 옹호자였다.

스타일

1850년까지 아일랜드 문제에 관한 디즈레일리의 입장에서 두드러지게 나타난 스타일은 부정적으로 말하면 기회주의이다. 메이누스 문제와 곡물법 위기는 아일랜드와 직접 연관된 사안이었는데, 디즈레일리의 관심은 이 두 문제 자체를 다루는 자신의 입장과 처방을 제시하기보다는 필을 공격하는 데 있었다. 그렇지만 이 기회주의에 이데올로기가 없지는

---

14 Borgstede(2011), 앞의 책, p.30, pp.155~182, p.244.

않았다.

　반휘그주의는 적어도 수사의 차원에서 그가 필을 공격하는 장치였고, 1850년까지 그는 이 틀을 견지했다. 더구나 그는 잉글랜드 역사를 독특하게 해석하면서 자신의 논증을 전개하였다. 기회주의는 디즈레일리가 아일랜드 문제를 다분히 보수당의 이익 여부라는 정치적·전략적 차원에서 접근하였음을 뜻한다. 그렇지만 1850년대 두 차례 소수파 내각에서 아일랜드 문제를 매개 삼거나 활용하여 보수당의 위상과 지배력을 유지하려는 디즈레일리의 전략은 일정 정도 이데올로기나 이념 차원에서 파악되어야 할 것이다. 1860년대 중반 이후 디즈레일리의 접근법의 이데올로기적 함의는 좀 더 두드러지게 나타났다. 교회정치를 보수당의 의제로 삼고 자치를 반대하여 제국 통일성 유지를 강조한 것이 그 증거이다.

　디즈레일리의 입장은 아일랜드가 영국 의회에서 그리고 잉글랜드 선거에서 과연 유리한가라는 전략적 고려에 지배되었다. 그는 자신의 경력을 위해 필과 메이누스 교부금 지원을 공격했다. 1850년 '교황청의 공세' 이후 디즈레일리는 협상을 해서든 선거 승리를 통해서든 보수당 다수파가 확보되는 상황을 만들어 내고자 했다. 1874년 목표 달성 이후 그는 아일랜드 사안을 대체로 무시하였다. 그는 아일랜드 문제가 잉글랜드의 정치적·종교적 편견과 충돌하는 것을 원치 않았다. 1881년 그는 아일랜드의 점증하는 농촌 위기도 그 자체보다는 그것이 헌정의 지주적·귀족적 토대를 잠재적으로 위협한다는 관점에서 파악했다.

　평생 디즈레일리는 "가장 비참한 나라" 아일랜드의 실상을 보려고 방문한 적이 없었다. 야당 시절과 집권 시절 디즈레일리의 입장과 정책은 대체로 지속성을 갖지 않았다. 그는 전략을 남겼지만, 그 전략은 종종 소극적이고 부정적이었다. 메이누스 문제에서 그의 공격은 신랄하고 파괴적이었다. 그는 필이 곡물법을 폐지하기 위해 아일랜드 기근을 과장한다고 경멸에 찬 비난을 하였다. 그는 글래드스턴의 토지법들을 "신성모독을 성화하고 반역을 승인하고 내란의 씨앗을 뿌린 것"으로 비난하였다. 또한 그는 아일랜드 국교회에 관한 어떤 조치도 거부하였으며, 집권 시기에는 다른 의제에 우선권을 주었다. 1874년 디즈레일리가 집권했을 때 아일랜드는 그가 왕년에 "굶주린 주민, 부재지주, 이방인 교회"로 낙인찍은 상태 그대로였다. 1870년대 말 아일랜드는 대불황으로 몹시 고통받았다. 그러나 디즈레일리는 불황이 크게 과장되었다고 보았고 재정 지출의 압박을 염려했다. 토지문제는 심각했다. 그러나 그의 정부는 국교회 폐지 이후의 잉여금을 이용해서 사소한 구제 조치를 시행하는 데 그쳤다.

과연 디즈레일리는 아일랜드 '정책'을 갖기는 했는가? 역사가들은 종종 글래드스턴 제1차 내각이 개혁 프로그램 없이 집권하였다고 지적한다. 반특권으로 요약되는 그의 개혁이 오늘날 우리가 이해하는 프로그램 정치의 산물이 아니라는 지적은 일정 정도 타당하다. 그러나 이 개념을 19세기에 적용하는 것은 시대착오라는 반론도 가능하다. 하여간 글래드스턴 제1차 내각의 정책 가운데 적어도 아일랜드 정책—이른바 자르면 독을 뿜는 '유퍼스나무'Upas Tree를 제거하는 정책—은 교회, 토지, 교육이라는 3부작으로서 일종의 프로그램 정치였다고 할 수 있다. 디즈레일리 제2차 내각의 아일랜드 정책에 대해서도 역사가들은 흔히 그가 아일랜드 문제를 다룰 뚜렷한 정책과 의제를 갖지 않고 집권하였

디즈레일리와 글래드스턴

다고 본다. 정책을 주도할 여지가 적었고 여당의 정책을 비판하는 데 치중한 야당 시절은 차치하더라도, 집권 시절에마저 그는 대체로 아일랜드 문제를 주도적으로 다루지 않았다. 이것은 또 다른 의미에서 기회주의라고 할 수 있다. 더구나 그가 더비의 그늘 아래에서 당과 정부의 2인자로 지냈던 시기 그의 정치적·전략적 입장은 빈번히 좌절을 맛보았다. 1850년대에 그의 역할은 워런의 표현대로 '조정자'에 그쳤다. 이러한 비주도성은 그가 수상이던 시기에도 마찬가지였다.

디즈레일리의 국교회주의에 근거한 아일랜드 정책은 대체로 교육과 관련되었다. 이것은 일정 정도 단일성을 가진 주제라고 할 수 있다. 그러나 글래드스턴과 비교하면 다채로움이 크게 뒤떨어진다. 글래드스턴의 3부작 정책과 그 후속편인 자치 정책은 디즈레일리에 비해 한층 다양성을 보이는 한편 역설적으로 일관성을 보인다. 그리고 그 일관성은 시기와 단계에 따라 진화적 성격을 드러낸다. 이에 비해 디즈레일리의 경우는 개별 상황에 대처한 특징이 두드러진다. 그것은 특정 이념에 좇아 아일랜드 문제를 주도적으로 해결하려고 한 것이 아니었다. 디즈레일리의 아일랜드 문제 인식과 이념은 글래드스턴에 비해 덜 광범하고 덜 근본적이었다.

1880년 총선 때 디즈레일리는 아일랜드 상황의 개선과 "우리의 동포"라는 수사로 접근하면서도 자치에는 철저히 저항할 것을 요청했다. 키노에 따르면, "디즈레일리의 자치 반대는 아일랜드인을 향한 만큼이나 글래드스턴과 자유당을 겨냥하였다." 전반적으로 그는 아일랜드 문제를 그 자체가 아니라 '영국과 관련된' 함의를 중심으로 파악했다. 이를테면 그는 1880년 추방보상법안을 '영국' 지주 세력을 공격하는 전초전으로 파악했다. 따라서 디즈레일리의 보수성은 아일랜드보다는 영국과의 연관성에서 강하게 표출되었다. 그는 합방, 연합왕국, 토리에게 해를 끼치지 않는 방식으로 가톨릭 다수파와 타협하기를 원했다. 그러나 결국에는 아일랜드가 영국의 전통적 정치 질서를 공격할 것이라는 두려움으로 바뀌었다.[15]

디즈레일리의 유산

그렇다면 이러한 기회주의나 비주도성 및 조정자로서의 스타일은 그의 사후 보수당의 아일랜드 정책에 어떤 영향을 끼쳤는가? 혹은 과연 어떤 연관성이라도 있는가? 디즈레일리 사후 보수당을 이끈 정치가는 솔즈베리와 그의 조카 아서 밸푸어였다. 1880년대 후반에서 1890년대에 걸쳐 이들은 글래드스턴이 주도한 아일랜드 자치 정책의 대안으로서 '보수당의' 정책을 발전시켰다. 그것은 지방행정 개혁과 토지 매입을 촉진하면서 합방을 유지하려는 목표를 설정하였다. 인구 과밀 지역 공공사업국 설치도 토지 개선과 영농 방법을 개선하기 위한 조치였다. 반면 범죄법은 아일랜드에서 소요를 다스릴 경찰력을 강화하고 배심원에 의한 재판을 유예하였다. 이른바 '당근과 채찍'의 양면 전략이 보수당의 정책이었다.

이 조치들에서 디즈레일리의 '흔적'을 볼 수 있다는 해석이 있다.

---

15 Quinault, Roland(2006b), "Victorian Prime Ministers and Ireland," in Roger Swift and Christine Kinealy eds., *Politics and Power in Victorian Ireland*, Dublin, pp.59~60 ; Quinault(2011), 앞의 책, pp.26~27.

디즈레일리와 글래드스턴

1840년대에 디즈레일리는 아일랜드 문제를 빈곤, 부재지주, 이방 교회, 약체 행정부로 요약할 정도로 사태의 본질을 통찰하였다. 또한 그는 메이누스 보조금을 반대하였지만 곧 가톨릭교회에 보조금 지급, 차지인이 이룬 토지 개선 보상, 부재지주 처벌, 사회 하부구조의 개선을 포함하는 벤팅크 경의 개혁 구상을 수용하였다. 물론 디즈레일리는 이를 실제로 추구하지 않았거나 추진할 위치에 있지도 않았다. 그렇지만 디즈레일리의 아일랜드 개혁 이념은 1860년대 이후 재등장하였다. 예컨대 1868년 글래드스턴의 아일랜드 국교회 폐지결의안을 반대하면서 디즈레일리는 아일랜드 가톨릭교회에게 상응하는 보조금을 지급할 것을 대안으로 제시하였고, 이것은 후일 보수당 정책의 긴요한 부분이 되었다.

그렇다면 '당근과 채찍' 접근법이 직접적으로 디즈레일리로부터 유래했는가? 이 접근법을 디즈레일리는 알았다. 그러나 그가 이를 이용한 방법은 매우 기회주의적이고 사후대응적이어서 정책이라고 부르기 어려울 수 있다. 그것을 정책으로 바꾸는 데 결정적인 작용을 한 요인은 자치 압력이었고, 디즈레일리는 이를 예상했으나 생전에 목격하지는 못했다. 1885년 솔즈베리 제1차 내각 이후에야 강압과 양보를 병행하는 보수당의 정책이 형성된 것이다. 특히 "후의로써 자치를 죽이는"killing Home Rule with kindness 보수당 정부의 토지개혁은 시간상으로도 디즈레일리와는 무관한 정책이었다. 1880년대 중반 이후 한 세대에 걸쳐 아일랜드에서 자영농체제를 확립하는 데 중요했던 이 조치는 오히려 글래드스턴의 1886년 토지법안의 기조를 따랐다. 원했든 원치 않았든 보수당의 토지개혁 정책은 아일랜드 사회의 근본적인 '재구성'으로 나아갔고, 이것은 디즈레일리가 절대로 원치 않았을 것이다. 적어도 이 점에서 보자면 보수당의 아일랜드 정책은 디즈레일리 시대의 수동적이고 수구적인 정책과는 달랐다.

스티븐 리에 따르면, 디즈레일리는 1880년대에 등장한 보수당의 아일랜드 정책에 '도장보다는 지문'을 남겼다.[16] 이것은 영향력의 강도나 명료도 차원에서 디즈레일리의 유산을 평가하는 표현이다. 리는 디즈레일리가 보수당의 아일랜드 전략에, 혹은 자유당과 투쟁하면서 보수당이 구사한 아일랜드 정책에 강력한 영향을 끼쳤다고 본다. 그런데 하여간 도장과 지문이 다르므로 이 비유를 정책의 적극적 성격과 소극적 성격 여부를 파악하는 개념으로도 볼 수 있다. 이를테면 디즈레일리가 1867년 선거법 개혁 과정에서 아일랜드를 핵심 쟁점으로 만들었고, 1868년 총선을 "중대한 프로테스탄트 투쟁"으로 제시하면서 새로 유권자가 된 노동계급의 지지를 얻으려고 반아일랜드 정서에 호소한 것은 소극적 의미의 쟁점화였다. 마찬가지로 디즈레일리는 1874년 총선에서 아일랜드 문제를 쟁점화하여 집권하고자 했다. 그는 글래드스턴의 개혁이 국교회와 지주제 같은 나라의 근본 제도들을 공격한 "얇은 베일로 가린 반역"이라고 비난하였다. 이 역시 소극적 접근법의 특징을 잘 보여 준다.

다만 그가 1880년 총선에서 글래드스턴이 승리하면 아일랜드 자치가 정치 쟁점이 될 것으로 예지력을 갖고 진단한 것은 이후의 과정에서 실제로 드러났고, 이런 점에서 디즈레일리는 보수당에게 자치 반대

---

16 Lee(2005), 앞의 책, p.129.

의 핵심 주장을 제공하였다. 디즈레일리는 총선에서 자유당이 자치 정책을 추구할 것이라고 경고하였고, 아일랜드 민족주의와 결탁한 자치는 제국의 해체를 초래할 것이라고 경고하였다. 그는 아일랜드가 국내 사안이자 제국 사안임을 파악하였다.

이후 보수당은 디즈레일리의 이념을 '토리민주주의와 합방주의의 결합'으로 재구축하였다. 실제로 '자치＝제국 해체'라는 인식은 자유당 합방파의 이탈을 초래한 가장 중요한 이데올로기였다. 결국 솔즈베리의 보수당은 디즈레일리가 포착한 전략을 효과적으로 가다듬어 아일랜드를 '위한' 것이 아니라 아일랜드에 '관한' 보수당 정책으로 형성하였다.[17] 대체로 디즈레일리는 아일랜드와 관련된 자신의 이념을 아일랜드를 위한 정책으로 발전시키는 데에는 관심이 적었다. 그러나 그의 후계자들은 자치를 '대신하는' 정책으로 무장하고 자유당을 반대하는 전략을 구사하였다. 아마도 디즈레일리는 아일랜드 '그 자체'가 중요하다는 점을 전혀 확신하지 않았을지도 모른다.

3. 글래드스턴의 아일랜드 정책, 1868～1885년

1840～1860년대

토리로서 정계에 입문한 글래드스턴이 아일랜드와 대면한 첫 계기는

---

17   Lee(2005), 앞의 책, p.129.

메이누스 문제였다. 필 정부는 대니얼 오코넬의 합방폐지운동을 저지하기 위해 아일랜드 가톨릭 신학교인 메이누스대학에 항구적인 보조금을 지급하는 법안을 제안하였는데, 글래드스턴은 이 조치가 자신의 저서 『국가와 교회』*The State in Its Relations with the Church*, 1838에서 피력한 국교회주의를 근본적으로 위협한다고 생각하였다. 1845년 통상부장관 글래드스턴은 메이누스 법안을 반대하여 사직하였다. 그러나 그는 법안 표결에서는 찬성투표하였다. 사직 이후 1846년 일시적으로 식민장관으로 복귀한 것을 제외하면, 야당에 있던 글래드스턴은 아일랜드 정책을 추진할 만한 위치에 있지 않았다. 따라서 아일랜드 문제는 그의 생각과 행위의 중심을 차지할 수 없었다. 다만 1853년 애버딘 연립정부의 재무장관으로서 그는 아일랜드에게도 소득세를 부과하였다. 그것은 연합왕국 전역에서 지속적으로 과세 기반을 마련하려는 경향과 일치한 매우 '합방주의적인' 행위였다.[18]

　1859년 자유당에 들어갈 때까지 글래드스턴의 주된 관심은 자유무역과 유럽 차원의 민족문제특히 이탈리아 문제였다. 그렇지만 그는 불만이 일리 있고 정당하고 온전히 제기되는 곳에서는 의회가 해법을 마련해야 한다는 필의 자유주의적 보수주의를 지지하였으며, "아일랜드는 아일랜드인이 사는 곳"이라는 러셀의 '충격적인' 발언으로부터 아일랜드인은 잉글랜드인이나 스코틀랜드인과는 다르게 생각한다는 것을 깨달았다.[19]

---

18 Matthew, H. C. G.(1998a), "Gladstone and Ireland," *Journal of Liberal Democrat History* 20, p.23 ; Roberts, Matthew(2000), "Gladstone and the Irish Question," *Journal of Liberal Democrat History* 26, p.3.

19 Matthew(1998a), 앞의 논문, p.23.

러셀의 발언 취지는 통치가 인민 대다수의 소망을 따라야 한다는 것이었다. 1860년대에 재정가로서 명성을 얻고 대중적 지지의 확대에 힘입어 글래드스턴은 점차 자유당의 지도자로 부상하였다. 1860년대 중반 글래드스턴은 아일랜드 문제의 세 가지 국면에 진지한 관심을 기울였다. 아일랜드 민족성의 실체, 아일랜드 지주계급의 실패, 아일랜드 가톨릭교회의 세력 신장이 그것이다. 민족, 토지, 종교는 아일랜드 문제에 관한 글래드스턴의 사유 전개의 세 주제가 되었다.

국교회 폐지, 1868~1869년

1866년 선거법 개혁 문제로 자유당의 내홍과 실각을 경험하고, 1867년 세대주선거권을 수용한 디즈레일리에게 참패당한 글래드스턴은 자유당을 재결속하고 새로운 대중 유권자를 동원하여 그들의 개혁 에너지에 방향을 부여할 쟁점을 찾음으로써 권토중래를 도모하였다. 그 계기는 1846년 이후 처음으로 의회 회기를 지배한 주제가 된 아일랜드 문제였다.

1868년 3월 의회에서 글래드스턴은 아일랜드에서 실정이 너무 오랫동안 지속되었으며, 보수당은 아일랜드 문제가 위기에 직면했음을 인식하는 데 실패했고, 이제 아일랜드의 토지·교회·교육문제를 다룰 광범한 접근법을 취해야 할 시점이 도래했다고 주장했다. 그는 아일랜드 국교회의 공식 교회로서의 지위 폐지 교회세 폐지, 교회의 대규모 토지소유 폐지, 교부금 지급 중단을 요구했다. 이 행동은 자유당의 계파를 결속하였다. 급진파와 비국교도는 일반적으로 국교회 원리를 거부하였고, 어덜러마이트는 아일랜드 국교회에 전혀 우호적이지 않았으며,

종교적 차별 폐지는 1830년대 이래 고전적인 휘그의 주제였기 때문이다.[20] 4월 글래드스턴은 아일랜드 국교회 폐지결의안을 65표 차로 통과시켰다. 레임덕 상태에서도 디즈레일리는 수상직을 유지하였다. 11월 총선 결과는 자유당의 대승이었다.

"아일랜드의 평온"을 내걸고 집권한 글래드스턴은 교회, 토지, 교육에서 프로테스탄트 우위와 특권을 제거하기로 결심하였다. 1869년 5월 글래드스턴은 아일랜드 국교회 폐지법안을 하원에서 통과시켰다. 그는 '자유로운 국가 안에서 자유로운 교회'라는 원리로 폐지를 정당화했다. 이 법은 아일랜드에서 앵글리칸주의 국교회를 폐지하였다. 그 재산 1,600만 파운드는 몰수되고 이 가운데 1천만 파운드는 환급 환급금 일부는 빈민 구휼, 농업 개선, 병원, 대학 교육에 지출하고 나머지는 국교회의 재정 자립을 위해 쓰도록 하였다. 교회 재산을 비종교적 분야에 쓰기로 한 점에서 폐지는 '혁명적' 조치였다.[21] 이제 사적 자치단체가 된 아일랜드 교회는 교회세에 의존할 수 없게 되었다. 이처럼 국교회 폐지는 '종교적 피정복' 상태를 종식시키는 특권 타파 정책이자 해방의 조치였다. 아일랜드 장로교회와 가톨릭 메이누스대학에 지원하는 교부금 또한 폐지되었다.

글래드스턴이 교회 문제를 먼저 다룬 데에는 정치적 고려가 작용하였다. 토지문제는 재산권과 관련되기에 자칫하면 자유당의 단합보다는 분열을 초래할 공산이 있었다. 반면 국교회는 이미 1868년 결의안을 통

20 John(2010b), 앞의 책, pp.134~137.
21 Hoppen(1998), 앞의 책, p.595.

해 기정사실화한 것이었다. 당시 다양한 정치 세력과 심지어 국교회 내부에서도 폐지의 불가피성을 인정하는 분위기가 강했다. 따라서 글래드스턴은 먼저 국교회를 폐지하고 당의 단합을 이룬 뒤 논란의 여지가 큰 토지문제를 다루게 된다.

아일랜드 토지법, 1870년

1840년대 중반 대기근 이후 아일랜드에서는 상당한 정도로 토지 보유의 재구조화가 이루어졌다. 1849년 저당토지법으로 토지 이전이 용이해지면서 보유자가 감소하고 따라서 보유지의 규모가 증가하였으며 자본 투자가 늘었다. 그러나 토지를 개선한 차지인에게는 보상이 제대로 주어지지 않은 데다 특히 서부 아일랜드에서는 추방이 빈번하였다. 1850년에 결성된 차지인동맹은 이른바 3F — 보유권의 고정fixity of tenure, 공정한 지대fair rent, 토지 개선분의 자유로운 매매free sale of improvements — 를 요구하였지만 이 운동은 1850년대 중반의 경제적 번영으로 위축되었다.

1870년 아일랜드 토지법안 역시 글래드스턴이 주도적 역할을 한 조치였다. 그의 원래 목표는 지주의 터무니없는 지대 수취를 방지하고 얼스터 차지인의 관습적인 권리를 아일랜드 전역으로 확대하려는 것이었다.[22] 이를 통해 그는 아일랜드 농촌에서 더 안정적인 지주·차지인

---

22 '얼스터(프로테스탄트가 우세한 아일랜드 북부 지방) 관습'으로 알려진 차지권은 경작지를 떠나는 차지인이 가장 유리한 조건을 제시하는 다른 차지인에게 매매할 수 있는 권리를 말한다. 1870년 토지법은 얼스터에서, 1881년 토지법은 아일랜드 전역에서 이 차지권을 인정하였다.

관계를 수립하기를 원했다. 그러나 내각에서 휘그 지주들은 강력하게 저항하였다. 이후 법안에서는 얼스터 관습을 실정법으로 강제하였고 나머지 지역에서는 추방되는 차지인이 이룩한 개선을 보상하였지만, 차지인의 지위가 크게 개선되지는 못했다. 이 법은 보유권의 안정이라는 더욱 근본적인 문제를 해결하지 못함으로써 지주의 자의적인 지대 인상이나 추방으로부터 차지인을 보호하기에는 한계가 있었다.[23] 그럼에도 유산계급은 이 법이 통과된 사실 자체를 재산권 침해라고 간주하였다.

그런데 토지법은 글래드스턴이 당대의 가장 강력한 이념인 정치경제학의 원리와 계약의 자유에 집착하지 않게 되었음을 뜻한다. 아일랜드 토지문제를 다루면서 그는 사회적 관계에서 역사적 감각의 중요성을 인식하였다. 글래드스턴의 '역사주의'는 자유로운 시장과 계약이라는 초시간적 접근에서 벗어나는 것이었다.[24] 그는 아일랜드 차지인이 원하는 것은 자신이 점유하는 토지의 소유임을 알고 있었다. 차지인은 역사적으로 자신에게 강제된 잉글랜드의 법이 무엇이든 '경작자=소유자'라고 믿었다. 그러나 글래드스턴은 지주 역시 아일랜드 농촌 사회의 "자연스러운 질서"의 한 부분이며, 이들의 참여 없이는 공평한 해법이 불

---

23 Feuchtwanger, Edgar J.(1991), "Gladstone's Irish Policy : Expediency or High Principle?," *Modern History Review* 3(2), p.22 ; Feuchtwanger(1985), 앞의 책, pp.61~62.

24 글래드스턴의 역사주의에 관해서는 Dewey, Clive(1974), "Celtic Agrarian Legislation and the Celtic Revival : Historicist Implications of Gladstone's Irish and Scottish Land Acts, 1870-1886," *Past and Present* 64, pp.30~70 참조.

가능하다고 믿었다. 토지법의 한계는 여기에 있었다. 그럼에도 토지법은 재산권이 늘 어디에서나 신성하지는 않다는 원리를 확립한 중요한 조치였다. 동시에 토지법은 자유당 균열의 한 계기가 된 점에서 정치적인 파장이 컸다. 휘그는 토지법을 '공산주의'라고 공격하였고, 개혁이 이윽고 잉글랜드로 확산되고 지주의 재산과 정치적 지위를 더욱 공격하도록 만들 것이라고 우려하였다. 반면 급진주의자는 토지법이 철저하지 못하다고 불만이었다.

　한편 아일랜드에서는 자치당이 등장하였다. 그것은 독립이 아니라 아일랜드 사안을 다룰 아일랜드 의회의 복원^{자율성}을 요구한 1840년대 오코넬의 합방폐지운동을 계승하였다.[25] 1870년 프로테스탄트이자 보수당 의원을 역임한 버트가 결성한 자치정부협회에서 유래한 자치당은 초기에는 소수의 프로테스탄트 중심이었지만, 이후 가톨릭 성직자와 농민이 가세하면서 대중적 기반이 확대되고 이념도 명확해졌다.^{자치} ^{정부협회는 1873년 자치동맹이 되었고, 자치동맹은 1882년 민족당이 되었으며, 민족당은 1922년} ^{까지 존속하였다.} 자치당은 무장투쟁으로 독립을 달성하고 공화국을 수립하려는 피니언의 급진적 민족주의와 비교하면 분명 온건한 노선이었다. 특히 버트는 교육에서 가톨릭교회의 역할을 확대해야 한다고 주장함으로써 가톨릭 성직자와 그들의 영향력이 강하게 미치는 농민층의 지지를 확보하였다. 총선에서 아일랜드 유권자들은 가톨릭주의와 차지권을 옹호한 자치당 후보자를 지지하였다.[26] 그 결과 1874년 총선에서 자치파

25　Jackson, Alvin(2003), *Home Rule : An Irish History, 1800-2000*, Oxford, p.15.
26　Jackson(2003), 앞의 책, pp.29~30.

59명이 당선되었다. 그렇지만 디즈레일리 정부가 아일랜드 사안에 무관심한 상태에서 버트의 리더십은 효과가 적었다. 이 모든 것은 대불황의 도래와 더불어 바뀌게 된다.

야당, 1874~1879년

1873년 초 글래드스턴은 아일랜드 문제 해법의 3부작 가운데 마지막 조치로 아일랜드 대학법안을 제안하였다. 아일랜드 가톨릭에게 고등교육의 기회를 확대하려는 이 법안은 아일랜드 가톨릭교회의 반발, 영국 보수 세력의 저항, 자유당 내부의 반대로 부결되었다. 특히 철학이나 근대사 같은 논란거리인 인문과목을 배제한 '중립적'인 비종파적 교육 규정이 거센 반발을 샀다. 대학법안의 부결로 글래드스턴 제1차 내각의 개혁 추동력은 결정적으로 쇠퇴하였다. 1874년 총선에서 패배한 글래드스턴은 1875년 1월 자유당의 리더십을 포기하고 실질적으로 정계를 은퇴하였다. 자유당에서는 휘그와 급진파를 중심으로 당권 투쟁의 막이 올랐다. 그러나 1876년 불가리아 사태를 계기로 글래드스턴은 정치 일선에 전면적으로 재등장하였다. 디즈레일리의 친튀르크 정책을 비판하는 캠페인을 주도하면서 글래드스턴이 제시한 동방문제 해법은 "튀르크의 명목상의 종주권 아래 약소민족들의 자치를 허용하는 것"이었다.

그렇지만 글래드스턴 제1차 내각 시기 개혁의 원리가 당장 자치로 표현될 것은 아니었다. 제1차 내각의 아일랜드 정책은 불완전한 성공이었지만, 글래드스턴 자신은 아일랜드의 장래를 낙관하였다. 그는 자신의 정부가 이룩한 개혁이 결실을 맺는 것은 "천체의 운행"처럼 확실하며 합방은 이제 "견고한 토대"에 머물게 되었다고 자신했다. 1877년 가을 아일랜드를 방문했을 때도 그는 아일랜드의 "종교적이고 사회적인" 불만은 합방의 틀 안에서 해소될 것이라고 장담하였다. 그는 아직 아일랜드 민족주의와 그에 근거한 자치를 옹호할 단계에 이르지는 않았다. 오히려 그는 곧 정계에서 은퇴하고 신학과 종교에 전념할 생각을 갖고 있었다.

자치 구상에 이르기 위해서는 종전과 달리 극적인 계기가 필요했다. 1879년 10월 아일랜드민족토지동맹이 결성되고, 프로테스탄트이자 버트보다 급진적인 젊은 찰스 스튜어트 파넬이 의장이 되었고, 이듬해 5월 파넬은 자치당의 리더가 되었다. 파넬의 리더십 아래에서 이제 아일랜드는 예상치 못한 새로운 힘을 갖고 영국 정치 무대의 전면에 등장하였다. 파넬과 버트는 모두 의회주의자이자 '사회적' 보수주의자였고, 자치체제에서 지주와 프로테스탄트의 역할에 집착하였다. 그러나 버트와 달리 파넬은 아일랜드가 영국과 '동등한' 협력자가 되기를 원했다. 1879~1880년 미들로디언 유세에 이어 총선에서 승리한 글래드스턴은 1880년 4월 제2차 내각을 출범시켰다.

집권 벽두에 글래드스턴은 전임 디즈레일리 정부의 유산인 남아프리카 문제와 동방문제 및 이와 결부된 재정 문제에 관심을 집중하였지만, 아일랜드 문제는 글래드스턴 스스로 인정했듯이 '부지불식간에' 정부의 가장 중요한 업무가 되었다.[27] 따라서 글래드스턴의 아일랜드 자치 정

---

27 Matthew(1997), 앞의 책, p.436 ; Feuchtwanger(1975a), 앞의 책, p.206 ; Feuchtwanger(1991), 앞의 논문, p.22.

책은 아일랜드 상황의 전개와 맞물리면서 이루어진 것이지 이념적으로 예정되거나 고정된 것은 아니었다.

토지전쟁, 1879~1882년

1870년대 말 대불황기에 농산물 가격 하락, 지대 체납 누적, 빈번한 추방 때문에 아일랜드 농민의 경제적 상황, 특히 지주·차지인 관계는 과거 어느 때보다 악화하였다. 1879년 10월 민족주의자이자 피니언의 일원인 마이클 다비트가 토지동맹을 결성하여 반지주운동인 '토지전쟁'을 주도하였다. 동맹의 목표는 농민 소유권의 확립이었지만, 현실적인 요구 수준은 지대 인하였다. 지대 납부 거부, 추방 방해, 보이코팅이 공식적인 저항 수단이었다면 가옥과 건초 방화, 가축을 불구로 만들기, 지주와 그 대리인 살해는 비공식적인 수단이었다. 여기에 지주제가 영국에서 들여온 것이므로 아일랜드에서 지주제는 합법성이 없다는 선전이 가세하였다. 1879년 말부터 시작되어 1882년 6월까지 최고조에 달한 토지전쟁은 지주의 통제력을 무너뜨렸을 뿐 아니라 아일랜드 정부 구조에 근본적으로 도전하였다.

중요한 점은 토지전쟁이 자치라는 정치적 목표를 가진 민족주의운동과 결부된 데 있었다. 대불황은 소득이 하락하고 불만이 팽배해 가는 상황을 이용할 효율적인 리더십이 등장하는 배경을 제공하였다. 1879년 가을 파넬은 "이 나라의 토지는 이 나라의 인민이 소유자가 아니라면 경작될 수 없다"라고 하고 부당한 지대를 거부할 것을 촉구하였으며, 아일랜드 의회를 아일랜드인의 수중으로 가져오겠다고 공언하였다. 따라서 이른바 '새로운 출발'은 입헌적 민족주의와 혁명적 민족주의의 '불편한 동거'의 산물이었다.[28] 토지전쟁은 파넬과 자치당이 아일랜드 민족주의 세력, 농민, 가톨릭교회의 지지를 확보할 수 있는 중요한 계기였다. 그 결과 아일랜드에서 자유당의 입지는 급속하게 쇠락하였다.

이렇듯 1880년대 전반 아일랜드에서는 민족주의와 농민 투쟁, 정치적 불만과 경제적 불만이 결합하였다. 그런데 파넬의 근본적인 관심이 토지에 있었던 것은 아니며, 그는 입법적 독립 곧 자치를 원했다. 그는 토지동맹을 자신의 정치적 자산인 자치라는 목표를 달성하기 위한 수단으로 간주하였다. 파넬은 자치라는 새로운 체제 안에서 전통적 엘리트의 애국주의 유산과 정치적 재능을 더 광범한 공동체와 결합시킴으로써 토지문제가 배태한 사회적 갈등을 극복할 수 있다고 보았다. 바로 여기에 파넬과 글래드스턴의 접점이 있다.[29]

1880년 7월 추방에 대처하고 토지동맹을 무마하기 위해 정부는 추방보상법안을 제안하였다. 아일랜드장관 포스터가 마련한 이 법안은 1881년 말까지 한시적으로 적용되는 것으로서, 지대를 납부하지 않아서 추방된 농민이 흉작 때문에 지대를 납부하지 못했다는 것과 지주가 정당한 조건을 거부하였음을 증명할 경우 추방에 따른 보상을 요구하도록 하였다. 그러나 아일랜드 일부 지역에서 연수 30파운드 이하의 차지인에게만 적용되었다. 그럼에도 내각에서 휘그는 이 제한적 조치에 강력하게 반발하였다. 법안은 하원을 통과하였지만, 디즈레일리는 상원에

28 Hoppen(1998), 앞의 책, p.586.
29 Partridge, Michael(2003), *Gladstone*, London, p.190 ; Jackson(2003), 앞의 책, p.42.

서 법안 반대를 주도하여 압도적으로 부결시켰다. 그는 이 법안이 지주 일반을 공격하는 시도라고 간주하였다. 추방법안이 논의되던 때 글래드스턴은 내키지 않지만 강압법을 갱신하라는 포스터의 요구를 수용하였다.[30] 내각에서 휘그와 급진파는 격렬하게 대립하였다. 글래드스턴은 강압법을 "전도된 이념"으로 간주하였는데, 그는 강압이 정반대인 화해의 정책과 병행해야 한다고 보았다. 제2차 토지법은 이러한 사고의 표현이었다.

토지법, 1881년

1881년 벽두 의회에서 자치당의 도전을 꺾기 위해 자유당 정부는 글래드스턴의 반대에도 불구하고 인신보호법을 유예하고 인신과 재산보호법안을 마련하였다. 자치당은 의사 진행 방해전술로 대응하면서 의사 일정을 거의 마비시켰다. 글래드스턴은 아일랜드에서 신속히 사회질서를 회복하기 위해서는 또 다른 토지법이 필요하다고 깨달았다. 당근과 채찍의 병용전술이었다.

1880년 12월 아일랜드 토지조사위원회의 보고서는 3F를 추천하였다. 지주·차지인 관계에서 국가 간섭을 거부하는 입장인 글래드스턴은 모든 토지개혁은 1870년 토지법의 노선과 토대 위에서 이루어져야 한다고 보았으며, 보유권의 고정보다는 보유권의 안전 증대를 도모해야 한

---

30 강압법은 아일랜드 농촌 소요를 진압하기 위해 1833~1877년에 제정된 여러 법을 총칭한다. 이 법에 따라 총독은 소요 지역을 선포하여 재판 없이 인신을 구속하거나 약식재판으로 범법자를 처벌할 수 있었고, 야간 통행금지 같은 제약을 강제할 수 있었다.

다고 보았다. 글래드스턴이 3F를 혐오한 것은 그것이 지주의 재산 처분의 권리를 제거하고 지주를 단순한 짐으로 만듦으로써 사회적 조화라는 '신성한 원리'를 파괴한다고 보았기 때문이다.[31] 결국 내각에서 글래드스턴은 자신의 신념을 꺾었다.

4월 휘그 각료의 반대를 무릅쓰고 제안된 아일랜드 토지법안은 법정의 중재에 의해 사회적·재정적 관계를 조정하도록 하였다. 그 골자는 3F였다. 첫째, 차지인은 독립적인 토지법원이 산정하는 오직 '공정한 지대'만을 납부한다. 둘째, 차지인은 '보유권의 고정'을 보장받는다. 즉 지대를 납부하는 한 차지인의 지위에 남을 수 있다. 셋째, 차지인은 자신의 차지권을 누구에게나 자신이 원하는 때 '자유롭게 매각'할 수 있다. 넷째, 토지를 매입하려는 차지인에게 매입가의 75퍼센트까지 대부한다. 이 조치는 실질적인 '이중소유권'을 수립하는 것이었다.

이 정책이 지주와 차지인 양쪽으로부터 '가능한 최악'을 얻는 것이었다는 평가가 있지만,[32] 사실 3F 어느 것도 특별히 반감을 살 것은 아니었다. 지주는 여전히 지대를 받을 수 있었고, 만약 못 받는다면 지대를 납부할 다른 차지인을 찾을 수 있었다. 그렇지만 그들은 터무니없는 수준의 지대를 요구하기 어려웠다. 거센 반대 속에서 글래드스턴은 법안 통과를 위해 전력투구해야만 했다. 제2차 토지법은 1870년대 이래 등장한 '공리주의를 겨냥한 역사주의의 반발'을 반영하였다. 글래드스턴은 아일랜드 농촌 관습과 토지 보유 관념이 '역사성'을 갖는다고 인정함

---

31 Roberts(2000), 앞의 논문, p.6.
32 Feuchtwanger(1975a), 앞의 책, p.207.

으로써 아일랜드 토지문제에서 '영국식' 접근을 배제하였다.[33] 그러나 지주의 소유권은 건재했고, 글래드스턴 자신도 정부가 재정을 지원하는 토지 매입을 싫어하였다. 그렇지만 토지법은 노년에도 불구하고 지적 유연성을 과시한 글래드스턴의 '가장 위대한 의회 업적 가운데 하나'였다.[34] 물론 일부 연구자는 제2차 토지법이 도움이 절실한 지대 체납자와 정기차지농을 배제하였고, 토지 매입 조항에서 차지인이 상당한 금액을 미리 예치할 것을 규정함으로써 차지인이 자신이 경작하는 토지를 매입하는 것을 가급적이면 배제하려고 한 점에서 한계를 지녔다고 지적한다.[35] 하지만 비록 토지동맹의 궁극적인 목표가 자영농체제의 수립이었지만, 현실적으로 그들이 요구한 것은 지대 인하와 차지권의 고정이었음을 염두에 두어야 한다. 사실 차지인 내부에서는 토지 소유권의 확대를 주장한 부류와 지대 인하를 요구하는 부류 사이에 대립이 있었다. 글래드스턴의 토지법은 후자의 손을 들어 주었다.

강압과 병행한 토지법은 단기적으로는 아일랜드 농촌 소요를 진정시키고 토지동맹을 와해시켰다.[36] 따라서 1880년대 전반기 차지인은 토

33 Dewey(1974), 앞의 논문, pp.30~70.
34 Feuchtwanger(1975a), 앞의 책, p.207.
35 Roberts(2000), 앞의 논문, p.7.
36 강압과 양보라는 양면전술은 자유당 내부에서 휘그와 급진파의 대립을 고려한 조치이기도 하다. 강압법은 휘그를 만족시키고 그들로 하여금 마지못해 토지법을 수용하도록 만들었고, 토지법은 급진파를 만족시키면서 그들로 하여금 마지못해 강압을 수용하게 만들었다. 이 정치적 해석에 따르면, 자유당은 아일랜드의 상황과 요구의 실체를 파악하지 못한 채 정치적 목적에 따라 성급하게 마련된 완화 조치를 제시하였고, 그 결과 아일랜드 문제는 자유당을 분열시키고 당권 투쟁과 아일랜드 문제가 뒤얽히게 만들었다(Sykes(1997), 앞의 책, pp.104~105, p.108).

지 매입에 그리 열광하지 않았다. 차지인이 1880년대 중반 이후 민족주의 정치운동을 지지한 것은 자신들의 물질적 요구가 어느 정도 성과를 거둔 이후였다.[37] 파넬은 토지법이 자치운동의 힘을 빼앗는다고 보았다. 그래서 그는 차지인에게 토지법정에서 토지법을 '시험'하도록 촉구하였다. 토지동맹의 저항이 지속되자, 1881년 10월 글래드스턴은 "법과 무법의 최후의 대결"에서 "문명의 자원은 아직 고갈되지 않았다"면서 강압법[인신과 재산보호법]에 의거하여 파넬과 토지동맹 집행부를 킬마이넘 감옥에 가두고 토지동맹을 불법단체로 규정하였다. 옥중에서 이들은 '지대 거부' 선언서를 발표하였다. 그런데 파넬은 투옥을 그리 거부할 이유가 없었다. 투옥됨으로써 그는 자신이 토지문제가 우선함을 내심으로는 거부한다는 점을 은폐할 수 있었다.[38] 즉 파넬은 정치투쟁 우위론자였다.

자치 이념의 등장

1882년 초 강압법 시행에도 불구하고 소요는 그치지 않았고, 파넬의 투옥은 행정권의 남용이라고 비난받았다. 이 무렵 토지법을 통해 아일랜드 민족주의를 다스릴 수 있다고 본 글래드스턴의 사고는 점차 자치 이념 쪽으로 움직이고 있었다. 이것은 중대한 변화였다. 이미 1880년 말 그는 아일랜드의 민족적 요구에 대처하려면 더 효과적인 자치정부에 관한 조치가 필요한데, 이것이 대규모의 또 다른 토지법보다 "나은 수

---

37 Hoppen(1998), 앞의 책, pp.579~580.
38 Hoppen(1998), 앞의 책, p.672.

순"임을 느꼈으며, 권한이양이 "이상적으로는 지방정부로, 그리고 나쁘게는 자치로 불리는 것"이라고 여겼다. 이제 그는 아일랜드 문제를 단순히 토지문제의 해결로만 간주하지 않았다. 그의 사고는 '정치적·헌정적 주도권과 해법' 쪽으로 움직였다.[39]

1882년 2월 민족당 의원이 국왕의 개회 연설을 수정하자고 발의하면서 자치를 언급하자, 글래드스턴은 제국이 손상을 입지 않고 제국 사안이 웨스트민스터에서 결정된다면, 자신은 "아일랜드의 입법적 사안들을 다룰 아일랜드의 기구"에 어떤 반대도 있으리라고 생각하지 않는다고 답변하였다. 이미 제2차 토지법 시행 과정에서 글래드스턴은 자치라는 근본적인 해법의 필요성을 인지하고 있었다. 글래드스턴 자신은 광범한 매입에는 거부감을 가졌지만, 만약 도입되어야 한다면 아일랜드의 경제적·정치적 책임 증가가 절대적으로 필요하다고 믿었다. 전자는 자치법 안에서 제국 유지 분담금으로, 후자는 아일랜드 사안을 다룰 자체 의회 수립으로 나타날 것이었다. 따라서 제2차 토지법은 아일랜드 정부 문제를 입헌적으로 해결하는, 그리고 영국이라는 국가의 전체적인 통일성을 교란하지 않는 '기회의 창'을 만들었다.[40]

1882년 4월 지대 거부 선언이 효력이 없음을 깨달은 파넬은 글래드스턴 정부가 토지법을 수정하는 조치를 취함으로써 추방 전에 차지인이 체납 지대를 변제할 수 있도록 돕는다면, 민족당은 법과 질서를 "공개적으로 온전히" 지지하겠다고 선언하였다. 5월 내각은 파넬을 석방

---

39 Matthew(1997), 앞의 책, p.441.
40 Feuchtwanger(1991), 앞의 논문, pp.21~23.

　　　　　　　　　　　　　　디즈레일리와 글래드스턴

하고 강압법 시행을 종식하기로 결정하였다 ^{킬마이넘협약}. 당시 의회에서는 글래드스턴과 파넬이 비열하고 부적절한 거래를 했다는 비난이 거셌다. 킬마이넘협약은 아일랜드 정책에서 이정표가 될 수 있었지만, 뜻하지 않은 사건으로 무색해졌다. 킬마이넘협약 직후 신임 아일랜드 총독이 더블린의 피닉스공원에서 '무적단'으로 알려진 일단의 피니언 테러리스트에 의해 암살되었다. 이 사건은 큰 충격을 주었지만, 실은 그 "충격이 너무 작은 것이 충격적"이었다.[41] 암살 사건은 아일랜드를 위한 구제책이 필요하다는 글래드스턴의 신념을 꺾지 못했다.

암살 사건의 와중에 강압법안^{인신보호법의 유예}과 체납지대법안이 제안되었다. 글래드스턴은 파넬에게 약속한 대로 체납 지대를 변제하기 위해 폐지된 아일랜드 국교회의 잉여에서 자금을 전용하는 체납지대법을 제정하였다. 파넬은 자신의 지지 기반을 크게 확충할 수 있었고, 글래드스턴은 파넬의 환심을 사면서 농촌 소요를 무마할 수 있었다. 그러나 이 조치는 추방보상법안의 경우처럼 국가권력이 사유재산권을 침해하는 것으로 비난받았다. 체납지대법 제정 이후 농촌 범죄는 퇴조하고 파넬은 입헌주의를 견지했으며, 의회에서 민족당의 공세는 이완되었다. 파넬의 노선도 이제 명확히 자치를 중심으로 전개되었다.

토지 입법들 못잖게 향후 자치 정국 형성에 결정적으로 작용할 개혁이 1884~1885년의 제3차 선거법 개혁이었다. 매슈는 이 조치를 아일랜드 문제의 '완전한 해결'을 위한 3단계 수순^{신거법 개혁 → 자치법안 → 토지법안}

---

41 Hoppen(1998), 앞의 책, p.673.

의 첫 단계로 보았다.[42] 아일랜드에서는 선거권 확대가 결정적으로 중요했다. 새로 선거권을 얻은 대규모 유권자는 얼스터 이외 지역에서 파넬과 아일랜드 민족주의에 충성하였다. 이후 1885년 11~12월 총선 결과 아일랜드에서 자유당이 몰락하고 민족당이 대승하였다. 글래드스턴은 아일랜드 인민이 '발언'하였다고 판단하였다.

1885년 초 아일랜드 문제는 다시금 내각의 중심 주제가 되었다. 시효가 임박한 강압법에 관해 자유당 내부에서 강경파와 온건파의 대립이 있었고, 체임벌린은 아일랜드 지방정부의 권한을 제고하는 계획으로 대응하려고 했다. 이 중앙위원회안에 따르면, 아일랜드에서 지방별로 선거를 거쳐 참사회를 설치하고 각 참사회는 대표자를 중앙위원회에 보내며, 이 중앙위원회가 아일랜드 중앙정부의 각 부서를 감독하는 책임을 갖도록 하자는 것이었다. 사실상 총독부 폐지에 해당하는 이 안을 둘러싸고 내각에서 다시 대립이 있었고, 글래드스턴은 수동적인 공감 입장을 취했다. 그러나 자유당 내부의 이견 못잖게 중요했던 상황은 파넬이 결국은 중앙위원회안을 받아들이지 않았다는 점이다. 1885년 1월 파넬은 "아일랜드의 민족적 자치정부라는 거대한 문제"를 이렇게 선언했다. "영국 헌정 아래에서 우리는 그래튼 의회[1782~1800]의 복원 이상의 것을 추구할 수는 없다. 그러나 누구도 민족의 행진 범위를 정할 수는 없다. 누구도 이 나라에게 '그 정도까지만 가고 더 이상 가지 마라'라고 말할 권리는 없으며, 우리는 아일랜드 민족체의 진보에 한계점을 설정한 적

---

42 Matthew(1998a), 앞의 논문, p.24.

이 없고 앞으로도 그러지 않을 것이다." 5월 내각에서 중앙위원회안이 부결되었다. 부결은 글래드스턴을 향한 체임벌린과 급진파의 불신을 강화했다.

제6장

아일랜드 자치

Disraeli and Gladstone

1. 아일랜드 자치법안

정치적 맥락

1885년 6월 초 보수당이 제기한 예산안 수정안이 근소한 표차로 가결되면서 글래드스턴 정부는 실각하였다. 여기에는 자유당 내부의 알력과 그에 따른 70표 이상의 기권, 민족당의 적대감, 보수당과 민족당의 제휴라는 정치적 동기가 작용하였다. 보수당의 솔즈베리가 소수파 내각을 구성하였다. 보수당 정부는 1882년의 강압법을 갱신하지 않았고, 토지법을 제정하여 차지인의 토지 매입을 촉진하였으며, 총독 카나번은 파넬과 접촉하였다. 솔즈베리가 원한 것은 의회에서 민족당의 지지와 총선에서의 협조였고, 파넬이 원한 것은 양당대치의 지속이었다.

실각 이후 글래드스턴은 두 가지 문제를 의식했다. 하나는 제2차 내각에서 현저해진 자유당 내부의 휘그와 급진파의 갈등을 극복하고 당의 단합을 유지해야 한다는 판단, 다른 하나는 다가올 총선에서 아일랜드에서 민족당이 압승함으로써 자치 문제가 전면적으로 등장할 것이라는 예상이었다. 그는 하팅턴과 체임벌린에게 자신의 리더십이 총선 승리의 조건임을 주지시켰는데, 하팅턴은 글래드스턴을 이용하여 급진주의를 제어하기를 원한 반면 체임벌린은 글래드스턴을 급진주의에 끌어들일 수 있다는 판단에서 글래드스턴의 리더십을 수용하였다. 물론 휘그와 급진파 모두 연로한 글래드스턴의 리더십이 곧 종식되어야 한다고 생각했다.

자치를 아일랜드 문제의 해법으로 확신한 글래드스턴은 1800년의 합방을 '중대한 실책'으로 판단하게 되었다. 그는 아일랜드와의 화해가 아일랜드 의회 설립에 의해서만 성취된다고 확신하였다. 이어 글래드스턴은 미들로디언 연설에서 "자유당이 다수파를 확보하면" 아일랜드 문제를 다룰 것이라고 천명하면서도 좀 더 명확한 입장을 요구하는 파넬에게 자신의 구상을 제시하기를 거부했다. 그러면서 그는 집권 보수당 정부가 자치안을 제시해야 한다고 생각하였다. 1885년 11월 중순 그는 자치 초안을 작성하였다. 글래드스턴의 자치 사고가 '정책'으로 전환한 것이다.[1] 이 초안의 골자는 아일랜드 사안을 다룰 아일랜드 회의체를 설립하고 아일랜드 대표는 현재처럼 제국 사안을 논의하기 위해 웨스트민스터 의회에서 유지되며, 고정된 비율로 제국 분담금을 공평하게 배분하고 소수파를 보호하며, 아일랜드 행정부는 영국 당국으로부터 독립한다는 것이었다. 이 구상은 1867년 영국령 북아메리카법에 의해 새로 연방을 이룬 캐나다에게 부여된 권한과 유사하였다.

그런데 글래드스턴은 자유당이 "커다란 책임"을 지는 것은 시기상조라고 여겼다. 그는 아일랜드 문제가 자유당의 현안이 됨으로써 당의 분열 가능성이 농후해지는 것을 원치 않았다. 더군다나 보수당이 상원을

---

1   Matthew(1997), 앞의 책, p.480.

지배하는 상황도 글래드스턴에게는 자신이 직접 정국을 주도할 수 없게 만드는 구조적인 제약이었다. 그는 자치 문제를 보수당과 공조하여 해결해야 한다고 보았다. 그는 토리와 파넬의 밀월, 토리의 강압 포기 천명, 토지매입법 제정, 아일랜드 총독 카나번과 파넬 사이의 교섭을 "계획된 의도의 너무 많은 증거들"로 파악하고, 솔즈베리 정부에게 아일랜드 문제를 해결하도록 촉구하는 것을 자신의 '의무'로 간주하였다. 이 의무감은 또한 자유당과 보수당이 아일랜드 표를 얻기 위해 각축하는 것이 영국 정부의 통합을 크게 해치는 것이라는 판단에서 나왔다. 그는 1829년 가톨릭 해방, 1846년 곡물법 폐지와 "본질적으로 유사하게" 자치를 보수당이 주도하고 자유당 다수가 이를 지지하면 성공할 것이라고 간주하였다.[2] 그래서 그는 파넬에게 자신의 구상을 제시하기를 거부하였다. 이에 글래드스턴에게 얻어 낼 것이 없다고 판단한 파넬은 자유당을 맹렬히 비난하면서 영국의 아일랜드인 유권자들에게 총선에서 자유당을 반대하라고 촉구하였다.

'하워든 연'

1885년 말 자유당과 보수당 모두 내부적으로 리더십의 위기를 경험하였고, 정국은 매우 불안정하고 불확실했다. 특히 체임벌린과 딜크는 보수당 정부를 유지함으로써 글래드스턴을 제거하려고 하였다. 이런 '음모'의 분위기 속에서 12월 15일 글래드스턴의 막내아들 허버트가 언

---

2   Hammond(1938), 앞의 책, p.403 ; Mansergh, Nicholas(1975), *The Irish Question, 1840-1921*, 3rd ed., Toronto, p.150.

론 인터뷰에서 아버지가 자치로 회심했다는 취지로 말했다. 양당의 공조가 최선의 자치 해법이라고 본 글래드스턴은 이 사실을 모른 채 같은 날 솔즈베리의 조카 밸푸어를 만나 자신의 생각을 전했다. 이튿날 파넬의 정부情婦 오셰어 부인은 글래드스턴에게 파넬이 보수당과의 교섭을 거부한다고 전했다. 12월 17일 모든 신문이 허버트의 인터뷰를 머리기사로 보도하였다. 기사 내용은 집권하면 글래드스턴이 합방법으로 폐지된 '더블린 의회의 복원'을 제시할 것이고, 구체적으로 "제국 통일성 유지, 왕권, 제국 의회의 우위, 아일랜드 사안을 다룰 의회 설치, 소수파 보호, 제국 유지비용 분담"이었다. 반대파는 인터뷰 배후에 글래드스턴이 있었음을 의심치 않았다.[3]

이 사건의 파장은 컸다. 첫째, 연 사건은 보수당 정부가 주도하여 초당적으로 자치 문제를 해결해야 한다는 글래드스턴의 희망을 물거품으로 만들었다. 둘째, 그것은 자유당이 아일랜드 문제와 글래드스턴을 배제할 가능성을 무산시키고 보수당으로 하여금 아일랜드 문제를 떠맡지 않게 만들었으며, 자유당이 민족당에게 우호적이라는 인상을 줄 수 있었다. 연 사건은 아일랜드 문제를 둘러싸고 영국의 정당들이 암중모색하는 모호한 정국을 종식시켰다.[4] 셋째, 글래드스턴을 향한 체임벌린과 하팅턴의 의구심은 증폭되었다. 그런데 "허버트가 아니었더라면 자치는

---

3 이 사건은 '하워든 연'(Hawarden Kite)으로 알려지게 되었다. 풍자적 의미가 더해진 이 용어는 웨일스에 있는 글래드스턴의 향리 하워든에서 따온 것이다. 즉 글래드스턴이 아들을 시켜 자신의 입장을 넌지시 알렸다는 뜻이다.
4 Jackson(2003), 앞의 책, p.56.

디즈레일리와 글래드스턴

강보에 싸인 채 질식사했을 것"이라는 평가가 있지만,[5] 민족당과 보수당의 공조가 항구적일 가능성은 희박하였으므로 글래드스턴이 어떤 식으로든 자치 문제를 떠맡을 가능성은 상당히 컸다고 할 수 있다.

총선 이후

1885년 말 총선 결과 자유당 335석, 보수당 249석, 민족당 86석을 획득하여 민족당이 캐스팅 보트를 쥐게 되었다. 이 결과는 보수당과 민족당 의석의 합계보다 자유당 의석이 더 많을 것이라는 글래드스턴의 기대에 미치지 못했다. 총선의 최대 경이는 아일랜드에서 민족당의 압승이었다. 민족당이 얼스터를 제외한 아일랜드 전역을 석권함으로써 이제 아일랜드인의 자치 요구를 추호도 의심할 수 없게 되었다. 글래드스턴이 보기에 총선 결과는 "주도권이 가능한 자유당 다수파" 형성이 아니었다. 이 같은 총선 결과는 글래드스턴으로 하여금 보수당 정부의 정책이 나올 때까지 기다린다는 생각을 굳히게 했다.

보수당 정부에는 합방을 유지하면서 온건한 전향적 조치를 통해 자치를 좌절시키는 것이 바람직하다고 본 아일랜드장관 카나번 같은 중도파가 있었다. 그러나 우파 솔즈베리 세력은 글래드스턴의 초당적 조치 촉구와 카나번의 노선을 거부하고, 자치를 중심으로 정치를 양극화하여 보수당 내부에서 중도파의 입지를 무너뜨리려고 하였다.[6] 그 결

---

5   Foot, Michael R. D.(1986/1987), "The Hawarden Kite," *University of Leeds Review* 29, p.90.
6   Smith, Jeremy(1996), "Conservative Ideology and Representations of the Union

과 민족당의 환심을 사려는 보수당의 정책은 폐기되었고, 보수당의 선택지는 강압뿐이었다. 그렇다면 문제는 과연 파넬이 글래드스턴과 타협할 수 있느냐는 것이었다. 사실 파넬은 자유당과 보수당 어느 쪽이든 실각시킬 수 있었다. 그렇지만 그는 오직 자유당만을 집권시킬 수 있었다.

글래드스턴은 보수당이 파넬과 제휴하고 온전한 자치 방안을 제시하면 그들을 지지해야 하지만, 그렇지 않다면 지체 없이 반대해야 하며, 아일랜드를 언급하지 않은 채 내각을 불신임하는 것이 최선이고, 아일랜드를 언급해야 한다면 불신임안은 파넬이 아니라 자유당에 의해 발의되어야 한다고 생각하였다. 그런데 자유당은 내부의 자치 반대 세력 때문에 주도적으로 보수당을 실각시키기는 어려웠다. 자유당은 파넬이 보수당의 정책에 찬성표를 던지지 않는 경우에만 보수당을 실각시킬 수 있었다. 그리고 만약 자유당이 집권한다면 민족당의 지지에 의존해야 하며 그 대가를 지불해야 할 것이었다. 따라서 글래드스턴으로서는 당내 알력을 피하면서 보수당을 실각시킬 방안을 찾아야 했다. 정부 실각의 표준적인 형태는 국왕의 개회 연설에 관한 수정안 제출이었다. 그렇지만 수정안 제출에서 과연 자유당이 단합할 수 있을지는 의문이었다. 따라서 수정안은 아일랜드 문제와 직접적으로 관련되어서는 안 되었다.

보수당이 그 계기를 제공하였다. 1886년 1월 21일 개원한 의회에서 국왕은 "협박적인 방식으로" 아일랜드의 소요를 언급하면서 합방을 분

with Ireland 1885-1914," in Martin Francis and Ina Zweiniger-Bargielowska eds., *The Conservatives and British Society, 1880-1990*, Cardiff, pp.18~35.

디즈레일리와 글래드스턴

명하게 지지하는 연설을 하였다. 보수당으로서는 자유당의 분열을 확실히 하기 위해 아일랜드에서의 권위 회복이라는 의도를 천명하면 족했다. 카나번이 사임하고 강압법이 천명되었다. 1월 28일 체임벌린의 심복 제시 콜링스가 농업노동자에게 '토지 3에이커와 소 한 마리'를 주어야 한다는, 아일랜드와는 무관한 구절을 국왕 연설에 삽입하자는 수정안을 제안하였고, 결과는 찬성 329표 대 반대 250표였다. 민족당 대다수가 찬성한 반면, 브라이트를 포함한 자그마치 76명의 자유당 의원이 기권하였고, 하팅턴을 비롯한 휘그 주류 18명이 반대하였다. 보수당의 계산은 적중하였다. 1월 29일 솔즈베리는 사임하였고, 이튿날 글래드스턴은 조각을 위촉받았다.

자치법안 제안

조각 위촉을 '즉각' 수락한 글래드스턴은 동료들에게 입각을 요청하면서 자신의 정책의 토대를, "103명의 대표자 가운데 85명을 선출함으로써 아일랜드에서 광범하게 퍼져 있음이 증명된 요구에 부응하여, 제국 사안과 구별되는 아일랜드 사안을 더블린에 자리 잡고 제국의 통일성을 부지하고 강화하는 방식으로 다룰 입법체에 관한 법령을 제정하는 것이 실제적인가를 검토하는 것"이라고 지적했다. 그러나 자치 정책이 기정사실이라고 본 자유당 주요 인사 다수가 내각 참여를 거부하였다. 그리고 참여자도 적극적으로 자치를 지지한 급진주의자 몰리^{아일랜드장관} 외에는 동지애 때문에 입각을 수락하였다. 2월 3일 조각이 완료되었다.

민족당 내부에서 본격적인 자치 논의가 없는 상황에서 글래드스턴은 주도권을 쥐었다. 그는 토지문제 해결이 '논리적으로' 우선이지만 토지문제는 사회질서, 자율^{자치}과 함께 아일랜드 문제 해법의 세 요체라고 생각하였다. 따라서 그는 토지와 자치를 동시에 다루게 된다. 그는 토지 해법 없는 자치 해법은 무용지물이라고 판단하였다. 3월 13일 글래드스턴은 토지법안 초안을 내각에 회람시켰다. 정치적 타결안^{자치}의 내용을 모른 채 대응물인 토지 타결안을 논의할 수 없다는 통상부장관 체임벌린은 자치법안 초안이 인쇄되어 내각에 회람되자, 스코틀랜드장관 조지 트리벨리언과 더불어 곧 사임하였다.

글래드스턴의 아일랜드 해법은 두 부분으로 이루어졌다. 하나는 아일랜드 정부에 관한 것으로서, 이원제 의회를 설치해서 국방·외교·통상을 제외한 사안들을 다루는 동시에 아일랜드 대표를 웨스트민스터 의회에서 배제하였다. 또한 아일랜드가 관세와 물품세 부과권을 포기하고 제국 유지비의 15분의 1을 부담하도록 하였다. 그러나 '기이하게도' 법안에서는 정액으로 제시되었다. 다른 하나는 아일랜드 토지에 관한 것으로서, 영국 재무부가 공채 발행을 통해 5천만 파운드를 마련하고, 국가당국^{State Authority}이라는 기구를 설치하여 매각을 원하는 아일랜드 지주의 토지를 구입하여 차지인이 이를 재매입하도록 하였다. 자영농이라는 새로운 계급의 창출은 아일랜드에서의 질서 회복과 결부되었고, 지주의 매각 선택권은 그들의 사회적 역할 유지와 결부되었다. 1886년 4월 8일 글래드스턴은 자치법안을 제안하였다. 3시간 이상 계속된 제안 연설에서 글래드스턴은 잉글랜드·아일랜드 관계의 오랜 역사, 이 역사와 다른 나라 혹은 민족의 경험과의 비교, 폭력적 정책의 무용성, 모든 민족의 자결권과 자주권을 언급한 뒤 법안의 내용을 조목조목 설명하였

고, 마지막으로 "정의와 화해"라는 근본 개념으로 압축되는 자신의 시도
에 의회가 협조할 것을 호소하였다.

자치법안의 내용

자치법안의 골자는 다음과 같다. 제국 문제와 구별되는 아일랜드 문
제만 다룰 입법체^{글래드스턴은 '의회'라는 표현을 피했다}를 더블린에 설치한다.
국왕과 입법체는 아일랜드 입법부를 구성한다. 입법체는 심의와 표결을
함께하는 단원^{單院}이다. 입법체는 제1원^{103명}과 제2원^{204명}으로 구성한
다. 아일랜드 행정부는 국왕을 대신하는 총독이 관장하고 입법체에 국
왕 대권을 행사한다. 아일랜드 대표는 제국 의회^{웨스트민스터 의회}에서 배
제된다. 다만 국왕의 판단에 따라 아일랜드 대표를 제국 의회 상원과
하원에 소환할 수는 있다. 입법체는 왕위, 전쟁과 평화, 조약, 군대, 작
위, 반역, 교역과 항해, 체신, 주화, 저작권, 특허에 관한 법을 제정할 수
없고^{배제규정}, 자치법, 국교회, 종교적 차별과 종파교육, 관세와 물품세에
관한 법을 제정할 수 없다^{금지규정}. 관세와 물품세 부과권은 제국 의회만
이 갖는다. 경찰권은 총독과 입법체가 분점한다. 아일랜드 입법부는 관
세와 물품세 이외의 과세권을 갖는다. 아일랜드는 국채 이자, 군대·경
찰·제국 공무원 유지비, 감채 기금으로 460만 2천 파운드를 연합왕국
정리공채 기금에 납부한다. 이 부담금은 향후 30년간 증액할 수 없다.
아일랜드 입법부가 변개할 수 있다고 규정된 사안 이외의 사안은 제국
의회의 입법과 아일랜드 입법체의 동의에 의해서만 변개할 수 있다.

글래드스턴의 계획은 과감하고 포괄적이며 급진적인 동시에 보수적
이었다. 아일랜드 의회 설치 자체는 당시의 상황에서 보자면 파천황적

인 것이었다. 법안을 반대한 조지 고셴은 "프랑스혁명을 제외하고 이처럼 입법과 행정을 아우르는 혁명적 변화는 없다. 정치적 혁명일 뿐 아니라 행정적·사회적 혁명이다"라고 주장하였다. 그것은 입헌주의에 입각해서 비혁명적인 방식으로 아일랜드 문제를 해결하려는 시도였다. 자치법안은 아일랜드 문제의 두 차원 즉 정치와 경제, 정부와 토지가 긴밀히 연관되었음을 보여 준다. 지주의 토지를 매수하고 차지인이 그 토지를 매입하기 위해서는 지방적 차원에서 재정적·정치적 책임의 주체로서 실정법상의 아일랜드 의회가 필요했다. 글래드스턴은 이를 '샴쌍둥이'로 표현하였다. 동시에 자치법안은 권한이양을 통해 아일랜드를 연합왕국에 더욱 긴박하려는 보수적인 조치였다. 그것은 1800년의 합방법을 폐기하려는 것이 아니라 수정하려는 것이었다. 글래드스턴의 목적은 "질서 유지와 법을 존경하는 마음의 회복"으로서 자치는 그 수단이었다. 사실 글래드스턴 스스로 자신의 구상이 보수적인 것이라고 하면서 자치 거부자야말로 진짜 분리주의자라고 주장하였다.[7] 파넬은 매우 보수적인 이 해법을 수용하였다.

의회 토론

자치법안은 곧 찬성과 반대 진영 사이에 치열한 논란을 유발하였다. 이 논쟁은 하원, 언론과 잡지, 그리고 산회 이후 대중 집회를 무대로

7　Boyce, D. George(1988), *The Irish Question and British Politics, 1868-1986*, New York, p.117 ; Matthew(1997), 앞의 책, p.501 ; Bogdanor, Vernon(1999), *Devolution in the United Kingdom*, Oxford, p.20 ; O'Day, Alan(1986), *Parnell and the First Home Rule Episode, 1884-87*, Dublin, pp.185~186.

전개되었다.[8] 그러나 제안일부터 2독회 표결 직전인 6월 7일까지 전투의 중심 무대는 하원이었다. 글래드스턴은 제안 연설에서 의회 설치의 5가지 '필수 조건'을 들었다. 제국 통일성 보존, 전체의 안전과 복지가 부분보다 우선함, 연합왕국 구성 부분들의 완전한 평등, 제국 유지비용의 균등한 부담, 소수파 보호가 그것이다.[9] 의회에서의 논쟁은 글래드스턴이 구사한 역사적 논증, 아일랜드 민족주의와 민족성, 얼스터 문제, 식민지 및 외국과의 유비 문제, 자치와 합방법의 관계, 제국 통일성 유지 문제, 대표성 배제 문제 같은 헌정 차원의 여러 문제를 중심으로 전개되었고 재정 차원에서도 치열한 공방이 벌어졌다.

글래드스턴은 다음과 같은 근거에서 자치를 정당화했다. 첫째, 아일랜드인은 자치를 갈망하는 역사적 민족이며, 이 갈망은 총선에서 확인되었다. 동의에 토대를 두는 자치는 무력에 토대를 둔 현재의 영국과 아일랜드 연계를 강화할 것이다. 아일랜드에서 법에 대한 존경은 단지 좋은 입법뿐 아니라 '합당한' 사람에 의해 법이 제정되는 것에 달려 있다. 제국 의회가 만들었던 아일랜드에게만 관련된 법은 실패했다. 따라서 아일랜드인이 스스로 통치하는 것이 긴요하다. 둘째, 사회질서의 붕괴는 시급한 행동을 요구한다. 강압은 불신 받았고, 유일한 대안은 자치이다. 중앙위원회 같은 대안은 아일랜드인이 원하지 않는다. 교육과

---

8 잡지 논설을 중심으로 전개된 논쟁은 김기순(2007), 앞의 책, 317~353쪽 참조. 대중 집회와 청원을 중심으로 전개된 논란은 김기순(2007), 앞의 책, 354~397쪽 참조. 또한 대표적인 지식인 매슈 아널드를 중심으로 지식인의 입장을 검토한 연구로는 김기순(2005), 「아널드, 글래드스턴, 아일랜드 자치」, 『영국연구』 제14권, 189~214쪽 참조.
9 '소수파'는 얼스터 합방주의자가 아니라 대부분 프로테스탄트인 지주를 의미한다.

토지문제는 영국인 납세자와 재무부의 재정적 이해를 보호하기 위해 중재 기구가 필요하다. 셋째, 제국 의회에서 순전히 아일랜드에게만 관련된 사안과 아일랜드 대표자를 배제함으로써 제국 의회 본래의 기능이 더 효과적으로 수행될 것이다. 또한 법안은 소수파 이해를 적절하게 보호하는 방책을 담고 있으며 의회의 수위권을 확언한다. 넷째, 중간 정도의 조치는 병들어 있는 영국과 아일랜드 관계를 치유하지 못한다. 자치가 최종적 해결이다.[10]

반대파도 여러 이유를 들었다. 첫째, 자유당과 민족당의 아일랜드 역사관은 그르다. 비록 영국이 아일랜드를 잘못 통치하였을지라도 현재 그 실정은 교정되었다. 문제는 강압과 자치 가운데 양자택일이 아니라, 오히려 법을 더 철저하게 운용하여 사회적 무질서를 제거해야 한다. 또한 아일랜드인은 독자적인 민족체가 아니며, 설사 별개의 민족체일지라도 제안된 자치 형태는 영국과 제국의 이해를 침해하지 않고서는 부여될 수 없다. 나아가 아일랜드인의 '인성' 자체가 자치에 부적합하다. 둘째, 아일랜드와 외국은 유비 관계에 있지 않다. 셋째, 아일랜드는 인구 특히 국부에 비해 제국 의회에서 과잉 대표되었다. 따라서 제국 의회가 제정한 법은 '외국식 법'이 아니다. 넷째, 아일랜드 대표자가 제국 의회에서 배제되면 '대표 없는 과세 없다'는 원리를 침해한다. 다섯째, 자치 이후 아일랜드는 영제국에서 분리될 것이고, 민족동맹이 아일랜드를 장악하고 재산권을 침해할 것이다. 또한 '자치=가톨릭 지배'이므로 자치는 가

---

10 O'Day, Alan(1998), *Irish Home Rule, 1867–1921*, Manchester, pp.111~112.

디즈레일리와 글래드스턴

톨릭교회를 강화할 것이다. 여섯째, 자치는 영국인에게 재정적 부담을 안길 것이다. 또한 자치는 중대 사안이므로 유권자의 의사를 물어야 한다. 자치가 아니라 지방정부 개혁을 통해 자율성을 확대하는 것이 바람직하다. 일곱째, 법안에서 소수파 보호책이 미흡하게 제시되고 제1원의 재산 자격이 매우 낮게 규정됨으로써 실질적으로 파넬파가 아일랜드 의회를 지배할 것이다. 따라서 법안에서 얼스터를 제외해야 한다. 얼스터의 역사는 아일랜드의 역사와 다르고 종교적으로 프로테스탄트 지역이며, 경제는 매우 활력 있고 영국 시장에 잘 통합되어 있으며, 얼스터 주민이 자치를 반대한다.[11]

그렇지만 글래드스턴 자신도 프로테스탄트 지주를 소수파로 파악하였고, 이들의 이해를 보호하기 위해 법안에서 교회·종파·교육·재산권·과세·상원 등에 관한 배제규정과 금지규정을 마련하였다. 무엇보다도 그는 지주를 보호하기 위해 별도의 토지법안을 제안하였다. 따라서 글래드스턴은 얼스터를 무시한 것이 아니라, 다만 얼스터에 관한 별도의 규정이 필요치 않다고 본 것이다. 그 가장 중요한 이유는 총선에서 아일랜드인 절대 다수가 얼스터 프로테스탄트를 별도로 취급해서는 안 된다고 명백히 발언하였기 때문이다. 그가 보기에 얼스터는 자치가 합의되기 '이전에는' 해결될 수 없는 문제였다. 그것은 "말을 마차 앞이 아니라 뒤에 매는 셈"이기 때문이다.[12]

---

11 O'Day(1998), 앞의 책, pp.112~115. 글래드스턴과 자치 지지자의 논증, 자치 반대자의 주장에 관한 상세한 설명은 김기순(2009), 앞의 책, 111~299쪽 참조.
12 김기순(2009), 앞의 책, 160~161쪽.

토지법안

토지법안은 의회에서의 자치 논쟁을 더욱 격렬하게 만들었다. 글래드스턴은 이미 자치법안 제안 연설에서 토지와 자치가 아일랜드 문제를 최종적으로 해결하는 관건이며, 토지법안이 자치법안 통과를 전제하였음을 지적하였다. 즉 자치법안이 통과되어 아일랜드 정부가 성립하는 것이 토지법안의 내용을 실천하는 조건이 된다. 매입 제안은 글래드스턴의 이전 입장이던 재정적 견지에서의 신중함을 극적으로 폐기하는 것이었다. 토지법안은 사회적·경제적으로 대단히 중요한 의미를 내포하였다. 그 핵심은 지주가 자신의 농업용 토지를 매각하기를 원하면 자발주의 차지인이 이를 구입해야 하는 강제 매입 원칙이었다. 그리고 이를 위해 영국 재무부의 신용에 토대를 둔 공채 5천만 파운드를 발행한다. 이 구상은 지주와 자영농이라는 두 부류의 '안정적' 집단의 창출을 목표로 삼았다.[13] 토지 매입과 대금 상환은 각각 아일랜드와 영국 차원의 문제로 구별되었다. 토지 구매와 지대 징수를 위해 아일랜드 의회가 임명하는 국가당국을 설치한다. 국가당국은 구입 농민으로부터 지대를 징수하여 영국 재무부가 지주에게 선불한 대금을 49년에 걸쳐 상환하는 임무를 진다. 한편 아일랜드 차지인에게 거둘 구입 대금 상환을 위해 징수총감Receiver General을 설치하여 아일랜드에서 징수된 세금과 지대가 이곳으로 수납되고, 국가당국이 지불할 금액과 아일랜드 몫의 제국 유지 분담금을 공제한 뒤 잉여를 아일랜드 재무부에 이관한다.

---

13   Hoppen(1998), 앞의 책, p.683.

디즈레일리와 글래드스턴

토지법안은 보수당에게 물론 충격적이었지만, 급진파도 글래드스턴이 긴축과 최소국가 이념을 저버렸다고 보았으며, 자유당에게는 자치법안보다는 토지법안이 더 불쾌했다. 매입비용과 상환의 확실성 여부를 둘러싸고 큰 논란이 있었다. 반대파는 구매 대금이 토지 가치에 비해 턱없이 부족하며, 결국 잉글랜드와 스코틀랜드 납세자에게 부담을 지울 것이고, 아일랜드인이 제국 유지 분담금에 반감을 가질 것이므로 지대징수^{원금 회수}를 더욱 어렵게 만들 것이라고 지적하였다. 토지법안에 관한 후대의 연구들은 지주의 이해 보전과 질서 유지라는 글래드스턴의 사회적 보수주의 이념을 강조하거나 글래드스턴의 시도의 진실성 여부를 검토하는 데 관심을 기울임으로써 토지법안의 재정적 측면을 거의 다루지 않았다.[14] 그렇지만 토지법안은 1885년 보수당이 제정한 토지법을 훨씬 능가하는 규모로 영국 정부의 신용을 이용하여 차지인이 지주의 토지를 매입하도록 하였다. 그것은 지주본위제^{landlordism}의 대안으로서 자영농제를 확립하여 아일랜드에서 항구적으로 사회질서를 확립하려는 목표를 갖고 있었다. 매슈는 보수당의 토지매입법^{1885년 애슈번법}과 비교하여 글래드스턴의 토지법안의 의미를 적극적으로 파악하였지만,[15] 자치법안이 부결된 후 보수당과 자유당 정부에 의해 제정된 토지법들과 비교하더라도 의의가 퇴색하지는 않는다. 이후 제정된 토지법들^{1891년 제1차 밸푸어법, 1896년 제2차 밸푸어법, 1903년 윈덤법, 1909년 비렐법}은 전체

14　이를테면 O'Day(1986), 앞의 책 ; Loughlin, James(1986), *Gladstone, Home Rule and the Ulster Question, 1882-93*, London ; Roberts(2000), 앞의 논문.
15　Matthew(1997), 앞의 책, p.499.

적으로 글래드스턴이 1886년에 제시한 방향을 따랐다. 이 토지법들은 수정되거나 보완되면서 점진적으로 작동하였고, 그 결과 아일랜드는 제 1차 세계대전 무렵에 자영농 국가가 되었다. 그렇지만 이 법들은 "후의로써 자치를 죽이려는" 조치였다. 따라서 자치 문제를 배제한다면 글래드스턴의 토지법안은 실현 가능성이 컸고, 만약 실현되었더라면 아일랜드 자영농제 수립의 역사에서 하나의 전환점이 되었을 것이다.[16]

경과

의회에서 논쟁이 치열하게 전개되는 동안 글래드스턴은 자신의 시도의 향방에 어느 정도 기대감을 갖고 있었다. 그는 의회 안보다는 의회 밖의 지지를 확신했다. 실제로 자유당의 여러 조직은 글래드스턴을 지지하였다. 부활절 산회 이후 2독회[5월 10일]가 다가오면서 체임벌린과의 화해가 불가능해지자, 글래드스턴은 점차 자치 논쟁을 '국민과 계급 사이의 투쟁'으로 인식하게 되었다. 특히 토지법안과 대표성 배제가 체임벌린과의 이견의 핵심이었는데, 제안 당일인 4월 16일 이후 토지법안이 더 이상 논의되지 않았으므로 남은 중요한 쟁점은 대표성 배제 문제였다.

대표성 배제 문제는 논리적 딜레마를 안고 있었다. 2독회 제안 연설에서 글래드스턴은 실제적인 타결을 모색하였다. 아일랜드 의원이 사안에 따라 제국 의회에 이른바 '들고나는' 해법의 원리와 구체적인 대안을

16　김기순(2010), 「글래드스턴과 아일랜드 토지문제 : 토지법안(1886)의 성격」, 『영국 연구』 제23권, 158~184쪽.

　　　　　　　　　　　　디즈레일리와 글래드스턴

가능성의 문제로 제시한 것이다. 그렇지만 그는 2독회가 법안의 원리를 다루는 단계이므로 세부 사항인 대표성 문제는 2독회 후 논의를 거쳐 수정할 수 있다는 입장이었다. 그는 법안의 틀을 고칠 생각이 없었다. 따라서 그는 법안 철회를 조건으로 내건 자치 지지결의안 방법도 일축하였다. 또한 법안을 철회하고 가을에 새 법안을 제시하자는 연기론도 거부하였다.

5월 27일 글래드스턴은 외무부에서 자유당 의원 총회를 열었다. 자유당 의원 333명 가운데 220명이 참석하였다. 법안의 원리를 지지하는 의원만이 초청되었고, 따라서 하팅턴파는 완전히 배제되었다. 체임벌린은 참석을 거부하였지만 그의 추종자 다수는 참석하였다. 만약 2독회를 통과한다면 법안을 철회하고 아일랜드 대표성 문제를 다시 구성해 가을에 재상정할 것이라는 글래드스턴의 양보에 일부 부동층 의원의 마음이 바뀐 듯했다. 그러자 5월 31일 체임벌린은 자파 회합에서 기권 아니면 반대를 선택할 것을 주문하였다. 급진파의 향배에 결정적이었던 것은 이들의 대부 격인 브라이트가 반대표결하겠다는 의사를 전한 편지였다. 급진파는 의회 표결에서 기권보다는 반대투표를 할 것을 결의했다. 글래드스턴의 패배는 거의 확실했다.

2독회 마지막 날^{6월 7일} 글래드스턴은 2독회가 법안의 세부 사항이 아니라 원리에 관한 논의임을 주지시키면서 세부 사항에 관한 수정안을 전원위원회 단계에서 적극 수용할 것이라고 천명하였다. 또한 그는 아일랜드 문제 해결의 역사적 필요성과 당위성을 다시 강조하면서, 자치는 아일랜드의 만성적인 불만을 치유함으로써 영국과 아일랜드의 유대를 강화할 것이지만 "지울 수 없는 족적"을 남긴 합방을 폐지하는 것은 아니며, 아일랜드를 위한 좋은 법은 아일랜드인이 원하는 것이어야 한다고 역설하였다. 그는 아일랜드 민족의 요구가 중단될 수 없다면 문제는 자치를 부여하는 "시간과 상황"이라고 역설하였다. 즉 "진정한 불변의 진실"은 "영국으로부터 오는 모든 것은 유혈과 가혹한 필연의 잔인한 손아귀에서 오는 것이라기보다는 관대함과 선행의 선물이어야" 하며, "자유와 위엄에서 주고 이를 감사히 받는 것과 강제에 의해 주는 것은 근본적인 차이가 있다. 지금은 우리 역사의 황금의 순간 가운데 하나로서, 드물게 다시 돌아오고 그때가 되면 상황이 어떨지는 아무도 예측할 수 없는 그런 순간이다." 글래드스턴은 자치 반대자는 "권력·부·신분·지위·조직"을 갖지만 '썰물'이며, 반면 지지자는 "인민의 마음"을 갖는 '밀물'이라고 대비시켰다. 그는 영국의 아일랜드 지배는 영국의 역사에서 시커먼 '오점'이었으며, 이제 자치를 통해 "축복을 받으면서 과거를 망각"할 것을 요청하였다. 그는 자치가 부여할 미래는 "행복, 번영, 평화의 견지에서 아일랜드에게 은혜가 되는 것 못잖게 명예의 견지에서는 우리^{영국}에게도 은혜가 될 것"이라면서 "법안을 거부하기에 앞서 잘 생각하기를, 현명하게 생각하기를, 지금 당장이 아니라 다가올 때를 위해 생각하기를" 당부하였다.

영국 의회사에서 가장 많은 의원이 참여한 1886년 6월 8일 새벽 1시 자치법안 2독회를 결정한 하원 표결 결과는 찬성 313표, 반대 343표였다. 자유당 의원 227명이 지지하였고, 민족당 의원 86명은 전원 찬성하였다. 30표 차는 글래드스턴이 우려한 바보다도 큰 차이였다. 자유당의 지지표는 급진파 131표, 휘그와 온건파 96표였다. 보수당 의원 250명이 반대하고, 6명 기권 외에 94명의 자유당 의원이 반대하였다. 자유당 이탈표는 체임벌린파 32표, 하팅턴파 61표였다. 표결에 참여한 163명의 급진파는 찬성 131표, 반대 32표였다.

그러므로 법안을 부결시킨 결정적인 요인은 휘그의 이반이었다. 휘그와 급진파는 상이한 사회적·경제적 이념과 기반을 가졌을지라도 자치 반대에서는 동일한 목소리를 냈다. 그러므로 휘그가 자치를 반대한 사실과 그들이 급진주의가 주장하는 국가 간섭을 우려한 사실 사이에는 직접적인 연관성이 없었다. 즉 이데올로기의 대립이라는 차원을 가진 자치 문제는 사회계급과는 무관하였다. 달리 말하자면 사회적 차이가 아닌 정치적 차이가 1886년 자유당 분열의 원인이었다. 휘그는 자신들이 표방한 법의 지배, 재산권의 신성함, 해외에서 영국의 강성이라는 가치가 파괴될 것이라고 우려하였다. 휘그는 가톨릭을 향한 편견을 가졌을 뿐 아니라 글래드스턴이 대중의 여론에 굴복하고 권력 유지를 위해 민족당과 결탁함으로써 리더십 책임을 방기하였다고 간주하였다.[17]

글래드스턴의 책임

여러 연구자는 글래드스턴이 자신의 자치 정책을 신·정의·역사 같은 추상적 이념과 결부시킨 것을 패배의 원인으로 지목하지만,[18] 자치 문제는 인민의 권리라는 추상적 원리에 기초한 바로 그 이유 때문에 정

---

17 Parry(1986), 앞의 책, pp.437~444 ; Lubenow, W. C.(1985), "Irish Home Rule
    and the Social Basis of the Great Separation in the Liberal Party in 1886 :
    The Dimensions of Parliamentary Liberalism," *Historical Journal* 28, pp.137~
    141 ; O'Day(1998), 앞의 책, p.117.
18 Eyck, Erich(1938), *Gladstone*, New York, p.404 ; Loughlin(1986), 앞의 책,
    p.288 ; Jackson(2003), 앞의 책, pp.63~64.

치적 슬로건이 될 수 있었다. 글래드스턴은 아일랜드 인민의 자치 권리가 '역사적 권리'이자 '도덕적 권리'라고 보았다. 그렇다면 좀 더 실제적인 차원에서 자치 시도가 실패한 원인을 파악해야 한다.

첫째, 법안 자체의 결함을 들 수 있다. 버넌 보그다노에 따르면, 자치 법안은 자치 이후 아일랜드가 제국 의회에 어떻게 대표되느냐 하는 난제를 풀지 못했고, 의회 주권이 실질적으로 존속하게끔 만들지 못했으며, 연합왕국을 구성하는 각 부분 사이의 균등성과 아일랜드의 재정적 독립을 결합하는 방식으로 과세권을 구분하지 못했다.[19] 그렇지만 의회 토론을 보면 찬반 논란은 어느 한쪽이 일방적으로 우세하지 않았고, 헌정상 난점들은 '기술적' 차원에서 해소될 여지가 있었다. 또한 후대의 연구자들이 종종 지적하듯이 얼스터 문제는 많은 논란을 야기하였지만, 1886년 당시에는 그리 중요한 장애물이 아니었다.

둘째, 보수당은 조직력을 갖고 있었다. 단 한 명을 제외한 보수당 의원 전원이 반대표를 던졌다. 의회 밖에서는 여론을 주도한 지식인 다수가 자치를 반대하였다. 또한 대중 청원운동 차원에서도 자치 반대는 자치 찬성을 압도하였다. 더욱 중요한 것은 자유당 내부에서의 광범한 자치 반대였다. 이데올로기적으로 대립한 급진파와 휘그 모두 '자치=제국 해체'라는 고정관념에 젖어 있었다.

셋째, 자치를 초당적 조치로 삼고자 한 글래드스턴은 자유당의 다양한 계파를 설득할 시간을 갖지 않았다. 그 자신의 말마따나 자치는 "최

---

19 Bogdanor(1999), 앞의 책, p.29, p.34, pp.41~44.

종 산물을 향한 건전하고 느린 발효를" 요구하는 것이었지만, 보수당의 랜돌프 처칠 경이 1886년 총선에서 구호로 내세운 "허겁지겁 서두르는 늙은이"라는 표현에는 어느 정도 진실이 있었다. 또한 특히 체임벌린과 하팅턴과의 관계에서 글래드스턴의 용인술은 한계가 있었고, 비록 급변하는 정국 상황이기는 하지만 자유당과 여론을 '교육'하지 못한 점에서 글래드스턴이 운영의 묘가 부족했다고 할 수 있다.

제2차 자치법안, 1893년

국민의 뜻을 물어야 한다고 판단한 글래드스턴은 자치법안 부결 직후 의회를 해산하고 총선을 치렀다. 당시 76세였던 그는 분열된 당을 이끌고 분투하였다. 7월에 치러진 총선 결과 보수당 316석, 자유당 191석, 민족당 85석, 자유당 합방파 78석으로 4당체제가 등장하였다. 선거 결과를 좌우한 요인은 보수당과 자유당 합방파의 선거 공조와 자유당 지지층에서 기권표가 많았던 점이다.[20] 그러나 실제로는 많은 자유당 후보의 득표율이 상승했고, 자유당 조직이 잘 정비된 지역에서는 자치 지지를 글래드스턴 지지와 동일시하는 정서가 강력했다. 자치 문제로 자유당의 대중적 지지 기반이 무너지지는 않았던 것이다. 그러므로 자치론자는 다음 총선에서는 유권자의 심판이 뒤집힐 것이라고 기대할 만한 충분한 근거를 갖고 있었다. 1886~1892년 시기의 보궐선거 결과는 이런 낙관론을 뒷받침하였다.

---

20 Feuchtwanger(1975a), 앞의 책, p.189.

총선에서 승리한 보수당은 솔즈베리 제2차 내각[1886~1892]을 수립하였다. 솔즈베리와 아일랜드장관 밸푸어는 "후의로써 자치를 죽이는" 정책을 통하여 아일랜드에서 질서를 확립하고 합방체제를 견고하게 유지하고자 했다. 그 접근은 자치라는 정치적 접근 대신 아일랜드인의 물질적 조건을 개선하여 합방을 더 대중적인 기반 위에 놓음으로써 민족주의를 제어하려는 것이었다. 10만 명의 정기차지농이 글래드스턴 제2차 토지법의 적용을 받도록 한 토지법[1887], 1885년의 토지법을 보강한 토지매입법[1888], 3,300만 파운드를 책정하여 토지 매입을 촉진한 제1차 밸푸어법[1891], 초등교육에서 국가 지원을 강화한 국가교육법[1891], 사회기간시설 건설, 소기업 육성, 영농과 어로를 개선하고 감독하는 인구 과밀 지역 공공사업국 설치[1891]가 그 사례이다.

한편 민족당 진영에서 중요한 변화가 이 시기에 일어났다. 자치법안이 부결되면서 파넬은 웨스트민스터 의회에서 더 이상 힘의 균형을 잡지 못했고, 농업 불황이 다시 도래하여 민족주의운동 내부의 급진파가 또 다른 토지운동 이른바 '캠페인 계획'을 시작하는데, 이는 가톨릭교회와 자유당의 공조 유지와 자치를 우선시한 파넬의 노선과 불일치했다. 파넬의 지위는 『타임스』가 그를 피닉스공원 암살 사건[1882]과 연루시키려고 하면서, 그리고 오셰어 부인과의 관계가 공중에게 누설되면서 한층 불안해졌다. 결국 1890년 11월 파넬은 이혼 소송에서 공동피고인으로 지목되었다. 자유당 여론이 파넬에게 등을 돌리자, 글래드스턴은 파넬이 리더십을 유지하면 민족당과의 공조를 끝내겠다고 선언하였다. 이 최후통첩은 민족당을 파넬파와 반파넬파로 분열시켰다. 설상가상으로 가톨릭교회가 파넬 반대를 선언하였다. 자신의 지위와 명성을 유지하기 위해 격렬하게 반격하던 파넬은 1891년 10월 사망하였다.

1892년 7월 총선에서 자치파는 자유당 274석과 민족당 81석을 합쳐 355석, 반면 합방파는 보수당 268석과 자유당 합방파 47석을 합쳐 315석을 얻었다. 글래드스턴은 총선 결과에 상당히 실망하였다. 보수당 정부의 실각에 이어 1892년 8월 제4차 내각을 수립한 글래드스턴은 아일랜드장관 몰리뿐 아니라 민족당의 파넬파와 반파넬파 모두와 상의하면서 법안을 준비하였다. 1893년 2월 17일 글래드스턴은 두 번째 자치법안을 제안하였다. 제1차 자치법안처럼 이 법안은 제국 통일성 유지, 연합왕국 구성 부분들의 평등, 제국 유지비용의 균등한 분배, 소수파 보호, 실질적이고 지속력 있는 타결을 원리로 삼았다. 다만 두 원이 별도로 회합하고, 규모가 작아진 아일랜드 대표자 80명이 웨스트민스터 하원에서 제한된 범위의 제국 사안을 표결토록 허용하며, 제국 의회의 수위권을 전문前文에서 명확하게 천명한 점이 달랐다. 얼스터에 관해서는 역시 별도의 규정을 두지 않았고, 토지법안은 부수하지 않았다. 배제규정과 금지규정은 1886년과 거의 같았다.

토론은 82일에 걸쳐 1,500개의 찬반 연설로 전개되었다. 역사적 논증, 얼스터 문제, 의회 권한과 대표성을 포함한 헌정 문제, 재정 문제는 역시 격론의 주제였다. 4월 법안의 원리를 다룬 2독회는 찬성 347표 대 반대 304표로 통과되었다. 5~7월에 걸친 전원위원회 토론에서는 법안의 세부를 둘러싸고 치열한 논의가 이루어져 도중에 토론 종결제guillotine가 도입되기도 했다. 9월 1일 법안은 찬성 307표 대 반대 276표로 하원을 최종 통과하였다. 법안을 지지한 다수표는 지속적으로 유지되었다. 글래드스턴은 괄목할 만한 육체적·정신적 끈기를 갖고 장기간의 의회 토론을 주도하였다. 그러나 상원에 회부된 법안은 고작 4일간의 토론을 거친 뒤, 9월 8일 영국 의회사에서 가장 많은 수의 상원 의원이 참여한 표결에서 반대 419표 대 찬성 41표로 간단히 부결되었다. 하팅턴이 헌정상의 중요한 변화는 국민의 의사를 물어야 한다면서 반대를 주도하였다. 비록 부결되었지만, 법안이 하원을 통과한 사실 자체는 제국 영국이 불가피하게 합방주의는 아니었음을 환기시킨 의미심장한 현상이었다.

2. 글래드스턴의 이념, 스타일, 유산

반특권

글래드스턴 제1차 내각은 아일랜드 문제와 더불어 시작하였고, 그와 더불어 결정적으로 쇠퇴하였다. 이 시기 글래드스턴의 개혁의 요체는 특권과 독점의 타파라는 자유주의 이념이었다. 그는 독을 뿜는 '유퍼스 나무'를 제거하기로 결심하였고, 이는 디즈레일리와 달리 글래드스턴이 상당한 정도로 아일랜드 문제에서 프로그램적 접근을 하였음을 보여 준다. 1868년 총선 직후 출간된 팸플릿 『자서전 한 장』*A Chapter of Autobiography*에서 글래드스턴은 국교회에 관한 자신의 이념사와 국교회 폐지의 도덕적 정당성을 공개적으로 피력하였다. 제1차 내각 시기 반특권 이념은 토지법과 아일랜드 대학법안, 그리고 다양한 사회 개혁 조치에서도 드러났다.

제1차 내각 시기 글래드스턴의 아일랜드 정책은 근본에서는 합방주의적이었다. 그는 의회의 입법으로 아일랜드를 평온하게 하고 두 나라의 연계를 강화한다는 의미에서 합방주의자로 자처하였다. 이 점에서 그것은 글래드스턴의 자치 사고가 갑작스럽게 선회한 것이 아니었음을 뜻한다. 그렇지만 동시에 의회에 의한 개혁이 충분치 않으면 논리적으로 한 단계 더 나아간 조치가 필요하다는 의미를 함축하였다.[21] 또한 제1차 내각 시기 아일랜드 정책들은 피니언주의로 상징되는 혁명을 저지하고 의회에서 입헌적으로 불만을 제거한다는 글래드스턴의 민주적 방식을 반영했다. 이런 정책적 특징은 그의 아일랜드 정책의 결정판인 자치 시도에서 반복되었다. 글래드스턴은 자신의 아일랜드 정책을 의회정치, 선거, 민족주의 같은 틀 속에서 설명하였다.

역사주의

글래드스턴의 토지법은 정치경제학의 원리, 시장의 자유, 계약의 자유 같은 자유주의 이념과는 배치되는 것이었다. 자유주의는 이런 이념이 시간과 역사의 변화나 지역적 차이와 상관없이 일반적으로 적용된다고 간주했다. 그러나 19세기를 지배한 이런 이념은 1870년대 이후 역사주의적 사고의 도전을 받게 되었다. 글래드스턴은 아일랜드인의 토지관이 특정한 역사적 경험의 산물로서 보편적인 기준에 의해 재단될 수 없다고 보았다. 전통적으로 아일랜드 농민은 '경작자＝소유자'라는 생각을 갖고 있었다. 그런데 수세기에 걸쳐 정복과 식민으로 경작자와 소유

---

21 Matthew(1998a), 앞의 논문, p.23.

자가 분리되는 과정을 밟았다. 19세기 중엽 이래 차지권운동, 3F운동, 심지어 피니언 공화주의운동은 아일랜드적인 토지관을 회복하고자 했고, 글래드스턴은 이런 요구의 정당성을 수용하였다. 그렇지만 그는 또 다른 의미에서 아일랜드에서 역사적으로 형성된 영국식 토지 소유 이념을 전면적으로 부정할 수는 없었다. 그래서 그는 보유권의 변화보다는 얼스터 관행의 법제화나 지대 조정 같은 방식을 병행했다.

사실 토지 소유권의 변화^{자영농제}는 글래드스턴이 받아들이기를 주저한 이념이었다. 비록 국교회 폐지는 교회 재산을 의회가 몰수하고 이를 처분하도록 하였지만, 제1차 토지법 단계에서 소유권의 전이는 부차적이었다. 이런 인식은 제2차 토지법에서도 지속하였다. 제2차 토지법은 3F를 제도화하면서 부차적으로 토지 매입을 규정하였다. 그러나 이런 한계도 자치법안과 병행한 토지법안에서는 전면적으로 사라진다. 물론 토지법안의 전제는 지주가 원할 때이다. 하지만 이 경우 차지인이 강제로 매입해야 했으므로 토지법안에서 자영농제로의 추세는 명확하게 제시되었다. 이런 의미에서 토지와 관련된 글래드스턴의 역사주의적 사고는 점진적이고 진화적인 발전을 보였다.

한편 자치 문제에서도 글래드스턴의 역사주의적 사고는 등장한다. 18세기 말 그래튼 의회와의 유비로부터 자치 원리의 정당성을 도출한 그는 자치라는 입헌적·정치적 해법으로 민족문제를 해결하고자 했다. 그는 자치법안 제안 연설의 반을 자치의 정당성을 역사적으로 추론하는 데 할애하였고, 아일랜드 역사에 관해 광범하고 깊이 있는 독서를 했노라고 자부하였다. 자치법안의 핵심은 아일랜드 사안에서 입법권을 갖는 아일랜드 의회의 설치였다. 그는 이 제안의 역사적 선례를 그래튼 의회

디즈레일리와 글래드스턴

에서 찾았다. 18세기 프로테스탄트 '애국주의'와 미국 독립전쟁의 여파 속에서 수립된 이 의회는 아일랜드 사안에서 독자적인 입법권을 가졌는데, 헨리 그래튼은 이로써 아일랜드가 '민족'이 되었다고 선언하였다. 그러나 아일랜드 의회가 제정한 입법을 영국 의회가 거부할 수 있었고, 총독이 수반인 아일랜드 행정부를 아일랜드 의회가 통제할 수 없었으며, 가톨릭과 비국교도는 아일랜드 의회에서 배제되었다.

제임스 러프린은 글래드스턴의 역사적 사고를 오히려 '몰역사적'이라고 비판하였다. 글래드스턴이 그래튼 의회를 입헌적 민족주의의 견지에서만 파악하였다는 것이다. 즉 민족주의의 주체를 지주와 동일시하여 전체 민족과 구별하였고, 그 결과 자치를 통해 지주의 권력이 복원될 수 있다고 믿은 점이 몰역사적 사고의 결과라는 것이다. 특히 러프린은 글래드스턴이 토지문제^{사회적 해법}와 민족문제^{정치적 해법}를 확연하게 구별하였고, 토지문제와 농촌 불만이 아일랜드 민족의식의 핵심임을 간과했다고 비판하였다. 결국 1780년대의 민족주의가 1886년에 재창조될 수 있다고 본 점에서 글래드스턴의 사고는 몰역사적이라는 것이다. 글래드스턴이 사회적·경제적 변화보다는 아일랜드 역사에서 도덕적·정치적 교훈만을 찾았기 때문이다.[22]

물론 글래드스턴은 아일랜드 문제를 입헌적 민족주의의 견지에서 해결하려고 했다. 자치 의회와 이 의회에 책임지는 행정부가 그것이다. 그렇지만 이것이 러프린의 주장처럼 문제를 순전히 정치적·헌정적 견

---

22 Loughlin(1986), 앞의 책, pp.58~59, p.177, p.181, pp.183~185, p.196.

지에서만 본 결과는 아니었다. 첫째, 글래드스턴은 계급적 배타성, 선거권 제약, 종교적 차별이 거의 사라진, 그래튼 의회 이후 100년이 지난 1880년대 중반에 그래튼 의회가 '재현'될 수 있다고 여기지 않았다. 글래드스턴에게 그래튼 의회의 유비적 가치는 의회의 분리가 오히려 인민의 마음을 연결함으로써 연합왕국으로부터의 분리를 방지한다는 자치 '원리' 논증에 있었다. 그가 도출하려고 했던 것은 과거의 복원이 아니라 의회의 자율성이라는 원리였다. 더구나 책임정부 이념은 그래튼 의회와 달랐다. 둘째, 제안 연설에서 글래드스턴은 자치와 토지가 불가분의 관계이고 토지문제 해결이 자치 성공의 본질적 조건이라고 지적하였다. 따라서 그는 정치적 해법과 경제적 해법을 별개의 것으로 파악하지 않았다. 글래드스턴은 토지법안으로 자치를 촉진하고자 했고, 토지법안을 자치법안 통과를 전제로 삼았다. 토지법안은 제2차 토지법의 한계를 극복하고 지주와 차지인 관계를 재정립한 토대 위에 아일랜드 사회를 구축할 필요가 있다는 판단에서 나온 것으로서, 자치는 사회 재구성을 정치적 차원에서 뒷받침하려는 것이었다. 따라서 토지법안도 19세기 후반의 변화한 상황을 반영한 역사주의적 사고의 산물이었다.

또한 영국 헌정에 관한 글래드스턴의 사고는 매우 유연하고 탄력적이었다. 그는 헌정을 헌법학자 앨버트 다이시처럼 수미일관한 추상적 원리에 입각해서 파악하지 않았다. 글래드스턴이 보기에 헌정이란 추상이 아니라 역사적 현상이었다. 그것은 시효^{時效}의 산물이었다. 보그다노의 지적처럼 제국 의회에서 아일랜드 대표성과 관련된 문제를 해소하기란 매우 어려웠다. 배제론이든 '들고나는' 구상이든 아니면 유지론이든 헌정적 논리에서 중대한 약점이 있었고, 이 약점은 권한을 연합왕국

디즈레일리와 글래드스턴

의 한 곳에 이양하면서 다른 곳에서는 통일된 헌정을 유지하려는 시도의 산물로서 원리상 피할 수 없었다. 따라서 자치 이후 아일랜드가 제국 의회에서 어떻게 대표되는가에 관한 해법을 찾지 못한 것은 '논리적으로' 불가피했다. 그런데 보그다노는 이렇게 부언하였다. "그렇지만 이것이 문제를 해결하는 방법이 실제로 가능하지 않았다는 것을 뜻하지는 않는다. 왜냐하면 헌정 조정의 성공은 그것의 논리적 정합성에만 의존하거나 혹은 주로 거기에 의존하지는 않기 때문이다."[23]

민족성, 자치, 제국

제2차 토지법 단계까지는 글래드스턴이 아일랜드인의 민족성을 본격적으로 인식했다고 보기는 어렵다. 그렇지만 자치법안은 아일랜드인을 하나의 민족으로 인식한 중요한 전환이었다. 글래드스턴은 민족주의와 민족성을 구별하고, 전자는 거부하되 후자는 인정하였다. 글래드스턴은 민족성을 "이성에 의해서 시험 받고 역사에 의해서 충분히 확인된 집단적 개성"으로 규정하였다. 기본적으로 그는 민족주의를 한 민족의 개체성과 정체성에 근거해서 단일한 민족국가를 수립하려는 이념으로 이해하였다. 이것은 민족과 국가를 동일시하는 19세기 후반의 흐름에 일치하였다. 글래드스턴의 구상은 기본적으로 국내 사안에서 일정한 입법권을 부여하는 '입법적 권한이양'이었다. 그것은 행정적 권한이양을 능가하지만, 그렇다고 주권국가의 권한을 인정하지는 않았다. 만약 합방론

---

23 Bogdanor(1999), 앞의 책, p.34.

자처럼 의회 주권을 기계적이고 축자적으로 해석하면 입법적 권한이양은 그 정도가 어떠하든 의회 주권의 침해일 수밖에 없다. 그러나 배제규정과 금지규정을 보면, 과연 이것을 의회 주권의 침해로 보아야 하는지는 의문이다.

자치 반대자들은 프로테스탄트 그래튼 의회와 자치의 정당성 사이에는 어떤 유비도 성립할 수 없고, '그래튼 의회=프로테스탄트 의회=충성파 의회', '자치 의회=가톨릭 의회=분리주의자 의회'라고 주장하면서 대안으로 '민주적 행정부'를 제시하였다. 그러나 글래드스턴은 민주적 행정부는 민족 의회가 아니며 아일랜드 의회 없이는 아일랜드 행정체계는 '아일랜드적'일 수 없다고 반박하였다. 글래드스턴에게 의회는 자치의 선거이자 민족성의 표현이었다. 그는 아일랜드가 하나의 의회를 갖는 한 아일랜드는 하나의 공동체라고 생각하였다.

글래드스턴은 얼스터 문제도 민족성의 견지에서 파악하였다. 1885년 총선 때 아일랜드 전역에서 자유당이 몰락하면서 얼스터는 합방주의의 근거지가 되었다. 글래드스턴이 얼스터의 중요성을 간과했고 그 결과 자치 정책이 실패했다는 해석은 통설이다. 이에 따르면, 글래드스턴은 '별개의' 얼스터 문제가 있다는 사실을 아직 의식하지 못했다. 그러나 글래드스턴이 법안에서 제시한 금지규정, 상원의 존재, 하원의 입법권에 관한 제약은 얼스터 프로테스탄트가 '자치=가톨릭 지배'를 두려워한다는 사실을 파악한 결과였다. 여기에 더해 토지법안은 지주의 이해를 보전하고자 했다. 따라서 글래드스턴의 이념에서 중요한 점은 얼스터 예외주의가 아일랜드인 다수의 지지를 받지 못했다는 것, 얼스터 문제는 자치가 합의되기 이전에는 해결될 수 없다는 판단이었다. 합방주의자는 얼스터 민족과 아일랜드 민족이 따로 있다고 이른바 '두 민족론'을 주장하였지만, 글래드스턴은 아일랜드가 한 민족이라는 입장을 고수하였다. 그가 보기에 얼스터는 자치 '원리'와 연관된 사안이 아니었다. 키노에 따르면, 다수결이라는 웨스트민스터 의회의 관행에서 볼 때 사실 글래드스턴의 입장에는 일리가 있었다. 얼스터 합방주의자는 아일랜드 일부에서만 다수파였기 때문이다. 글래드스턴은 다수결 원리를 신봉하였다.[24]

그런데 글래드스턴의 판단에는 역설적으로 지방 차원의 사고가 있었다. 그는 자치가 연합왕국을 해체하지 않고 오히려 더 강화하고 부지한다고 여겼다. 민족적 자율성 부여가 연합왕국의 한 지방인 아일랜드에서 '지방적 애국주의'를 강화하고 다시금 이것이 왕국 전체를 향한 충성심을 고양하리라는 판단이었다. 식민지였다가 1867년 자치령이 된 캐나다 사례를 들면서 글래드스턴은 캐나다는 "충성해서 자치를 얻은 것이 아니라, 자치를 얻어서 충성하게 되었다"고 지적하였다. 그는 가장 확실한 최선의 토대는 "인민의 애정 · 확신 · 의지"에 의해 마련되며, 이것이 "제국의 사회적 평화 · 명성 · 힘 · 항구성"을 확보한다고 주장하였다. '자치=지방적 애국주의'인 것이다. 글래드스턴은 캐나다 사례와 오스트리아 · 헝가리, 스웨덴 · 노르웨이를 비롯한 여러 외국 사례가 "강화하는 속박은 빈번히 파열하지만, 완화하는 속박은 오히려 내구력을 준다"는 명제[자치 원리]의 정당성을 입증한다고 주장하였다. 입법부의 분리

---

24 Quinault(2006b), 앞의 논문, pp.63~64.

가 오히려 두 나라의 유대와 안정을 촉진한다는 것이다.

따라서 글래드스턴은 자치가 합방의 폐지가 아니라 '수정'이라고 강조하였다. 그는 "(성조지)해협은 합방을 금지하고 (대서양) 대양은 분리를 금지한다"는 그래튼의 경구를 제국의 통일성을 유지하면서 의회를 분리하는 것이 가능하다는 자신의 제안의 근거로 삼았다. 사실 글래드스턴의 자치론은 영제국 통치 이념의 전통에서 벗어나지 않았다. 그는 자치가 아일랜드에게만 예외적으로 적용되는 것이 아니라 영국의 식민지 통치 방식을 혁명적으로 변화시킨 원리라고 주장하였다. 1850년대 이후 식민지에서 진행된 권한이양체제는 제국 의회의 주권, 특정 권한의 이양, 이 권한 범위 안에서의 자치라는 홈룰Home Rule이었다. 글래드스턴의 아일랜드 자치 시도는 이 경향의 연속선상에 있었다. 매슈의 지적대로 글래드스턴은 견고하게 '제국적' 견지에서 자치를 사고하였다.[25] 또한 그는 종종 입법부의 분리가 두 나라의 통일이고 입법부의 절대적 통합이 오히려 두 나라의 분리라고 주장함으로써, 한 국가의 강력함을 판별하는 통상적인 기준으로부터 인식과 발상의 전환이 필요하다고 강조하였다. 당시 영국에는 합방주의와 자치론이라는 제국을 보는 상반된 두 입장이 있었다. 아일랜드 자치가 제국의 해체를 유발한다는 솔즈베리의 도미노 이론이 전자를 대변했다면, 자치가 제국을 강화한다는 글래드스턴의 주장은 후자를 대변하였다.[26]

---

25 Matthew(1997), 앞의 책, p.502
26 Dunne, Tom(1982), "*La trahison des clercs* : British Intellectuals and the First Home-Rule Crisis," *Irish Historical Studies* 23(90), pp.157~159.

디즈레일리와 글래드스턴

글래드스턴의 자치 시도의 근저에는 종교적인 사유도 있었다. 그는 민족 정체성의 본질이 '민족적 교회' 형태로 제도화한다고 보았다. 즉 글래드스턴은 민족 정체성과 종교적 민족감정을 동일시하였다. 그는 연합왕국에서 이것의 '세속적인' 표현은 아일랜드 자치라고 보았다. 그렇지만 그는 민족성이 반드시 별개의 국가를 정당화한다고 여기지는 않았다. 이러한 사고의 선례는 불가리아 사태 때 제시되었다. 그는 기독교도 발칸 민족들에게 종교적 민족성이 존재한다고 인정하였고, 따라서 "오스만제국의 종주권 아래에서의 자치"를 동방문제의 해법으로 제시하였다. 즉 글래드스턴은 불가리아 사태와 아일랜드 자치가 유비 관계에 있다고 보았다. 나아가 민족성 인정은 이른바 글래드스턴의 '유럽적인 감각', 말하자면 유럽의 민족들이 기독교 문명이라는 공통의 유대에 의해 결합되어 있으면서도 일정 범위 안에서 구분을 유지해야 한다는 민음의 표현이었다.[27]

스타일

아일랜드 문제에서 글래드스턴은 이념의 체계성이 디즈레일리보다 강했다. 디즈레일리의 경우 1840년대에 아일랜드 문제의 본질을 "굶주린 주민, 부재 귀족, 이방 교회, 세계에서 가장 약체인 행정부"로 규정하였지만, 야당 시절이나 집권 시절 그가 실제로 편 정책은 대체로 일관

27 Shannon(1975), 앞의 책, pp.274~281 ; Feuchtwanger(1991), 앞의 논문, p.23.
   글래드스턴의 '유럽적인 감각'은 Sandiford(1985), 앞의 논문, pp.177~196 및
   Hammond(1938), 앞의 책, pp.49~66 참조.

성이 부족하거나 효과가 적었다. 반면 글래드스턴의 이념과 스타일은 교회→토지→선거법→자치로 귀결되는 과정이 일종의 진화적 단계를 보였다. 물론 그 중요한 계기는 아일랜드 국교회와 관련된 '회심'이었다. 그러나 그는 이미 메이누스 문제 때 국교회주의의 시대적 타당성을 심각하게 의문시하였다. 1865년 그는 국교회 지위의 비정상성을 공개리에 언급하면서도 국교회 폐지는 "시일이 오래 걸릴 것"으로 예상했다. 따라서 글래드스턴이 1868년 국교회 폐지의 현실적 가능성을 갑자기 재평가하게 된 이유는 국교회 폐지의 "유용한 결과에 관한 예상"이었다. 즉 글래드스턴의 국교회 폐지는 원리와 상황의 결합이었다. 그 상황은 그가 만든 것이 아니라 1860년대 중반 이래 이미 형성되고 발달되고 있었다.[28] 그는 끝까지 국교회주의자로 남았지만, 교회 문제에서 토지문제로 나아갔고, 제2차 토지법 시행 과정에서 자치정부의 필요성을 인식하게 되었다. 따라서 글래드스턴의 확신과 소명감은 디즈레일리보다 현저했으며, 자치 정책에서 특히 그랬다. 그는 "76세의 나이에 확신과 소명감이 없었더라면" 자치 정국의 "격렬한 파도 속에" 자신을 내던지기 어려웠을 것이라고 회고한 적이 있다.

근본적 처방이라는 특성에서도 글래드스턴의 스타일은 디즈레일리와 구별된다. 국교회 폐지결의안은 디즈레일리를 경악시켰다. 물론 글래드스턴은 상황이 무르익었음을 잘 알고 있었다. 또한 1886년에 이르러 자치와 자영농제 수립을 아일랜드 문제의 해법으로 본 것은 분명 디

---

28 Quinault(2006b), 앞의 논문, p.61.

즈레일리의 처방보다 근본적이었다. 토지법안에서 그는 정치경제학, 재산권, 계약에 관한 자신의 신념이 꺾이는 것도 감수하였다.

주도성에서도 글래드스턴은 디즈레일리와 대비된다. 디즈레일리의 경우 대체로 수동적·사후대응적이었다면, 글래드스턴 경우는 훨씬 능동적이었다. 물론 그렇다고 해서 글래드스턴이 상황을 만들었던 것은 아니다. 말년에 그는 자신의 통찰력을 보인 몇몇 사례를 거론하였다. 1853년 소득세 갱신, 1868년 아일랜드 국교회 폐지결의안, 1886년 아일랜드 자치법안, 1894년 상원의 거부권을 겨냥한 공격 모두 아일랜드와 직접적으로 연관된 사례들이다. 그가 말한 통찰이란 "주어진 과업에 필요한 특정 수위에 도달한 여론을 단순히 받아들이는 것"이 아니라 "특정한 시기의 사실들과 그 사실들 간의 관계에 관해서" "여론을 형성하고 그것을 특정한 목적으로 이끌기 위한 자료들이 존재한다는 확신을 낳는" 판단이었다.

이 주도성은 특정 법안이 의회에서 토론될 때 글래드스턴이 적극적으로 개입한 사실과도 연관된다. 그는 국교회·토지·자치와 관련된 법안의 마련과 제안, 통과 과정에서 매우 적극적으로 토론에 참여하고 논의를 주도하였다. 제2차 자치법안의 경우, 글래드스턴은 하원에서 법안을 통과시키는 부담을 실질적으로는 혼자 감당했다. 82차례 심의에서 그는 빈번히 그리고 인상적으로 발언하였다. 이것은 디즈레일리의 스타일과 크게 대비된다.

글래드스턴은 '거대 법안', '단일 쟁점' 정치를 선호하였다. 국교회 폐지와 자치법안이 대표적인 사례이다. 이 스타일은 사안이 중요하다는 인식과 확신에서 나온 것이자 동시에 헌신적인 정치적 그녀의 산물이기

도 했다. 자유당의 분열을 방지하고 단합을 유지하기 위해 그는 해법을
요구하는 하나의 거대한 국가적 문제가 필요했다. 이 정치적 필요는 디
즈레일리와 마찬가지로 글래드스턴에게도 기회주의 문제로 제기된다.
예컨대 피니언 무장봉기를 계기로 영국인들이 아일랜드 문제의 중요성
을 각성하자 글래드스턴은 기회를 포착했다. 글래드스턴의 스타일에서
기회주의를 보는 해석은 국교회 폐지가 선거법 개혁 과정에서 자신이
겪은 좌절을 디즈레일리와 보수당에게 되갚는 수단이었고, 그의 사명은
아일랜드를 평온하게 하는 것이 아니라 '자유당'을 평온하게 하는 것이
었다고 주장한다. 즉 그는 아일랜드인을 이상화하지 않았고, 자유당 재
편성이라는 정치적 필요에 아일랜드인을 종속시켰다.[29]

그런데 이 해석에 따르면, 글래드스턴은 자신의 정책이 그가 극복하
고자 한 자유당 내부의 바로 그 위기를 심화할 것을 거의 알지 못했다.
그런데 자유당 내부의 알력을 극복하고 단합을 유지함으로써 자신의 지
위를 강화하려는 시도였다면, 왜 글래드스턴은 종종 성공하지 못한 아
일랜드 정책을 견지했을까? 자치법안의 경우, 법안 마련 단계와 의회
토론 단계 모두에서 휘그와 급진파의 도전은 너무나 명확하게 드러났
다. 그러므로 글래드스턴은 자유당을 결속하고 자신의 리더십을 견지하
기 '위해서' 아일랜드 자치 문제를 이용한 것이 아니라, 자유당의 분열
가능성에도 '불구하고' 아일랜드 자치를 시도하였다. 그는 자신의 신념

---

29 Shannon(2007), 앞의 책, p.211 ; Bentley(1984), 앞의 책, p.205 ; Vincent, John
    (1976), *The Formation of the British Liberal Party, 1857–68*, 2nd ed., New
    York, p.87 ; Hamer(1972a), 앞의 책, p.110.

324   디즈레일리와 글래드스턴

이 옳다고 보았고, 이 신념이 장기적으로 연합왕국에 유익한 결과를 가져올 것이라고 확신하였다. 문제는 확신과 기회의 결합에 있다. 모든 정치가는 현실정치 속에서 자신의 이념을 추구한다. 그 이념이 무엇이든 말이다. 자치 문제에서 현실의 압력이란 물론 파넬과 민족당이었다. 하여간 실패 혹은 성공 여부를 떠나 자치 정책은 글래드스턴의 최선의 모습임은 분명하다. 해먼드의 표현대로 글래드스턴은 "자신의 시대에서 국량이 가장 큰 인물"이자 그의 아일랜드 정책은 그 국량의 "최상의 예"였다.[30]

　마지막으로 자치 정국에서 드러난 글래드스턴의 리더십 스타일을 언급할 필요가 있다. 그는 제2차 내각 시기에 수차례 정계 은퇴를 언급하였다가 매번 번복하였다. 그런데 그는 번복의 이유로 아일랜드 문제가 시급히 해결되어야 한다는 상황을 들었다. 휘그와 급진파 모두 그를 필요로 하는 상황에서 그는 아일랜드 문제에서 자신의 해법을 추구할 여지, 따라서 자신의 리더십을 견지할 여지를 가질 수 있었다. 1885년 총선 무렵 그 스타일은 '초연함을 통한 리더십'이었다.[31] 물론 휘그와 급진파는 각각 상대방을 제압하기 위해 글래드스턴이 필요했다. 그런데 글래드스턴에게 치명적이었던 것은 두 진영이 아일랜드 문제에 관해서만은 제휴할 여지가 있었고, 실제 그러한 방향으로 사태가 진전된 사실이었다.[32]

30　Hammond(1938), 앞의 책, pp.721~736.
31　Feuchtwanger(1975a), 앞의 책, pp.229~230.
32　Parry, Jonathan(2006b), "Liberalism," in Peter Mandler ed., *Liberty and Authority in Victorian Britain*, Oxford, pp.83~86.

수뇌부정치학파에 따르면, 자치는 글래드스턴이 반대파를 효과적으로 '숙청'하는 수단이었고, 따라서 도덕적 대의는 수사였다.[33] 그렇지만 공적인 언어가 사적인 음모의 베일에 불과했을까? 또한 휘그와 급진파를 숙청함으로써 글래드스턴이 얻으려고 한 것은 과연 무엇이었을까? 적어도 그것이 자유당의 분열은 아니었을 것이다. 그는 1885년 말 총선까지, 그리고 그 직후에도 초당적으로 아일랜드 문제를 해결하자고 촉구하였다. 그렇다면 전술적으로 글래드스턴은 디즈레일리에 비해 하수인가? 보수당의 주도라는 글래드스턴의 생각은 일관하였다. 이 사례를 두 차원에서 검토할 수 있다.

　　첫째, 글래드스턴이 진심으로 이 방식을 믿었는가? 수뇌부정치학파는 이를 부정한다. 긍정하는 경우에도 그들은 이 믿음이 글래드스턴의 '자기기만' 현상이라고 치부한다. 그러나 글래드스턴이 이 방식을 최선이라고, 자신과 자유당 그리고 심지어 보수당을 위해서뿐 아니라 거시적으로 영국의 정치문화를 위해서도 최선이라고 믿었음은 부인하기 어렵다. 둘째, 진심 문제가 아니라 글래드스턴의 전략의 적절성 여부이다. 1885년 후반기에 솔즈베리는 오직 당리만을 추구함으로써 초당적으로 아일랜드 문제를 해결하자는 글래드스턴의 제의를 지극히 냉소적으로 받아들였다. 그는 글래드스턴과 자유당으로 하여금 스스로 제 무덤을 파게 하였다.[34] 디즈레일리가 살아 있었다면 아마도 솔즈베

33　Cooke, Alistair Basil and John Vincent(1974), *The Governing Passion : Cabinet Government and Party Politics in Britain, 1885-86*, New York, p.15.
34　Hammond(1938), 앞의 책, p.437. 글래드스턴의 '환상'과 솔즈베리의 '냉철함'의 대비는 Jackson(2003), 앞의 책, pp.54~55 참조.

리와 같은 식으로 생각하고 대처했을 것이다. 그런데 글래드스턴이 서거한 뒤 의회에서 솔즈베리는 글래드스턴의 성품과 업적을 이렇게 평가하였다. "우리는 그가 취한 모든 조치에서 그리고 그가 기울인 모든 노력에서 고매한 도덕적 이상—그것이 그릇된 생각을 따른 것인지 그렇지 않은 것인지는 문제가 되지 않는다—에 의해 인도된 한 인간을 본다." 물론 고인을 비난하는 추도사는 없다. 그렇지만 경쟁자 솔즈베리는 그릇됨 여부를 따지지 않을 정도로 글래드스턴의 도덕적 이상이 갖는 힘을 인정하였다. 글래드스턴은 이 힘으로 자치 정국을 돌파하고자 했다.

당과 관련된 디즈레일리와 글래드스턴의 리더십 스타일 역시 크게 대비된다. 디즈레일리의 궁극적인 목표는 당의 분열을 방지하는 것이었다. 반면 글래드스턴에게 당은 자신이 절대적으로 확신하고 대중에게 직접 전달될 고매한 대의를 위한 수단이었다. 그는 당의 분열도 감수할 태세였다. 자유당 차원에서 보자면, 자치를 초당적 이슈로 본 글래드스턴이 자유당 계파들을 설득하지 않은 것은 분명 자기확신에 따른 그의 전략적 실책이었다. 그렇지만 그가 솔즈베리의 노선이 명확히 자치 반대로 결정되었다는 사실을 모른 채 양당의 공조를 주장하였고, 나아가 자신의 의도와는 정반대의 상황이 '하위든 연'을 통해 형성되었으며, 그 결과 침묵함으로써 회피하고자 했던 바로 그 두 문제보수당의 반발과 자유당의 분열가 가속화한 것이 그를 시무르게 만들었다는 해석도 가능하다.

이러한 조급함은 때로 용인술과 운영의 묘에서 한계를 드러내기도 했다. 예컨대 1886년 체임벌린이 조각 과정에서 크게 홀대를 받은 것은 사실이었고, 이것이 자치 정책 실패의 가장 큰 이유라는 주장이 있다.

체임벌린은 내심 재무장관직을 원했지만 돌아온 것은 지방정부청장이었고, 설상가상으로 글래드스턴은 체임벌린과 경쟁한 급진주의자 몰리를 아일랜드장관에 임명하였다. 이 사례는 글래드스턴이 나이 들면서 점차 자기중심주의적으로 되어 대인관계가 원만하지 못하여 그 결과 중대한 정치적 판단 착오를 한 사례로 종종 지적된다.[35] 나아가 그는 자치 정국에서 유연성을 충분히 발휘하지 못했다. 이를테면 글래드스턴이 하팅턴이나 체임벌린과 좀 더 공감할 수 있는 개인적 유대를 유지했더라면 결과는 달랐을 수 있다. 이 경우 비록 법안이 하원을 통과했더라도 상원에서 부결될 공산이 매우 컸지만, 적어도 자유당의 분열을 막을 수는 있었을 것이다. 또한 법안을 마련하던 시점부터 자신의 장기인 대중 연설이나 팸플릿 같은 수단을 동원하여 자유당과 여론을 교육하는 전략을 구사하지 못한 점에서도 글래드스턴은 운영의 묘가 부족했다고 할 수 있겠다. 물론 객관적인 상황은 긴박했다.

글래드스턴의 유산

글래드스턴 제1차·제2차 내각 시기의 아일랜드와 관련된 개혁은 국교회 폐지와 토지법인데, 이 개혁 노선은 자치법안으로 수렴하였다. 아일랜드에 남긴 글래드스턴의 유산이 무엇보다도 자치를 중심으로 평가되는 이유인 것이다. 1886년 6월 7일자 일기에서 글래드스턴은 자치법안 표결 결과를 '대패'로 평가하면서도 "패배에 실망하기보다 진척에 만

---

35 Feuchtwanger(1975a), 앞의 책, pp.235~236.

디즈레일리와 글래드스턴

족할 더 많은 이유를 갖고 있다"고 적었다. 생애 막바지인 1897년 9월 그는 자신의 자치 투쟁을 이렇게 회고하였다. "태고부터 잉글랜드 전통의 토대를 이루어 온, 그리고 아일랜드를 향한 경멸이 더해진 뿌리 깊은 적대감을 고려할 적에, 나는 전체적으로 우리가 하지 않은 것을 불평하고 의아하게 여기기보다는 우리가 그 당시 그리고 그 이후 성취한 바에 더 감사하는 편이다." 그렇다면 글래드스턴의 아일랜드 정책은 무엇을 성취하였는가?

첫째, 그는 아일랜드 민족성에 공감하였고, 아일랜드 문제는 아일랜드인으로 하여금 자신의 자존심을 만족시키고 자치 속에서 존엄과 행복을 찾도록 돕는 데 있다고 규정하였다. 그는 아일랜드 민족주의를 입헌주의 틀 속에서 규정함으로써 아일랜드 문제를 이후 30년간 영국 의회 정치의 주제로 만들었다.[36] 그 정책은 필주의의 확장이자 발전이었지만, 단순히 평형 유지가 아니라 최종적 해결을 의도하였다.[37] 물론 '아일랜드의 관점'에서 보자면 이것이 최종적 해결이기는 어려웠을지도 모른다. 아일랜드가 결국 독립했기 때문이다. 그러나 당시 상황에서 자치는 일단 최종적인 해결일 가능성이 컸다. 파넬도 자치법안을 그렇게 받아들였다.

둘째, 글래드스턴의 처방의 본질은 아일랜드의 해방이 아니라 평온이었지만, '동화'를 통한 평온 유지를 의도하지 않았다.[38] 그는 두 나라

---

36 Boyce, D. George(1998), "Gladstone and Ireland," in Peter J. Jagger ed., *Gladstone*, London, p.118.
37 Boyce(1988), 앞의 책, p.13.
38 Matthew(1998a), 앞의 논문, p.23. 동화론은 Roberts(2000), 앞의 논문, p.3 참조.

를 똑같이 만들려고 하지 않았다. 그는 아일랜드의 독자성을 인정하면서도 연합왕국의 틀 속에 붙들어 매려고 시도하였다. 이런 의미에서 그는 스스로를 합방주의자로 규정하였다. 이 시도는 분명히 보수적이었으나, 그 수단인 자치는 대단히 위협적이었다.

셋째, 글래드스턴의 시도는 영국에서 자치론을 확산시켰다. 아일랜드 자치 문제는 아일랜드 헌정 차원을 넘어 연합왕국 전체에 충격을 주었다. 영국에서 자치는 문화적·정치적으로 대중의 광범한 관심을 모았고, 스코틀랜드에서 권한이양은 사회 개혁의 전제조건으로 기대되었으며, 웨일스에서는 민족주의를 각성시켰다. 따라서 아일랜드는 '특수 사례'가 아니었다. 연합왕국에서 민족적·종교적 영향들은 실제로는 계급 충성보다 중요했는데, 이는 자유당이 브리튼섬의 켈트인 주변부에서 강력한 장악력을 유지할 수 있었음을 의미한다.

넷째, 글래드스턴의 자치 정책은 민족주의와 제국주의의 시대에 영국의 정체성을 재규정하려는 시도였다. 그의 시도는 자치를 통해 복수 민족국가로서의 연합왕국의 토대를 재구축하려는 미래지향적인 것이었다. 그런데 글래드스턴은 아일랜드인의 민족성은 인정하되 주권적 민족국가를 지향하는 민족주의는 인정하지 않았다.[39] 글래드스턴은 단일한 권위의 중앙 집중에 의해 국민의 통합을 성취하는 가능성에 회의적이었다. 그래서 그는 복수민족국가에서 "별개 부분들의 독특한 특성"을 인

---

39 Boyce, D. George(1986), "The Marginal Britons : The Irish," in Robert Colls and Philip Dodd eds., *Englishness : Politics and Culture, 1880-1920*, London, p.112.

디즈레일리와 글래드스턴

식할 것을 요청하였다. 이것이 글래드스턴의 '대목표'였다.[40]

다섯째, 글래드스턴은 아일랜드 문제에서 '새로운 맥락'과 '새로운 사고'를 창출하는 데 중요한 역할을 했다. 그가 영국에 남긴 '지속적인 흔적'에는 "아일랜드에게 정의를", "아일랜드 이념에 따른 아일랜드 정부", "현명하게 판단하라"는 언어가 있었다. 그것들은 정치적 현실주의를 무색하게 하였다. 그는 아일랜드 민족주의의 요구에 자유주의적·민주적 특성과 의회주의 전통을 부여하였다. 이는 당권 유지나 정권 장악 같은 그의 정책의 직접적인 맥락을 초월하였다.[41]

여섯째, 글래드스턴이 아일랜드 문제에 집착하고 이후 자유당이 이 문제에 매달림으로써 자유당의 '논리적인' 미래인 사회 개혁 노선을 좌절시키고 더 젊은 세대의 등장을 가로막았으며, 노동계급의 지지를 얻지 못한 자유당이 몰락하는 데 기여했다는 주장이 있다.[42] 그러나 글래드스턴은 스스로 자치를 사회 개혁의 전제로 제시했다. 자치법안 제안 연설에서 그는 자치 요구의 정당성 외에 의회 업무의 지체, 특히 아일랜드 문제가 의사 일정의 중심이 되고 여기에 민족당의 의사 진행 방해 전술까지 가세한 점을 언급하였고, 아일랜드 문제를 해결하면 시급한 사회 개혁에 집중할 수 있을 것이라는 근거를 내세웠기 때문이다. 한편

---

40 Boyce(1988), 앞의 책, p.34 ; Ramm(1989), 앞의 책, p.118 ; Bebbington(1993), 앞의 책, p.222.

41 Boyce(1998), 앞의 논문, p.122.

42 O'Day(1986), 앞의 논문, pp.228~229 ; Jalland, Patricia(1980), *The Liberals and Ireland : The Ulster Question in British Politics to 1914*, New York, pp.261~268 ; Feuchtwanger(1975a), 앞의 책, p.281 ; Parry(1993), 앞의 책, pp.248~262 ; Shannon(1975), 앞의 책, p.273.

매슈는 사회 개혁과 복지 정치가 '늦게' 시작된 것은 글래드스턴의 성공이 아니라 오히려 실패의 결과라고 주장하였다. 즉 글래드스턴의 패배는 자치 문제가 계속 '미완의 현안'으로 남아 있어야 한다는 자유당 합방파와 보수당의 이해관계에 부합하였다. 그 결과 자유당은 그들이 제거하기를 원하던 민족당의 도움 없이는 집권할 수 없게 되었다. 그러므로 20세기에 들어와서도 보수합방당^{보수당과 자유당 합방파의 통합}과 자유당 모두 아일랜드라는 맷돌에 끼여 땀을 흘리고 있었다. 합방당은 자치 문제가 사라지는 것을 두려워했고, 자유당은 그 성취가 자신의 정치적 쇠퇴, 즉 노동당의 득세를 의미할 성공을 위해 애썼다. 매슈는 이를 "1886년의 황금의 순간은 이제 납으로 변해 버렸다"고 표현하였다.[43]

호펜의 비유대로 1886년은 영국 정치를 '아일랜드 십자가'에 매달았다. 그것은 1886년 이후 아일랜드 문제가 영국 정치에서 가장 중요한 사안이었다는 뜻이 아니라, 영국의 주요 정당에게는 '선거 결과'가 아일랜드 문제의 구속을 받았다는 의미에서 그랬다. 보수당은 자치에 생사가 달리게 되었고, 자유당은 아일랜드 민족당 없이는 정부를 구성할 수 없게 되었다.[44] 그런데 글래드스턴은 영국 정치가 아일랜드에 의존하지 않아야 한다고 생각했으며, 그래서 웨스트민스터에서 아일랜드 대표성의 흔적을 없애거나 희석시키려고 했고, 그리하여 아일랜드 문제를 해소하고 영국 정치^{사회 개혁}에 전념해야 한다고 주장하였다. 이런 이유에서 그는 자신의 제안을 "역사에서 드물게 돌아오는 황금의 순간 가운데

---

43 Matthew(1997), 앞의 책, pp.508~510.
44 Hoppen(1998), 앞의 책, p.690.

디즈레일리와 글래드스턴

하나"라고 역설했다. 1930년 국왕 조지 5세는 글래드스턴의 자치법안을 받아들이지 않은 영국인의 어리석음을 한탄했다. 물론 글래드스턴이 성공했더라면 결과가 어땠을지 누구도 알 수 없다. 하여간 130년이 지나서도 '황금의 순간'은 여전히 기다리고 있는 셈이다.

에필로그

1866~1886년 시기에 디즈레일리와 글래드스턴의 정치는 1867년 선거법 개혁으로 형성된 구조 속에서 전개되었다. 대중민주주의 시대의 도래는 두 사람이 조성하였고 또한 두 사람의 정치의 틀로서 작용하였다. 선거법 개혁이 초래한 중요한 현상은 정치가 정당을 중심으로 전개되었다는 사실이다. 따라서 대중민주주의는 정당정치의 발달과 병행하였다. 그런데 정당에 관한 두 사람의 생각은 상당히 달랐다. 그들 모두 정당이 이전 시기와는 달리 분파적·당파적 이해를 추구하기보다는 국민정당으로 나아가야 한다고 믿었다. 그렇지만 디즈레일리는 자신의 정치적 지위와 사회적 지위 모두에서 보수당에게 빚졌다. 그의 정치는 보수당에 '의존'하였다. 반면 글래드스턴의 정치는 자유당 의존도가 상대적으로 작았다. 왜냐하면 그는 자신의 독특한 신념, 말하자면 정당은 도덕적 이념을 실천하는 수단이 되어야 한다는 생각에 따라 자유당을 '이끌려고' 했기 때문이다.

　1846년 보수당의 분열 이후 디즈레일리는 보수당을 재생시키고 애국주의와 제국의 당이라는 정체성을 확립했으며, 국민정당의 성격을 부여했다. 1846년 이후 글래드스턴은 점진적으로 토리즘에서 자유주의로 진향하고 여러 계파로 이루어진 자유당에게 단합과 뚜렷한 정체성을 부여하기를 원했으며, 이를 위해 강력한 도덕적 이념에 토대를 둔 단일 쟁점 정치를 통해 자유당과 대중 사이의 소통을 강화하고자 했다. 그런데 글래드스턴류 자유주의 Gladstonian Liberalism 는 인간의 '도덕적' 진보에서 자유주의의 가치를 찾은 점에서 대체로 '세속적' 성격을 띤 일반 자유주의와 구별된다.

이 과정에서 또한 두 사람은 빅토리아 시대 정치의 속성에 뚜렷한 개성적 요소를 각인시켰다. 두 사람의 정치의 특성을 각각 빅토리아 시대 정치의 '예술'과 '논리'로 대비시킨 근래의 연구서는 이 측면을 압축하였다.[1] 글래드스턴에게 정치에서 유일하게 진정한 감정이 '신념'이었다면, 디즈레일리에게는 '야망'이었다.[2] 글래드스턴이 디즈레일리 추도 연설에서 디즈레일리의 원칙과 정책을 언급하지 않았다는 사실은 의미심장하다. 이때 글래드스턴은 디즈레일리의 개성을 언급했는데 의지력, 목표의 일관성, 자립 능력, 그리고 특별히 의회 차원의 용기가 그것이다. 이 특성을 자세히 설명하지는 않았지만, 아마도 글래드스턴은 디즈레일리가 자신의 야망을 달성하려는 목표를 일관해서 추구한 인물이라고 말하고 싶었을 것이다. 디즈레일리에게 정치는 권력과 지위를 향한 끝없는 '경마'였다. 이를 위해 그는 '모든 경우에' 확신을 가졌다.[3]

반면 글래드스턴의 정치에서 종교는 상수常數이자 규정적인 영향력을 행사했다. 그는 자신의 모든 정책을 도덕적 견지에서 정당화했다. 글래드스턴의 견고한 추동력은 디즈레일리의 임기응변과 대비된다. 그

1   John(2010a), 앞의 책 ; John(2010b), 앞의 책.
2   Taylor, A. J. P.(1976), *Essays in English History*, Hammondsworth, p.119.
3   Davis, R. W.(1976), *Disraeli*, London, pp.221~223.

래서 역사가들은 대체로 디즈레일리보다 글래드스턴을 더 '진지하게' 다룬다. 글래드스턴의 신념의 강고함이 그렇게 만드는 것이다. 이 신념이 긍정적으로 혹은 부정적으로 평가받느냐는 별개의 문제이다. 물론 디즈레일리도 이념과 원칙을 가졌다. 오늘날 연구자들은 디즈레일리에게서 이념의 존재 여부를 따지지 않는다. 그 대신 역사가들은 그의 원칙과 실제의 일치 여부에 더 주목한다. 그리고 대체로 양자의 괴리를 강조하는 편이다. 따라서 디즈레일리의 정치의 특성을 기회주의로 보느냐 하는 문제는 방식을 달리해서 여전히 연구자들의 관심거리이다. 그렇다면 디즈레일리와 글래드스턴은 보수당과 자유당에 각각 어떤 유산을 남겼는가?

디즈레일리와 보수당

역사가 아서 테일러는 예의 신랄하면서도 정곡에 근접하는 어투로 디즈레일리의 정치의 성격, 디즈레일리와 보수당의 관계를 이렇게 지적하였다. 양당체제는 디즈레일리의 정치 경력과 그가 후대에 남긴 유산의 진정한 토대였다. 디즈레일리는 당에 충성하는 것을 국가에 충성하는 것보다 우선시한 최초의 정치가였다. 그는 정치란 집권을 위해 싸우는 두 당으로 이루어진다는 생각을 확립한 인물이었다. 두 당은 프로그램이 아니라 이해관계를 대변한다. 그런데 디즈레일리는 그것이 어떤 이해인가는 신경 쓰지 않았다. 때론 지주이고 때론 국가에서 이해관계를 가진 모두였다. 실제에서 디즈레일리의 보수당은 시티와 대중의 동맹이지만 그 어느 것도 중요하지 않고 중요한 것은 권력 투쟁이었으며, 보수당은 이 전통을 오늘날까지 충실히 따르고 있다. 디즈레일리는 비밀을 갖지 않은 스핑크스였거나, 아니면 도덕적 진지함이 없는 것이 그의 비밀이었다. 글래드스턴이 빅토리아 시대의 양심이었다면, 디즈레일리는 그로부터 벗어남이었다.[4]

디즈레일리는 언제나 당의 이익과 당의 보수적 목표에 헌신하였다. 그 이익과 목표가 무엇인가는 이미 인정된 것이었다. 따라서 수사와 제스처 외에 그가 '독창성'을 발휘할 여지는 별로 없었다. 그는 사상과 정책에서 보수당의 이념을 재형성하는 시도를 거의 하지 않았다. 국민을 귀찮게 하지 않는 것과 불필요한 입법을 회피하는 것은 창조성과는 거리가 있었다. 반면 단기적 목표, 임기응변, 기회주의는 일관하였다. 점점 급진적인 경향을 띠어 간 글래드스턴의 정치는 디즈레일리가 보수당을 질서와 안정과 안전의 보루로 제시할 수 있는 유리한 조건이었다. 하지만 보수당의 정체성을 결정적으로 형성한 조건은 디즈레일리 사후에 발생한 1886년 자유당의 분열이었다.[5]

19세기 후반 디즈레일리가 제시한 보수당의 이념은 모호했고 감성적 측면이 강했다. 그럼에도 바로 그 모호성과 감성이 당시 보수당 지지자들의 '태도'에 작용하였다. 디즈레일리의 목표는 정책보다 태도를 찾는 것이었고, 그 태도란 "계급 평화와 상호 애정 속에서 하나가 되는" 것이었다. 빈센트에 따르면, 그것은 "물질적인 것이 아니라 심리적인 것, 실제를 바꾸는 것이라기보다는 실제에 관한 인식을 바꾸는 것, 사람들로 하여금 자신이 살고 있는 세계의 도덕적 · 정치적 · 영적 의의를 각성하

---

4 Taylor(1976), 앞의 책, pp.210~221.
5 Coleman(1988), 앞의 책, pp.157~158, pp.161~162.

게 하려는 것이었다." 따라서 디즈레일리가 남긴 것은 보수당의 이념이 아니라 보수당의 '문화'였다.[6]

그런데 빈센트는 디즈레일리의 최대 실패가 자신이 가장 잘 어울린 다고 여긴 당 리더십에 있었다는 역설을 주장했다. 1868년 이전 보수당 에서 디즈레일리가 용인된 것은 그가 더비와 더불어 은퇴할 것으로 간 주되었기 때문이고, 1868년 이후 용인된 것은 그가 오래 버티지 못할 것으로 간주되었기 때문이다. 따라서 디즈레일리는 오직 겉보기에만 자 신의 지위를 유지했다. 디즈레일리는 '사후에야' 비로소 보수당의 영감 이 될 수 있었다.[7] 1881년 디즈레일리 서거 시점에 보수당의 미래의 명 운은 전혀 확실치 않았다. 그러나 그가 촉진한 국민정당의 이미지는 실 제에서 보수당에게 도움이 되었다. 특히 1886년 자치 문제를 계기로 보 수당, 자유당의 휘그 및 급진파가 포괄된 국민정당이 된 것이다. 역설 적으로 디즈레일리의 일국민 정당 이미지는 글래드스턴 덕분에 현실화 한 것이다. 1886년 무렵 디즈레일리가 토리민주주의의 토대를 놓았다 는 믿음이 기반을 얻고 있었다.[8]

디즈레일리가 보수당에 남긴 유산이 무엇인가는 여전히 논란거리이 다. 우선 디즈레일리가 '의도해서' 직접적으로 보수당에 남긴 유산을 들 수 있다. 1846년 곡물법 폐지 문제로 보수당을 파괴한 그는 1866년까지 는 더비와 더불어, 그리고 이후에는 독자적으로 보수당을 재건하였다.

---

6   Vincent, John(1990), *Disraeli*, Oxford, pp.82−83, p.90.
7   Vincent, John(1981), "Was Disraeli a Failure?," *History Today* 31(10), pp.5−8.
8   Jenkins(1997), 앞의 논문, p.20.

집권 이후 그는 보수당의 사회적 기반을 확충하였고 대중 유권자를 향해 보수주의의 호소력을 강화함으로써 글래드스턴이 이끈 자유당과 경쟁하게 만들었다. 원래 지주계급의 이해관계에 토대를 둔 보수당은 디즈레일리의 1867년 선거법 개혁 이후 대중민주주의 시대에 적응하는 변신을 이루었다. 디즈레일리는 보수당을 국민정당으로 만들었고, 이것이 보수당에 남긴 그의 지속적인 기여였다. 군주정, 국교회, 상원, 제국이라는 국가의 기본 제도를 유지하는 것은 보수당의 핵심 이념이 되었다. 특히 그의 제국주의는 노동계급의 지지를 받았고, 이는 선거에서 보수당의 큰 자산이 되었다.[9]

다음으로 디즈레일리 자신이 의도하지는 않았지만 그의 사후 보수당에 의해서 디즈레일리에게 귀속된 유산을 지적하는 주장이 있다. 이것은 보수당에 의해서 '만들어진' 디즈레일리의 유산이다. 1880년 총선에서 대패한 보수당은 이듬해 디즈레일리가 서거하면서 리더십을 상실하고 당의 이념이 표류하는 상태에 처했다. 객관적으로 보자면 보수당이 다시 집권하리라는 전망은 어두웠다. 그러나 글래드스턴 정부는 예기치 않게 영국 정치의 전면에 부상한 아일랜드 문제로 곤경을 겪었다. 결국 1886년 자치법안이 보수당과 자유당 합방주의자들의 반대에 부딪혀 부결되면서 자유당은 분열하였다. 합방주의는 이후 보수당의 지배적인 이념이 되었다. 그런데 1880년 총선에서 디즈레일리는 글래드스턴이 집권하면 자치를 선택할 것이라고 주장한 적이 있다. 비록 그는 자신의

---

9   Blake(1972), 앞의 책, p.130 ; Blake(1966), 앞의 책, p.760 ; Machin(1995), 앞의 책, p.169.

디즈레일리와 글래드스턴

주장에 객관적인 근거를 댈 수 없었지만, 그의 사후 보수당 지도자들은 디즈레일리의 자치 반대를 보수당의 의제로 만들었다. 그 결과 디즈레일리는 보수당의 합방주의를 '발명한' 통찰력 있는 정치가로 각인되었다. 또한 그 자신이 사용한 적은 없지만 그의 사후 보수당 일부 세력이 차용하고 선전한 결과, 디즈레일리가 그 창시자로 간주되던 이념이 토리민주주의였다. 디즈레일리는 1872년 연설에서 정부의 일차적 의무는 인민의 생활조건의 개선이라고 선언하였고, 집권해서는 외견상 괄목할 만한 사회 개혁 입법들을 단행했다. 그 조치의 성격과 실제는 미흡한 수준이었지만, 그의 사후 보수당에서는 디즈레일리가 보수당의 또 다른 기본 이념을 선구적으로 제시했다고 선전하였다.[10]

마지막으로 그 효과가 실제적이었지만 디즈레일리가 '의도하지 않은' 유산을 지적하는 연구자도 있다. 새넌에 따르면, 디즈레일리가 청년 잉글랜드 이념에 입각해서 보수당을 교육함으로써 1870~1880년대에 보수당이 대중정당이 되었다는 보수당 재건 신화는 설득력이 없다. 디즈레일리의 목표는 보수당이 '전통적' 토대 위에서 다수당의 지위를 확보하는 것이었다. 그는 이 목표가 노동계급의 지지를 받는 대중정당을 통해 달성될 것으로 생각하지 않았다. 오히려 그는 노동계급의 부상에 위기감을 느낀 중간계급에게 보수당을 '피난처'로 제공함으로써 이 목표를 달성하였다. 한편 블레이크는 디즈레일리가 노동계급과 중간계급 모두에게 애국주의를 호소함으로써 선거에서 보수당이 승리하

---

10 Feuchtwange(2000), 앞의 책, p.210, p.212,

는 데 기여했다고 지적하였다. 계급 이해의 충돌을 거부한 애국주의는 '일국민' 개념에 더 적합하였으며, 따라서 사회 입법보다 한층 효과가 컸다.[11]

20세기에도 디즈레일리의 명성은 지속되었다. 그는 국내에서의 사회 개혁과 힘 있는 외교정책을 표방한 현대 보수당의 진정한 창건자로 평가받았다. 비록 실제에서 그는 사회 개혁에 깊은 관심을 갖지는 않았지만, 적어도 이념 혹은 상상의 차원에서는 노동계급의 상태 개선을 보수당의 가치로 정립하였다고 간주되었다. 특히 『시빌』Sybil, or the Two Nations, 1845은 현대 보수당 정치가들에게 영감을 주었다. 이 전통은 해럴드 맥밀런과 에드워드 히스에 이르기까지 보수당 지도자들을 계속해서 추동하였으며, '일국민 그룹'으로 알려진 영향력 있는 세력에 의해 계속해서 강화되었다. 마거릿 대처가 확실하게 부정한 이 이념은 데이비드 캐머런의 '진보적 보수주의'와 '큰 사회론'의 기치 아래 부활하였다. 흥미로운 점은 2012년 10월 맨체스터에서 열린 노동당 연례대회에서 에드 밀리밴드가 디즈레일리의 1872년 연설을 언급하면서 노동당이 이제 '일국민당'이 되었다고 선언한 것이다. 서로 대립하는 두 당이 각기 자신이 디즈레일리의 적통 계승자라고 주장하는 것은 디즈레일리의 유산의 지속성을 입증하는 현저한 사례일 것이다.[12]

---

11 Shannon, Richard(1974), *The Crisis of Imperialism, 1865-1915*, London, p.67, p.69 ; Blake(1972), 앞의 책, p.124.
12 Leonard(2013), 앞의 책, pp.203~204.

글래드스턴과 자유당

비록 자신은 사회적으로는 보수주의자라고 자처했지만 토리 우파에서 필파로, 이어 자유주의자로, 마지막으로는 급진적 자유주의자로 나아간 글래드스턴의 정치 경력은 일관해서 보수주의 정치가였던 디즈레일리의 경력과 대비된다. 이 경력에서 글래드스턴은 국가재정을 정비하고 재무장관직을 정부 2인자의 지위에 올려놓았으며, 자유주의적 개혁을 단행하고 종속민들의 자유와 자치를 위한 투쟁에 공감했으며, 평화적이고 비팽창주의적인 외교정책을 추진하였다.

글래드스턴의 경력은 필주의적 행정적 정치가 단계와 카리스마 정치가 단계로 구분된다. 1860년대 중반까지 그는 합리성과 효율성을 중시한 필주의자였다. 그러나 이후 그는 점차 자신의 정치적 기반을 인민에게 둠으로써 대중 정치가로 변신하였다. 그 절정은 디즈레일리의 국내외 정책을 비콘스필디즘으로 규정하고 공격한 1870년대 말이다. 그런데 이 두 단계 모두에서 정당을 보는 그의 관점은 변하지 않았다. 필이 그랬듯이 글래드스턴은 정당을 자신의 이념과 정책의 도구로 간주하였다. 1860년대 중반 선거법 개혁 정국에서 그는 자유당과 당 지도부에게 자못 일방적이고 경직된 태도를 취했고, 이는 부분적으로 그가 디즈레일리로부터 일격을 당하는 데 작용하였다. 이후 그는 카리스마 정치가로서 대중들과의 접촉을 강화하면서 인민의 도덕적 우월성을 계급의 이기심과 대비시켰고, 그 결과 엘리트주의적인 자유당 지도부로부터 경원시되었다. 그는 자신의 의무가 도덕적 사명을 표방하는 의제를 만드는 것이며, 유권자들은 양심을 향한 신의 호소에 반응하도록 교육받아야 한다고 믿었다. 즉 당은 자신이 해석하고 만든 진보적이고 계몽된 정책을 위한 통로라는 것이다.[13] 물론 그는 올바른 리더십은 당의 노선이 위대한 대의와 '일치하는' 경우에만 가능하다고 판단하였다. 그렇지만 그는 자유당 자체가 위대한 대의를 창출하거나 이용하는 것은 아니라고 보았다. 대의는 인민으로부터 나와야 했다. 글래드스턴에게 당은 정당하고 필수적인, 그러나 본질적으로는 부차적이고 종속적인 도구였다.[14]

글래드스턴은 자유무역주의 원리에 따라 보수당에서 자유당으로 옮겼고, 이어 아일랜드 자치 문제로 당을 분열시켰다. 이는 보수당 단합을 목표로 삼은 디즈레일리와는 대조적으로 보인다. 그렇지만 글래드스턴은 디즈레일리 못잖게 자유당의 결속에 관심을 가졌다. 이는 1866년 선거법 개혁 법안 부결이 '정당정치가'로서 글래드스턴의 사고와 태도에 영향을 끼쳤음을 의미한다. 1880년대에 그는 자유당에서 급진파와 휘그가 대립하면서 당의 집단적 에너지를 위협한다고 판단하였다. 이 상황에서 그는 1868년의 아일랜드 국교회 폐지결의안처럼 단일 쟁점자치을 채택하여 자신의 권위를 재확립하고 당의 에너지를 결집시키고자 했다. 그것은 한편으로는 정치적 계산과 기회주의의 소산이었을 수 있다. 그렇지만 다른 한편으로는, 그리고 그보다 더한 정도로 아일랜드 자치를 확신한 결과였다. 그 결과 그는 자유당의 분열을 감수해야만 했다.

글래드스턴의 리더십과 그것이 자유당에 끼친 영향은 주로 이 문제를 중심으로 평가되었다. 글래드스턴의 카리스마 정치는 그를 당으로부터 초연한 존재로 각인시켰으며 당 조직과 구조를 초월하도록 만들었

---

13 Magnus, Philip(1954), *Gladstone : A Biography*, London, p.441.
14 Hamer(1972a), 앞의 책, pp.59~60, pp.63~64.

다. 결국 그는 당의 통합을 달성하지 못했고 자신의 대의에 당 지도부를 포용하지 못했다. 특히 그는 휘그의 지도자들에게 용인술을 보여 주지 못했다. 휘그는 단지 글래드스턴의 자치 정책에 반대한 것이 아니라 그의 리더십에도 불만을 품었다.[15] 또한 글래드스턴은 자유당의 급진주의 세력도 소외시켰다. 급진파는 국가 개입의 확대를 요구했지만 글래드스턴은 그것의 최소화를 주장하였다. 이 이념 대립은 아일랜드 자치 문제로 비화했는데, 체임벌린은 객관적으로는 자치를 지지했을 법한 급진주의를 제국주의와 합방주의 이념에 종속시켰다.

1886년의 분열은 오랫동안 자유당에게 불리하게 작용하였다. 1892~1895년 시기를 제외하고 자유당은 1906년까지 20년간 실권하였다. 여러 연구자들은 1894년까지 자유당에서 글래드스턴의 존재 자체가 새로운 리더십의 등장을 가로막았다고 본다. 그는 1860년대부터 이어진 자유당의 기본 이념이 규정하는 한계 너머가 아니라 '안'에서, 즉 여전히 개인의 자유 옹호와 국가 간섭의 거부라는 틀 속에서 자유당의 미래를 보았다. 결국 '새로운' 자유주의가 필요한 시점에도 건재하던 그의 리더십 때문에 (특히 자치법안을 계기로) 급진주의는 궤멸하였고, 자유당은 급진주의의 영감과 통제 아래 앞으로 나아갈 '논리적' 경로로부터 이탈하였다.[16] 그러나 적어도 1914년까지 자유당은 건재했다. 19세기 자유주의의 석양의 그림자는 길었다. 이 사실은 글래드스턴의 유산을 다른 각

---

15 Feuchtwanger(1975a), 앞의 책, pp.278~279.
16 Feuchtwanger(1975a), 앞의 책, p.281 ; Shannon(1974), 앞의 책, p.192, p.194 ; Shannon(1975), 앞의 책, p.273.

도에서 파악할 수 있게 한다.

19세기 말과 20세기에 고매한 도덕적 특성을 지닌 정치가로서 글래드스턴의 이미지와 명성은 여전히 생생했다. 동시대의 수많은 전기에서 그는 자유주의의 '성인'으로 묘사되었다. 20세기에 자유당이 영국 정치에서 지배적인 지위를 노동당에게 빼앗긴 후에도 그는 '자유당'이 아니라 영국 '자유주의자들'이 존경한 인물이었다.[17] 그러나 자유당은 글래드스턴을 당과 유리된 인물로 간주하였다. 이러한 정황은 20세기 초 자유당이 노동당과 경쟁하면서 '신'자유당이 되어야 할 때 더욱 강화되었다.

그렇지만 자치를 통해 영국의 단일한 헌정을 수정하려고 한 글래드스턴의 시도는 20세기 전 기간에 아일랜드, 스코틀랜드, 웨일스에 관해 자유당 정부와 노동당 정부가 선호한 접근법이었다. 1886년의 자치법안은 한 세기 이상 연합왕국에서 중대한 헌정 변화와 관련된 담론적 조건을 마련하였다. 그 대표적 사례는 1922년 아일랜드 자유국 수립, 1978년과 1998년 스코틀랜드 정부법이다. 그 가운데 1998년법은 최종적으로 글래드스턴식 자치를 성취하였다. 또한 글래드스턴의 자유주의적 국제주의는 20세기에도 어느 정도 적합하였다. 제1차 세계대전 이후 국제연맹 창설과 민족자결주의가 대표적인 사례이다. 오늘날 지구상에서 벌어지는 수많은 전쟁과 그에 따른 참화는 글래드스턴의 국제주의가 적어도 희망 사항으로서나마 여전히 유효하다는 증거가 아닐까?

자유당이 통일된 당이라기보다는 여러 세력의 결합이었던 반면, 보

---

17 Sykes(1997), 앞의 책, p.273.

수당은 더 통일되고 더 잘 규율 잡힌 당이었다. 이 환경적 조건에서 글래드스턴의 이념과 스타일이 단일 쟁점 정치로 나아간 것은 필연에 가까웠다. 물론 거기에는 글래드스턴의 개성이 크게 작용하였다. 디즈레일리가 보수당 안에서 화합적인 영향력이었다면, 글래드스턴은 특히 1880년대에 더 분열적 영향력이었다. 이러한 차이는 일단 의제를 각기 다르게 설정했기에 발생했다. 디즈레일리는 자신의 정책의 우선순위를 자신의 경력 및 당의 필요에 부합시키려고 하였기 때문에 적응적이었고, 선거에서 이길 쟁점들^{왕정·제국·국교회}에 초점을 맞추었다. 반면 글래드스턴은 경제정책과 제도 개혁에서 설득력을 발휘하면서도 더 논쟁적인 정책들, 대표적으로 자치 정책에서는 그렇지 못했다. 그가 확신한 옳음은 불안정하고 분열적일 수 있었다.

글래드스턴의 정치는 종교에 기반을 둔 점에서 19세기라는 환경에 적합하였다. 그가 비국교도의 지지를 받은 것이나 노동계급에게 카리스마적 지도자로 인정받은 것은 오늘날에는 이해되기 어려울지도 모른다. 반면 "권력은 내게 너무 늦게 왔다"고 탄식한 디즈레일리는 19세기보다는 20세기 정치적 환경에 더 적합한 인물이었다. 만약 글래드스턴이 20세기에 활약했다면 그는 19세기에 자신이 이룩한 정도로 성공하지는 못했을 것이다. 반면 디즈레일리가 20세기에 활약했다면 19세기의 글래드스턴만큼이나 성공을 거두었을 것이다.[18] 블레이크도 '현대의' 정치가들에게는 디즈레일리가 더 매력적인 인물이라고 지적하였다.

---

18 김기순(2007), 앞의 책, p.71.

그런데 정치를 권력의 문제로 보는 데 너무나 익숙한 우리에게 정치와 도덕의 관계라는 근본적인 질문을 하게 만드는 글래드스턴은 오늘날의 정치가와 역사가 모두에게 더 의미 있는 존재는 아닐까? 우리에게는 글래드스턴이 디즈레일리보다 더 낯설므로.

디즈레일리와 글래드스턴

연보

1804 **벤저민 디즈레일리** 12월 21일 런던의 유족한 유대인 가정에서 문필가 아이작 디즈레일리의 4남 1녀 중 둘째이자 장남으로 출생한다.

1809 **윌리엄 유워트 글래드스턴** 12월 29일 리버풀의 대상인이자 토리 정치가 존 글래드스턴의 4남 2녀 중 다섯째이자 막내아들로 출생. 존은 스코틀랜드 장로교도였으나 리버풀로 이주한 뒤 국교회로 개종. 글래드스턴은 유년기에 어머니와 누이의 복음주의 신앙에 감화를 받으며 성장한다.

1817 **디즈레일리** 잉글랜드 국교회 세례를 받아 국교도로 개종. 당시 유대인은 종교적 차별 때문에 의회에 진출할 수 없었으므로 이 개종은 디즈레일리의 경력에서 결정적인 중요성을 갖는다. 그러나 디즈레일리는 평생 반유대주의 편견으로 고통받는다.

1821 **글래드스턴** 명문 사립학교 이튼에 입학하여 장래의 정치 경력을 위한 인적 관계망을 구축한다.

1825 **디즈레일리** 1820년대 초부터 아버지의 친구인 낭만주의자 바이런 경을 모방하기 시작. 스타일 변화에 필요한 돈을 마련하기 위해 남아메리카 광산회사에 주식 투기를 하였다가 실패하고 이후 40년간 채무자 신세가 된다.

글래드스턴 1896년까지 지속하는 일기 쓰기를 시작. "시간이라는 지극히 소중한 (신의) 선물의 회계장부"인 이 일기는 2만 1천 권 이상의 독서, 4,500명 이상의 저자, 2만 명이 넘는 인사의 이름을 적은 목록이기도 하다.

1826 **디즈레일리** 광산 투기 실패 후 다시 손댄 신문 사업에도 실패. 돈을 모으기 위해 익명으로 실화소설『비비언 그레이』*Vivian Grey*를 출간하나 혹평을 받고 신경쇠약에 따른 '정신적 위기'가 시작. 기분 전환을 위해 두 달 남짓 유럽 대륙을 여행한다.

1827 **디즈레일리** 법정변호사가 되기 위해 링컨법학원에 입학하나 법률 공부에 열의를 갖지 않고 4년 뒤 퇴학한다.

1828 **디즈레일리** 벤담주의, 곡물법, 식민지 지배를 풍자한『포파닐라의 여행』*The Voyage of Captain Popanilla*을 발표하나 관심을 끌지 못한다.

　　글래드스턴 옥스퍼드 크라이스트처치칼리지에 입학. 이곳에서 곧 두각을 나타내며 국교회 인사들과 사귄다.

1830 **디즈레일리** 1년 이상 동방을 여행하며 콘스탄티노플에서 오스만튀르크 제국 궁정의 화려함, 사치, 나태에 탐닉. 이 '찬란한 동방'과의 만남을 통해 자신의 동방적 기원에 대한 자의식, 도덕적 상대주의, 동방의 종족과 종교에 큰 관심을 갖는다. 귀국하자마자 고통스러운 성병 치료를 받는다.

　　글래드스턴 옥스퍼드대학 학생회장이 된다.

1831 **디즈레일리** 귀족적 가치를 강조하고 공리주의와 상업주의를 비판한『청년 공작』*The Young Duke*을 출판하나, 작가로서 성공할 수 없다고 보아 정치에 입문하기로 결심. 친구의 주선으로 런던의 정치 살롱에 데뷔한다.

　　글래드스턴 옥스퍼드대학에서 휘그의 선거법 개혁법안 반대결의안을 관철. 고전과 수학 두 과목에서 최우수 성적으로 졸업한다.

1832 **디즈레일리** 휘그의 친프랑스 외교정책을 비판한『잉글랜드와 프랑스』*England and France*, 자전적 소설『콘타리니 플레밍』*Contarini Fleming*을 발표. 버킹엄셔 하이와이콤 선거구의 보궐선거와 총선에서 독립급진주의자로서 출마하나 연달아 낙선한다.

　　글래드스턴 대학 졸업 후 대륙 여행^{그랜드 투어}을 하는 동안 선거법 개혁법안이 통과되고 총선이 실시된다. 글래드스턴은 국교회를 방어하기 위해 정치를 선택. 이튼과 옥스퍼드 동창인 링컨 경^{뉴캐슬 공작의 상속자}의 주선으로 '부패 선거구'인 뉴어크 총선에 토리로 입후보하여 당선된다.

1833 **디즈레일리** 12세기 유대인의 영웅담『알로이의 이상한 이야기』*The Wondrous Tale of Aloy*를 발표. 런던의 하급 사교계에서 만난 헨리에타 사이크스 부

인과 염문을 뿌린다.

1834 **디즈레일리** 사이크스 부인의 소개로 토리 정치가 존 린드허스트 백작의 비서가 되어 토리 사교 클럽에 데뷔하고, 토리파 신문들에 논설을 기고함으로써 토리로 전향. 혁명의 시대에 귀족제 정부를 옹호한 『혁명적 서사시』*The Revolutionary Epick*를 발표한다.

글래드스턴 써 로버트 필 정부에서 국가재정위원으로 발탁된다.

1835 **디즈레일리** 하이와이콤 총선에서 독립급진주의자로 출마하나 낙선, 이어 토리로서 톤튼 보궐선거에 나섰다가 급진주의자에게 패배하여 낙선. 디즈레일리의 전향에 분격한 아일랜드 민족주의 지도자 대니얼 오코넬과 충돌. 토리와 '인민'의 결합을 주장하고 반휘그, 반공리주의, 반아일랜드 이념을 표방한 『영국 헌정 옹호론』*Vindication of the English Constitution*을 발표한다.

글래드스턴 필 제1차 내각에서 육군·식민부차관이 된다.

1836 **디즈레일리** 토리 의원들의 사교 모임인 칼튼클럽의 회원이 된다. 휘그 정치가들을 풍자하고 반아일랜드 감정을 피력한 『러니미드 편지』*The Letters of Runnymede*를 출간한다.

1837 **디즈레일리** 다섯 번 도전 끝에 켄트의 메이드스톤 총선에서 토리로 입후보하여 당선. 친구로부터 채무에서 벗어나는 최선의 길은 '과부와 결혼하는 것'이라는 조언을 받는다. 사이크스 부인과의 연애담 『헨리에타 템플』*Henrietta Temple*과 미국 독립전쟁을 배경으로 바이런과 퍼시 셸리의 삶을 허구적으로 구성한 『베네치아』*Venetia*를 발표. 오코넬 지지자들의 선거 부정을 주제로 첫 의회 연설을 하나 "여러분이 제 말을 경청할 날이 올 것"이라는 말을 끝으로 야유, 조롱, 비웃음 속에서 중단된다.

1838 **글래드스턴** 종교적 다원주의가 확산되던 시기에 국교회주의를 재천명하고 국가가 국교회를 통해 국민에게 기독교적 도덕을 강제할 의무를 갖는다고 주장한 『교회와의 관계에서 본 국가』*The State in its Relations with the Church*를 출간. 역사가이자 휘그 의원이던 토머스 머콜리는 이 책의 서평에서 글래드스턴을 "단호하고 불굴의 토리들의 떠오르는 희망"으로 부른다. 국교회 고교회파 인사들이 중심이 되어 국교회의 사도적 전통을 강조한 트랙테리언운동^{옥스퍼드운동}에 참여한다.

1839 **디즈레일리** 자신의 지역구의 또 다른 토리 의원 윈덤 루이스가 급서하자
자신보다 12세 연상인 미망인 메리 앤 루이스와 결혼하여 금전적 여유와
정서적 안정을 찾는다.

글래드스턴 이튼과 옥스퍼드의 동창이자 북웨일스에서 하워든 성과 영
지를 소유한 귀족 써 스티븐 글린의 여동생으로 자신보다 3세 연하인 캐
서린 글린과 결혼. 1840~1854년 두 사람 사이에서 아들 넷과 딸 넷이
태어난다.

1841 **디즈레일리** 지역구를 바꾸어 슈루스베리 총선에서 힘겹게 당선 간절한
청탁에도 불구하고 필 제2차 내각의 입각이 좌절된다.

글래드스턴 필 제2차 내각에서 통상부차관으로 발탁된다.

1842 **디즈레일리** 보수당의 낭만적 급진주의 의원 그룹 '청년잉글랜드'의 리더
가 된다. 아내와 함께 파리를 여행하면서 프랑스의 저명인사들과 접촉하
고 국왕 필리프를 만나 자신을 영국의 '영향력 있는 의원 집단의 지도자로
소개한다.

글래드스턴 여동생 헬렌이 가톨릭으로 개종하자 심각한 고통을 받는다.

1843 **글래드스턴** 필 정부에서 통상부장관으로 승진한다.

1844 **디즈레일리** 청년잉글랜드의 이상을 필의 '무원칙'과 대비하며 필을 공격
한 『코닝스비』*Coningsby*를 발표한다.

1845 **디즈레일리** 아일랜드 가톨릭 신학교에 교부금을 증액하는 필 정부의 메
이누스 법안을 공격. 잉글랜드가 부자와 빈자라는 '두 국민'으로 나뉘었다
고 비판한 『시빌』*Sybil, or the Two Nations*을 발표한다.

글래드스턴 메이누스 법안을 둘러싼 위기에서 국교회주의자로서 양심상
필의 정책을 지지할 수 없어 통상부장관직을 사퇴하지만 법안 표결에서는
찬성투표. 옥스퍼드운동을 대표하는 존 헨리 뉴먼 등이 가톨릭으로 개종
하자 충격을 받는다. 이후 충격과 좌절감에서 벗어나기 위해 매춘부 '구제
사업'에 경도되면서 유혹에 빠지려는 자신을 속죄하기 위해 스스로에게
'채찍질'을 가한다.

1846 **디즈레일리** 아일랜드 대기근이 발생. 싼값의 곡물을 들여오기 위해 곡물
법 폐지법안을 제안한 필을 보수당 이념을 배신한 기회주의자로 맹렬히
공격. 휘그의 지원을 받아 곡물법 폐지법안이 통과되나 아일랜드 강압법

문제로 필 정부가 실각하고 보수당은 분열. 보호무역주의자들의 리더가되고 이후 보수당은 1874년까지 세 차례 단기간의 소수파 정부 구성을제외하고 실권한다.

글래드스턴 식민부장관으로 재입각. 영국인 정착 식민지에서 권한이양체제의 발달을 지지한다.

1847   **디즈레일리** 잉글랜드 국교회의 유대적 뿌리를 주장한 『탠크리드』*Tancred*를 발표. 총선 때 새 지역구 버킹엄셔에서 당선. 이후 1876년 상원으로옮길 때까지 이 지역구를 대표. 유대인의 의회 진출을 허용하는 유대인해방법안을 유대인이 '원형 기독교인'이라는 근거를 내세우면서 '남자답게'찬성한다.

      글래드스턴 총선 때 국교회주의의 아성 옥스퍼드대학에서 당선되어1865년까지 이곳을 대표. 총선 결과 정계는 휘그, 토리, 필파의 3당체제가된다.

1848   **디즈레일리** 하이와이콤 부근의 휴엔든 저택을 구입하여 '시골 젠트리'로변신하고 종래의 보헤미안 스타일도 점잖은 젠틀맨 스타일로 바꾼다.

1849   **디즈레일리** 보호무역주의를 실질적으로 폐기한다.

1850   **글래드스턴** 나폴리왕국을 방문하고 이곳의 반체제 자유주의자들과 접촉한다.

1851   **디즈레일리** 보호무역주의자이자 자신의 후원자이던 벤팅크 경의 전기『조지 벤팅크 경』*Lord George Bentinck*을 쓴다.

      글래드스턴 나폴리왕국을 '신을 부정한' 체제로 맹렬히 공격한 『애버딘에게 보내는 편지』*Letters to Aberdeen*를 출간하여 자유주의자로서 국제적명성을 얻는다.

1852   **디즈레일리** 더비 백작의 제1차 소수파 내각에서 처음으로 재무장관이된다. 보호무역주의 폐기에 따른 관세 조정 및 소득세의 차등화와 가옥세재도입을 핵심으로 하는 혁신적 예산안을 제안. 이 예산안이 적자로 귀결될 것이고 차등세는 사회적 분열을 조장한다는 글래드스턴의 맹렬한 공격을 받아 예산안은 부결되고 더비 정부가 실각. 이때부터 '디지'*Dizzy*라는별명으로 알려지고 마담 터소 밀랍인형관에 그의 밀랍인형이 들어선다.

      글래드스턴 애버딘 경이 이끄는 휘그와 필파의 연립정부에서 처음으로 재무장관이 된다.

1853 **디즈레일리** 언론을 통해 애버딘 정부를 공격하고 의회 개혁을 지지한다.

글래드스턴 자유무역주의 이념을 반영하고 256개 품목의 관세 폐지 및 인하, 소득세 부과 하한선 인하, 1860년까지 소득세의 점진적 폐지를 제시한 '최초의 현대적' 예산안을 제안. 이때부터 재무장관이 정부의 제2인자로 간주된다. 크림전쟁의 발발로 소득세 폐지 구상은 수포로 돌아간다.

1855 **글래드스턴** 크림전쟁의 여파로 애버딘 연립정부가 실각. 휘그인 파머스턴 경의 제1차 내각에서 다시 재무장관이 되나 파머스턴을 혐오하였으므로 곧 사임하고 호머 연구에 몰두한다.

1857 **글래드스턴** 영국과 청나라의 전쟁을 비판. 결혼을 '시민적 계약'으로 규정하고 세속법정에 이혼 판결권을 부여한 이혼법안을 완강히 반대한다.

1858 **디즈레일리** 나폴레옹 3세 암살 미수 사건^{오르시니 사건}의 여파로 파머스턴 정부 실각. 더비 제2차 소수파 내각에서 재무장관 겸 하원 리더가 된다. 인도법을 제정하여 동인도회사를 해산하고 총독체제를 수립하며 유대인해방법안을 관철한다.

글래드스턴 『호머와 호머시대 연구』*Studies on Homer and the Homeric Age* 출간. 영국의 보호령 이오니아제도의 특명감독관이 된다. 피에몬테왕국 수상 카보르와의 면담을 통해 이탈리아 통일에 관심을 갖게 된다.

1859 **디즈레일리** 버러와 카운티의 선거권 자격을 균등화한 선거법 개혁법안이 부결되고 더비 정부가 실각한다.

글래드스턴 휘그, 필파, 급진파가 연합한 자유당이 결성되자 자유당에 합류. 이탈리아 통일을 지지한 파머스턴 제2차 내각의 재무장관 겸 하원 리더가 된다.

1860 **글래드스턴** 영국·프랑스 통상조약^{콥던조약}을 체결하여 군사적 긴장을 해소하고 관세를 인하함으로써 무역을 크게 촉진. 소득세를 인상하고 400여 개 품목의 관세와 간접세를 폐지하는 예산안을 제안, 이로써 자유무역·균형예산·긴축을 국가재정의 핵심으로 삼는 '글래드스턴식 재정'의 시대가 열린다.

1861 **글래드스턴** 예산안의 부수법안으로 종이세 폐지법안을 제안하여 '지식에 매긴 세금'인 종이세를 폐지. 그 결과 언론, 특히 지방신문의 광범한

지지를 받는 전국적 인물이 된다.

1862 **글래드스턴** 미국 남북전쟁 때 자유당 정부의 공식 입장과는 달리 남부를 지지하는 발언을 하여 물의를 야기하는데, 후일 이 발언을 '엄청나게 큰 실수'였다고 회고한다.

1864 **디즈레일리** 옥스퍼드에서 열린 진화론 논쟁에 관한 대중 집회에서 '인간은 원숭이인가 아니면 천사인가'라며 자신은 천사의 편이라고 주장한다.
글래드스턴 우체국 저축은행법을 제정하여 우체국이 우편 업무 외에 금융 서비스를 제공하는 신기원을 연다. 노동계급에게 선거권을 부여하는 조치를 지지하는 '헌정의 울타리' 연설을 한다.

1865 **글래드스턴** 옥스퍼드대학 총선에서 낙선하나 복수 입후보한 사우스랭커셔에서 당선. 이로써 보수주의와 국교회의 아성인 옥스퍼드로부터 해방. 총선 결과 자유당이 승리하고 다시 파머스턴 내각이 성립하나, 의회 개원 전에 파머스턴이 사망하여 러셀 경이 수상이 된다. 러셀 정부에서 재무장관 겸 하원 리더가 된다.

1866 **디즈레일리** 더비 제3차 소수파 내각에서 재무장관 겸 하원 리더가 된다.
글래드스턴 버러의 선거권 자격을 낮춘 선거법 개혁법안을 제안하지만, 자유당 내부의 반대와 보수당의 저항에 부딪혀 부결. 러셀 정부 실각. 이 무렵 '인민의 윌리엄'이라는 별명을 얻는다.

1867 **디즈레일리** 능란한 의회 전술을 구사하여 제2차 선거법 개혁을 관철, 그 결과 버러에서 세대주선거권 원리 도입. 이 과정에서 자신의 위신과 당 장악력을 드높이고 글래드스턴을 수차례 효과적으로 제압한다.

1868 **디즈레일리** 건강상의 이유로 더비가 사임하자 수상이 되어 제1차 내각을 발족시킨다. 아비시니아에티오피아 원정을 통해 국가와 정부의 위신을 제고하나 막대한 전비 지출을 초래. 아일랜드 가톨릭의 불만을 무마하기 위해 대학법안을 제안하지만, 글래드스턴의 공세를 받아 법안은 부결되고 총선에서 패배하여 실각. 빅토리아 여왕의 작위 제의를 수용하면서 이를 아내에게 달라고 요청하여 메리 앤은 '백작부인'이 된다.
글래드스턴 아일랜드 국교회 폐지결의안 관철. 사우스랭커셔 총선에서 낙선하나 그리니치에 복수 입후보하여 당선. 『자서전 한 장』*A Chapter of Autobiography*을 출간하여 국교회 폐지에 관한 자신의 '회심'을 정당화. 총선에서 대승하여 제1차 내각을 발족시킨다.

1869   **글래드스턴** 아일랜드 국교회를 폐지. 『호머 시대의 신과 인간』*Juventus Mundi* 출간. 개과천선한 고급 매춘부 로라 티슬스웨이트와 '플라톤적' 열애에 빠진다.

1870   **디즈레일리** 베스트셀러가 된 자전적 소설 『로테르』*Lothair*에서 무신론, 공화주의, 민주주의를 비판하고 셈족의 유산과 아리안족의 유산을 앵글리칸주의에 통합하는 이상을 제시한다.

       글래드스턴 아일랜드 토지법, 초등교육법을 제정. 공무원 임용제를 개혁하고 교황의 무오류 선언을 비판. 프랑스·프로이센전쟁에서 중립을 지키고 벨기에의 중립을 확보. 마담 터소 밀랍인형관에 그의 밀랍인형이 들어선다.

1871   **글래드스턴** 프로이센의 알자스로렌 합병을 비난. 군대를 개혁하고 노동조합의 법적 지위를 보장하였으며 대학심사법을 폐지한다.

1872   **디즈레일리** 정치에 복귀하여 맨체스터 자유무역회관 연설과 런던 수정궁 연설에서 글래드스턴 정부의 국내 정책과 외교정책을 비판하는 동시에 헌정 유지, 영제국 방어, 노동계급의 복리 증진을 보수당의 이념으로 제시. "내가 만난 여성 가운데 가장 쾌활하고 가장 용기 있는 여성"인 메리 앤이 사망하자, 큰 충격을 받은 데다 상당한 수입과 집을 잃고 런던의 호텔에서 외롭게 생활한다

       글래드스턴 비밀투표법과 주류판매허가법을 제정. 남북전쟁과 관련된 미국의 손해배상 요구인 앨라배마호 사건을 국제중재를 통해 해결한다.

1873   **디즈레일리** 여왕의 조각 위촉을 거부. 54세의 브래드퍼드 부인과 열애에 빠진다.

       글래드스턴 아일랜드 대학법안이 부결되자 사임하나, 디즈레일리가 조각을 거부하자 다시 정부를 맡는다.

1874   **디즈레일리** 총선에서 승리하여 제2차 내각 성립, 1841년 이후 처음으로 보수당이 단독 다수파를 확보. 공공예배규제법, 공장법, 주류판매허가법을 제정한다.

       글래드스턴 소득세 폐지를 내걸고 총선을 치렀지만 대패하여 실각. 그리니치에서 재선되고 빅토리아 여왕이 작위를 제의하자 거부. 교황의 무오

류 선언을 비판하는 『바티칸 회칙과 시민적 충성』 *The Vatican Decrees*을 발표한다.

1875 **디즈레일리** 공중보건법, 식품·의약품판매법, 음모와 재산보호에 관한 법, 고용주와 노동자법, 노동자주거법, 공제조합법을 제정하고 수에즈운 하회사 주식을 매입한다.

글래드스턴 고전과 교회에 관한 저술에 전념하고자 정계를 은퇴한다.

1876 **디즈레일리** 상선선적법, 교육법, 하천오염법, 국왕호칭법을 제정. 비콘 스필드 백작이 된다^{상원의원}.

글래드스턴 디즈레일리의 동방정책을 비판한 팸플릿 『불가리아 참상과 동방문제』 *The Bulgarian Horrors and the Question of the East*를 출판, 한 달 사이에 20만 부가 팔린다. 정계에 복귀하여 '불가리아 캠페인'을 주도, 여 론은 글래드스턴 지지파와 디즈레일리 지지파로 양극화한다

1877 **글래드스턴** 디즈레일리는 방문한 적이 없는 아일랜드를 한 달가량 방문 한다.

1878 **디즈레일리** 동방위기를 해결하기 위한 베를린회의에 참석. 이곳에서 독 일 수상 비스마르크와 사귐. 러시아의 남진을 저지하고 동부 지중해의 키프로스를 얻는 성과를 거두고 귀국하여 열렬한 환영을 받으며, 영국이 '명예와 함께하는 평화'를 얻었노라고 기염을 토한다.

1879 **디즈레일리** 남아프리카^{줄루}전쟁과 아프가니스탄전쟁에 휘말린다.

글래드스턴 『논설집』 *Gleanings of Past Years* 출간. 대규모 청중을 상대로 한 '미들로디언 유세'에서 '올바른' 외교의 6원칙을 천명하고 디즈레일리의 낭비적이고 공세적인 대내외 정책을 '비콘스필디즘'으로 규정하며 맹렬히 비판한다.

1880 **디즈레일리** 아일랜드 문제를 쟁점 삼아 총선을 실시하나 대패하여 실각. 자전적 소설 『엔디미온』 *Endymion* 발표. 이 소설을 읽은 캔터베리 대주교 는 "작자가 모든 정치적 삶을 단지 유희와 도박으로 간주하기에 나는 고통 을 느꼈다"고 평한다.

글래드스턴 제2차 미들로디언 유세를 전개하면서 총선을 치른 결과, 미 들로디언 선거구에서 당선되고 총선에서 대승하여 제2차 내각을 발족시 킨다. 아일랜드 차지인을 위한 추방보상법안이 부결되고 맥아세를 폐지.

무신론자인 찰스 브래들로의 의원 선서 문제가 1886년까지 비상한 정치적 논란거리가 된다. 남아프리카에서 트란스발이 영국의 지배에 저항하여 봉기한다^{제1차 보어전쟁}.

1881 **디즈레일리** 기관지염이 악화되어 4월 19일 서거. 빅토리아 여왕이 조화를 보냈으나 조촐한 장례를 치르고 향리 휴엔든 교회에 묻힌다. 장례식에 불참한 글래드스턴은 의회에서 디즈레일리의 "결혼생활의 아름다움, 의회에서 드러낸 커다란 용기, 개인적 반대자에게 보인 아량"을 추모. 여왕은 디즈레일리가 앉았던 휴엔든 교회 좌석 위에 기념물을 세우게 하고 "왕들은 올바른 말을 하는 신하를 좋아한다"는 명문을 새기게 한다.

글래드스턴 남아프리카 마주바힐에서 영국군 전멸. 프리토리아협정에 따라 트란스발은 자치정부를 수립. 아일랜드에서 토지동맹이 주도하는 농촌 소요에 대처하기 위해 보유권을 안정시키고 지대를 고정한 제2차 아일랜드 토지법을 제정하는 동시에 강압법을 제정하여 농촌 소요에 대처. 자치당의 지도자 파넬이 체포된다.

1882 **글래드스턴** 파넬을 석방하고 자치당^{민족당}이 토지법 시행에 협조한다는 합의를 이끌어 낸다^{킬마이넘협약}. 신임 아일랜드 총독이 더블린의 피닉스 공원에서 피살. 이집트에서 민족주의운동이 폭동으로 비화하자 알렉산드리아를 포격하고 이집트를 점령한다.

1883 **글래드스턴** 부정선거방지법을 제정한다.

1884 **글래드스턴** 제3차 선거법 개혁을 단행하여 카운티에서 세대주선거권 원리를 도입. 이집트의 속령 수단에서 무슬림 봉기가 발생하자 영국이 개입한다.

1885 **글래드스턴** 1인1선거구제^{소선거구제}에 따른 의석 재분배법을 제정. 수단에서 이집트 부대를 철수하기 위해 파견된 찰스 고든 장군이 전사하고 글래드스턴은 불신임을 가까스로 면한다. 보수당과 민족당이 동맹해서 예산안을 부결시키자 실각하고 여왕의 작위 제의를 거부. 보수당의 솔즈베리 제1차 내각 성립. 글래드스턴이 자치로 선회했다는 언론 보도^{'하워든 연' 사건}가 나오고, 총선에서 자유당이 승리하나 민족당이 캐스팅 보트를 쥐게 된다.

1886   **글래드스턴** 민족당과 제휴하여 보수당 정부를 실각시키고 제3차 내각 발족. 아일랜드 자치법안을 제안. 치열한 토론 끝에 자유당 내부에서 휘그와 급진파가 이탈한 결과 법안이 30표 차로 부결. 자유당은 자치파와 반자치파로 분열하고 총선에서 승리한 솔즈베리가 제2차 내각 수립. 『영국역사학보』*English Historical Review* 창간에 참여한다.

1889   **글래드스턴** 프랑스혁명 100주년 기념제 때 에펠탑 위에서 프랑스어로 연설한다.

1890   **글래드스턴** 파넬의 간통 사건이 정치 문제가 되자 민족당은 파넬파와 반파넬파로 분열. 자치 대의를 살리기 위해 파넬과의 공조를 폐기. '다윈의 불독' 토머스 헉슬리와 진화론 논쟁을 벌인다.

1892   **글래드스턴** 총선에서 승리하여 제4차 내각 수립. 유세에서 어떤 아낙이 던진 생강빵을 눈에 맞아 심각한 부상을 입는다.

1893   **글래드스턴** 제2차 자치법안을 제안. 인상적인 분투의 결과 법안이 하원을 통과하나 상원에서 어이없게 부결. 상원은 교구행정위원회법안과 고용주책임법안도 부결시키거나 유린함으로써 존재감을 과시한다.

1894   **글래드스턴** 독일의 해군력 증강에 맞서기 위해 해군 예산을 대폭 증액해야 한다고 요구한 내각과 충돌한 뒤 사임. 마지막 의회 연설에서 상원의 거부권 행사를 비판하고 빅토리아 여왕의 세 번째 작위 제의를 거부하여 자신의 경력을 평민 정치가로서 마감. 오랜 기간 스트레스로 작용한 여왕과의 불편한 관계를, 오래전 시칠리아를 여행할 때 자신을 싣고 묵묵히 400마일이라는 먼 길을 간 노새는 아무 불평도 하지 않았지만 자신은 그 노새가 얼마나 힘들어했는지를 알지 못했다고 비유적으로 회고한다.

1896   **글래드스턴** 18세기 신학자 버틀러 주교의 저작을 편집. 대중 집회에서 튀르크의 아르메니아인 학살을 비판. 마지막 일기를 쓴다.

1898   **글래드스턴** 구강암 진단을 받고 5월 19일 서거. 제국주의의 절정기에 치러지고 전 세계 언론이 보도한 장례식은 오히려 문민적이고 종교적인 가치를 강조. 글래드스턴을 혐오한 여왕은 아무런 조화도 보내지 않고, 왕세자후일 에드워드 7세와 그의 아들 요크 공작후일 조지 5세이 운구자에 포함된 사실을 알고서는 분개한다. 2년 뒤 캐서린이 그의 곁에 묻힌다.

참고문헌

1. 자료집

Abbott, B. H.(1972), *Gladstone and Disraeli*, London.
Adelman, Paul(1970), *Gladstone, Disraeli and Later Victorian Politics*, London.
Lee, Stephen J.(2005), *Gladstone and Disraeli*, London.
Lynch, Michael(1991), *Gladstone and Disraeli*, London.
Salter, Richard(1991), *Peel, Gladstone and Disraeli*, Basingstoke.
Willis, Michael(1989), *Gladstone and Disraeli : Principles and Policies*, Cambridge.

2. 전기

(1) 디즈레일리

Blake, Robert(1966), *Disraeli*, London.
Bradford, Sarah(1982), *Disraeli*, London.
Davis, R. W.(1976), *Disraeli*, London.
Feuchtwanger, Edgar J.(2000), *Disraeli*, London.
Hibbert, Christopher(2004), *Disraeli : A Personal History*, London.
_____(2006), *Disraeli : The Victorian Dandy Who Became Prime Minister*, New York.
Jenkins, T. A.(1996a), *Disraeli and Victorian Conservatism*, Basingstoke.
Kirsh, Adam(2008), *Benjamin Disraeli*, New York.
Machin, Ian(1995), *Disraeli*, London.

디즈레일리와 글래드스턴

Monypenny, William Flavelle and George Earle Buckle(1910~1920), *The Life of Benjamin Disraeli, Earl of Beaconsfield*, 6 Vols., London.

Riddley, Jane(1995), *The Young Disraeli, 1804-1846*, New York.

Smith, Paul(1996), *Disraeli : A Brief Life*, Cambridge.

Weintraub, Stanley(1993), *Disraeli*, London.

(2) 글래드스턴

Bebbington, D. W.(1993), *William Ewart Gladstone : Faith and Politics in Victorian Britain*, Liverpool.

Biagini, Eugenio F.(2000), *Gladstone*, New York.

Crosby, Travis L.(1997), *The Two Mr. Gladstones : A Study in Psychology and History*, New Haven.

Feuchtwanger, Edgar J.(1975a), *Gladstone*, London.

Hammond, J. L. and Michael R. D. Foot(1966), *Gladstone and Liberalism*, New York.

Jenkins, Roy(1995), *Gladstone : A Biography*, London.

Magnus, Philip(1954), *Gladstone : A Biography*, London.

Matthew, H. C. G.(1997), *Gladstone, 1809-1898*, Oxford.

Morley, John(1903), *The Life of William Ewart Gladstone*, 3 Vols., London.

Partridge, Michael(2003), *Gladstone*, London.

Ramm, Agatha(1989), *William Ewart Gladstone*, Cardiff.

Shannon, Richard(1982/1999), *Gladstone*, 2 Vols., London ; Chapel Hill.

_____(2007), *Gladstone : God and Politics*, London.

3. 논저

(1) 단행본

김기순(2007), 『신념과 비전의 정치가 글래드스턴』, 한울.

_____(2009), 『글래드스턴과 아일랜드 : 자치법안 정치사 연구』, 한림대학교출판부.

스미스, 사이먼 C.(2001), 『영국 제국주의, 1750-1970』, 이태숙·김종원 옮김, 동문선.

Aldous, Richard(2006), *The Lion and the Unicorn : Gladstone vs Disraeli*, New York.

Barker, Michael(1975), *Gladstone and Radicalism : The Reconstruction of Liberal Policy in Britain, 1885-94*, Hassocks.

Bebbington, D. W.(2004), *The Mind of Gladstone : Religion, Homer and Politics*, Oxford.

Bentley, Michael(1984), *Politics without Democracy, 1815-1914*, London.

_____(1987), *The Climax of Liberal Politics : British Liberalism in Theory and Practice, 1868-1918*, London.

Biagini, Eugenio F.(1992), *Liberty, Retrenchment and Reform : Popular Liberalism in the Age of Gladstone, 1860-1880*, Cambridge.

Blake, Robert(1972), *The Conservative Party from Peel to Churchill*, London.

_____(1993), *Gladstone, Disraeli, and Queen Victoria*, Oxford.

Bogdanor, Vernon(1999), *Devolution in the United Kingdom*, Oxford.

Borgstede, Simone B.(2011), *'All Is Race' : Benjamin Disraeli on Race, Nation and Empire*, Berlin.

Boyce, D. George(1988), *The Irish Question and British Politics, 1868-1986*, New York.

Clarke, Peter F.(1991), *A Question of Leadership : Gladstone to Thatcher*, London.

Coleman, Bruce(1988), *Conservatism and the Conservative Party in Nineteenth-Century Britain*, London.

Cooke, Alistair Basil and John Vincent(1974), *The Governing Passion : Cabinet Government and Party Politics in Britain, 1885-86*, New York.

Cowling, Maurice(1967), *1867 : Disraeli, Gladstone and Revolution : The Passing of the Second Reform Bill*, Cambridge.

Dellamora, Richard(2004), *Friendship's Bond : Democracy and the Novel in Victorian England*, Philadelphia.

Eldridge, C. C.(1973), *England's Mission : The Imperial Idea in the Age of Gladstone and Disraeli, 1868-1880*, London.

_____(1996), *Disraeli and the Rise of a New Imperialism*, Cardiff.

Feldman, David(1994), *Englishmen and Jews : Social Relations and Political Culture, 1840-1914*, New Haven.

Feuchtwanger, Edgar J.(1985), *Democracy and Empire : Britain, 1865-1914*, London.

디즈레일리와 글래드스턴

Flavin, Michael(2005), *Benjamin Disraeli : The Novel as Political Discourse*, Portland.

Gilam, Abraham(1982), *The Emancipation of the Jews in England, 1830-1860*, New York.

Glassman, Bernard(2003), *Benjamin Disraeli : The Fabricated Jew in Myth and Memory*, Lanham, Md.

Grainger, J. H.(1969), *Character and Style in English Politics*, Cambridge.

Hamer, D. A.(1972a), *Liberal Politics in the Age of Gladstone and Rosebery : A Study in Leadership and Policy*, Oxford.

＿＿＿(1977), *The Politics of Electoral Pressure : A Study in the History of Victorian Reform Agitations*, Hassocks.

Hammond, J. L.(1938), *Gladstone and the Irish Nation*, London.

Harrison, Robert T.(1995), *Gladstone's Imperialism in Egypt : Techniques of Domination*, Westport.

Harvie, Christopher T.(1976), *The Lights of Liberalism : University Liberals and the Challenge of Democracy, 1860-86*, London.

Hawkins, Angus(1998), *British Party Politics, 1852-1886*, Basingstoke.

Hayes, William A.(1982), *The Background and Passage of the Third Reform Act*, New York.

Heyck, T. W.(1974), *The Dimensions of British Radicalism : The Case of Ireland, 1874-95*, Urbana.

Hilton, Boyd(1988), *The Age of Atonement : The Influence of Evangelicalism on Social and Economic Thought, 1795-1865*, Oxford.

Hoppen, K. Theodore(1998), *The Mid-Victorian Generation, 1846-1886*, Oxford.

Jackson, Alvin(2003), *Home Rule : An Irish History, 1800-2000*, Oxford.

Jalland, Patricia(1980), *The Liberals and Ireland : The Ulster Question in British Politics to 1914*, New York.

Jenkins, T. A.(1988), *Gladstone, Whiggery and the Liberal Party, 1874-1886*, Oxford.

＿＿＿(1994), *The Liberal Ascendancy, 1830-1886*, New York.

＿＿＿(1996b), *Parliament, Party and Politics in Victorian Britain*, Manchester.

John, Ian St.(2010a), *Disraeli and the Art of Victorian Politics*, 2nd ed., London.

＿＿＿(2010b), *Gladstone and the Logic of Victorian Politics*, London.

Jones, Andrew(1972), *The Politics of Reform 1884*, Cambridge.

Kendle, John(1989), *Ireland and the Federal Solution : The Debate over the United Kingdom Constitution, 1870-1921*, Kingston.

Ković, Miloš(2011), *Disraeli and the Eastern Question*, Oxford.

Kuhn, William M.(1996), *Democratic Royalism : The Transformation of the British Monarchy, 1861-1914*, London.

Leonard, Dick(2008), *Nineteenth-Century British Premiers : Pitt to Rosebery*, Basingstoke.

_____(2013), *The Great Rivalry : Gladstone and Disraeli*, New York.

Loughlin, James(1986), *Gladstone, Home Rule and the Ulster Question, 1882-93*, London.

Machin, G. I. T.(1987), *Politics and the Churches in Great Britain, 1869 to 1921*, Oxford.

Mansergh, Nicholas(1975), *The Irish Question, 1840-1921*, 3rd ed., Toronto.

Medlicott, W. N.(1956), *Bismarck, Gladstone and the Concert of Europe*, London.

O'Day, Alan(1986), *Parnell and the First Home Rule Episode, 1884-87*, Dublin.

_____(1998), *Irish Home Rule, 1867-1921*, Manchester.

Parry, Jonathan(1986), *Democracy and Religion : Gladstone and the Liberal Party, 1867-1875*, Cambridge.

_____(1993), *The Rise and Fall of Liberal Government in Victorian Britain*, New Haven.

_____(2006a), *The Politics of Patriotism : English Liberalism, National Identity and Europe, 1830-1886*, Cambridge.

Powell, David(2002), *Nationhood and Identity : The British State since 1800*, New York.

Pugh, Martin(1993), *The Making of Modern British Politics, 1867-1939*, 2nd ed., Oxford.

Quinault, Roland(2011), *British Prime Ministers and Democracy : From Disraeli to Blair*, London.

Ragussis, Michael(1995), *Figures of Conversion : "The Jewish Question" and English National Identity*, London.

Robinson, R. E., J. A. Gallagher and Alice Denny(1981), *Africa and the*

364 디즈레일리와 글래드스턴

    Victorians : The Official Mind of Imperialism, 2nd ed., Basingstoke.

Rooke, Patrick(1970), *Gladstone and Disraeli*, London.

Saab, Ann Pottinger(1991), *Reluctant Icon : Gladstone, Bulgaria, and the Working Classes, 1856-1878*, London.

Seton-Watson, R. W.(1972), *Disraeli, Gladstone and the Eastern Question : A Study in Diplomacy and Party Politics*, New York.

Shannon, Richard(1974), *The Crisis of Imperialism, 1865-1915*, London.

_____(1975), *Gladstone and the Bulgarian Agitation 1876*, 2nd ed., Hassocks.

_____(1992), *The Age of Disraeli, 1868-81 : The Rise of Tory Democracy*, London.

Smith, F. B.(1966), *The Making of the Second Reform Act*, Cambridge.

Smith, Paul(1967), *Disraelian Conservatism and Social Reform*, London.

Somervell, D. C.(1926), *Disraeli and Gladstone : A Duo-Biographical Sketch*, New York.

Stansky, Peter(1979), *Gladstone : A Progress in Politics*, New York.

Stewart, Robert(1978), *The Foundation of the Conservative Party, 1830-1867*, London.

Swartz, Martin(1985), *The Politics of British Foreign Policy in the Era of Disraeli and Gladstone*, New York.

Sykes, Alan(1997), *The Rise and Fall of British Liberalism, 1776-1988*, London.

Taylor, A. J. P.(1976), *Essays in English History*, Hammondsworth.

_____(2000), *British Prime Ministers and Other Essays*, London.

Vincent, John(1976), *The Formation of the British Liberal Party, 1857-68*, 2nd ed., New York.

_____(1990), *Disraeli*, Oxford.

Voskuil, Lynn M.(2004), *Acting Naturally : Victorian Theatricality and Authenticity*, Charlottesville.

Walton, John K.(1987), *The Second Reform Act*, London.

_____(1990), *Disraeli*, London.

Wilkinson, W. J.(1925), *Tory Democracy*, New York.

Williams, Richard(1997), *The Contentious Crown : Public Discussion of the British Monarchy in the Reign of Queen Victoria*, Aldershot.

Winstanley, Michael(1990), *Gladstone and the Liberal Party*, London.

(2) 논문

강현주(2002), 「빅토리아 시대 왕정에 대한 논의, 1861-1876」, 『서양사연구』 제
  29집, 55~96쪽.

김기순(2005), 「아널드, 글래드스턴, 아일랜드 자치」, 『영국연구』 제14권, 189~
  214쪽.

_____(2010), 「글래드스턴과 아일랜드 토지문제 : 토지법안(1886)의 성격」, 『영
  국연구』 제23권, 157~186쪽.

_____(2013), 「글래드스턴의 포퓰리즘 : 원리, 맥락, 스타일」, 『서양사론』 제116호,
  64~89쪽.

김현수(1994), 「19세기 영국의 외교정책 : '위대한 고립책(Splendid Isolation
  Policy)'」, 『서양사론』 제43호, 189~217쪽.

_____(1999), 「글래드스턴과 디즈레일리 내각의 대내외 정책, 1868-1880」, 『사학
  지』 제32권, 161~183쪽.

_____(2001), 「영국정책의 딜레마 : 글래드스턴 2차내각과 애틀리 내각의 집권정
  책 비교연구」, 『영국연구』 제5권, 67~91쪽.

_____(2005), 「디즈레일리의 보수주의 : 정책 수행 과정을 중심으로」, 『현상과 인
  식』 제96호, 11~28쪽.

Bebbington, D. W.(1975), "Gladstone and the Nonconformists : A Religious
  Affinity in Politics," *Studies in Church History* 12, pp.369~382.

Belchem, John and James Epstein(1997), "The Nineteenth-Century Gentleman
  Leader Revisited," *Social History* 22(2), pp.174~193.

Bentley, Michael(1983), "Party, Doctrine, and Thought," in Michael Bentley and
  John Stevenson eds., *High and Low Politics in Modern Britain*, Oxford,
  pp.123~153.

Berlin, Isaiah(1982), "Benjamin Disraeli, Karl Marx and the Search for Identity,"
  in *Against the Current : Essays in the History of Ideas*, New York, pp.252
  ~286.

Biagini, Eugenio(1998), "William Ewart Gladstone," in Robert Eccleshall and
  Graham Walker eds., *Biographical Dictionary of British Prime Ministers*,
  London, pp.196~213.

_____(2012), "Gladstone's Legacy," in Roland Quinault, Roger Swift and Ruth
  Clayton Windscheffel eds., *William Gladstone : New Studies and Per-
  spectives*, Farnham, pp.293~311.

Blake, Robert(1998), "Gladstone and Disraeli," in Peter J. Jagger ed., *Gladstone*, London, pp.51~70.

Boyce, D. George(1986), "The Marginal Britons : The Irish," in Robert Colls and Philip Dodd eds., *Englishness : Politics and Culture, 1880-1920*, London, pp.230~253.

_____(1998), "Gladstone and Ireland," in Peter J. Jagger ed., *Gladstone*, London, pp.105~122.

_____(2000), "In the Front Rank of the Nation : Gladstone and the Unionists of Ireland, 1868-1893," in David Bebbington and Roger Swift eds., *Gladstone Centenary Essays*, Liverpool, pp.184~201.

Brantlinger, Patrick(1999), "Disraeli's Orientalism," in Charles Richmond and Paul Smith eds., *The Self-Fashioning of Disraeli, 1818-1851*, Cambridge, pp.90~105.

Broughall, Quentin(2011), "A Careful Hellenism and a Reckless Roman-ness : The Gladstone-Disraeli Rivalry in the Context of Classics," in Mary E. Daly and K. Theodore Hoppen eds., *Gladstone : Ireland and Beyond*, Dublin, pp.142~156.

Cain, Peter(2007), "Radicalism, Gladstone, and the Liberal Critique of Disraelian 'Imperialism'," in Duncan Bell ed., *Victorian Visions of Global Order : Empire and International Relations in Nineteenth-Century Political Thought*, Cambridge, pp.215~238.

Cardozo, Benjamin(1993), "The Earl of Beaconsfield : A Jew as Prime Minister," in Michael Selzer ed., *Disraeli, the Jew*, Great Barrington, Mass., pp.41~66.

Ceadel, Martin(2006), "Gladstone and a Liberal Theory of International Relations," in Peter Ghosh and Lawrence Goldman eds., *Politics and Culture in Victorian Britain*, Oxford, pp.74~94.

Chadwick, Mary E. J.(1976), "The Role of Redistribution in the Making of the Third Reform Act," *Historical Journal* 19(3), pp.665~683.

Cunningham, Hugh(1971), "Jingoism in 1877-78," *Victorian Studies* 14(4), pp.429~453.

Dewey, Clive(1974), "Celtic Agrarian Legislation and the Celtic Revival : Historicist Implications of Gladstone's Irish and Scottish Land Acts, 1870-1886,"

Past and Present 64, pp.30~70.

Dunne, Tom(1982), "La trahison des clercs : British Intellectuals and the First Home-Rule Crisis," *Irish Historical Studies* 23(90), pp.134~173.

Durrans, P. J.(1982), "A Two-Edged Sword : The Liberal Attack on Disraelian Imperialism," *The Journal of Imperial and Commonwealth History* 10, pp.262~284.

_____(1989), "Beaconsfieldism," *Trivium* 24, pp.58~75.

Eldridge, C. C.(1988), "Disraeli and the New Imperialism : Prophet or Charlatan?," *Trivium* 23, pp.149~173.

Endelman, Todd M.(1985), "Disraeli's Jewishness Reconsidered," *Modern Judaism* 5(2), pp.109~123.

_____(1999), "'A Hebrew to the End' : The Emergence of Disraeli's Jewishness," in Charles Richmond and Paul Smith eds., *The Self-Fashioning of Disraeli, 1818-1851*, Cambridge, pp.106~130.

_____ and Tony Kushner(2002), "Introduction," in Todd M. Endelman and Tony Kushner eds., *Disraeli's Jewishness*, London, pp.1~19.

Evans, Eric(2000), "'The Strict Line of Political Succession'? Gladstone's Relationship with Peel : An Apt Pupil?," in David Bebbington and Roger Swift eds., *Gladstone Centenary Essays*, Liverpool, pp.29~56.

Feuchtwanger, Edgar J.(1975b), "The Rise and Progress of Tory Democracy," in J. S. Bromley and E. H. Kossmann eds., *Britain and the Netherlands Vol.5 : Some Political Mythologies*, The Hague, pp.164~183.

_____(1991), "Gladstone's Irish Policy : Expediency or High Principle?," *Modern History Review* 3(2), pp.21~23.

_____(2002), "'Jew Feelings' and Realpolitik : Disraeli and the Making of Foreign and Imperial Policy," in Todd M. Endelman and Tony Kushner eds., *Disraeli's Jewishness*, London, pp.180~197.

Foot, Michael R. D.(1986/1987), "The Hawarden Kite," *University of Leeds Review* 29, pp.79~90.

Gaunt, Richard A.(2012), "Gladstone and Peel's Mantle," in Roland Quinault, Roger Swift and Ruth Clayton Windscheffel eds., *William Gladstone : New Studies and Perspectives*, Farnham, pp.31~50.

Ghosh, P. R.(1984), "Disraelian Conservatism : A Financial Approach," *The*

English Historical Review 99(391), pp.268~296.

_____(1987), "Style and Substance in Disraelian Social Reform, c. 1860-80," in P. J. Waller ed., *Politics and Social Change in Modern Britain*, Brighton, pp.59~90.

_____(2006), "Gladstone and Peel," in Peter Ghosh and Lawrence Goldman eds., *Politics and Culture in Victorian Britain*, Oxford, pp.45~73.

Gilam, Abraham(1980), "Anglo-Jewish Attitudes toward Benjamin Disraeli during the Era of Emancipation," *Jewish Social Studies* 42(3/4), pp.313~322.

Goodlad, Graham D.(1989), "The Liberal Party and Gladstone's Land Purchase Bill of 1886," *Historical Journal* 32(3), pp.627~641.

Hamer, D. A.(1969), "The Irish Question and Liberal Politics, 1886-1894," *Historical Journal* 12(3), pp.511~532.

_____(1972b), "Understanding Mr. Gladstone," *New Zealand Journal of History* 6, pp.115~128.

_____(1978), "Gladstone : The Making of a Political Myth," *Victorian Studies* 22(1), pp.29~50.

Harcourt, Freda(1980), "Disraeli's Imperialism, 1866-1868 : A Question of Timing," *Historical Journal* 23(1), pp.87~109.

Harvie, Christopher(1990), "Gladstonianism, the Provinces, and Popular Political Culture, 1860-1906," in Richard Bellamy ed., *Victorian Liberalism : Nine-teenth-Century Political Thought and Practice*, London, pp.152~174.

Hawkins, Angus(2005), "The Disraelian Achievement : 1867-1874," in Stuart Ball and Anthony Seldon eds., *Recovering Power : The Conservative in Opposition since 1867*, New York, pp.28~46.

Herrick, Francis H.(1972), "Gladstone and the Concept of the 'English-Speaking Peoples'," *Journal of British Studies* 12(1), pp.150~156.

Hilton, Boyd(1983), "Gladstone's Theological Politics," in Michael Bentley and John Stevenson eds., *High and Low Politics in Modern Britain*, Oxford, pp.28~57.

_____(1997), "Disraeli, English Culture, and the Decline of the Industrial Spirit," in Laurence Brockliss and David Eastwood eds., *A Union of Multiple Identities : The British Isles, c. 1750-c. 1850*, Manchester, pp.44~59.

Himmelfarb, Gertrude(1966), "The Politics of Democracy : The English Reform Act of 1867," *Journal of British Studies* 6(1), pp.97~138.

Huffington, Arianna(2003), "Two Nations : From Disraeli to Thatcher and Beyond," in Stanislao Pugliese ed., *The Political Legacy of Margaret Thatcher*, London, pp.41~44.

Jackson, Alvin(2011), "Gladstone, Ireland, Scotland and the 'Union of Heart and Spirit'," in Mary E. Daly and K. Theodore Hoppen eds., *Gladstone : Ireland and Beyond*, Dublin, pp.23~44.

Jaffe, Benjamin(1978~1980), "A Reassessment of Benjamin Disraeli's Jewish Aspects," *Transactions & Miscellanies(Jewish Historical Society of England)* 27, pp.115~123.

Jenkins, T. A.(1997), "Disraeli and the Art of Opposition," *Modern History Review* 8, pp.18~20.

_____(2004), "Benjamin Disraeli and the Spirit of England," *History Today* 54(12), pp.9~15.

Jones, H. S.(2006), "The Idea of the National in Victorian Political Thought," *European Journal of Political Theory* 5(1), pp.12~21.

Jupp, Peter(1999), "Disraeli's Interpretation of English History," in Charles Richmond and Paul Smith eds., *The Self-Fashioning of Disraeli, 1818-1851*, Cambridge, pp.131~151.

Kalmar, Ivan D.(2005), "Benjamin Disraeli, Romantic Orientalist," *Comparative Studies in Society and History* 47(2), pp.348~371.

Langlands, Rebecca(1999), "Britishness or Englishness? : The Historical Problem of National Identity in Britain," *Nations and Nationalism* 5(1), pp.53~69.

Layton-Henry, Zig(1978), "Democracy and Reform in the Conservative Party," *Journal of Contemporary History* 13(4), pp.653~670.

Lewis, Clyde J.(1961), "Theory and Expediency in the Policy of Disraeli," *Victorian Studies* 4(3), pp.237~258.

Lloyd, Trevor(1985), "Comment," in Bruce Kinzer ed., *The Gladstonian Turn of Mind*, Toronto, pp.244~264.

Lubenow, W. C.(1983), "Irish Home Rule and the Great Separation in the Liberal Party in 1886 : The Dimensions of Parliamentary Liberalism," *Victorian Studies* 26(2), pp.161~180.

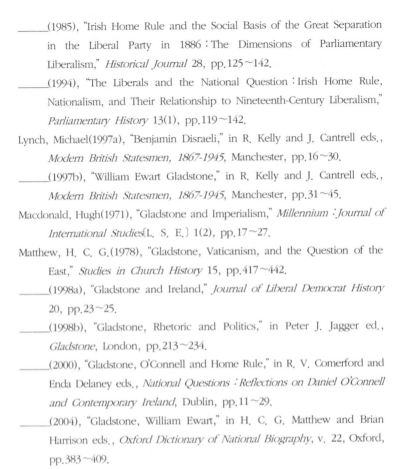

_____(1985), "Irish Home Rule and the Social Basis of the Great Separation in the Liberal Party in 1886 : The Dimensions of Parliamentary Liberalism," *Historical Journal* 28, pp.125~142.

_____(1994), "The Liberals and the National Question : Irish Home Rule, Nationalism, and Their Relationship to Nineteenth-Century Liberalism," *Parliamentary History* 13(1), pp.119~142.

Lynch, Michael(1997a), "Benjamin Disraeli," in R. Kelly and J. Cantrell eds., *Modern British Statesmen, 1867-1945*, Manchester, pp.16~30.

_____(1997b), "William Ewart Gladstone," in R. Kelly and J. Cantrell eds., *Modern British Statesmen, 1867-1945*, Manchester, pp.31~45.

Macdonald, Hugh(1971), "Gladstone and Imperialism," *Millennium : Journal of International Studies*(L. S. E.) 1(2), pp.17~27.

Matthew, H. C. G.(1978), "Gladstone, Vaticanism, and the Question of the East," *Studies in Church History* 15, pp.417~442.

_____(1998a), "Gladstone and Ireland," *Journal of Liberal Democrat History* 20, pp.23~25.

_____(1998b), "Gladstone, Rhetoric and Politics," in Peter J. Jagger ed., *Gladstone*, London, pp.213~234.

_____(2000), "Gladstone, O'Connell and Home Rule," in R. V. Comerford and Enda Delaney eds., *National Questions : Reflections on Daniel O'Connell and Contemporary Ireland*, Dublin, pp.11~29.

_____(2004), "Gladstone, William Ewart," in H. C. G. Matthew and Brian Harrison eds., *Oxford Dictionary of National Biography*, v. 22, Oxford, pp.383~409.

McCarthy, John-Paul(2011), "The Religious Dimension of Gladstone's Home Rule Analysis," in Mary E. Daly and K. Theodore Hoppen eds., *Gladstone : Ireland and Beyond*, Dublin, pp.157~168.

Mulligan, William(2010), "Gladstone and the Primacy of Foreign Policy," in W. Mulligan and Brendan Simms eds., *The Primacy of Foreign Policy in British History, 1660-2000*, Basingstoke, pp.181~196.

Nicholls, David(1961), "Gladstone on Liberty and Democracy," *The Review of Politics* 23(3), pp.401~409.

O'Day, Alan(2000), "Gladstone and Irish Nationalism : Achievement and Reputation," in David Bebbington and Roger Swift eds., *Gladstone Centenary Essays*, Liverpool, pp.163~183.

Parry, Jonathan(2000), "Gladstone, Liberalism and the Government of 1868-1874," in David Bebbington and Roger Swift eds., *Gladstone Centenary Essays*, Liverpool, pp.94~112.

_____(2004), "Disraeli, Benjamin," in H. C. G. Matthew and Brian Harrison eds., *Oxford Dictionary of National Biography*, v. 16, Oxford, pp.270~297.

_____(2006b), "Liberalism and Liberty," in Peter Mandler ed., *Liberty and Authority in Victorian Britain*, Oxford, pp.71~100.

Porter, Bernard(2011), "Gladstone and Imperialism," in Mary E. Daly and K. Theodore Hoppen eds., *Gladstone : Ireland and Beyond*, Dublin, pp.169~178.

Quinault, Roland(2000), "Gladstone and Parliamentary Reform," in David Bebbington and Roger Swift eds., *Gladstone Centenary Essays*, Liverpool, pp.75~93.

_____(2006a), "Gladstone and Disraeli : A Reappraisal of Their Relationship," *History* [London] 91(304), pp.557~576.

_____(2006b), "Victorian Prime Ministers and Ireland," in Roger Swift and Christine Kinealy eds., *Politics and Power in Victorian Ireland*, Dublin, pp.54~68.

_____(2012), "Gladstone and War," in Roland Quinault, Roger Swift and Ruth Clayton Windscheffel eds., *William Gladstone : New Studies and Perspectives*, Farnham, pp.235~251.

Roberts, Matthew(2000), "Gladstone and the Irish Question," *Journal of Liberal Democrat History* 26, pp.3~10.

Saab, Ann Pottinger(1988), "Disraeli, Judaism, and the Eastern Question," *International History Review* 10(4), pp.559~578.

Sandiford, K. A. P.(1985), "Gladstone and Europe," in Bruce Kinzer ed., *The Gladstonian Turn of Mind : Essays Presented to J. B. Conacher*, Toronto, pp.177~196.

Schreuder, Deryck M.(1976), "Locality and Metropolis in the British Empire : A Note on Some Connections between the British North America Act(1867) and Gladstone's First Irish Home Rule Bill(1886)," in J. A. Benyon, C. W. Cook, T. R. H. Davenport and K. S. Hunt eds., *Studies in Local History : Essays in Honour of Professor Winifred Maxwell*, London, pp.48~58.

_____(1979), "Gladstone and the Conscience of the State," in Peter Marsh ed., *The Conscience of the Victorian State*, Syracuse, N. Y, pp.73~134.

_____(2012), "Gladstone's 'Greater World' : Free Trade, Empire and Liberal Internationalism," in Roland Quinault, Roger Swift and Ruth Clayton Windscheffel eds., *William Gladstone : New Studies and Perspectives*, Farnham, pp.267~290.

Schwarz, Bill(1999), "*Philosophes* of the Conservative Nation : Burke, Macaulay, Disraeli," *Journal of Historical Sociology* 12(3), pp.183~217.

Shannon, Richard(1989), "Gladstone and Home Rule, 1886," in British Academy, *Ireland after the Union*, Oxford, pp.45~59.

_____(1996), "Matthew's Gladstone," *Parliamentary History* 15(2), pp.245~251.

Smith, Jeremy(1996), "Conservative Ideology and Representations of the Union with Ireland 1885-1914," in Martin Francis and Ina Zweiniger-Bargielow-ska eds., *The Conservatives and British Society, 1880-1990*, Cardiff, pp.18~35.

Smith, Paul(1999), "Disraeli's Politics," in Charles Richmond and Paul Smith eds., *The Self-Fashioning of Disraeli, 1818-1851*, Cambridge, pp.152~173.

Spain, Jonathan(1991), "Trade Unionists, Gladstonian Liberals, and the Labour Law Reforms of 1875," in E. F. Biagini and A. J. Reid eds., *Currents of Radicalism : Popular Radicalism, Organised Labour and Party Politics in Britain, 1850-1914*, Cambridge, pp.109~133.

Stafford, William(1980), "Romantic Elitism in the Thought of Benjamin Disraeli," *Literature and History* 6(1), pp.43~58.

Steele, E. D.(1970), "Gladstone and Ireland," *Irish Historical Studies* 17(65), pp.58~88.

Stephens, Hugh W. and David W. Brady(1976), "The Parliamentary Parties and the Electoral Reforms of 1884-85 in Britain," *Legislative Studies Quarterly*

1(4), pp.491~510.

Stone, James(2010), "Bismarck versus Gladstone : Regime Change and German Foreign Policy, 1880-1885," *Historische Mitteilungen* 23, pp.167~200.

Turner, Frank M.(2012), "Gladstone : A Political Not a Cultural Radical," in Roland Quinault, Roger Swift and Ruth Clayton Windscheffel eds., *William Gladstone : New Studies and Perspectives*, Farnham, pp.15~30.

Valman, Nadia(2002), "Manly Jews : Disraeli, Jewishness and Gender," in Todd M. Endelman and Tony Kushner eds., *Disraeli's Jewishness*, London, pp.62~101.

Vincent, John(1977), "Gladstone and Ireland," *Proceedings of the British Academy* 63, pp.193~238.

_____(1981), "Was Disraeli a Failure?," *History Today* 31(10), pp.5~8.

_____(1992), "Mr. Gladstone : A New Picture Takes Shape," *Nineteenth-Century Prose* 19, pp.128~135.

_____(1996), "1874-1880," in Anthony Selden ed., *How Tory Governments Fall : The Tory Party in Power since 1783*, London, pp.159~187.

Walton, John(1998), "Benjamin Disraeli, First Earl of Beaconsfield," in Robert Eccleshall and Graham Walker eds., *Biographical Dictionary of British Prime Ministers*, London, pp.183~196.

Ward, J. T.(1974), "Derby and Disraeli," in Donald Southgate ed., *The Conservative Leadership, 1832-1932*, London, pp.58~100.

Warren, Allen(1983), "Gladstone, Land and Social Reconstruction in Ireland, 1881-1887," *Parliamentary History* 2(1), pp.153~173.

_____(1999a), "Disraeli, the Conservatives, and the Government of Ireland : Part 1, 1837-1868," *Parliamentary History* 18(1), pp.45~64.

_____(1999b), "Disraeli, the Conservatives, and the Government of Ireland : Part 2, 1868-1881," *Parliamentary History* 18(2), pp.145~167.

Wohl, Anthony S.(1995), "'Dizzi-Ben-Dizzi' : Disraeli as Alien," *Journal of British Studies* 34(3), pp.375~411.

찾아보기

1. 사항

디즈레일리와 글래드스턴

디즈레일리와 글래드스턴

디즈레일리와 글래드스턴

디즈레일리와 글래드스턴

콜리, 써 조지 Sir George Colley　221, 351

콜링스, 제시 Collings, Jesse　295

콥던, 리처드 Cobden, Richard　139

크랜본 경 Lord Cranborne → 솔즈베리 후작 Marquis of Salisbury(Robert Gascoyne-Cecil) 참고　35, 70

크로스, 리처드 Cross, Richard Assheton　91, 95~99, 101~103, 107, 255

크뤼에르, 파울 Kruger, Paul　220, 238

클라랜던 백작 Earl of Clarendon(G. W. F. Villiers)　85

킴벌리 경 Lord Kimberley(J. Wodehouse)　220, 221

ㅌ

토크빌, 알렉시스 드 Tocqueville, Alexis de　68

트리벨리언, 조지 Trevelyan, George Otto　84, 296

ㅍ

파넬, 찰스 스튜어트 Parnell, Charles Stuart　277~279, 283~286, 289~292, 294, 298, 310, 311, 325, 329

파머스턴 경 Lord Palmerston(Henry John Temple)　16, 21, 23, 24, 42, 133, 138, 142, 143, 148, 171, 182, 188, 189, 191, 246, 257, 258

포스터, 윌리엄 Forster, William Edward　78, 79, 121, 279, 280

프레르, 써 바틀 Sir Bartle Frere　205, 206, 220

프리먼, 에드워드 Freeman, Edward　149, 182

플림솔, 새뮤얼 Plimsoll, Samuel　108, 190

필, 써 로버트 Sir Robert Peel　245, 262~264, 270, 343

ㅎ

하팅턴 경 Lord Hartington(S. C. Cavendish)　46, 49, 153, 167, 252, 253, 289, 292, 295, 309, 312, 328

호머 Homer　15

호지킨슨, 그로스브너 Hodgkinson, Grosvenor　41, 42, 66

히스, 에드워드 Heath, Edward　342

힉스, 윌리엄 Hicks, William　218

힉스비치, 마이클 Hicks-Beach, Michael　205, 206, 250, 252

디즈레일리와 글래드스턴

초판 1쇄 2017년 12월 28일

지은이   김기순
펴낸이   고화숙
펴낸곳   도서출판 소화
등록   제13-412호
주소   서울시 영등포구 버드나루로 69
전화   02-2677-5890
팩스   02-2636-6393
홈페이지   www.sowha.com

ISBN 978-89-8410-489-1 93340

값 20,000원

이 도서의 국립중앙도서관 출판예정도서목록(CIP)은
서지정보유통지원시스템 홈페이지(http://seoji.nl.go.kr)와
국가자료공동목록시스템(http://www.nl.go.kr/kolisnet)에서
이용하실 수 있습니다. (CIP제어번호 : CIP2017034146)